周紹良 主編 趙超 副主編

唐代墓誌彙編（修訂本）

九

歷代碑誌彙編

上海古籍出版社

唐代墓誌彙編

乾符

乾符〇〇一

【蓋】 失。

【誌文】

唐故隴西李氏墓誌文并序　鄉貢進士韋厚撰」

恭帷李氏之先，隴西人也，隱其諱不書。夫人禀柔成性，伉節」馳聲，頃自笄年，適故河南府洛陽縣丞韋府君，主饋承家，儉克同志，」守禮訓於公宫，習貞儀於閫則。至若奉尊接下，執卑事上，三千之」禮不朽，九十之儀無匿。遂使閨門雍穆，親昵協和，内外相稱，他門爲」鏡。嗚呼！韋府君姿性勁峻，神用恬乂，自三世文行德業，冠絶一時。」大中初進士及第，再擢高科，而亟翔宦路，風波前後，三十餘載。」□府君而禮格從婚，不捨簪屨之舊，嗟乎中年，弗圖府君之逝。」夫人生三子二女，長曰戎，次曰不育，女曰息，皆有賢德，通詩禮，涉人事，」不幸短命早世而殞。子之存者秉誼，少遭閔凶，未奉過庭之訓。」夫人以賢德明惠，化諭南風，勗之以義方，示之其遠大，遂得恭儉克」讓，負荷家聲。性聰密，不專宦途，志在進取，親友咸稱其德。新授鄂」州觀察使韋蟾早以才氣知重，累於名府推薦，奏授容州陸川縣令，」確辭不受。昨遭顧恃之喪，殆至毀滅，勺飲不入口者三日，亦天鍾」之至性也。元女一人，夙承家訓，有淑慎之德，窈窕之賢，適海州刺史李」銳，至得良配，文義忠信，遐邇仰瞻，雖不踐文場，而早歲從仕。咸通初，」以諮議散秩罷，授潞府司馬，再遷西門將軍，而三歷階，資四政，統名」郡，十數年間而腰金紫，非夫淑明懿德，聖善規模，孰能令問感昭若」此之盛哉！嗚呼！方期食禄之榮，玄運不稽，殲我眉壽，咸通十四年歲」在癸巳十一月十七日遘疾，終于洛陽縣殖業里之私第，享年五十有五。」嗣子秉誼，銜哀茹荼，鞠然在疚，卜其宅兆，克叶良辰，即以甲午年二月」七日葬于北邙山杜翟村，之禮也。京兆韋厚以末宗之中，叨承曩眷，既」奉賢郎之命，謙辭不獲，不度荒蕪，輒此陳述，而作頌曰：

良哉淑德，寬柔敏惠，克備家門，嚴怡溥濟。令問不匿，麟趾有制，非禮不爲，玄儒是契。」丹節孤高，禮儀聿修，昭明壼德，弘道嘉猷。貞峻潔志，恭姜罕儔，早逝共伯，哀深栢舟。」

（周紹良藏拓本　河南千唐誌齋藏石）

乾符〇〇二

【蓋】失。

【誌文】

大唐乾符二年歲次乙未四月廿日」壬申，彭城劉氏幼子年七歲，終于昇」平里之私第。雉齒未名，小號阿延。曾」祖諱庭珍，左驍衛大將軍，封東陽郡」王，食實封二百户，興元元從，著勳當」時。祖諱沔，太子太傅、贈司徒；功書竹」帛，事載國史，故不備述也。父曰從周，」光禄卿致仕，絶跡名利。嗚呼！汝襁褓」敏慧，戲弄有方，逮至齠丱，舉動老成。」方欲傳汝箕裘，慶爾門閲，吾負神明，」謫汝何速？以此哀慟，痛何能已！以其」月廿四日，卜兆云吉，祔葬于長安縣」第五村親伯杞王傅德章之塋。撫櫬」號天，泣血埏隧，乃爲銘曰：

阿延阿延，壽何促焉？詩書禮樂，」方期訓焉。未就吾志，奄歸黄泉，」蘭萎珠碎，兄姊摧焉。龜筮告吉，」窀穸是遷，慮變陵谷，置于墓門。」

（周紹良藏拓本）

乾符〇〇三

【蓋】失。

【誌文】

唐乾符二年歲次乙未七月十日庚寅，彭城劉氏室女享年二十，終于昇平里之私第。曾祖庭琛，右驍衛大將軍，封東陽郡王，贈右僕射。祖沔，太子太傅、贈司徒，勳望一時，事載史策。皇考德章，杞王傅、御史中丞。嗚呼！小號定師，即中憲之季女也。懿範生知，柔順幼備，動合規矩，雅爲人師，喜愠未常形於色，是非罕曾恣於言，唯以靜默自修，孝悌雍睦，實閨閫之令淑，訓家之軌躅者也。嗚乎！福善無徵，遘疾膏肓，伏枕未久，奄忽而謝，日月流邁，龜筮有期，以其年八月二十八日祔葬於長安縣第五村之先塋。余追念無已，痛徹心靈，泣血叙哀，寄于墓銘：

坤道降祥，挺秀明德。禮法是遵，慈仁被物。彤史流芳，垂爲令則。

親叔銀青光禄大夫光禄卿致仕劉從周記。

（録自《陝西金石志》補遺上）

乾符〇〇四

【蓋】失。

【誌文】

唐故振武觀察支使將仕郎試大理評事兼監察御史裏行清河崔府君墓誌銘　五從叔鄉貢進士譜撰」府君姓崔氏，諱茂藻，字子文。其先齊太公之後，在周秦時即爲著姓。自元魏以降，至于」國朝，冠婚之盛，首于甲乙。方今推門族，必曰崔氏小房爲閥閲之最也。而又家諜國史，」彰彰可明。曾祖虔，皇大理評事。祖穜，皇福建都團練副使、侍御史、内供奉。」父諱兖，殿中侍御史。故知鹽城監事、侍御史盧伯卿之外孫。中外昭彰，鼎族之表。」君幼懷大志，長負雄才，襟懷坦夷，神識高遠，自謂一日千里。時亦許其不羣，問望藹然，」綽有餘裕。宜乎歷雲霄，拾青紫，佐盛時，輔聖哲，方表懿行，必發强能。居」太夫人膝下，物用罄空，急禄是務。今丞相崔公彦昭，即君之再從昆仲也。」相君之鎮北門，乃念其貧，無復惜材器不得，以表請君爲交城尉。達識雄名，位卑禄薄，」人皆歎其未振也。未幾，官業著聞，所立不朽。今振武元帥李國昌自大同軍昇于是鎮，素聞」君敏惠聰明，通達才幹，邊陲翳賴，久藉良能，乃疏奏請君于幕下改監察御史。籌」謀裨贊，所利弘多，戎狄歡然，軍伍怗伏，即殊節異行，斷可知矣。以乾符二年五月廿四日奉本」府命使于鎮州，因遘疾殁于鎮之館署，享年四十矣。君齒髮方壯，未及姻媾而終」焉。嗚呼！横材殄瘁，伯道無繼，行路視之冤惜，知識聞之傷嗟，良善不永，何痛偕矣。以其年」十月廿四日歸葬于河南府河南縣平陰鄉張陽村，從先大夫，禮也。譜與君宗黨姻」懿，鄉里接連，早慕風猷，常欽厚德。君又余之再從表甥，稠疊中外，宴笑綢」繆，淑仁懿行，具得詳之。令弟彥求泣告請銘辭，不得拒。蕪淺直書，不盡殊美。銘曰：

森森松栢，淩霜勁質，百丈將期，迅風摧謝。梁棟不成，□□□□，□可已焉，□芳永畢。」

（河南千唐誌齋藏石）

乾符〇〇五

【蓋】　大唐故郭府君墓誌銘

【誌文】

唐故銀青光禄大夫檢校國子祭酒蔡州司馬柱國郭府君墓誌銘并序　會稽謝珉撰　會稽夏廷珪書并篆蓋」

公諱宣，字播玉，性氣孤標，神襟自若，賢風倜儻，」偉彥不羣。其先太原人也。得姓之始，形于先誌，此」略而不書。祖諱英，考諱朝，皆不仕簪紱追榮，實高尚」之流，無能偕矣。公先府君之長子也。孝行承家，温恭謹」静。嗚嘻！公之繼嗣，不苟位崇，常由卿相之門，行無瑕玷，至於」名賢，得以知重，而四薦表章，官乃上佐。公有□第一人，僅」居然之量，卓爾清明，内外親姻，無不欽敬。公歸泉壤，可爲」無憂。公以乾符二年九月廿八日寢疾，終于永樂里之私第，」享年七十有九。生而知善，終畢遐齡，有之全福，祝無愧詞。公」娶彭城劉氏夫人。夫人下世于今四紀矣。公有一男二女。一男」弱冠，早逐逝波；二女及笄，當未他適。細針繡畫，工以成焉，迨」將毁滅者，幾曾殞絶，不茹鹽酪者，痛若何忍，即其孝道可」稱焉。於戲！經曰：卜其宅兆而安厝之。以厥年十一月五日，窆于」京兆府長安縣龍首鄉祁村舊塋，之禮也。切慮時催景」變，陵谷遷移，刻石作銘，以安玄室。銘曰：

造化浩汗，太虚寥廓，運窮即止，數盡安作。」逝水既去，淼淼曷注，露垂薤悲，霜郊□□。」

刻字人李厚」

（北京圖書館藏拓本）

乾符〇〇六

【蓋】失。

【誌文】

唐故通議大夫檢校國子祭酒行蔚州司馬兼侍御史上柱國博陵崔府君墓誌銘并序　宣義郎行右司禦率府録事參軍分司東都清河崔閲撰并書」

有唐乾符乙未歲五月十四日，蔚州司馬博陵崔公無恙告終於河南府河南縣」嘉善里之私第，春秋五十有六。問於蓍龜，得明年二月十八日歸葬于汝州梁縣新豐」鄉趙村里，行合祔之禮焉。公諱璘，字温之。其先姜姓，齊丁公子叔乙讓國居崔邑，」因以命氏。至秦，東萊侯意如少子仲牟漢封汶陽侯，徙涿郡。後漢改涿郡爲博陵。今爲」博陵安平人也。至燕秘書丞懿又分爲第六房。由秘丞八世至皇朝尚書刑部侍」郎玄童，即公高祖之兄也；左龍武軍兵曹參軍玄德，即公之高祖也；鄭州管」城縣尉道謙，即公之曾祖也；右金吾衛長史諱讓，即公之大父也；太常寺協」律郎諱立，即公之烈考也。自兵曹府君至協律府君，咸積行爲君子，積」學爲名儒。蹇塞於時，位不充量。公即協律府君之子也。出於董氏，亦隴西之」望族。志學之歲，先府君終堂；弱冠之年，先夫人即代。本族外族無可依者，而」乃售田桑，求倍息，塗芻畢備，封樹再嚴。嗚呼！孝敬之至也如此。於是勸課家僮，耕耘薄」業，雖力務進取，而竟乏梯航，尋遇今天官小宰從翁，宗黨之中，特達委任，以」公之行，累表上聞，再授蔚州司馬兼侍御史，階至通議大夫。嗚呼！出處之道也如」此。公忠孝以爲心，仁義以爲體，友朋重之，宗族愛之。其於子弟及御下也，不肅而」成，不學而得，石丞相之教焉，陳太丘之道焉。嘗以先考協律府君、先妣隴西夫人」不及禄養，未報劬勞，於龍門山廣化寺構毗盧遮那塔一，刻桷雕楹，曲盡其妙，至於寫」經圖像，無不精勤，而又安於儉薄，急於賙施，始終盡瘁，以至歸全，年不及中壽，位不升」朝位，無公一善，而備享所得者有矣，豈天意人事不相同乎？嗚呼哀哉！夫人」隴西李氏，爰自初笄，結縭於我，奉祭祀而無怠，接親戚而無虧，内教留心，與」公同志，即以咸通庚寅歲五月廿五日棄養。有子三人：長曰銖，端州司馬，後夫人」一年而卒；次曰鉥，通經上第，調授左監門衛録事參軍，懷才抱器，閱禮敦詩，必能振歷」世之幽沉，作大朝之梁棟；季曰鐔，尚從師傅，可繼機雲。有女二人，先夫人數」年而夭。公將絶之時，告其孤鉥曰：爾與右司禦糾清河崔君，胤同叔乙，官接京曹，」咸欲脱卑栖，聚盛事。況切磋之道，獨厚於他人，崔君又於七姓之中，究其善惡，必能揚」我祖宗之德行也，欲誌吾之墓，無出於崔君。於是其孤鉥叙公之道，執公之」言，懇請撰述，至于三四。閱辭讓不獲，乃爲銘曰：

炎帝之胤，太公之孫，汶陽封邑，燕代興門。秋官位顯，龍武名尊，克紹前烈，傳」芳後昆。其一。果生令人，處世惟允，恭儉考慈，忠恪精敏。柱國方榮，司戎可準，風骨雖」藏，聲華未泯。其二。哀哀孝嗣，執禮無愆，咸思信尚，以助幽玄。齊心筮日，泣血號天，青烏再」啓，丹旐雙旋。其三。汝海之西，新農故里，崗阜形高，松楸色美。大圓秉鈞，必有其旨，二子升」朝，追崇可俟。其四。

孤子鉥添郡望。　昌黎韓敬密刻。」

【誌文】側。

博陵崔氏改卜誌　外甥彭城劉峻書」

孤子崔鉥泣血謹言：伏自奄鍾偏罰，未終喪紀，斷手之痛，俄及長兄。又二年，不孝招禍，丁先考府君憂；又」二年，季弟傾喪，冤哀既甚，行路皆傷。於是中外親族，俱來省慰，退而謂鉥曰：孝經云：卜其宅兆而安厝之。子之恃怙」併失，昆弟俱喪，得非松栢陷於不善之地乎？有楊均者，居在東平，子能迓之，必有所益。鉥曰唯唯。及楊生至汝上，目」先大夫之塋，乃告鉥曰：子角姓耳。艮爲福德，地不欲卑；坤爲鬼賊，勢不欲盛。斯地也，皆反於經，須求改卜，或冀安寧。余」聞邙山之上可置子之先靈，地曰尹村，鄉曰金谷，北背瀍水，東接魏陵，屬洛京之河南縣界。如神道獲安，」則子亦安矣。鉥曰：且懼滅姓，豈敢望安。教命敬依，果決塋辨。乃用乾符四年三月廿六日，自汝州梁縣啓護」先考府君先妣夫人葬於此地，即四月二日也。長兄諱銖，比祔葬於汝墳，今亦改卜，去大塋東南七十七步。」弟諱鐔，自欲銘誌，粗紀遷移之禮，蓋憂陵谷之更。名諱家風，備于前説，罪逆蒼天，不孝蒼天謹誌。」

（周紹良藏拓本　河南千唐誌齋藏石）

乾符〇〇七

【誌文】誌刻于經幢，無蓋，八面，六面刻佛頂尊勝陀羅尼。

唐故瑯瑘王氏夫人墓銘

夫人即故玉册官内供奉賜緋魚袋强瓊之妻。公先歿已十五年，葬在醴泉本鄉也。夫人年七十七，有子四人，女二人。乾符元年十二月廿三日，忽染膏肓之疾，終羣賢里第。三子一女先亡，今幼男女共塋葬禮，以三年二月廿四日卜于祁村男側。

（北京圖書館藏拓本）

乾符〇〇八

【蓋】失。

【誌文】

唐故河中府左果毅都尉高府君墓誌銘

君諱思温，字知柔，渤海郡人也。曾祖筠，試太常協律郎；祖舉，司農寺丞；父建謀，左清道率府兵曹參軍。君娶夫人范氏，不幸早歸大夜。君以乾符三年四月十一日終雅俗坊，以其年五月六日葬于江都縣興寧鄉趙墅里之原，禮也。享年四十七。恐陵谷改移，直書銘曰：哲人君子，忠孝於國，家和六親，有文有德。直書其名，以傳他日，長歸蒿里，萬古千□。

（録自《十二硯齋金石過眼録》卷十四）

乾符〇〇九

【蓋】　失。

【誌文】

唐劍南東川節度副使朝議郎檢校尚書屯田員外郎兼侍御」史柱國賜緋魚袋支訢妻滎陽鄭氏墓誌銘并序　仲兄前太府少卿賜紫金魚袋謨撰」

嗚呼！天生時而地生材，人其父生而窮達性分受之相懸矣。雖軒農」勳華，丘軻玄釋，出入向晦，消息與時，終莫能考著程準，推練壽夭，蓋」蒸蒸萬類，不可以脩短善惡指歸也。鄭氏源流清絶，簪組蟬聯，爲山」東四族之甲。其先君名滔，終西臺殿中。句絶。侍御娶漢南節度使李」文公翺之嫡女。時文公有重名大價，顯於中朝，殿院同好四三人」皆鼎鼐上流，科第名士，先選中於殿院之下，方適意於文公之」門。義者以殿院爲諸婿之儀表，而殿院無子弟。李夫人祇生訢，新婦」姊妹三人，而鄭新婦以咸通七年歸于吾家，淑問馨香，儀範婉」娩，生訢一子，名曰胡兒，心矚他人，病不自乳，此兒枉折于百日之間。」因兹痛惜，遂遘沉痾，尋至卧膝几枕，履足攣束。從京舁輦歸洛醫」治，自戊子訖辛卯二月六日，捐生世於行脩之里第。易曰：夫征不復，」婦孕不育。何煢獨離隔鍾于鄭氏耶？何神不福謙，天不弔善如是耶？」用其年十二月廿九日，卜兆于邙山杜翟村」我先僕射塋之東北隅。訢爲本府羈維，不允南北，僕奉」國太夫人旨命，懼水火之虞，及歲月之利，而躬視鄭氏玄窆之禮焉，」附棺之儀，罔不備具，哀悼之意，難盡其辭。有別出二男曰大鼎、」小鼎，一女曰豸娘，纔十歲，上下亦有執親之喪，禮也。所不更書悲」吒傷惘之文，但誌陵谷鄉園死生之地耳。其銘云：

曹謝生女兮不才則賢，富貴在天兮孰後誰先？命不爾長兮賦受何偏？」願不爾諧兮勞息何緣？天不可問，地不可論，魂歸極樂，骨瘞邙原。」保靜丘壠，貽厥子孫，後有令哲，豈無昌繁。嗚呼鄭婦，永誌余言。

乾符三年五月十四日改卜於此」

（周紹良藏拓本　河南千唐誌齋藏石）

乾符〇一〇

【蓋】　失。

【誌文】

唐故范陽盧氏夫人墓誌銘并序　前鄆曹濮等州觀察判官將仕郎殿中侍御史內供奉楊知退撰　前義昌軍節度副使檢校秘書省著作郎兼侍御史楊知言書」

夫人盧氏，其先范陽人也。始自春秋，降由近代，族望彰烈，家諜不絕。曾祖衍，亳」州穀孰丞；祖頊，太常寺奉禮；父傳素，京兆府法曹；皆以名檢禮節稱之鄉黨。」法曹公奉親有誠孝，修身有密行，文學高博，識用精利，而道不世合，堙沉下寮，」故當時君子常所稱歎。先夫人常山張氏，實科名聯耀顯儒之族。」夫人即法曹公第三女也。仁孝夫授，淑明生知。年甚幼，法曹公抱恙，」夫人躬侍藥膳，以及有喜，由是親族嘉而憐之。會昌二年，適于弘農楊知退。」夫人自歸余家，克修婦道，聽從承敬，禮無違者，而又周旋姻族，或有疾疹危苦」者，夫人憂省之急，發於誠義。夫人從弘農生十八年矣，生家道在約，」夫人攻苦濯弊，若食甘衣華，心不異也。夫人近歲已嬰微恙，又弘農生天」付薄祐，再罹艱釁，血泣之日，苫居荒墅。夫人醫救不繼，以是疾益篤，」曁投輦下，而綿惙之漸，鍼石不施矣。竟以大中十三年正月廿九日捐於靖恭」里第，享年三十七。用其年四月廿三日，權窆于京兆府萬年縣東城之陳村，其」祔塋之禮，俟擇良歲。夫人當疾之際，謂余曰：古人之制，所貴稱家；送」終之儀，不尚虛飾。況蒸嘗所奉，方切朝夕，但一釵一梳衣裝之故者粗備，」斯可矣，豈復以今日之事而務豐費以爲也。何知禮遵儉之意如此其多耶？是」則夫人居家成婦始終俱至矣。夫人姊妹數人，皆柔儀懿範，閨闈之」秀。親兄汪，舉進士，籍籍名場，尤工篇什，每成章發詠，清音泉引；弟曰渾，謹良修」飭，伏習詩禮。夫人有男曰小都，曰小猧，曰拾得，曰醜兒，曰三箢，曰小禿；女曰小建，曰董六，或年纔丱者，或齒未笄者，然皆識恭謙之道，禀温順之性，□□」異日，自致蕃昌，以慰夫人夜臺之念也。搦管書此，嗚呼痛哉！自諸男及女」董六，皆夫人之出；長女小建雖非夫人之腹育，其厚慈之愛，實壹已」子。痛乎！夫人芳華正茂，令哲方修，屬弘農生茹恤纏瘵，以苟餘息，矧騃□」數輩，未及成人，倏隨駛波，豈得常理，緘此萬恨，閟于九泉。雖海變陵遷，玆痛何」已。終古之別，哀哉痛哉！今龜筮既從，日月俄迫，銜悲睹事，略而不文。銘曰：

簪纓之族兮禮樂之門，厥有女士兮炯然道存，華茂桃李兮德馨蘭蓀，奉」上以敬兮撫卑以恩。惟仁與義兮何多而足？惟福與壽兮何少而促？明神何問」兮真宰何言？慶報何俟矣繩繩子孫。」
范陽盧氏夫人以乾符三年歲次景申八月乙巳朔十六日庚申，粵自長安城」東遷祔于洛都城北尹村先塋，禮也。」夫人之淑德懿行，舊誌存焉，今直舉遷窆之年月云爾。」

中散大夫使持節亳州諸軍事守亳州刺史兼御史中丞充本州團練鎮遏使上柱國賜紫金魚袋楊知退記。」

（周紹良藏拓本　河南千唐誌齋藏石）

乾符〇一一

【蓋】失。

【誌文】

唐故朝議大夫前鳳翔節度副使檢校尚書兵部郎中兼御史中丞上柱國賜紫金魚袋弘農楊府君墓誌銘并序　長兄中散大夫使持節亳州諸軍事守亳州刺史兼御史中丞充本州團練鎮遏使上柱國賜紫金魚袋知退撰」

維唐乾符二年，歲在乙未，六月壬子朔，八日己未，前鳳翔節度副使、檢校尚書兵部郎中、兼御史中丞、」上柱國、賜紫金魚袋楊府君終于上都靖恭里之私第，享年五十有六。嗚呼，以明年丙申九月乙亥朔，」十日甲申，歸窆于河南府河南縣西尹村，祔先塋，禮也。君諱思立，字立之，其先華陰人。東」太尉震儒學之宗，時人號爲關西孔子，即其後也。曾祖諱燕客，汝州臨汝縣令，贈工部尚書；大父」諱寧，國子祭酒，贈太尉；先考虞卿，京兆尹，贈太尉；先妣江夏李氏，贈趙國太夫人。外祖鄘，門下」侍郎平章事。君即太尉第六子也。君植性温茂，藴識沖遠，幼而岐嶷，弱不好弄，以經明求試于」春官氏，十四擢孝廉第，遽罹憫凶，奄遘大禍。服闋，遂學究大易，孜孜曉夕，精覈無倦，三進有司，因」獲高等，授鄠縣尉。秩滿，調授大理評事。時有辰州封肅者，輕犯朝典，詔君評決枉直，若執熱蒙濯，」披雲見景。屬宰臣持權，横庇封肅，閲君推牘，深不樂之，遣御史皇甫煥迭往覆之，意欲以翻變奸」狀而寬肅之束也。君以貞正自守，剛健不拔，理直道勝，竟不能屈。洎相國魏公謩提憲中司，欲表」君爲御史，以怙權者當位，惜而止之，迨司版籍，乃署君爲巡職，遷裹行監察。江淮諸州，逋積繁猥，委」君理之。受命推誠，律身檢下，但簡儉端慎以奉事，不詆訶峻訐以取名。食檗飲冰，秋毫不犯。繇是州」鎮侯伯加敬異焉。及還京，轉殿中侍御史内供奉，依前充職。使罷，遷京兆府司録。神州浩穰，總括繁劇，糾」逖之任，允謂才難。君當官而行，甚適其用。先是，丞相崔公慎由廉問湘潭，君以版巡奉使爲崔公」之知，逮領鈞衡，頗申公議。以君未齒朝籍，授太常丞，官秩雖清，猶以爲屈，常貯抽擢之意，屢形於」言。無何，上天不祐，再罹釁艱。喪紀既終，遂服朝寵，除隰州刺史。僅及歲餘，蔚有佳政。時有御史出牧」者，君因授代。後崔公相國，拜御史大夫，將板君爲侍御史，會相君以事罷免，遂寢前命，今分洛」李司空蠙，節鎮上黨，辟君爲節度判官檢校刑部郎中，賜緋魚袋，旋改副使，換戎曹正郎兼中丞，錫」金紫。從容罇俎之間，婉畫帳帷之下，以膠投漆，如魚在水，其賓主相得也如是。李公司大計，復請」君判計案，授户部員外郎轉主客郎中如故，稍遷都官郎中。南宮優游，物論稱洽。李公鎮岐山，又命」君副焉，檢校官如潞倅。及歸京輦，閉關高臥，自以裨贊之道，曾無闕歟，不負于所知，不怍於時人，樂道」安貧，吟詠情性，而又交親會賞，風月譚戲，襟韻高爽，煦然如春，仰之慕之，人不能捨。豈謂初因微恙，終」至沉綿，藥石鍼砭，畢湊門下，而天道茫昧，奄棄盛時。方驥騁於高衢，忽蟬蜕於浮俗，斷手之痛，可勝」言哉！君娶京兆韋氏，實華族鼎貴，少有倫儗。韋氏婦懿範令儀，可爲内則。三女曰惠，曰延，曰鸞。延、鸞韋出」也，皆明婉柔淑，閨闈之秀。其小兒僧奴，纔及學步，然聰慧之性，得於生知，冀其成人，以保令嗣。猶子昭兒，」以幼年撫養，權繼重事。嗚呼痛哉！吾兄弟八人，實謬專祭，凋落乃半，訴天何階，良由吾行負明神，禍殃」同氣，昭昭玄鑒，何其憯歟？嗚呼哀哉！夫他人之公不能絶私也，親愛之私不能滅公也，採實摭華，其孰」無病，余方祗事亳城，届于僻左，友于之内，遠以相咨，蓋欲祖述之不誣也。遺闕兹懼，其無慙乎？人壽幾」何，釁裂如此，芝焚蕙歎，脣亡齒寒，其是之謂矣。道途且遥，日月又迫，銜哀搦管，有愧不文。銘曰：

哿矣令人，抱真含粹，温克有聞，仁美斯萃。夙顓經學，早擅科名，」檢身以謹，力善而貞。氣宇深沉，風神澹雅，發言詳正，臨事閑暇。」祇役勤勞，奉公簡直，爲吏爲邦，於焉稱職。潔爾之己，報人之知，」竭誠而已，何樂如之。於戲彼蒼，殲我賢淑，一息不迴，萬恨空逐。」蕭條古村，寂寞荒原，已焉已焉，嗚咽何言！

仲父弟山南東道節度判官、將仕郎、殿中侍御史、内供奉、賜緋魚袋篆書。」

（周紹良藏拓本　河南千唐誌齋藏石）

乾符〇一二

【蓋】 失。

【誌文】

唐故前河南府録事天水趙公墓誌銘　樂安孫溶撰　吳興姚紃書」

嗟夫！瑞雲將布，俄散彩於晴空；皓月正圓，忽摧輪於」天上。即知吉氣難駐，祥光易虧，非唯動息之所瞻，實」亦神靈之所歎。何殊俊造，奄及泉臺，將紀嘉猷，難申」執筆。公諱虔章，字敬彛，京兆長安人也。昆仲」四人，歡侍左右。公異才也，量崇大節，不愧小慈，禮」樂生知，敏捷天受。視扶空之蝃蝀，不足峥嵘；觀截海」之螭梁，未爲硉兀。鳳鶴寫雍容之質，冰壺灑洞澈之」風。纔及弱冠之年，寵授糾曹之貴。莫不清兼洛水，秀」合嵩雲，譽滿東畿，名傳西闕。必謂壽等五千之仞，」榮稱百萬斯年。何期清史而猶未標奇，黃泉而已爲」歸路。嗚呼！天虧一柱，嶽折高峰，斬蛇之劍刃剛摧，射」猿之雕弓絃斷，并雲銷於瞬息，方月缺於逡巡，比逝」賢良，未足爲痛。以乾符三年九月六日告終于平康」里私第，而丹旐言旋，蓍龜告吉，擇用其月廿日葬于」萬年縣甯安鄉三趙村祖之塋側也。今則泉路永」塞，逝水不還，慮陵變遷，略紀貞石。其銘曰：

肅肅令德，雍雍至仁，玉質纔成，冰霜始新。」謹孝無比，忠貞絶倫，於家克儉，於邦克勤。」詎料花發，風起清晨，來飄蘂謝，紅香没塵。」龍城之側，灞滻之濱，一葬其中，三趙爲鄰。」風悲雨泣，慘骨傷神，泉門永固，千春萬春。」

（録自《八瓊室金石補正》卷七十七）

乾符〇一三

【蓋】失。

【誌文】

唐故朝散大夫漢州刺史賜紫金魚袋李公墓誌銘并序　從外甥前義成軍節度副使朝議郎檢校尚書户部郎中兼御史中丞柱國賜緋魚袋崔鍇撰并書」

夫四科具美，哲人用著其徽猷；七德備修，君子克諧於典誥。其李公之謂歟？」公諱推賢，字匡仁，趙郡西祖之後。自漢魏已來，枝派相繼，繁衍昌盛，至於國朝，實山」東之茂族也。曾大父鍊府君，皇相州鄴縣令；大父悦府君，皇密州録事參」軍；烈考應規府君，皇衛尉少卿、累贈太傅。公衛尉府君第三子。府君前娶」馬氏，贈秦國太夫人；後娶田氏，贈紀國太夫人；公紀國所出也。冢兄相國讓夷，」天産異氣，岳降英靈，自清化源，彌振德業。是以一門光大，弈葉蟬聯，勢逸雲霄，聲馳」寰宇矣。公少負奇節，夙藴殊能，富三年積字之功，貯一鳴驚人之業。相國持權，」諸侯累辟不就，常曰：仗當塗之力而挂簪組，曷若罄生平所志而求遇於」王公哉！古人耻没世而名不稱，苟名不立，身亦何榮。其秉操也如是，愈爲時人所重，竟奪」其志，遂授秘省校書武寧軍節度巡官。府罷，授河南府陸渾尉，直弘文館。秩滿，除國子廣」文博士，依前值弘文。故馮尚書審，雅重於公，出居左輔，拜請爲長春宮判官，奏□」中侍御史内供奉。馮公受代，公以殿中丞昇朝，改太子右諭德、衛尉少卿，再」授左諭德、太子左右庶子，歲滿，加朝散階，復爲右庶子，拜玆郡焉。中謝日，懿宗皇」帝寵愛其材，特賜金紫。公之解褐也，聯居清貫，美厠郡英，道不苟合，心無所營，退不」懷憤，進不爲榮，凡百多士，罔失其情。故首列班行，未嘗以一言干於時政，而欲圖身，是」以併處於閑散，在儒家執謙光之義，在道門□□然之宗，在佛書究真如之理，是以勢交」啗利，莫可易其心矣。加以植性温和，默□□舊，骨肉不知其喜怒，親朋莫見其愛憎，信可」爲士族之圭表，衣冠之宗範。衛玠曰：人之不逮，可以情恕；非意相干，可以理遣。故終身無」怨怒，曠百千歲，無人是傚，公實爲之。理漢州日，顧謂郡中人曰：漢帝云：與我共理者，」其惟二千石乎？則知刺史之任非輕也。及歲滿，耆童懷父母之德，井閭知水薤之方，爭投」劉寵之錢，競臥龔黄之轍。廉使高相國駢累表聞薦，稱蜀郡之課最，即化民阜俗之」道可明矣。罷郡三年，年七十四，寢疾，終於上都通義里。親猶子在蒙，登進士第，從知」相府，七貴賜緋，乞假歸京侍公之疾，因奉遺命曰：吾殁之後，第從薄葬之禮，無越吾」生平之所尚。以乾符三年十一月十七日，葬于京兆府萬年縣義善鄉大仵村鳳栖原□」先塋，夫人蕭氏合葬焉，禮也。嗚呼！當大漸之際，能守初心，不殞獲於存殁，斯亦前聖□所」難也。娶蘭陵蕭氏，左補闕敞之女，先公十五年而終。有兒女二人，女在室□□子□」策，仕爲畿丞而亡。別出四人，兒曰醜兒，年十三，機性邁俗，綽有父風；次曰□□，女□」娘九娘，皆尚提稚。錯與公猶子侍御早接交遊，得熟其事，因以斯文見託，銘曰：

喧喧世人，默默君子，世人衒名，君子修己。不忮不求，無非無是，行寡悔而」言寡尤，用則行而捨則止。理郡功成，居家道美，龔黄之政齊□，□□之風□□。」自著休光，孰與儔比？鬱鬱佳城，滕公居此。」

（北京圖書館藏拓本）

乾符〇一四

【蓋】無。

【誌文】磚文。

唐乾符四年歲次戊戌二月己亥朔十八日乙卯，樂安俗姓蔣釋僧敬章，時年甲子五十七，乃幼習儒典，□歲披緇，好遊雲水，參禪問道，金剛辨宗疏爲業，焉知生死常逆，預修邱阜，函木具矣。今恐桑田改變，遺列不彰，故剋貞磚，乃述贊曰：

年過耳順，勢之豈長。同超苦海，普愿西方。

（上海市文物保管委員會藏磚）

乾符〇一五

【蓋】失。

【誌文】

唐故隴西牛府君墓誌銘并序」

牛氏厥始殷宋之苗，司冠之胤，因官逐任，星職中華，今爲」上黨人焉。府君祖諱廣，不仕，享齡八十六，而棄世於上黨；」父諱貴，不仕，亡年七十二，無疾終於私第；咸遷厝於府城西南」十里，地名狐爂坂也。府君諱延宗，凡爲措履，能繼」祖宗，其於心誠，不拘小節，輕於金玉，重於信義，人有危急，」以誠報之，必□蹈火之遂。於戲！公既蘊其德，天何不褫，」時乾符三年孟秋，遽罹沉瘵，每召醫術，略無微效。嗚呼！罔」遇令威之術，必虧籛氏之年，風燭奄及，長辭人世。明年三」月十二日，終潞州市西宅春秋卌有四。公之母曰隴西李氏，」年過從心，返悲嗣子；公之夫人曰郭氏，每興憤痛，哀悼」時聞。公有二子，長曰留九，乾符三年十二月十五日而終焉；」次曰孟十，方將齠齓，遽至彫殤，權殯于狐瘻先祖之塋。小」女曰五娘，幼失天蔭，甯辨追攀。嗚呼！日月遄征，龜　告吉，」掄得府城西南故苗相碑樓東北可百餘步地二畝二分，善價貿」之。此地去州城三里，永爲宅兆。以乾符四年夏五月九日，并男留」九是日安厝于兹地，及自狐瘻坂啓先父神儀并小男孟十，遷」就公之塋，禮也。前二百餘步，覩苗相之塋樹；後二百餘步，枕高河」之長岐。左眺高巒，右顧長川。嗚呼！大塋既奄，封樹森然，何千萬」年，此爲安宅。慮丘壠變移，永託兹銘。銘曰：

牛君昔氏，傳芳」隴西，跡行空在，公今何之？古碑東北，此土云歸，人事已矣，萬代長辭。」

（録自《山右冢墓遺文》）

乾符〇一六

【蓋】　大唐故李府君墓誌銘

【誌文】

唐故鄉貢學究李公墓誌銘并序　表姪鄉貢進士裴璆撰

公諱顒，字　，隴西成紀人也。其先帝高陽之苗裔，虞夏之時，咎繇爲大理，因官命氏，裔孫曰徵，事紂得罪，其妻攜子利貞逃難，食木子得存，因改理爲李。涼武昭王暠之孫承後魏龍驤將軍雍州刺史封姑臧公，公即姑臧公之房也。大王父諱瑶之，皇池州青陽縣令；王父諱鍇，皇灃州司馬；烈考諱重光，皇襄州文學，位不配德。公即襄州府君第三子，滎陽鄭夫人之出也。生而沉厚，不尚浮華，然諾必時，有古人操。及冠從師，就經術，舉躬耕專誦，毋怠斯須。中年以家室罄遺，慮闕旨甘，思易是業，乃訪所親，求捷其選。敘者或曰：春官氏每歲取能明一經者謂之學究，既簡且易，苟得之，遊歷清貴，不羡詞科。公從之，業就，會先夫人疾作未瘳，求醫奉藥，服不解帶，時爲人難。竟丁夫人憂，哀毀過禮。及闋，將受薦，暴染風痺，不起床蓐。至是乾符四年四月，疾大漸，六日，捐館于鄭州滎陽縣之别墅，享年五十二。即以其年七月十日歸祔于先塋之北，禮也。夫人清河崔氏。父崳，皇河南府澠池縣令。有男曰晉七，未冠；有女未笄；皆夫人之出也。嗚呼！人各有志，所尚者榮名，如公之德行而奇於一第，豈非命歟？及禍之夕，家無贏蓄，而公之元昆，縻官周地，不冀素居，悉力供營，凡附於身棺者無闕。然自姑臧公之後，遞有支屬，世皆勳爵，其家風禮法，頗爲士大夫之所宗仰。璆仁和里，世族不昧，每申姻好，必俟良家，是以與公先後稠疊懿戚，璆忝承中外，獲奉贊述，内愧孱蕪，難周盛美，敬爲銘曰：

道之將行，時不我與，天既弗聰，吾將熟語。爰感存亡，孀妻稚子，命也有涯，人生如此。

（録自《陶齋藏石記》卷三十五）

乾符〇一七

【蓋】大唐故李夫人墓誌銘

【誌文】

唐故趙郡李夫人墓誌銘并序　第二弟奉義郎行河南府永寧縣尉陲譔并書及篆蓋」

夫彩雲易散，蟾魄俄虧，極精瑞於九霄，速凋殘於一瞬，其誰宜喻？是則夫人。夫人姓李氏，諱愍，字道廣，」趙郡贊皇人也。李氏之族，周柱史後，累世輝映，不可殫論。三派分宗，是爲東祖，晉魏高齊」周隋唐代，皆簪纓貴盛，綜冠甲門。大王父諱元善，襄州録事參軍、贈太師；王父諱絳，」山南西道節度使、檢校司空、贈太傅；大人前宣歙觀察使、兼御史大夫名璋；先太夫人盧氏，」范陽縣君；外王父諱匡伯，河南府洛陽縣丞；夫人即第二女也。嘗聞夫人在孩孺閒，凡所」習玩，必迥出羣，逮乎成立，聰慧無侶，天資孝友，神授温柔，可龜鏡者。懿範作標，表者容儀，遇一事必探」其源，待一物唯恐不至。目所了者託以未詳，心所曉者隱以未别。既察人心苞喜怒，而知人舌齰意思。不止於女工婦德，頗閑於禮樂詩書。生而知之，韜而抑之。若在冠帶，則顔子賢智不足過，莊生曠達未必是。」大人以夫人親兄弟五人，愛女唯夫人耳，令淑柔能，特異鍾念。期驕奢以縱恣，益儉損而」低佪。夙承深旨，慚被慈流。樂人談忠孝之風，惡人傳悖慢之事。戀庭闈而恐悚朝夕，奉親賓」而周旋禮數。敬兄姊必及於使令，愛弟姪每形於顔色。見機臨事，生慮未萌，舉是令猷，非欺翰」墨。洎咸通九年，薦藻有歸，委禽成禮，適清河崔滂，字德涯，前國子監主簿。大王父諱虔，大理評事；」王父諱稃，懷州録事參軍；顯考諱肇，河南府澠池縣尉。夫人正坤儀以勵己，行婦道以宜家，奉」崔姑而純孝動人，沐温顔而深情蓋世。叔姪欽敬，娣姒師資，與崔德涯和鳴之道，魚水相從。崔子」有一事未達，必詢之於夫人；夫人有一事將決，必訪之於崔子。可則舒，匪則卷。其相得也至矣，相敬」也盡矣。至於崔德涯折旋俯仰，人事親疏，必先傍喻，暗契指歸，人智之所未及，神算之微已晤。常知辱」易足，遠物極焉。噫！非夫人仁智孝愛，恭儉謙和，曷中外之異觀耶？夫人生二男二女，長曰蘭」孫，適年七歲，教而誨之，慈而令之，向使孟母陵親復生，亦厚顔於今日也。次曰宛孫，夭而不育；女曰魄媚，」幼女未名。崔氏以力殫官卑，嘗自愧懷，每興言意，夫人必應對達理，因語崔德涯曰：何待余鄙耶？」余執箕箒以事君，復無能而無美。君爲將爲相亦未榮，爲丞爲簿抑又何恥？豈天與其賢而遽奪其壽乎？初，」崔子罷京秩，歸寧，侍高堂於澠池縣也，未逾月而澠人嘯聚，逐縣令而立其寮。鄰境懼萑蒲之」盜，欲鯨敵於是邑。人情驚駭，奔北道途，陲獲拜覲，便議諮迎，請崔子扶侍板輿，及致夫」人入洛，纔容信宿之程。狂寇果焚劫澠邑，殺傷且衆，逃遁罕及。此際夫人免其危難，謂臻遐壽，榮耀」二門，河魚之苦似平，晉豎之徵斯在。不圖樂未央而衰禍生，喜未極而英華散，此陲所以倍痛心者也。」夫人嘗謂陲曰：吾聞生有其地，勞而無功，其我爾之謂乎？當彌留之際，謝崔姑曰：某以冥期難逭，」固不悵悵，然所埋恨於地下者，長違嚴訓，永隔慈仁，未竭侍奉之心，不副憂憐之」意。鍾憐魄媚，希保惜之。顧此人寰，戀何及也！再安幼稚，下念童僕。屬纊之時，尤加匀布。既而泣下，左右魂」銷。竟以七月十四日，終于東都陶化里陲之居第，享年二十有九。乾符四載也。當是時，尊卑劇痛，禽鳥」悲鳴，冤枉哀懷，辛酸骨髓。此陲行負於神明而禍及於夫人也。深情咽塞，貫徹心靈。崔德涯衷傷」哀悼，殆不勝任，含鯁茹冤，凝神若失。痛雍和於十載，報情禮於九原，撫視諸甥，倍深嗚咽。後一夕，陲得夢於」夫人曰：吾獲計於前途，得歸身於我黨，因緣復結，似可庶幾？釋不云乎：隨愿往生。此夫人之深」志也。德書未盡，詞且云云。洎崔德涯歸卜于河南府洛陽縣平陰鄉北陶村，以其年八月二十八日」祔于先塋，禮也。陲守官伊洛，得備行實，鯁咽操觚，刊銘掩泣。銘曰：

德門兮賢多，歸令族兮孝和，天不仁兮奪壽，神不明兮奈何！」豈冥漠兮婆娑，應依倚兮桂娥。想仙路兮春容，稱霞衣兮佩珂。」千秋萬歲兮永安吉，洛城北兮邙山阿。」

（周紹良藏拓本　河南千唐誌齋藏石）

乾符〇一八

【蓋】失。

【誌文】

唐故苗府君夫人彭城劉氏墓誌銘并序　嗣子哀子弇撰并書」

先妣劉夫人，其先彭城遠裔，流落江左，家籍失墜，故」匿名不書。嗚呼！」夫人乾符四年六月六日薨于河南府福昌縣三鄉官舍，」其哀弇等，孤失怙恃，孺慕銜恤，擗踴泣血，號絶數四。相視」言曰：無諳孰可託叙事遠親戚委其銘紀？乃輟哭興涕，扶」力自述，無文飾詞，實載其事。」夫人天受聰明，生而知禮，笄年之始，歸」我先君，孝愛承家，和順親友，撫養訓導，嚴慈兩全。」我先君鄉薦十上，黜於有司，竟失顯榮，俄畢人世。其後鞠」育孤幼，二紀于兹，備歷辛勤，未嘗愠色。及後女聘他族，子」從宦名，雖免闕於飴甘，且尚辜於榮耀。豈謂天奪壽考，俄」閱逝川，痛毒諸孤，昊天罔極。享年六十五，以其年十月三」日歸葬於洛陽北原先君之塋側也。有子三人：長」曰弇，前任許州臨潁縣主簿，秩滿復以他選授福昌縣尉；」次曰彝，次曰異，皆各修立，克持門户。女三人，長適蒙刺東」海于思晦，先夫人終；次適前臨潁主簿范陽張夢」殷，次始定滑州韋城尉隴西李瑜，子壻悉有宦名，」夫人歿無恨矣。弇號叩叙事，刻石爲銘，其詞曰：

逝水滔滔，浮生冉冉，人世難迴，泉臺永掩。」高墳崔嵬，悲風淅瀝，爲千萬年，」先君之側。」

（周紹良藏拓本）

乾符〇一九

【蓋】失。

【誌文】

唐故温州刺史清河崔府君墓誌銘并序　三從猶子攝東都畿汝州都防禦巡官前鄉貢進士兢撰」

有唐乾符紀元龍集丁酉，故温州太守崔府君終于鄭州滎陽縣之傳舍，享年四十四，」殲善人也，有識嗟焉。即以其年十一月戊戌朔廿三日庚申歸葬于河南府洛陽縣平」陰鄉陶村，祔于松檟之先次，禮也。府君從父兄前國子博士瓌既自襄事，以將」圖不朽，必播美于石，以兢居阮巷之列，又忝科第，遂命爲誌，故不克讓。」府君諱紹，字襲之，清河東武城人。曾大父皇懷州刺史，累贈司徒府君諱朝；」王父皇南昌軍副使試大理評事，累贈太尉府君諱税；烈考皇湖南觀察使、御史」中丞，贈刑部侍郎府君諱罕；外族鄭氏，皇太子太傅府君諱漳之外孫。府君於」湖南府君爲堂猶子也，湖南府君以無子，遂命府君爲之後。府君之妙盡子」道，特鍾湖南府君之愛念，孝悌恭敬，九族稱詠，生知之能，於焉備至。以蔭叙調補」率更寺主簿，考滿，又參常調，授太常寺協律郎。職業修舉，局署聳觀，故壽州團練使辛」中丞晦嘗遊府君之門，且挹其才用，遂奏爲團練判官、試大理評事，潔己峻道，盡賓」畫之美。府罷，故刑部韋侍郎用晦廉問陝郊，聆府君之譽，急於維縶，聞府君之」樂於臨莅，遂奏授安邑縣令，未幾，屬季父故宣州觀察使府君自左散騎常侍出」守甘棠，遂奏换同州白水縣令。兩邑之政，吏胥息奸，鄉閭懷惠，輸賦男女，咸惜其去。及」授代，故青社于常侍涓與府君有一言之合，辟爲觀察支使，奏授侍御史。罷歸，拜大」理正。詳明法律，洞究根本。因對揚天問，面錫緋衣銀艾。俄以家道貧窶，求爲外任，」乃拜永嘉太守。郡政清肅，首出鄰境。無何，潤帥失撫，末卒勃亂，招合亡命，恣擾郡邑，遄」及永嘉之封。府君督軍人百姓，勵以鬭志。屬乞師不及，遂失城守。吏民咸白府君」爲潛匿之計。府君以荷任專城，不忍自顧，乃面賊帥，諭以逆順，詞氣無屈，兇渠乃加」敬而存禮焉，一郡無屠戮之禍，府君之德也，朝庭嘉其用，方俟寵遷，府君以」季父方鎮宣城，盡室修覲，旋遇宣州府君薨背，府君護奉北歸，痢血于道，奄從大」數。以乾符四年八月十六日告終。娶隴西李景回女，生一女婉婉，年十三；别子一人山」僧，年十七。嗚呼！生有嘉聞，長有才識，盡愛於閨門，執操於知己，宜有高位，宜躋遠壽，歎」然所賦！吁何問耶？亦冀有子，其將不泯乎？兢少長之中，且鄰年齒，追聚遊覽，每異情愛，敢罄虚蕪，粗述德行。銜悲秉筆，懼不詳及。銘曰：」我宗之閥，濟以道德，府君之生，服膺典則，禀孝懷仁，」剋己自飾。言參仕宦，洞達政經，寬猛資政，淄磷立誠，」克副知己，自峻公清。於惟府君，誠明是資，道過三省，」言防四知，夷險齊致，靜喧靡隨。不享貴壽，奄終卑位，」爲善可疑，嗟惋曷既，山高水深，斯德無已。

堂猶子鄉貢進士連孫書。　　鐫字人韋從實、韋從敏。」

（周紹良藏拓本）

乾符〇二〇

【蓋】 失。

【誌文】

亡室姑臧李氏墓誌銘并序　進士清河崔曄撰并書」

亡室姓李氏，諱道因，其先隴西成紀人。德邁于庭堅氏，望」顯于姑臧公，派分清源，照灼羣族。曾王父僑，官終相州成安令，娶」清河崔庭曜女；王父應，官終岳州巴陵長，累贈户部尚書，娶清河」崔少通女；顯考鷺，自中書舍人翰林學士出拜江西觀察使，薨于」位，贈工部尚書。夫人清河崔氏之出，外王父名鄖，終于浙西觀察使。夫」人曾外大父於余爲諸老姑，余於夫人先尚書爲諸從甥。重以石城」之舊，弈世之親，故咸通壬午歲歸于我。奉采蘩之職，修中」饋之道，而能勤敬精潔，動循禮法。先太夫人沉痼踰紀，足不履地，夫」人就養，服勤無離几席，連宵不褫帶，積歲無墮容。洎丁艱疚，毁瘠加等，」晨晡哀號，感徹穹昊。欲報罔極，誓閱藏經，永日中齋，寒暑無替。性」簡素雅澹，薄於浮榮，深味禪悦，視珠鈿繡繢與簪蒿衣弊不殊焉。」嗚呼！高行全德，如此臻極，天報何薄，而人壽何促？不食下士之禄，終」爲旅人之妻，孰謂蒼蒼有知，聖謩可信哉？以乾符三年丙申遘疾」經時，秋七月九日終于上都靖安里第，問龜未叶，從權近郊。丁酉歲」冬十二月辛巳，泣命長子儲護帷裳，自東郊侯宋村歸于東洛，」以戊戌歲正月六日安兆于邙原平樂鄉，祔大塋也。夫人生二子：」男曰召兒，女曰小贊，皆及勝衣，孺慕成禮。召兒曰嵩，贊姊曰夔，夫人」撫鞠之至，見推姻黨。曄以蹇滯不才，多乖始望，愿違偕老，義重」承家，哀恨萬途，莫能殫述，銜悲誌壙，痛不成文。以夫人行在孝經，志」宗釋教，故參用爲銘焉。

婉彼令德，秀于華宗，性通玄筏，教備公宮，道緣道侶，婦德婦容。相視莫」逆，十一年中，多生眷習，一夢相逢。萬期同盡，三有本空，得其趣者，出没虛」通。衍婦何貴？萊妻何窮？銜悲染翰兮銘此德風，玄堂虛□兮異日相從。」

（周紹良藏拓本）

乾符〇二一

【蓋】失。

【誌文】

唐故壽州司馬清河崔府君墓銘并序　長子翦謹述」

府君諱植，字固本，清河東武城人也。」大王父諱好義，皇河南府新安縣丞，贈左散騎常侍。」王父諱儉，皇汝州長史賜緋魚袋，贈秘書大監。」皇妣弘農楊氏。」府君即長嫡，弱冠資廕出身，歷官七任，宰三邑。大中乙亥歲，自鄆」州須昌縣令遷壽州司馬。明年五月，寢疾，以十九日啓手足」于官舍，享年六十六。夫人范陽盧氏，外王父諱中規，明經出」身，歷任兖州金鄉縣令，夫人即金鄉之長女。有子三人，長曰翦，次曰」翽，次曰翼；女七人，三人早夭，第二女適河間邢櫓，幼女在室。」府君孝友慈惠，稟自家範，清貞温雅，皆得祖風。夫人撫孤事」往，過甚哀瘵，服未闋，復寢疾于喪次，以大中戊寅歲六月九日，」奄終於洛陽崇政里，享年四十九。其年仲父隋，守官京洛，以年月不」便，遂權厝於大塋側。自後嗣子不能自立，近二紀不辦安窀」穸，三子偷生苟飯，叩血路人，以乾符五年四月廿六日，方備遠期，葬」於河南府洛陽縣清風鄉郭村北原，祔先塋，禮也。翦等銜哀」泣血，謹書其事，直紀年代，故不敢文。謹誌。銘曰：

北邙安厚，清洛濬長，安厚億載，濬遠無疆。」祖先安此，後裔其昌，以子以孫，貞于□□堂。」

（周紹良藏拓本　河南千唐誌齋藏石）

乾符〇二二

【蓋】失。

【誌文】

盧氏室女，小字樂娘，范陽人也。父陟，前任」秘書省著作郎賜緋魚袋，母隴西李氏；」大父諱方，皇任大理評事、東都留守推官；」曾祖諱瑗，皇任歙州刺史；外王父諱望，」皇鄉貢進士；中外清華，簪組蟬聯，詳之家」諜，固不備載。乾符五年五月七日抱疾，終」于東都康俗里第，享年廿一。幼而敏惠，長」而溫和。奉上極孝敬之誠，接下盡仁恕之」道。宜受介祉，宜享遐齡，天乎不仁，夭我淑」女，福善之説，何其謬哉？以其月十九日葬」于洛陽縣平陰鄉北陶村，祔」先祖塋兆，禮也。吾智非上聖，當痛迫衷時，」悲而不文，以虞陵谷。」

（周紹良藏拓本　河南千唐誌齋藏石）

乾符〇二三

【蓋】　失。

【誌文】

唐故濟陽蔡府君夫人清河張氏墓誌銘并序　將仕郎前守建州建安縣尉周祁述」夫人清河張氏，即燕公之裔也。洎乎枝葉分散，葩蘂流芳，凡」歷代多高名達宦，喧于聖朝。夫人即其一枝也。曾祖」昭皇；祖實皇；考贄皇；皆著述篇史，高卧雲泉，厭爵位以」羈身，狎鷗羣而逸志。夫人洎初笄之歲，適于濟陽蔡公，」官試廷評。公以乾符四年四月二十二日寢疾于池州至德縣，」先赴終期，權厝博陽山之原也。夫人孝睦居心，幽閑守性，」惠淑美於姻族，謙沖肅以閨庭。秋月圓時，迥比孤貞之態；霜」樫茂日，益彰淩勵之姿。素懷陶氏之賢，不乏孟家之訓。」夫人育一子曰胤，傳於令嗣，英敏特生，既藴孝以立家，亦將忠」而奉國。綰禁職而韜鈐有用，居臺憲而禮樂無虧，乃」擇良姻，媾于姚氏。女三人：長適張氏，少而守孀；次娉王氏，嗣」適趙氏，皆出時標表，盡歷宦途。無何，狂寇興戈，傷殘井邑，奔」逃山野，備受艱勤。而乃飲養乖和，寒暑失節。既瘡痍稍復，遂」遷寓隋都，謂日減沉痾，將期孝養，豈料三醫畢訪，二豎頻攻，」遥山之烏影將沉，殘夜之鍾聲忽絶。以乾符五年七月十九日」大期俄至，冥路旋歸。夫人享年六十矣。今則龜著告吉，窀穸良」宜，以其年十月八日吉辰，歸葬于揚州江陽縣城東道化坊之原，」禮也。祁夙叨睠分，敢讓刊珉，直而不文，乃爲銘曰：

穹旻何爲？禍福難決，花落重開，月圓還缺。守謙茂行，」唯儉與節，德範猶傳，蘭芳不絶。霜草寒枯，風燈影滅，」白楊蕭疏，逝水嗚咽。丹旐前飛，孤男淚血。」千秋萬歲兮悲愁，一寢玄堂而永別。」

（録自《廣陵冢墓遺文》）

乾符〇二四

【蓋】 傅府君董夫人合祔銘

【誌文】

唐故慶州軍事衙推儒林郎試右武衛兵曹參軍傅府君董夫人合祔墓銘并序」

府君諱簡文，其先著望清河。祖諱翼，」父諱佐。府君立身端謹，不好浮華，守道而」安，與物無競。何圖哲人其萎，君子不禄。洎」乾符五年七月廿七日，遘疾終于揚州江」都縣通閏坊之私舍，享年七十三。娶隴西」董氏，即顗之女也。享年六十二，不幸于五」月廿七日而終。育五男二女；長仁本，次彬，」次仁讓，次仁禮，次仁建，并未伉儷；長女適」邸氏，次仍在室。諸孤泣血，扶護二魂，即以其」年十月廿三日窆于江陽縣道化坊，合祔」禮也。固刊斯銘而云。詞曰：

令婦先逝，哲夫云亡，生則齊體，死葬龍崗。」五男二女，泣血穹蒼，勒銘紀德，子孫傳芳。」

（録自《江蘇金石志》卷六）

乾符〇二五

【蓋】 失。

【誌文】

唐故昌黎韓府君墓誌并序　前鄉貢進士趙均撰」

山川精英之氣，騰爲卿雲，降爲賢人。雲不能久於天，賢不能久」於代，類相及也。噫！有唐乾符五年八月十八日遘疾，殁于洛東」告城縣，所薨者即昌黎公也。公諱綬，字子飾，京兆人，先漢淮陰」侯之裔也。曾祖思乂，以勳累拜雁門節度使，贈工部尚書；祖惟」政，以勳入仕任蓬州朗池縣令，贈蓬州刺史。公稟淳懿之資，抱」沖和之德，含文而見質，知曰以洪筆，麗藻播于縉紳，入上獻書，」垂成鷁退，居然敖世。公以外族天德防禦使姑藏李瑠即故太」尉晟公孫也，慕公之義，待以殊禮，辟爲防禦巡官。公植性放逸，」退讓不從。公有二子，長曰邵，任光倅兼吉王府司馬侍御史；次」曰郜，忠貞孝友，皆著令聞，亦以軍功任蘄倅殿中侍御史。公婚」樂安樊氏，長卿之長女也，有蔭莊，去此塋十里。婦德明柔，翔出」閨表。公享年五十有八。及疾將革，更命二子，示以殁期，兼誡以」送往之儀，務從儉約。言訖奄然而逝。以其年十月廿三日歸窆」于河南縣平樂鄉朱陽村之原，禮也。公之流派能績詳于國史，」孝行刊于家諜，此不殫陳。均末學，早忝中外，命述遺德，敬無愧」辭，輒爲銘曰：

昔爲列國，爭長任德，支姓下分，君族斯植。代有清芬，播爲時文，綿延祖續，栢悦蘭薰。君德之美，汪然若水，善下之道，流于千祀。洛北之門，左堈右原，佳城於此，藏君之魂。

乾符五年歲次戊戌十月癸亥朔，廿三日乙酉建。

篆額人處士王厚德　鐫字人韓師復。」

（周紹良藏拓本　河南千唐誌齋藏石）

乾符〇二六

【蓋】　失。

【誌文】

唐故嶺南節度使右常侍楊公女子書墓誌　兄文林郎前京兆府兵曹參軍檢撰并書」□□諱芸字子書，隋越國公素之裔。顯考公常」□□□諱發第七女。曾祖公諱藏器，邠州三水」丞；顯祖公諱遺直，贈右僕射。府君名重於時，」德□於世。子書之諸姊皆託華胄，如户部侍郎、」翰林學士劉公承雍五朝達，皆子書之姊壻。」子書自童年則不隨稚輩戲遊，端默靜慮，有成人」量，不甚賞絲竹，寡玩好。諸兄所習史氏經籍子集」文選，必從授之，覽不再繹，盡得理義。勤於隸學，巧」于女功。喜不形色，愠不見容，内外推敬，稱非凡女。」會乾符五歲夏，京師癘疫，子書之兄姊姪妹危」疹者相次。子書省視力悴，憂勞内侵，疾不涉旬，」竟厄夭壽。以六月七日終于延福里第，春秋卅。十」月廿八日，葬于長安縣南原姜允村。嗚呼！天與其」淑而不與其壽，夭之灼灼，忍落疾風，四氣輪謝，時」可訴乎？於是其兄慟血而銘曰：

華吾族兮，成吾之妹；悴吾門兮，德亦其除。」于嗟天兮付不俱，生有恨兮泣血漣洳。」

（周紹良藏拓本）

乾符〇二七

【蓋】 失。

【誌文】

唐故上谷成公墓誌銘并序」

公諱君信，字匡時，其先本周成伯之後。父惠通，皇平盧軍」先鋒副馬軍兵馬使檢校太子賓客兼御史大夫；祖環，皇不」仕。公立性端良，剛柔得中，内藏玄奥，外示謙和，早爲軍府爪」牙之職，後以年德將邁，退居里中。有識是者，知公懷大信大義，」爲至英至仁，皆暗慕相知。公亦默而見諾，故得門名長者之車，」親皆禮樂之士。何乃日月有數，疾瘵屢鍾，以乾符五年八月八日終」於私第，享年六十七。公娶武陵嚴氏，生一男行實，婚武威段氏；一」女，適隴西牛從實，實爲節度要籍支計斛斗司。公以孫建，立之爲後，」婚清河張氏。建弟小福、公喜、絳郎等，年悉幼稚，心力未任。姪行賓」爲右廂都虞候判官。皆行賓及子壻從實感激嚴訓，竭力祇承，」佐夫人同辦遷厝，以當年十一月廿九日葬於青州益都縣望沂鄉之」原也。旐幡前去，孤雲爲之慘悽；轜車後來，流水豈任嗚咽。盧江」河他去，巖谷遷移，聊録行藏，以銘貞石。銘曰：

天際高標，藏諸道德，素月懸徽，白雲爲則。」卓雅百稱，規章無忒，唯信唯義，心期本志。」自悦自惧，誰達兹事？青松白楊兮乃荆棘之固殊，」千秋萬歲兮因積善之能置。」

（録自《山左冢墓遺文》）

乾符〇二八

【蓋】 唐故吴興錢氏女墓誌

【誌文】

唐故吴興錢氏女墓誌　叔鄉貢進士珝述

乾符五年歲次戊戌十一月壬辰朔廿九日庚申，錢氏女烏娘終于長安昭國里祖廟之東偏。我烈考故太子賓客贈工部尚書府君諱方義，仲兄故户部巡官試秘書省校書郎府君諱璪。烏娘即校書府君之長女。生三歲，其母葛氏卒；後十五歲，丁校書府君憂。服除三歲，遘疾終。生世二十二年中，所賦也如此，痛哉！而生植慧性，夙成淑姿，執先君之喪，盡其哀，事吾嫂劉夫人之心本乎孝，愛異母之屬極其仁，奉長幼之序均其分。有自然之深識，得自守之常規。故其終也，雖家人無不悲以出涕者。嗚呼！婦容已成，天命則夭，骨肉之痛，其可勝耶？即以其年十二月壬戌朔十一日壬申權窆於京兆府萬年縣甯安鄉三趙村。歸祔先封，期於吉歲，載刻幽石，痛不忍銘。

（録自《陝西金石志》卷十九）

乾符〇二九

【蓋】 失。

【誌文】

唐故平盧軍兵□□□鹽務使高陽郡耿府君故夫人太原王氏合祔墓誌銘并序　鄉貢進士王□撰并書」

府君諱庸，字大用，昔後漢將軍恭字伯宗，當疏勒被圍，穿井五丈，皆不得」水。恭乃向井而拜，飛泉湧出，□□□君之遠祖也。」曾祖諱堅，祖諱烈，列考諱寧，□代有令緒，名譽顯彰，賁于丘園，高」尚其士，遁世不見，棲跡衡門，遐邇嚮欽，餘風未殄，故不書。」府君清貞公忠，廉平正直，負濟世之策，蘊佐命之才，職匪因媒，功名自立，妍精著」術，博覽羣書。手翰而滿室垂籤，諷讀而五行俱下，達其道，潔其身，樂其性，暢其」神，審用舍而行藏，隨治亂而出處，栖閑養志，晦迹辭榮，往哲前賢，無以及也。以乾符」三年冬十二月下旬有五日，宿疾彌留，歿於私第，享年八十有一。」夫人王氏，天資令淑，坤德合儀，風雅惠和，肅雍温暢，朗逾片玉，芳邁幽蘭，婉而貞，」柔而正，訓子孫有孟氏擇鄰之操，重賓客有陶母親仁之規。粤以乾五祀冬十」月有八日奄然如寐，無復乞言，□年八十有三。君與夫人俱延遐壽，積善」之徵，上古可儔，今來罕并。夫人與君合德，有子二人，長曰遠恒，抱痼疾」不履人事；次曰弘，職班武幕，官列殿中，帥旅整戎，頻征屢戰，術窮三易，藝洞六韜，覩風雲知勝負於魚麗，聽城烏覺王師之夜遁。智如炙輠，辯若吐屑。」討南蠻五載，鎮北海三秋，禦寇成方，勳榮自致。洎乎寢苫枕塊，泣血絶漿，」子輿子春，然可侔矣。爰以曾高松栢，北海遠郊，近□」考妣創塋，卜兹近地，以明年春二月二十四日祔葬于青州益都縣孝義」鄉澠水里之原，禮也。其銘曰：

慤質挺特，毖閟蘊德，功不自伐，默而以識。良木既壞，哲人其萎，乘鸞駕煙，知之其誰？閨壼垂訓，龜鏡遺式，」夜燭臨飈，白駒過隙。幽顯輪迴，罔有定極，彼天蒼蒼，」佳城鬱鬱。宛徇青烏，那開白日，馬鬣黯封，龍耳隆嶷。」萬歲之寧，千秋永吉。」

（録自《山左冢墓遺文》）

乾符〇三〇

【蓋】失。

【誌文】

唐故文林郎試左武衛兵曹參軍彭城劉府君夫人太原王氏墓誌銘并序　堂外甥鄉貢進士楊去甚撰」夫人太原王氏，其命氏之源，帝胤仙宗，門華根濬，焕乎史策，可得而言。後子孫居太」原，其派有在祁邑者，又別爲祁房。夫人乃祁之第二房，梁都太尉公僧辯於」夫人即九代祖，隨禮部侍郎顒即八代祖。自國朝振振其鷺羽，執圭佩銀黄，」代無乏嗣，若秉魚湏衣藍衫仕於州縣間，亦難用其數。迨乎潛志丘園，約己富德，藴」業抱才，枝葉其行，以保于身，抑又間出焉。曾祖良，皇僕寺丞、贈秘書丞；」祖瑗，皇河南府潁陽縣丞，贈右散騎常侍；父從長，皇試右威衛兵曹參軍；」伯父建侯，皇銀青光禄大夫、袁□□□洋等州刺史，封太原縣男；至其仲季諸父，或」尉于邑，或長于縣，宗親中外之懿近，焜燿連屬而相映。夫人同氣手足凡四」人，多不壽，今唯元昆俅，靜以處順，閑居潁源，優游於壽福。夫人生而聰悟，性」淑□，德行言容咸充備，工巧書計所難比。少孤，鞠於義陽季父。後」義陽不禄，叔母與堂昆仲寠於事力，雖踰笄未議問名之處。去甚先大夫」先太夫人在洛京，遂輦致於所居，經歲乃得試左武衛兵曹參軍彭城劉公思友。既」承親迎，成他族之後，中饋得其宜，主祀不失職，親戚疏近，咸所歡心，唱于彼」而我隨，泰其生而身約。自開成五年至咸通□年凡三十餘歲，兵曹即世，哀」過乎□。三年喪闋，益栖心釋氏，每用崇信，葷血不及於口，食糲誦佛經偈，重治産。而」實誨一子及婦與諸孫，愈肥其家，以熾乎族。子既仕，孫滿眼，坐享禄利，方萃歡榮。無」何，早縈微風恙，常亦不甚苦於事，忽驟成深疹，支體不能屈伸，頰舌莫得摇動，歷二」三日，雖和緩所不拯，以乾符五年六月二十三日終于東都綏福里宅之正寢，享齡」□十四。有兩男：長曰鄭九，夭枉於十餘歲；次曰戩，前任汴州開封縣主簿，娶渤海高」氏，故潁州刺史證之孫，試協律郎涣之女；有孫男一曰孟七，孫女三曰王六、曰王八、」曰小秦。夫人始屬纊，開封弟呼天泣血，殆將滅性。既斂殯於堂，詢於龜筮，以本」姓搆忌侯利，便且踰歲，明年二月二十四日，乃遷神河南府洛陽縣平陰鄉」鳳臺里，祔於兵曹，禮也。開封弟將刊紀，謂去甚可以詳其事，俾書其實，由是」銜悲而言，銘曰：

和柔守□，稟於天然，清靜立志，歸於佛焉。克恭克儉，婦職是專，」自勞自勗，母儀可傳。常期上壽，五福將延，誰謂微疹，衆醫莫痊。」令嗣號叫，寧顧生全，諸孫悲啼，淚每涓涓。清洛之陽，惟山曰邙，」陶村之下，尤得其良。掩抱爲勢，重複成崗，兵曹玄室，厥地中央。」乃卜歸祔，日時允臧，何唯今善，永保後昌。」

（録自《芒洛冢墓遺文四編》卷六）

乾符〇三一

【蓋】失。

【誌文】

唐故宣義郎侍御史内供奉知鹽鐵嘉興監事張府君墓誌銘并序　前荆南觀察支使將仕郎試詹事府司直□蒙撰

府君以乾符六年二月卅日終于常州義興縣之私第，踰月，其仲弟中權銜哀致書□□□以誌來請。蒙之與君寓居同邑，頃在京師，往來甚密。蒙之季與君之季□□□□□□交甚固，以是得孰君之所行事，書其善，刊諸石，則又安可辭耶？君諱中立，字□□，其先范陽人，晉司空華十五世孫。高祖紹宗，皇邵州武岡令，贈宜春郡太守；博學工書，著蓬山事苑卅卷行於世，蘇許公爲之製集序，韋侍郎述撰神道碑。宜春生盛王府司馬翰林集賢兩院侍書侍讀學士諱懷瓌，有文學，尤善草隸書，與兄懷瓘同時著名。學士生池州長史贈金州刺史諱涉，嘗以文學登制策科。金州生普州刺史諱爽，進士及第，登朝爲殿中侍御史□稱其□享年不永，竟不至高位，當時惜之。君亦普州第二子也。□失恃怙，授兄長之訓。初兄以□□調補霍山縣糾隨兄之任，孜孜務學，以至成人。大中初，再調授武進尉，謂君曰：曩以若等幼稚，未克□生，今既長成，可以蒇事。吾恐墜先志，爲平生羞，遂以武進授君曰：無以家事縈我，我其行矣。乃就詞科，累戰皆北。嗚呼！天不福善，旋抱陟岡之悲。君撫視孤姪過於己子，君之操尚出於先賢。自武進歷處州麗水令婺州永康宰。到永康不旬月，旋丁内憂，服闋，予□□今祭酒常侍廉問陝郊，素知其材，奏爲郡糾。值將受代，事遂不行。君曰：事之不行命也，□郊特達之恩，宜如何報？乃裹糧策蹇，專專致謝，亦古人之心也。既至輦下，親舊間稍稍□□由是名姓頗達于上位。今左丞韋公蟾即君之親外丈人，時爲中丞，遂奏爲臺主簿，甚爲美秩，前輩名士多爲之。然位卑任重，尤不易處，自憲長以降，無不譚其盛美。無何，故□□□師王公凝總榷筦務，奏爲嘉興監官，意頗不樂，辭不獲免，遂授侍御史内供奉知□□□□年吏畏課溢，咸謂得材。及罷歸陽羡，葺舊居，植花木，與親朋骨肉聚會，貧□□□□□之女嫁之，男娶之，雍睦怡愉，無一日不得其所。復慕黄老之術，齋心焚修，頗得其□□□□□□無羡餘。嗚呼！真可謂賢達之士矣！方今盜賊未弭，四方多事，適當展材業，振□□□□□知方聞薦於宰執，欲委之重難，忽暴疾不六七日而終。嗚呼！其亦命耶？享年五十有五。娶汝南周氏，楚州盱眙主簿元諒之亞女。有子三人：長曰庭誨，令娶姑之女；次曰裔圖，□□□□性過禮，克紹其家。女三人：長適河東柳氏，即前郴牧泰之第二子；次許嫁宣□□□□及笄。季弟仁穎，登進士第，有時名，從知廣南幕下；仲弟□□□□□□□長安城南方屬道路艱虞，未克歸祔，遂卜用其年四月十二日甲申□□□□□□□□□任光鄉許墅村之南從先大父之塋右禮也。嗚呼！云云銘曰：

居官惠民，居家睦親，奉上禦□云云陽羨之北，荆溪之濱，云云。

（録自《古刻叢鈔》）

乾符〇三二

【蓋】失。

【誌文】已殘。

□

□彰長女適□
次早亡少尚室焉。季
日居月諸，至于大漸，以□□□
第，享年四十有四。嗚呼！冥數難徵，□□
至若李門係譜，則　先舅侍御之邱，銘
年其月七日丁酉窆于長安縣之永□
先舅姑之塋，禮也。從姪以余熟審行藏，咨
而銘之曰：
周封微子，實曰旌賢，彌綸代祀，瓜瓞緜緜。哲
天何晦昧？不享齡年。龜□□□筮告新阡，□
高登大陸，俯瞰長川，神安遠久，永閟萬千。

乾符六年□□□亥四月庚□

（録自《八瓊室金石補正》卷七十七）

乾符〇三三

【蓋】失。

【誌文】

唐故西川少尹支公墓誌銘并序　門吏武寧軍節度掌書記前鄉貢進士吴廷隱謹撰」

公諱訥，字景回，乾符五年七月十三日薨。惟先司空承通德之資，受廣」才之誡。故靈源沃日，廓濬勢於長瀾；茂榦翹雲，孕華滋於弈葉。公即」司空第四子也。公年逾舞象，離讓水之家鄉；志茂全麟，就蕊山之講習。」俄授之文石，因以書倉，豈唯賈逵之僻春秋，月尋一遍；黑子之探祕奥，朝」讀百篇。抑亦侔結繡而蹙金，逾凌顔而轢謝。妙含清濁，式中古今。已是張」松，無遺於一覽；更同應奉，俱下於五行。將負笈而造秦關，忽逢知而邀嶺」嶠。志通天下，體同人之出門；水在地中，叶君子之容衆。遂歷藤、富、貴、柳四」郡。進由守正，倚有乘剛，著德琳之絳衣，易幼安之皂帽。業臨州而豺狼不」動，清若涵冰；巴持郡而神鬼無聲，明同舉燭。從罷柳拜蜀亞尹。自龍牆而」辭留乞，撐彼土船；期井絡以制奸豪，佩於金印。何圖岐無時於臥蓐，温有」阻於雄飛，奈二豎之見侵，徒百醫而備至，俄没於洛宅行脩里也。嗚呼！崐」火熾而良玉焚，庭霜降而芳蘭殞，天道何昧，殲我淑人，豈明神之不祐也？」豈運數當然也？傷矣痛矣！不可見也。已矣！公享年五十有六。夫人太」原王氏，道符琴瑟，德藴椒蘭，旋申蘋藻之儀，頗挺閨房之秀。長子汾，前渭」橋專知官神武胄曹；次子澤，次子瀆，未仕。以積爲繁祉，生在慶門，固請賞」於濬沖，諒聽英於鮑靚。公仲弟詳，見任武寧軍節度使；兄諶德至，弟」蚡班高，翩翩皆羨於雁行，振振克符於麟趾。洎楊仁鍾愛，喪天倫而幾欲」去官；文聘撫孤，指地下而永言如子。其汾等槁形柴毁，泣血銜哀，遂考筮」占龜，得吉兆于六年五月廿五日，祔于先司空塋之側，禮也。廷隱竊」蒙大彭尚書拔於丘仞，辟在隗臺，摹作者之碎金，固同瓶罄；紀名昆」之埋玉，庶比管窺。但禀命酸傷，乃爲銘。銘曰：

於穆皇世，誕生哲人，宛是名器，居爲席珍。四綰郡符，從亞秩，」雁序分飛，鵬霄折翼。化靈質兮長別時，閉泉臺兮無見日。」

（北京圖書館藏拓本）

乾符〇三四

【蓋】失。

【誌文】

唐故處士江夏黄府君墓誌并序　鄉貢進士張珪撰

府君姓黄，諱公俊，字子彦，其先江夏人也，即春申君歇之後，長沙太守之裔孫。高祖諱□，曾祖諱恕，祖諱法，皆高尚不仕。府君生而有禮，體質魁梧，質性淳厚，以孝義爲心，處謙恭爲首，家傳清儉，鄉里稱之。自晉代跨於江瀆，迄至今焉，子子孫孫樂其耕釣，可謂弓裘不墜於地也。何圖暫嬰微恙，便至沉痼，藥石繼來，略無徵應，以乾符五年十月十八日殁于義興縣善奉鄉□塘里，享年七十有六。娶夫人袁氏。淑性懿範，婉娩和柔，雅合閨閫，美哉琴瑟，先於府君四年而殁。有男三人：長曰約，早終；次曰搏，曰□；播先人之風，傳先人之業，遠近欽奉，靡不云賢。有女二人：長女適吴郡張氏，其女不幸早亡，愛婿張公尚存昔念，□□之□□遠及良辰；次女歸于譚氏，奔護喪禮，罔失其儀。嗚呼！□□而知命矣。因夫人袁氏之舊塋，卜其吉日□□□□□□備於今日歸泉之所，宜哉。以其明年己亥歲十月□日窀穸，枕夫人塋之北庚首，禮也。珪寓同鄉黨，請爲誌，難以讓陳，才雖不敏，聊構斯文，以紀其事，刊于荆屺。銘曰：

大道冥漠兮混然而成，得之則壽兮失之則夭。全我慈孝兮終□□□上士所樂兮下士則笑。先□有言兮善必及嗣，永介景福兮施乎後世。

（録自《古誌石華》卷二十三）

乾符〇三五

【蓋】失。

【誌文】

唐故郭府君及宋氏夫人墓誌銘并序」

令望太原郡人也，因官逐任，遂爲上黨雄山鄉人焉。祖諱延玉，府君諱全豐，乃以淑慎其善，百行周旋；神顔以奄，」今德人傳名於鄉旅，誰不欽然。微疾忽侵，藥療不痊，奄隨風燭，」於咸通九年二月十一日終於私第，享年五十有四。夫人宋氏。三從」有備，四德推先，習魯之家範，謙姜之禮全，只合松筠等」壽，金石齊堅。豈爲寶舟沉於巨海，火逸喪於琨山。時人嗟嘆，」誰不心酸。嗟以橋木先摧，女蘿無託，孀居守節，訓育男女，廿五年，」孟母之賢也。於乾符六年四月十五日終於夫之家也，享年六十有五。」嗣子四人：長曰重慶，次重未，次重晟，次重惠，以承嚴訓，修葺禮儀，温」恭立身，孝行謙美；女三人，長適於遽氏君子，次適於王氏君子，次七」娘，兒；新婦王氏，次禮氏，次韓氏等；恨傾天地，屠裂肝心，涉岵攀」目垂血淚。孫男五人，小歸、小剛、三剛、留留、川川；并以神聰」□秀，性自殊輪，孝節立身，文藝深奥；孫女二人，要姑、滿堂。」府君有兄全福并姪男。遇年通月便，罄此家資，將崇葬禮，」便以其年閏十月十一日合祔於宣泉村西北一里半原，之禮也。東有泉山，」西至平原之領，南有温琨之山，北至五龍之脚。恐代遠陵谷叚變桑田，」故剋記名，迺爲詞曰：

歸魂悄悄，新壠巍巍，永埋美玉，長掩泉非。」都山川兮寂寞，念歲月兮遷移，流芳名兮百代，刊貞石兮千期。」

（周紹良藏拓本）

乾符〇三六

【蓋】失。

【誌文】

唐故金城郡申屠府君夫人賀氏墓誌銘并序」

府君諱□，金城人也。昔葛仙公之裔枝餘潞州大都督府潞城」縣龍門鄉居之累世，昔因官歷任鎮子嬰之兆，今因子孫卜居潞」城，乃爲潞人焉。高祖諱興；曾祖諱光；祖諱軫，節度表狀孔目」官兼同節度副使、澤州長史、檢校太子賓客、上柱國、賜紫金魚」袋；伯諱珪，節度要籍登仕郎、試右金吾衛長史、右補充節度」遂要。公恭儉惟德，將懷永圖，慎而寡言，清潔自守，融融乎人無」能名焉，緊乎脩短有期，享年七十有九，於乾符三年二月十一日終」於私第焉。夫人賀氏。葛藟有處，附於松筠，內傳箴誡，庭訓」子孫；外布恩光，栽於桃李。嗚呼！降年不永，未盡孝心，卧冰難」留，乖於齧指，享年□十五，於咸通六年十一月八日終於私室焉。」花蕚恭、徹二人，失其手足，痛思析羽之悲，兩鬢如絲，聲發」斷行之後。嗣子弘受、弘維二人，恭寬信敏，淚泣高柴。弘受爲竹林」無息，小阮奉承，一門義居，兩存終始，小妹一人，昊天罔極，新婦□人：」王氏、李氏、田氏，箕帚義全，倍增荼毒；孫男冬兒等五人，感其」愛心，悲攀不已。府君夫人於乾符六年十一月五日合祔於閤室村」西北羊里平原之垌也。是時寒雲朝結，淚泣成珠，悲風慘然，山川」失色。嗣子恐年代深遠，故勒石爲銘，以爲後記。其詞曰：

天地存兮」萬家空，日月雖同人不同，逝川□□何時返？千年萬古疾如風。其二曰：」日烏栖魄送雙魂，悲禽□□閉泉門，玉質紅顔何處在？空栽松栢伴孤墳。」

（周紹良藏拓本）

廣明

廣明〇〇一

【蓋】　大唐故師府君墓誌銘

【誌文】

唐故銀青光祿大夫使持節資州諸軍事守資州刺史兼安夷軍使殿中侍御史柱國平原師府君墓誌銘并序　前原州軍事判官將仕郎試太常寺協律郎劉象述」

公諱弘禮，字德輿，其先平原人，漢大司空丹之後也。皇右贊善大夫諱鶴，即」公之曾王父也；皇右驍衛大將軍諱盈，即公之大父也；皇皇城留守檢校」工部尚書諱易從，即公之烈考也；皆以弈世載德，能官著聲，清白傳於子孫，」簪組耀於姻族。公即留守尚書之第二子也。公幼而敏悟，總角瓌奇，倜儻不」羣，風流邁俗，」至於文筆音律之奧，弧矢球飲之微，凡一經於心，罔不臻於至妙」也。況商較古今，交結豪儁，」一言一行，爲時所宗。公藏器於身，待時而動，非」遇知己不苟且以筮仕矣。時遇司空隴西公之節制鄜畤也，知公而特請」行焉。到郡，補節度押衙。公勤恪小心，夙夜無怠，復奏授監察御史，」尋遷鄜、坊、丹、延四州都遊弈使。且此州羌漢錯居，山川敻闊，苟失控禦，」即爲寇攘。公爲是都也，部落畏威，將卒知懼，秋毫無犯，邊界」獲安。隴西公韙其勞績，特表奏薦授銀青光禄大夫、榮王府諮議；」秩滿，除藤州刺史。公蒞事政著，下車人安，來興來暮之歌，去有去思之歎。」未幾，拜資州刺史，兼安夷軍使殿中侍御史柱國。公之到任也，州民畏」愛，如藤政焉。會遭不協者疏。詔罷。因遊江西，復遇逆寇。公忿然有剪」滅之志，而無其位，因而構疾，乾符四年十月九日，終於洪州之旅次，享齡卌有八。傳」曰仁者壽。斯人不壽何也？於戲！知與不知，皆爲之歎慣。夫人清河段氏，淑德」賢明，專貞温惠，生子而哲，隨夫有儀，桐折劍沉，晝哭奚逮。子二人：長曰讓言，」前西川節度衙推、試太常寺協律郎；次曰讓夷；皆秉性沖和，材唯端敏，趨庭」靡及，泣血空深。女二人：曰武，曰佃，年皆幼沖，未適他族。讓言哀護旅櫬，涉歷艱」危，即以廣明元年四月廿五日，歸窆于京兆府長安縣龍首鄉祁村次」先塋之西南也。虞變陵谷，懼泯芳猷，請勒貞石，志于玄壤。銘曰：

倬彼師君，邁俗超羣。優哉遊哉，能武能文。筮仕邊塞，風雲濟□。」作牧西南，聲政可譚。仁而不壽，福善何謬。旅魂悠悠，阻彼戈矛。」布輦丹旐，歸于神州。風飄雨濕，令嗣隨泣。悲傷路人，觀者□□。」鳳城之西，龍首之東。蕭蕭古栢，慘慘悲風。公之瘞此，永播無窮。」

（録自《考古與文物》一九八三年二期）

廣明〇〇二

【蓋】　似無。

【誌文】

唐故信州懷玉山應天禪院尼禪大德塔銘并叙」

尼大德諱善悟，俗姓王，廣陵人也。幼挺端莊，長全貞淑，笄年移」天于高陽許公諱實，凡二十年而先逝。男二人：寇七、海客皆沐」過庭之訓，敦節義之風。大德以宿殖勝緣，冥符會證，爰因持讀，」遂潔薰修，乃造雙峰師問禪那之旨。師知其根性無倫，説無」法之法。既而妙果玄通，道眼斯得，因請剃髮受具戒爲比丘尼。」既服忍衣，乃傳心法。一百八之煩惱，仰戒日以霜消；五十五之聖」階，乘智舟而海越。心心絶跡，念念離塵，去留不礙於浮雲，生死」是同於逆旅。解劫波巾結，一六俱亡；曜圓鏡智光，大千周遍。由」剎那頃，洞十方空。用寂照而不疲，馭寶乘而無退，山塵海劫，定」惠長圓，斯爲盡道之極耳。以禪寂之餘，經行雲壑，思遊淨域，奄」棄幻身，以乾符六年九月六日歸寂于信州懷玉山應天禪院，」享齡四十三，道臘有二。遺令火焚，從拘尸城之制也。嗣子寇七，」號痛罔極，見星而行，請收靈骨以起塔焉。于時狂寇蟻聚，往」迴皆徑其傍，一無驚畏，將至孝之感歟？營塔于楊州江陽縣道」化坊謝楚地內，以廣明元年庚子秋七月癸丑九日辛酉歸焉，」雖河沙有盡，而弘願無邊，故志塵跡，以刻貞石。其銘曰：

熾然貪欲，劫濁亂時，籠破鳥飛，尸羅爲師。心宗達摩，」出世良醫，付囑有在，我其護之。身心絶慮，知見斯微，」生死已空，圓寂惟歸。孤峰春秀，白日秋暉，宴坐不起，」庭花自飛。玉山示滅，神往形留，香木荼毗，金甎是收。」哀哀嗣子，跋涉來求，狂盜不驚，冥獲天休。蕭蕭松塔，」羃羃寒煙，靈骨茲崇，億劫罔遷。休傳寶偈，罷汲瓶全，」爰□孝思，道風式傳。」

（周紹良藏拓本）

廣明〇〇三

【蓋】失。

【誌文】

唐故昭義軍節度右衛馬軍使靈威行營都虞候銀青光禄大夫檢校太子賓客兼監察御史上柱國南陽張府君盧江郡何氏夫人祔葬墓誌銘并序」

公諱周抗，字智遠，南陽人也。其先黃帝之子，生而有文見其手曰弓長，帝異之，」并字錫爲張氏，謚名曰羅，長乃戰□□□□於國封南陽白水侯，其氏興焉。」後皇王百代，丞相千枝，俱一源而異派□□□祖諱斌，爲尉長□秩滿□志□□」遂居潞焉。曾祖皇諱仙□神雲水□□□□策算筮仕潞方，奏授左金吾大將」軍；列考皇諱矩，纘業先邦，而送事忠□出入孝悌，終左武衛長史；先天□□」平宋氏。公即次子也。弱自成風，長藏高器，工善弧矢，盡妙武□，强仕之□，」求伸上國，乃遇丞相，語之曰：以公英□□□藩，未足以適，可仕于鄉中乎？□□」以寧歸，遂唯命，持函來見府主，署兵馬使。公司職奉命，悉利盡公家，是□□」護戎衙。公言必思忠，諭咸正義，致南北□下，允讓克恭，厥謂奇也。□門作叛，上」詔帥，帥加步軍軍使，充行營馬步左廂兵馬使。鵝鸛纔施，狼蜂自息，師還策」勳，遷右衙馬軍使。朞年，有西戎□搖，徵北軍控馭，又授行營都虞候。長驅出」塞，左衽來賓，兼充本甃井防遏使。板築功就，上勞授監察御史。三星慙戍，」七德彌彰，窮塞俗風，俄成疾迫，咸通丙戌歲六月廿五日告終于戍所，春秋」五十有一。明年，神柩歸厝于塋側。公壯歲娶夫人，設悅閨風，婉娩婦道，和」鳴二紀，賓敬一齊。自失儷煢獨，哀深汲地，抑於孤幼，是勉星霜。廣明庚」子歲秋七月九日□寢于家，終壽六旬矣。有子二人：長曰虔裕，職昭義軍衙」前十將，娶上黨郡苗氏，有孫圓郎十歲；幼曰球，早遊宦他邦，存亡未卜；女」曰師娘，適太原王氏，少寡；咸泣血號天，茹毒叩地，遵於禮教，是抑毀傷，」迺以其年庚子歲冬十月辛巳朔五日乙酉宅兆于潞府長子縣西北一」里大塋之右□故祔焉，禮也。慮陵谷變更，刊石爲誌，其銘曰：

軒轅胄胤，惟皇惟王，南陽纘嗣，如珪如璋。峻巖兩淨，貞松靈光，廬江合好，絲蘿□香。」□昭九族，方荷百祥，雲衢驥□，□蘭箱。千原爲慘，萬瀨增傷，紀之莫及，秘于泉堂。」

（録自《山右冢墓遺文》）

廣明〇〇四

【蓋】失。

【誌文】

唐宣武軍節度押衙兼侍御史河東柳府公墓誌并序　前天雄軍節度判官檢校國子博士侍御史薛纁撰

并書」
公河東人，諱延宗，字昌藝。自得姓已來，軒裳盛烈，垂裕後昆，在家書於譜」諜，輔國標於史册。曾祖
茂春，揚州左司馬贈工部尚書；祖公濟，易定節度」使檢校司空上谷郡王贈司徒；考當，左驍衛大將軍
分司贈陝州都督；儒」風温雅，武毅英特，業并超時，材唯出世。司徒出刺易州，幽薊作叛。時練」師堅
壁，訓卒牢城。賊果大至。司徒乃運神謀於不測，決妙略於迴旋。」將軍挺匡君事父之心，忿拒命悖王
之寇，親臨行陣，自冒矢石，永固」金湯，以成功業。賊既大潰，詔加殊絶，建節義武郡。一帥巨藩，十换
圭」律。將軍婚渤海高氏郡夫人即邠州節度使霞寓女。執義處家，持」仁繼嗣，雍容婦則，孝淑母儀。
公即嫡子也。生知孝敬，天付謙恭，允武允文，」克忠克信，紹承徽令，勤奉晨昏，顔子曾參，今之是比。
從舅淮南節度使」燕公謂曰：璞玉渾金，子之所立，既有昔勳，可效軍職。乃署西川節度押衙，」授殿中
侍御史。宣武軍節度使安公仰其材器，縻授節度押衙轉侍御史。」上表乞官，用精行止。命奉使賀淮
甸。都統制方熟英謀，亟成光大，何圖」天不福善，微疾忽遘，神醫妙術，又何無徵。廣明元年七月十三
日終于宿」州平山，公卽享年卌一。婚隴西李氏，即邕府節度使玭之第四女也。有子三」人：諫兒、豹
兒、安兒；女二人：曰珍、曰僧。嗚呼！天與公之仁義，不與之福壽。」郡夫人自免園號領孤幼到洛，
泣胃纁曰：誌銘事大，千載紀柳氏之令問，」子可撰之。纁既熟公之行履，忝郡夫人之末姻，雖識見荒
蕪，乃辭不獲」已，奉命搜課，粗紀勳德而已，慙不成文。嗚呼！題湊既肅，擇地有辰，以廣明」元年十月
四日歸祔于河南府河南縣平樂鄉伯樂村大塋也。銘曰：
柳公道光，令譽芬芳，代有勳績，世襲盛昌。」謙沖克茂，材器迴彰，俄掩泉夜，永别高堂。」沉冤埋恨兮

嵩雲愁結，蘭摧玉折兮汴水靈長！」

（周紹良藏拓本　河南千唐誌齋藏石）

廣明〇〇五

【蓋】　大唐故張府君墓誌銘

【誌文】

唐故朝議郎前行宣州南陵縣尉柱國張府君墓誌銘并序　朝議郎前使持節藤州諸軍事前守藤州刺史上柱國賜緋魚袋蔡德章撰」

夫銘者稱其美也，記歷年代，載標行德，因夫子識秦始皇後必開發吾墓，顔回已下乃誌讖詞於墓」內，使始皇見之，知我先師聖焉。又至後漢滕公夏侯嬰將葬佳城，駟馬不進而鳴，乃掘其下，遇有穴室中得石記，亦有讖文。是以先王製禮，勒石于泉，慮陵谷有遷，以明柩之德位也。公名師儒，其先清」河人也。曾祖景仁，祖昊，父南素，並不仕。公即家任之子也。器宇凝正，容範端華，檢性依方，飾躬由禮，」退身而先物，約己而厚人，言合詩書，動遵法式，自少小以勤學，苦節而立其身。始自豸府從職，能以」幹敏奉公，前後憲長，無不委用，或以糾繩之政而立紀綱，或竭節推刑爲霜臺之領袖。優滿授」坊州昇平縣主簿，秩滿授宣州南陵縣尉，兩任之政，恪著公勤，太守常以重難而委寄也，邑人遵懔，」惕懼於製錦之威；賦税及期，一境無逋懸之簿。既之罷任，方欲歸輦，荏苒未進，適值浙江淮海等」道而多寇逆，所在徵兵，憂以路虞不通，且駐宣城之側，以乾符五年七月初遘疾，至其年八月一日」終于宣州權居之所，享年七十有二。時第三男溥自京侍從至南陵，數載不曾暫闕，晨昏侍疾，求醫」而忘寢食。公歿之後，護喪歸京，涉歷山河，皆是途步，周迴委曲，三千餘里，一百餘晨，方達家邑，孝」道之志，此男偏臻，曾參之儀，祗之此也。公之先域在於馮翊，近載緣諸子從職多在諸方，南北驅」馳，離鄉日久，遂逐便移家於上都崇仁之里，靈筵之禮，備之于堂。以廣明元年十月五日乙酉吉」辰，歸葬於萬年縣寧安鄉新塋，之禮也。夫人王氏，以其糟糠之情，饗祭從便，阻以地遠，恐後違時，不」赴馮翊舊鄉，慮其子孫闕春秋之祀而從近焉，乃卜新阡在鳳棲原也。防其異日無虧灑掃之儀，」子孫團圓不墜松楸之主。伏以賢夫人太原大族之家引駕王公魯之女也。懷敬姜之志，襲梁鴻」之風，常以內循機箒之勤，外豐賓客之膳，親族仰重，四德不虧。有男四人：長曰洙，見義武軍節度都」押衙、銀青光禄大夫、檢校國子祭酒前隴州長史兼御史中丞。屬以時當沙陁悖亂，逆臣李國昌侵」逼邊陲。節度使王公知洙有韜略之機，籌算之握，委領兵士，剪伐羌戎，果獲收復鎮城，招攜户口。」上聞帝闕，表以殊功，即領郡符，必酬前效。不久之際，新命當臨，公之此子，光前絶後，迺是」德章外甥女壻，備孰德行，請以爲誌；次子曰汾，見豸府從宦，而有出羣之藝，主執奏章，頗立勤效，即」有榮遷；次曰溥，乃是侍從南陵，無虧晨省，護喪歸邑，不憚苦辛，亦非久必榮家族也；次曰湜，與義」武軍節度王公弟左神策軍糧料使弘紹同勾當供軍之務；并各負淩雲之氣，皆懷孝道之心，盛德」出於衆人，光顯彰於前代。有女一人；娉同州押衙王衮，尋終遐壽，衮及女孫悉在。兒孫二人，長名難」胡，即長男洙之子也，年未弱冠，亦是成器之寶，豹澤貴顯之材；次曰周兒，乃是溥之子也，見在襁褓。」孫女二人：長適高翊，守職鸞臺之內官，授中郎之榮；次女阿宜，歲未及笄。公時當盛族，年至從」心，雖歿殊鄉，得歸帝里，四男泣血，一婦摧傷，備舉哀歌，靈儀崇列，丹旐攸攸，送歸新闕。嗚呼！」水無返注，日不東迴，泉門既掩，永而不開，刻石爲銘，乃爲頌曰：

温温府君，令德出羣，其聰莫比，其孝有聞。沖和茂著，節操松筠，」兩佐名縣，頗立殊勳。方欲竭效，遽有替人，罷秩之後，偶染疾身。」豈期倏忽，異鄉之魂，哀哉上蒼，何至于忙。行善云吉，豈降其殃，」離京之日，骨肉斷腸。不料永隔，生死分張，號天無及，叫地空傷。」卜其宅兆，遷赴玄堂，蕭蕭松栢，杳杳白楊。泉臺將掩，隴樹無光，」葬於新闕，永鎮龍崗。」

廣明元年歲次庚子十月辛巳朔二日壬午男溥書。」

（周紹良藏拓本）

廣明〇〇六

【蓋】失。

【誌文】

唐故河南府長水縣丞樂安孫府君墓誌銘并序　親兄朝請大夫前守常州刺史徽撰并書篆」

孫氏得姓之祖，自軒轅皇帝之後，派緒綿弈，不可殫紀。曾祖府君」諱宿，皇華州刺史；大父府君諱公器，皇邕管經略招討使，贈司空；」烈考府君諱簡，皇檢校司空、太子少師，累贈太尉。長水府君即」太尉第八子也，諱幼實，字鼎臣，少能勤督，尤工歌詠，太尉府君」屬念之厚，實有以異期于久久，以大吾門。無何幼罹疾疹，錮束不展，」竟不能用文以進，粗豁志業。嗚呼！捧夜光之寶，擅連城之價，不彰于」代，終晦其跡，痛哉痛哉！俄以門蔭入仕，初授河南府參軍，次任緱氏」縣尉，後任長水縣丞，秩未終，以陽氏季妹孀居襄漢，羣穉無主，乃挈」家赴于漢南，奉姊庇甥，未嘗一日有間。天不與善，神戾于睦，頃構風」恙，綿月三紀，藥餌似效，期于痊釋，不幸四月中，天兵肆暴，驚劫士人，」府君所有微財，悉罹狂剽。由此恐悸，舊疹勃增，至其年五月二十三」日構禍於襄之私第，享年四十四。有女三人：曰嬋娘、曰嫻娘、曰姮娘。」嫻娘出適閻氏，亦不能溫飽。嗚呼！府君幼以仁育，長以順傅，於公」廉稱，在家孝聞，九族六姻，用期遠大，今之遘禍，得非以浮涯幻世，壽」夭同途，歸全之義，冀彰令歿！余曰：始以本根固護，枝葉演熾；今者孑」然在世，形影無依。天之誅，神之殛，顯耶晦耶？歿耶存耶？日月告旋，龜」著兆吉，宜從理順，難既于哀。以廣明元年十月二十日，歸葬洛陽縣」北邙山杜翟原祔大塋，以叶制也。雲涕勒石，用泣銘云：

芝圃流芳，玉田產瑞，由根及葉，期于不既。陰陽戾序，暵澤愆和，儲天稔慝，移災構訛。壯棟未舒，貞筠猶詘，斧斤」霜露，攄材不出。彭殤異歎，存歿同途，賢愚智拙，歸全不」殊。所恨爾才，不暴于世，所悲余齒，不先爾逝。零丁之苦，」形影獨留，桑榆蒲柳，期何以脩？日月告期，龜筮兆吉，泉」原永秘，後前而窒。」

（河南千唐誌齋藏石）

廣明〇〇七

【蓋】失。

【誌文】已殘。紀元干支亦不符。

唐故將仕郎試太常寺協律郎隴西郡□府君墓誌銘并序　鄉貢進士舒燁撰」府君諱頊字敬□□□隴西郡人。曾祖□□□少躭黃老，高尚不仕；祖」良，皇世之儒宗。(下缺。)皇任撫州臨川縣丞。府君」即□□□□之子也。性(下缺。)貞廉□質而固靜而應物，弱歲」(上缺。)禮(下缺。)閒放□□世秉□德爲職司之」之(下缺。)計□□□便損□靡不同□議者謂爲文行吏事宜(下缺。)節度催(下缺。)會乾符晚歲，四方八」(上缺。)幸蜀(下缺。)遑我□元率擁千」人自居，指揮朝夕之□□以王事(下缺。)傷致百骸而增」敝(下缺。)□於家，藥石(下缺。)廣明□年辛酉歲，秋七月廿四日，遽終□楊州江□縣仁風里之私第，享(下缺。)傷悼驚惻。□君」(上缺。)情□(下缺。)風□□酒肴宴其親」(上缺。)行□□者。夫人天水趙」氏(下缺。)詩稱好合，猶鼓瑟琴，傳」□□□憲家(下缺。)之□風；主饋宴賓，邈陶家之」□烈。嗣子三人：長曰澄，仲曰(下缺。)孝乎惟孝，□□高山學禮聞」詩，□□而獨立；問安(下缺。)謂蓬處麻中，不扶自直。」(上缺。)年秋九月廿八日□酉卜□□□縣絃歌里禪智精舍隋氏河」沈氏太夫人大塋之側，禮也。女□人，適彭城劉□□訓義方，夙勤貞淑，動由禮」□儀□□門苟非(下缺。)嗣子澄等□□於余天世之□刑素」(上缺。)其遺(下缺。)焉，乃刻石冥詞，以遺於後。銘曰：

□□□□，才豈□□，積善匪慶，天胡我欺?郁郁府君，」□□□□，既哲居貞，邦家之□。偶嬰沉痾，藥石罔□，」幽□□□，今昔□追。孀母煢煢，諸嗣嘻嘻，□□松楸，」永矣□□。」

(周紹良藏拓本)

中和

中和〇〇一

【蓋】失。

【誌文】

大唐故幽州節度要籍祖君夫人弘農楊氏墓誌銘并序　前攝滄州司馬鄉貢進士徐膠撰」

楊之受氏，宗于有周，始於魯史所傳，迨乎唐年攸盛，歷代軒冕，嗣」光簡書，今不復云矣。」曾祖昇，皇不仕；祖輔，皇攝幽州安次縣令；父瀛，皇不仕。」夫人家奉詩書，門續青紫，漬潤從生之善道，聽聞未教之清規。故動叶禮」經，言作世躅。洎乎成人之歲，以父兄之命，歸于祖氏，及移彼天，益煥明德，」率盡乃性，爰穆其親。加以學道自怡，探微愈晦，閨門坐肅，埃壒潛融。故」夫人之子曈，不仕王侯，高眠藪澤，洞啓老莊之扃鐍，退全箕潁之性情。魯連」三辭，不□譚笑；萊子五綵，自悦晨昏。笥中之龜質堪悲，天上之鶴書莫起。」嗚呼！時當訛薄，人寡坦夷，競以勞生，罕躋中壽。而夫人逍遥外物，怡滄」安貧，克保遐長，諒因頤養。以廣明二年七月十四日終于滄州清池縣善」化坊，享年八十五。是歲改元中和，以十一月八日葬于所終之邑玄都鄉」流祥里。惟曈跡類漂梗，禮至茹荼，情疚送終，資自良友，塗芻潛備，松檟克」完，其道實高，其孝彌顯。夫人女二人：長適李氏，次適劉氏，咸稟夫人之明勗，成」□族之嘉猷。曈與余交分不渝，素風備熟，俾其紀石，難讓濡毫。銘曰：

□□□儀，符彼内則，進盥逾恭，柔聲靡忒。雍穆其道，馨香在德，閨閫益清，」簪裳去飾。暗謝繁華，堅歸寂默，壽考保終，希夷自得。誡子遁跡，遠辱全生，」輕辭世網，靜褫塵纓。上士斯達，弋者何營？伊誰砥礪，本我高明。碧岫無業，」滄郊寄塋，難詳彼美，空愧斯銘。

族前攝滄州司兵參軍從白書。」

（周紹良藏拓本）

中和〇〇二

【蓋】失。

【誌文】

唐故王府君墓誌銘并序」

府君周王之後胤，太原人也。曾不顯其諱，祖諱弁，父諱晊，」聰俊明哲，孝有温恭，仁焉慈惠。夫氣量弘深，綏度廣大，汪汪焉，」晧晧焉，奥不可測，深不可量，足以幹事，採覽經史。是以仁經義」緯，敦穆於閨庭，孝敬淳深，率由斯至，盡歡朝夕，人無間言。翱翔禮」樂之表，風儀與秋月齊明，音徽與春雲等潤，韻字弘深，喜愠莫見，用人通亮，必於猶己，澄之不清，撓之不濁，性自踈野，爲人蕩蕩不止。祖父丘園，樂土即住，遂於湯陰縣東北界薛家莊疃養身自在。何期福去禍來，災隨疾起，神針無驗，靈藥無貞，花隨風以謝樹，人因疾乃終身。享年八十有一，私室權穸，累歲再啓欑塗。有子二人：長曰成沼，婚於柴氏；次曰成晏，婚於崔氏。有女五人，早以適事。兒女等并以號天慟哭，五内崩催，三日絶漿，哀哀泣血，六姻慘然。夫人魏氏，望孤塋而撫憶，罄竭家財，將充殯禮，於中和二年二月廿四日就相州東北三里古北王村先塋，禮也。恐後桑田變海，嵠峪有移，刊勒貞石，用章不朽。詞曰：

神精感運，曇雲發祥，永言必孝，股肱惟良。義既川流，文亦霧散，窈窈户闔兮燈滅，夜何時兮燒歸。後讚曰：

青烏卜地，吊鶴來翔，長辭人世，冥路蒼遑。祖塋後穴，新墓昂藏。勢起四季，散花之崗，殯之於中，萬代吉昌。

其年黄巢坐長安，李帝奔蜀。此二語在石下側。

（周紹良藏拓本）

中和〇〇三

【蓋】 失。

【誌文】

唐故宣節校尉前行揚州海安鎮副順陽范府君墓誌銘并序　鄉貢進士京兆田緷述

君諱寓，字正詞，其先順陽人也。出自黄帝之後，西晉豫」章太守甯之裔孫也。自漢魏迨于皇唐，蟬聯冠纓，」積久尤盛，固不備而書之。曾賢，祖賓，父蘭，象在少微，并」見遺於寰海，悲夫！府君處士蘭之幼子也，嶷然孤特，」介爾貞亮，以仁義爲戈鋋，以禮讓爲干櫓。書有五福，君」獨享其三；士有百行，我不虧其一。早歲效蕭何之職吏，作」糾於金陵，處公廉平，約已清惠，人懷遺愛，歷授海安鎮」副，亦仲尼執鞭之義也，俾能全節操於險阻，終優游」以没齒，信矣哉君子人也！天不祐德，哲士其萎，匪延永」齡，奄歸幽壤。以中和二年龍集壬寅九月廿五日寢疾，」終于招賢里之私第，春秋八十有五。府君娶弘農楊」氏，以於咸通十年七月五日不幸，早歸幽路。夫人育子二人三」女。長曰友瓊，次曰友璫；長女適河東薛忻，次適汝南周」甫，次適琅耶王義。長瓊娶新婦琅耶王氏，友璫娶新」婦汝南袁氏。長孫祐、次孫祈、次孫祥、次⿰礻充、次祠，已下皆幼稚。」并以哀過曾閔，瀝泣崩心，痛結肝脾，悲感閭里。即以其年」十一月己巳廿八日丙申，安窆于盧龍山之東南原，祔于先祖」塋兆庚首，禮也。龜從筮叶，窀穸是謀。緈以夙承海安」知眷，俾述其馨烈，旌厥懋德，永誌丘陵。銘曰：

綿綿盛德，降茲哲士，深沉氣概，干櫓禮義。」身雖謝世，道乃逾美，緬矣南陔，哀哀孝子。」將安宅兆，遠去人里，霧苦松青，千秋永已。」

（周紹良藏拓本）

中和〇〇四

【蓋】失。

【誌文】

唐故浙江道五部兵馬大元帥平南節度使銀青光禄大夫檢校尚書令戴公墓誌銘并序　進士許棠撰

府君諱昭，字德輝，姓戴氏，其先杜陵人也。裔出周卿佚之後，業勳承家，軒冕繼嗣。祖諱非，字名章，志秉松筠，迹疏名利，高尚之德，聰明之資；父諱宏，字仲廣，學宗儒術，德越前修。惟府君罄誠節以奉公，負温和而治衆，婚隴西鄭氏，備集閨儀，色含淑德。府君爰自咸通元年，逢黨裘甫叛，自富陽竊持朱旆，都督王式遣團練押衙雲公思益統領鋭師，誅夷蜂蠆，趨於概水，陟彼高岡。府君以奮節雄之，括於私第，啓帑藏之資，發倉廩之糧，獻以奇謀，饋以營壘，而元兇投戈，羣黨請命。雲公感府君以精才懋略，德誼加人，遂爲上陳，請甄前功，然承寵渥，旅列轅門。後時草寇周丫髻剽劫武義，浸聚羣凶；王郢悖亂狼山，深乘巨艦，當其征戍，獲息妖氛。況又頃歲，黄巢之衆，鼓譟驚天，雲旗蔽野，巨魁既攻鄰郡，輕騎復剽兹邦。宣歙觀察使崔玹知府君負三略之材，藴六韜之術，遂遣簡練精旅，防虞浣溪，纔展征車，俄奔困獸。粤奉察兼入政，累承寵錫，一同擢以班榮，制於鎮轄。而元勳益著，妙略潛施，後有順節者，團練押衙文堂，久逭刑章，一朝面縛，雖從惠化，尚叶姦回。去歲中春，構逆於府垣之下，脅從於營壁之間，遽率凶狂，欲趨陶嶺，而躍臨境，感於畏威，竊危忘軀，遂由間道。府君親持矢石赴隴泉，大呼而山樾埽清，匪日而妖禽薄滅。洎於秋八月，台嶺劉文之暴，奔趨鏡水之濱。府君挺南面之戈矛，輔雄藩之籌略，始張貔虎之旆，已懾萑蒲之羣。顧勳業之無儔，實古今之可冠。遂鎮概水，統以雄師，境内莫不澄清汰除姦蠹者也。凡挺節驍雄之士，咸觖望其趾焉。自歷踐崇列，詔榮故邦，當忻孝養之隆，深限幽明之阻。嗚呼！享年五十有八。中和二年八月二十日寢疾，終於陶朱鄉里之私第，以其年十二月十六日葬於當縣靈泉鄉温泉里斗泉之源也。有子四人：長曰惠，材益懋華，志用踰弱冠征戎，羣心企踵。次曰堂，去載劉文蟻聚，亦跳戰於鏡濱，恩渥荐臨，轄於茲嶺。嘗飲水以厲己，無遺孽以留後，慷慨爲時，操持自遠，婚於平陽霍氏。次曰忠，曰□，皆素業前傳，清規是守。時方幼歲，器用踰倫。有女三人，長適高陽左氏，肅雍婦道，敬戒閨儀；次方問名於盧氏，次即閨室未違，淑德咸備。其餘親親勳統，不復一一繁紀也。今則卜此重岡，松蘿擁藹。伏慮年代浸遠，陵谷改更，命於斯文，刊於貞石，以紀誌之。銘曰：

太華磅礴，將積陰陽，七政無息，百齡有常。英雄峻節，令譽彌芳，挺生報國，奮劍安邦。繼臨寵渥，以起輝光，元勳特立，妙略尤彰。豈期微疾，俄歸墓鄉，闔營悽慘，里巷悲傷。卜兆靈野，扃仗泉鄉，素月皎皎，寒松蒼蒼，一窆玄户，永祚遐昌。

（録自《古誌石華》卷二十三）

中和〇〇五

【蓋】失。

【誌文】

唐故幽州隨使節度押衙遥攝鎮安軍使充綾錦坊使銀青光禄大夫檢校國子祭酒兼御史中丞上柱國平陽郡敬府君墓誌銘并序前節度驅使官張賓述」

府君諱延祚，字延祚，其先平陽郡人也。繁宗盛裔，不廣叙焉，」遂授隨使節度押衙，遥攝鎮安軍使，充綾錦坊使。於戲！壽之與」夭，不保黄髮。考諱全紀，充北衙將判官；曾祖諱包，攝幽都縣」令；祖諱輝，守宣州右丞相；業富韜鈐，才多經濟，忠勤王士，無徇」家私。府君性稟沖和，志惟端厚，早備成人之器，德懷鑒物之」明。經籍材能，具精官業，謙以自牧，惠乃知人。不恃寵以驕身，不怒而臨下。轅」門旌能，移掌坊務。於是繕修戎器，淬勵鋒矛，和用無闕於軍資，戈鋋」益兼於武庫。久處繁難之任，尤彰廉儉之名。時推貞幹，咸仰清勤。是以」洪鐘發而聲揚自遠，寒松茂而秀且不羣。於戲！修短有定，榮辱是常，」以中和二年九月十八日終於昌平縣界永寧村之私第，享年卅有六。以」中和三年二月十一日葬於薊縣界會川鄉鄧村里之原，禮也。」夫人清河郡張氏。行潔冰霜，德芳蘭桂，情殷葛藟，量協螽斯。冀」期金石偕韻，琴瑟無虧。不圖杞梓毁摧，絲蘿無託，痛傷熟質，恨切蕙」心。有子三人：長曰行修，充親事副將；次曰行益，充親事虞候；次進郎；」并性行温淳，言無枝葉，悲號毁性，哀慘過情。泣血漣洳，邁王脩之社；崩」摧莫制，同隱之以感鄰。夫人哀纏荼毒，痛絶肺肝，嗟乎老之將至，」獨存秀而不實。先殞猶恐陵谷遷變，桑海有更，刊綿緜之清譽，記鬱」鬱之佳城，乃命瑣才，紀諸豐石。銘曰：

誰謂斯人，罹此禍端；誰謂權笑，翻爲愁顏。」名留世表，神歸不還，記誌景行，恐變何山。」

（録自《京畿冢墓遺文》卷下）

中和〇〇六

【蓋】失。

【誌文】

有唐故河間邢府君譙國龐氏夫人合祔墓誌銘并序　布衣李永文」

邢氏之先，河間人也。始自高辛之後，周武王之苗緒，爲君爲侯者，漢史頗」標。因官逐任，寄土異邦，今爲趙□人也。公諱通字伯明。祖諱昂，」逍遥任性，志慕丘園，常警悟以成身，每知時而淺濿。薄衣儉食，自守天齡，」保惜光蔭，一百餘壽。皇諱羨，學從魯教，藝達明時，勤苦」上聞，授鎮府驅要。糾轄六司，咸規軌則。即公之烈考也。公掛冠不仕，飫世」枯榮，視禄如無，財不宣口。其藝擢秀於櫍木，其量也包括於滄溟。豈期落」景摧芳，光蔭癈□，時中和三年寢疾於私第，至七月，呼兒女膝下，遺誡分明，」意未終言，奄然謝世，春秋八十有七。夫人龐氏。表貞筠不變之規，懷□」桂永芳之美，奉齊眉以榮族，善訓子以卜鄰。穆□外殷，兢兢内著。去大和」□年六月卅日幽終，享齡七十有五。至中和三年九月廿二日，用周公之禮合」□窆於□□縣西北卅五里望仙鄉郭蘇平原，禮也。輀車紼引，緋旐前行，」青烏排哽噎之雲，□□表素霞之路。嗣子三人：孟曰忠義，性閑縱」送，意慕清高，奉養終天，無虧甘旨；仲曰忠汴，北山場採斫務判官，學業」三冬，藝成丱歲，□地存不遠遊，□□□之折桂。季曰忠收，左奉勝將押官□七城税務公事，幼而好武，長乃從戎，早立轅門，累效進職；俱心懷橘抽筍，是期禍降穹蒼，號天叩地，卜兆從吉，安厝有時，嗚呼！鶴吊倚廬，馬嘶閑櫪，劍殁九泉，玉藏窀穸。伏恐山傾海變，陵谷更移，琢片石於邃門，表千古之銘紀。詞曰：

□□府君，邕邕夫人，如鸞如鳳，俱夜沉淪。其一。」隴頭楊樹春風吹，狐兔縱横墳畔悲，紅貌長辭三光曉，千秋萬古塚累累。其二。」悲風起處白茅亂，兔絲□□□□段，延陵劍缺九泉深，欲往追尋不可見。」

（録自《京畿冢墓遺文》卷下）

中和〇〇七

【蓋】　唐薊州刺史兼御史大夫張府君墓誌銘

【誌文】一。

唐幽州盧龍節度押奚契丹兩蕃副使攝薊州刺史正議大夫檢校太子左庶子兼御史大夫上柱國賜紫金魚袋安定張公墓誌銘并序從兄幽州節度掌書記中散大夫檢校尚書工部員外郎兼侍御史賜緋魚袋珪撰　弟前幽州節度衙前散兵馬使總章書」

公諱建章，字會主，中山北平人也。其先受氏於軒后，系祖於前涼，降及冠冕閈閎，」歷代沿襲，家牒詳備，故編近以識□。高祖頤貞，皇特進、朔方節度副大使」知使事、鄀國公，贈司空。曾祖閿，皇特進、太府少卿，充河北陸運使，封臨涇」侯，贈太子少傅。祖詵，皇儒林郎、守定州北平縣丞知縣事。」考�，皇通議大夫、檢校太子右諭德、涿州別駕。公幼聰而俊，晢美而和，時」謂閒生琳琅，鄉中英妙。洎青襟從師，丹霄有志，年十六，雲水興高，風月吟苦。旋自」試於秋賦，明敏著名；尚持疑於春闈，琢磨益厲。大和四載，博陵歉，尤迫旨甘，乃咄」嗟而謀曰：仲由負米，毛義捧檄，孝敬之行也。予獨何爲執以闕養違親。便近遊方」者燕，既館于碣石。太保李公厚遇，縻之安次尉。踰年，李公入覲，弘農」楊僕射受鉞，星紀再周，渤海國王大彝震遣司賓卿賀守謙來聘。府選報復，議先」會主，假瀛州司馬朱衣使行。癸丑秋，方舟而東，海濤萬里。明年秋杪，達忽汗州，州」即挹婁故地。彝震重禮留之。歲換而返，□王大會，以豐貨寶器名馬文革以餞之。」九年仲秋月復命。凡所篯啓賦詩，盈溢緗帙。又著《渤海記》，備盡島夷風俗宮殿官」品，當代傳之。歷司徒史公知而竟屈。至太尉張公，以素分擢受節度隨軍，委」之草檄，詢之運籌。破虜薦名，授節度巡官監察御史裏行，尋遷幽州節度掌書記，」轉殿中侍御史内供奉。展陳琳之筆，勒班超之功。不幸府故嗣襲，」福王遥帥，公入處賓寮，遷尚書主客員外郎兼侍御史賜緋魚袋。將還，加水部郎」中，充觀察判官。無何，工部奉遺歸闕。汝南周公代，未□而捐館。」保相清河公弓招，表升駕部郎中，餘如故。洎涉明之典，加兵部郎中幽州節度判」官。大中十二年敷奏對揚，大悦，」聖旨面賜金紫兼御史中丞。賈生宣室之召，方朔辯對之機，百辟榮觀。咸通五」年四月，奏升押奚契丹兩蕃副使、正議大夫、檢校左庶子兼御史大夫。儲幄清崇，」亞相顯貴。六年十月，攝薊州刺史諸軍事。期桑麥之瑞，慕襦袴之謡，漁陽大理。七」年九月十日，大病于官舍，享年六十一。詞鋒没于逝川，學植權爲朽壤，悲夫！」夫人京兆韋氏，先公而謝五年矣。以咸通八年二月二日，遷窆于府城東南七」里鄧村之原，祔用魯禮。有子二人，長曰冀，前莫州任丘主簿、遷衙前將；孾曰小醜。」有女一人適歸義縣丞吕令存。皆孺慕號訴。以珪通舊且宗，請誌陵谷。銘曰：

碣石山高兮上捧箕星，桑乾水遠兮下注滄溟。中有崇崗兮叶吉泉扃，賢人官業兮萬古芳馨。」

（北京圖書館藏拓本）

【誌文】二。

唐故幽州盧龍節度押奚契丹兩蕃副使攝薊州刺史正議大夫檢校太子左庶子兼御史大夫上柱國賜紫金魚袋張公建章墓銘」

中和三年十月十六日自鄧村原改葬于幽都縣禮賢鄉」高梁河北原。」

中和〇〇八

【蓋】失。

【誌文】

唐故北海戚處士墓誌并序　布衣趙玭」

處士諱高，字崇景，其先北海郡人。枝派清遏，不可殫言，上因」官從職，遷爲越州諸暨靈泉之里人也。曾皇父諱朝，皇父」諱霞，皇考諱防，清崇道德，風月怏情，皆没跡雲端，世推之」上也。處士才鋒韞鋭，仁海凝波，不重百辟之榮，而嗜寸陰之道。」見一善而忘百非，洞施恩而不念報，滔滔爲冠世媒偕，蕩蕩作」後來梁櫓。何期覆覆載興否，三清晦明，淑人君子，故不萬齡。」處士芳壽，不或之歲未昇，壯室之年有五。以中和三年歲次癸卯」秋九月甲子朔十九日壬午之辰，天降深祟，魂沉逝流，遂奄終於」後流私第。嗣子三男二女，孟曰崔婆，仲曰嘟啉，皆當齔歲，禮」義未分，扶柩嘔啞，孰不傷憫，痛哉！季子董婆，襁負懷抱，倚」廬之門，運業何因，終天之苦。長女娉受周氏，禮未及歸，幼」女齒未及笄，遽遭酷罰。夫人清河張氏，孀情慘裂，涕泗」交凝，笄纚無光，蓬鬢髽首。泣青萍之去跡，哭緑綺之斷絃。」夫人遂抑哀整容，咸告兒女曰：禮難可踰，吉擇日月，善卜名原。」以年冬十月甲午朔廿七日庚申，將窆于石解皇父之塋右壬首之壙」原，之禮也。虞以日居月諸，山谷渝變，哀告請銘。玭宿契金石，敢塹」瑣才，掩涕握管，而爲銘曰：

蕣之華，蜉之蝣，石之火，水之漚，四之質，難久留。其二。尊道德，洞仁義，」望長林，成大器，孰知天，興禍至。醴泉竭，德星墜，女未歸男尚稚。」孀妻房，冷秋水，睹遺蹤，湜雙淚。宿何緣，無終始，泣告余，請銘誌。」

（北京圖書館藏拓本）

中和〇〇九

【蓋】 失。

【誌文】

戴府君墓誌并序

府君諱芳，魯國郡人。祖諱蔽，父諱素。府君素之第四子，娶東海徐氏，育子五人，二女三男。長子師顗，次子師旭，少子師敏。府君温良恭儉讓，志惟清雅，惟孝惟忠，琴酒戴不仕。何圖積善無徵，凶釁春秋六十有三，寢疾醫藥無效，大化有終，中和三年秋八月廿五日終。至其年季冬之月初五日丁酉吉辰，窆爲吴郡東南華亭縣北廿二里去張管墩五里，莞沼鄉城山里進賢村洞涇西一百卅步新宅之東南而葬新塋，禮也。三男泣血，二女哀號。長子師顗等恐歲月久遠，陵谷變移，不託時世，今乃刊甓爲記。銘曰：

晚暉西落，流水東馳，存亡永訣，逝者無歸。萬古千秋，墳壠巍巍，是誰書雙鯉魚？是誰讀雙白鶴？鯉魚入深泉，白鶴飛上天。

（録自《古刻叢鈔》，據《古誌石華》卷二十四補字）

中和〇一〇

【蓋】失。

【誌文】

唐前虢州盧氏縣令盧彰太夫人廣陵戴氏墓誌銘并敘　前湖南團練判官檢校户部郎中賜緋魚袋盧陟述」

有唐中和癸卯歲五月廿九日，前虢州盧氏縣令盧彰」太夫人廣陵戴氏寢疾，捐館於盧氏縣，享年七十一。即」以明年十月廿二日，窆于河南府洛陽縣平陰鄉南陶」村。」夫人以大和初歲歸我叔父陽曲府君。」夫人孝敬仁愛，根於天性；莊順禮教，稟於生知。奉」上以恭謹，撫下以和惠，垂卅年，曾無間言。一子曰彰，號」州盧氏縣令。莅官清白，居家孝敬，遵奉貽訓，時謂令人。」一女適范陽張禹珪，家于金陵，千里而遥，不克會葬。」夫人既享祚胤，而不至眉壽，實人倫之不幸也。悲夫！其」子彰，奉」夫人帷裳，歸還故里，泣血襄事，人以爲難。既有陵谷之」虞，見託爲誌，且備熟懿行，難訴蕪詞。銘曰：

道叶母儀，嚴明訓子，宜登福祉，」俄驚逝水。清洛之東，邙山之趾，」古陌新阡，松楸邐迤。慘慘煙雲兮」哀哀孝嗣，千齡萬代兮泉扃永閟。」

（北京圖書館藏拓本）

中和〇一一

【蓋】失。

【誌文】

唐貞士韋君墓誌」

於虖！此有唐貞士韋君栖真之所也。貞」士諱士逸，字士逸，萬年杜陵人也。舉進」士，釋褐爲赤縣尉，不屑焉，遂棄去。躬耕」南山，家室睦如，入其庭，知其爲隱君子。」韋爲京兆望姓，簪冠累葉，貞士獨澹如」也，不以門第相競。於虖！其謝傅之流亞」歟？中和四年七月，貞士構微疾，喟然曰：「出不負乎君，而處不違乎親：生無裨于」時，而死不見譏于人，其亦可矣！以其月」寢疾没。越三月，葬于山中之白鹿坪，以」其配杜氏祔，禮也。於虖！貞士往矣，而貞」士又無息，千百年後，陵谷迭更，誰復知」韋氏之有貞士乎？爰略生平，置諸墓門，」以誌貞士云。」

（北京圖書館藏拓本）

中和〇一二

【蓋】失。

【誌文】

唐故張府君夫人韓氏墓誌銘并序」

府君諱武，族族望青河郡人也。承軒轅皇帝之苗裔，張羅公之後，」乃葉散支濃，派流不絶，今爲潞州長子縣德讓鄉人焉。皇考諱叔政，」皇妣西河宋氏，以祔前銘，此不重書。府君温良克讓，仁惠孝慈，禮」樂備身，德風咸美。結交豪友契□□而□心欽慕鄉鄰，俱懷五郡之」志。忽二氣乖攝，夢歸兩楹，時中和三年四月廿八日，終于長樂里之私第，」亨年五十有八。夫人南陽郡韓氏。容儀端淑，賢行聿脩，玄彩昭華，」坤精麗質，奉事巾幗，無所闕遺。去咸通十四年正月廿八日遘疾，終於夫」舍，亨年卌有四。公爲偏露無依，遂再婚天水趙氏。神姿婉□，舍浦呈」妍，天不擇善，先終命矣。又娶上谷寇氏，夜雖不哭於四鄰，朝每啼於九族。公有」子四人：孟曰思約，中和四年七月　日終於本家□禹娘子先終；仲曰思璠，季延喜，」幼延寶等，泣血號天，摧心罔極。長女適河東裴氏、千乘倪氏，次適武功」馮氏，幼女□善娘兒；新婦二人，長李氏，次王氏。子□諮問母曰，時逢多事，朝」夕奚明，□擇良時而遷祔之。便□中和四年甲辰歲十一月戊午朔十五日」壬申合祔於縣城北五里祖塋之原，禮也。其地南觀堯王，朱雀呈祥；北」倚長□，玄□應瑞。青龍左隱，白虎右藏，衆聖扶同，千靈擁位。猶恐」高岸變□，深海成田，故刊石爲銘，永存貞記。其詞曰：

生榮倏□□，一旦歸蒿里，雖有空名在，遊魂悲逝水。」寂寂新墳迴野中，蕭蕭隴樹悲風起。」

（録自《山右冢墓遺文》）

中和〇一三

【蓋】失。

【誌文】

唐故淮南進奉使檢校尚書工部郎中兼御史中丞賜緋魚袋會稽駱公墓誌銘　朝議大夫檢校左散騎常侍前大理少卿兼御史大夫賜紫金魚袋薛贍撰」

曾祖璧　皇武都郡司馬」

祖子卿　皇登州長史、贈太子中允」

父紹　皇處州司馬、兼監察御史」

駱氏著姓，顯于前史，與秦同祖，實帝顓頊高陽氏之裔也。祖伯翳，號大費。大費佐禹理水」有功。大費遠孫季延，周孝王時牧正，養馬蕃息，孝王賜以王父字，遂爲駱氏焉。後漢御史」大夫平，避董卓之亂，過江居吴之餘杭，時人號餘杭公。後子孫散居浙江之東西郡縣，南」朝六代，代有英奇，峻節令名，文儒碩秀，家諜史册，耀彩騰輝，美蔭清資，英規令望，承」家者亹然不替，爲儒者卓爾備詳，非植豐碑，固難遍舉。」公名潛，字晦中，先司馬之長子也。幼而敏悟，長守謙貞，敦孔父之詩書，苞曹公之」氣量，已躅曾顔之孝行，將馳光謝之高名，貢律句於春官，合致身於華貫。無何，饋輓興於」梁宋，孛彗起於奎婁，爲副已知，捨其盛美，遂由弘文館校書郎、徐州供軍使判官。是時傾」御府於關東，徵蕃兵於北土，吏心伏慴，軍養豐饒，兵罷旌功，授衛尉寺主簿。蜀土闕其良」宰，朝庭切以字人，既精選於台詞，遂昇名於甸服，授成都府靈池縣令。今廣陵」渤海王承天休命，鎮撫坤維，一睹風儀，再興嘉□。輟强明於外邑，委糺正於都曹，式序」化蓧，察除苛弊，爰興版築，須督吏民，集畚鍤以先登，濬城池而最固，庭無諍訟，里有絃歌，」雖考秩之未深，且攀留而預切。渤海王節制淮浙，統慴銅鹽，長懷似鶚之姿，果召如」鷹之吏，才無阻滯，術有變通，知可付於牢盆，佇來儀於鐵瓫，署揚州海陵監事。監乃務之」大者，公實處之暇□財貨充盈，課輸集辦，加侍御史内供奉，賜緋魚袋，尋轉檢校」尚書工部員外郎。渤海王親鼓上軍，將誅巨寇，徵千羣之突騎，擁萬衆之舟師，加檢」校尚書工部郎中、度支淮南軍前糧料應接使。

欽兹委任，實仗全才，繫社稷之安危，」定生民之舒慘。雖干戈罷舉，而供億無虧。加御史中丞、劍南西川第般進奉使。」公勤王志切，荷國恩深，涉萬里之煙波，背九重之城闕，恨江山之綿邈，施犬」馬以遲留，棹瀲瞿塘，水沿巴宇，欲併忠於前志，恨入貢於後時。因而遘疾，殁于通州之郡」下，享年三十有七。公無兒姪以護喪，值西江之多盜，孤幡旅櫬，涉歷歲時，至中和五年」八月八日，殯于揚州揚子縣江濱鄉風亭里。淛東杭郡，無狀起兵，路絶行人，空無鳥逝。不獲」袝于先公之塋側。公趣弘農楊氏，家傳懿範，德被淑儀，百幸光昭，九族敦」睦。有女三人，長曰珪娘，適前鹽州兵曹參軍王浚；次曰弘娘，小曰憲娘，皆柔順自持，哀摧越禮。」瞻與公同受恩於渤海王門下，孰公之令名懿德。公孟兄溱州良牧，含悲請誌，勒于」泉户。銘曰：

水鏡澄心，寒松挺質。調雅薰絃，氣融春律。人仰宏規，官歷清秩。命也奚言，」秀而不實。纔停薤唱，便掩松扃。寒暄暝色，旦暮潮聲。知留萬恨，不盡斯銘。」

（周紹良藏拓本）

唐代墓誌彙編

光啓

光啓〇〇一

【蓋】　河南郡衛氏夫人墓銘

【誌文】

唐渤海吴公故夫人衛氏墓誌銘并序　河東裴子章撰」

夫人姓衛氏，其先著望河東郡，甲族茂德，備于譜諜，今」不具書。曾諱蟾，祖諱景，王父諱扶。家傳禮義，代」習儒風，德延慶門，光生令淑。外族潁川陳氏太夫人，」育二女，夫人即次女也。長有淑德，性本温柔，每奉慈」顔，克彰令範，女工婦節，得自天機，和惠美於姻親，秉謙」謙之懿德。早歲歸于渤海吴氏，執如賓之禮，殊耀閨」門，一十四年，婉順彌著。賢夫曰綬，立身端謹，孝行持家，」守道而安，與物無競。何圖匣劍孤鳴，鸞分隻影。嗚呼！造」化難測，芳華易凋，夫人忽嬰微恙，藥餌莫及，洎光啓」二年六月十五日，終于揚州江陽縣慶年坊之私第，享年」四十有三。育子五人，二男三女。長子曰延玉，次曰波斯；長」女未笄，次女□娘，次曰道師，嗟仍幼稚。夫人」仁昆淮南節度衙推諸軍都糧料使、朝議郎、行海陵縣」丞、賜緋魚袋，器質端雅，禮樂挺自然之節，雍容標拔俗」之姿，抱義懷仁，六姻所重。夫人姊，從於他室，家亦東吴，遐」隔路途；臨終不見。鰥夫血涕，龜筮叶從，窀穸有期，時不可」越，未獲歸祔，即以其月廿五日窆于當縣絃歌坊之原，禮也。」子章承命，直書其猷，聊紀年代，刊于貞石而云。詞曰：

婉彼會儀，形影何適？蘭摧玉折，冥寞無跡。」兒女哀哀，鰥夫淚滴，貞石永紀，芳猷不息。」

（周紹良藏耿鑑庭影印本）

光啓〇〇二

【蓋】　李公夫人墓誌

【誌文】

大唐隴西李公夫人墓誌銘并序　鄉貢進仕王冠撰」

夫地缺天傾，標之往史；陵深谷峻，載自前經。水逝而須究其源，葉」零而要追其本。夫人即周靈王太子晉以近諫癈黜，降爲庶人，時」人號曰王家，子孫因以命氏。十葉孫翦，翦子賁，賁子離，三代」事秦，并爲大將軍。漢初秦遷于瑯琊，遂爲瑯琊郡人，其後子孫」冠蓋相繼，略而不書。至於皇朝光禄卿、檢校荆州長史儼，是其後也。其」後或剖符治郡，或仗契字民，水派枝分，遂爲幽州雄武軍人也。皇曾祖」諱林，字益；皇祖諱興，字恪；皇考諱榮，字立；三代皆以不事王侯，高尚」其仕。夫人即第十女也。當在初筓，遂歸於李氏之黨。在家而女儀有」節，移天而婦道無虧。閫軌雍容，閨風婉娩。以中和三年八月十七日災生」二豎，夢奠兩楹，倉卒於雄武軍之私第，享年七十有四。有子五人：長」曰士元、士操、士秀、元約，幼曰元寓。揮張芝之筆翰，業杜預之春秋，世讓」其能，時推其絶。充幽州盧龍節度驅使官。有女二人：長曰適於范氏，」次適魏氏，皆幽州之令族。以光啓年敦牂歲夷則月五日，葬於雄」武軍東北五里之原也。于時兄弟俱揮血淚，共曳麻裾，來告於余曰：」慮陵谷參差，日月乖錯，請爲紀述，以宥於懷。冠乃不槧荒拙，難」抑斐然，勉思抽毫，遂爲銘曰：

偉矣夫人！奇哉貞良！女儀有節，」婦道皆昌。賢侔曹氏，德擬孟光，誠女貞潔，訓男義方。」何期吉兆，返爲凶祥，忽離人世，卒别穹倉，永辭清晝，」長鎮玄鄉。亭亭慘栢，蕭蕭白楊，悲風落日，行人斷腸。」

（北京圖書館藏拓本）

光啓〇〇三

【蓋】失。

【誌文】

唐故王府君墓誌銘并序」

府君諱文進，字文進，其先太原人也。春秋傳曰：王子成適」齊，敗狄立勳，賜姓曰王，累代榮禄不絶。至高曾就養」不□，遂爲長子縣王始村人矣。祖諱琪，皇考諱」□□官雖泯，不墜儒風，耽嗜詩書，勤農自遺，藏」□□迹，守道園林而已。兄士興，言則無玷，行乃有」□□讓承家，友愛恤下。府君即先考之第二子也。」□□聰敏，勤學不倦，始自弱冠，擢於縣曹，歷效諸司，」□著勤幹。咸通中，邑宰以君有詞辯深知，署爲押司」録事，裨佐百里，提綱六曹。剋己奉公，捐軀執事。奈何神」不福善，暴縈沉疾，以光啓二年二月廿四日終于私第。夫」人張李程李四氏，相次而殁。再娶郭氏夫人，即故鎮」遏使諱建之長女也。代歷崇職，門有遺風。頃以窈窕淑」德，匹于良人。自遭君禍，勤修奠祀，蓬首疚心，畫像」轉經，以薦魂路，晝號夜泣，□□傷哉！嗣子重實，猶子再」武、新婦張氏、崔氏、長女適常氏、次女適崔氏。噫！君處」人間六十有一，未爲老矣；材德過人，不□□□，實可哀矣。以」其年十一月廿七日葬于縣城北三里□村北長崗，禮也。方」□尚阻，未遂歸塋，先亡四夫人亦□通合祔。其墳前臨雍水，北距魚□□」□居其左，慈雲處其右，纂述名德，勒于貞石，以明不朽者：

哀哉府君，□材不羣，年□尚早，遽至沉淪。白雲漫漫，寒草蒼蒼，蓍龜宅兆，□背長崗。」霜□號慟，二子聲哀，嗟乎哲人，永卧泉臺。」

（録自《山右冢墓遺文》）

光啓〇〇四

【誌文】凡二石。

張氏第五房」

曾安封爲貝州清河侯守汝」州刺史，祖歡用，爲登仕」郎守滄州刺史；夫人太原」王氏，自後因官而息。

孫仲平，本貫趙州寧進縣欒」邑鄉中蘄村。去開成二年，到沁州沁源縣長寧鄉彫巢村婚」惠氏爲妻，生五子。去光啓四年二月廿」七日身亡，三月十二日殯，買得此基村西」三里，去州卌里。東至青龍，西白虎，南朱」雀，北玄武。以光啓四年歲在戊申三」月戊戌朔十二己酉，故立此記。」(以上前一石。)

張氏血脈譜

張星屬金，金者商也。金精變」現，化爲人，後乃生一子，兩手不開。」皇帝歎曰：若是吾子，手爲」吾開。兩手得展，遂見左手中」有弓，右手中有長。後以兩□并之，乃」成張字，即號□張星，便封」爲大將軍。領百萬之衆，遍地血流，後」乃封爲河内郡王。自古天賜張」氏之姓，皆爲手把二字及因張」星而興焉。而五子分爲五祖，此是張」姓之宗，家狀別具分析。」(以上後一石。)

(録自《山右冢墓遺文》)

唐代墓誌彙編

文德

文德〇〇一

【蓋】 趙夫人墓誌銘

【誌文】

大唐范陽盧公故夫人天水郡趙氏墓誌銘并序　前飛狐鑄錢院巡覆官儒林郎試太常寺奉禮郎張鈐撰」夫玄黃覆載，四時之運行；烏兔推移，八節之遞照。乃有傾而有缺，尚有昃而」有盈；扶疏之樹千條，浩渺之流一帶，根源可鞠，封烈必詳。」夫人之先，天水人也，即漢太尉岐之胤族，子孫垂裕，今古綿聯，枝派繁滋，豈能」具載。且夫後裔，聊以述焉。皇高祖諱希原，皇祖諱茂詞，皆請閑放曠，思」逸優游，邦城木徵，業其高尚。皇考諱衢，字玄禮，攝薊州玉田縣尉；明悟疏徹，」素尚謙恭，詞鋒取其勳名，道業建其竹帛。夫人即考之一女。蕙心令淑，明艷温」柔，爰自良媒，作聘君子，幽閑儀範，婉孌風姿，承順二親，協和九族。或□刻辨，巧」□非常。何期壽不遐延，奄乎瞬息，豈唯鄰里，聞者傷嗟。以光啓三年八月十三日倉卒」於幽府之私第，享年五十有七。以文德元年十一月九日，葬於府城西北十里樊村之原」也。時也，草眠露泣，樹激風悲，山雲慘悽，桑水嗚咽。有子四人：孟曰景唐，時稱俊乂，世慕」周旋，爲一代之名流，作千載之義士；仲曰景□，前節度使驅使官，詞含鳳彩，學以進身，廉」潔爲心，公途匪昧；季曰景嗣，年纔弱冠，貌擬安仁，温克無儔，風流少比；次曰景思，世産」奇童，好從師訓，比無貳過，終有出羣。有女一人，桃源玉質，仙洞娥眉，是歲初笄，聘於」宋氏。孝行兒息，備禮送終，陟岵銜哀，望鄉灑淚。慮以年代綿邈，塋域參」差，貴勒貞珉，用雕旌紀。鈐學慙淺拙，詞媿荒蕪，既露悲情，雖違深旨，」徽猷粗舉，勿誚乖疏。其銘曰：

猗歟夫人，最貞最賢，蕙風簾下，閨範窗前。容閑窈窕，」體態嬋娟，成家豐足，養親周旋。於戲噫噫！倏爾乖離，」逝川不返，倒景難追。悠悠冥路，寂寂魂歸，孤墳月朗，」白楊風悲。蟾烏遞照，往返無窮，福盈禍至，變吉爲凶。」長辭人世，永別房櫳，羅幃悄悄，寶鏡蒙蒙。偏露兒息，」恒想音容，天長地久，墓際寒松。」

前節度使驅使官辛居受書。」

（北京圖書館藏拓本）

文德〇〇二

【蓋】失。

【誌文】

唐故隴西郡要氏夫人墓誌銘并序　進士路□□」

夫人要氏，其先隴西人也。三皇植本，五帝乃□□□□□□□□□廣，周秦漢魏，歷代有人，史諜傳芳，軒裳不絶。皇曾□□□□薊州司」馬；毗贊百城，紀綱千里，猾吏喪膽，疲民息肩。多剌郡之□材，實典□□□」佐。皇祖諱祕，烈考諫，高才潔行，樂道避榮。深□化機，□□□□。」夫人即第三女也。來□茂族，毓質良家，淑德如蘭，貞心類□，蘊祺靈□□」哲，動合禮經。□□□以□詳自□規□□□婉麗□□□可□□□」□從禮就聘適□州節度押衙□防禦軍使、□左決勝軍使、銀青光祿大」夫、檢校國子祭酒兼御史大夫、廬江郡舒行言，家傳將略，國重英才，貴」匪□求，位由功顯。從容玉帳，陳滙□之機謀；重御柳營，□□□□」嚴□。夫人既事大夫，克修婦道，□勤閨閫，輯睦姻親，□□□□□」聲□□奈何疾□玉膚，□□□□以中和四年五月六日殁□□□」坊之私第，享年二十有五。嗚呼！□從之道不□□□□□□□□」餘者賢明，良可惜哉！□權□□以文德元年十一月九日葬於昌平縣」安集鄉懷居里大□之原禮□有子二人；長曰簡裕，親事兵馬使、正議」大夫檢校太子賓客、兼監察御史、上柱國；風姿秀異，趫勇絶倫，擢職妙」齡，鬱爲時儁。次曰簡之，居童丱之歲，有老成之風，器質萃羣，弓裘」必紹。二子喪親之日，摧擗不勝；宅兆之晨，追嗥罔極。嗟乎！星霜曠遠，陵谷」變移，勒石紀源，期於不泯。銘曰：

巍巍夫人，挺生名族，其德如蘭，其□□□，□聘舒氏，六禮斯備，及睦舒宗，九姻□義。容華夫君，□逝□□嗣子無依，□□□□□（下泐）」

（北京圖書館藏拓本）

大順

大順〇〇一

【蓋】無。

【誌文】

□□□□軍節度使檢校司徒南陽張府君墓誌銘　節度掌書記兼御史中丞柱國賜緋魚袋張景球撰」府君諱維深，字禄伯，燉煌信義人也。其先曰季，出問嵩北都節度」留守支度營田轉運等使。祖曰謙逸，工部尚書；考曰議潭，贈」散騎常侍；並修禮樂，文武盛材，俱事我唐，光榮帝里。府」君洎大中七載便任燉煌太守，理人以道，布六條而土鼓求音；」三事銘心，避四知而寬弘得衆。乹符之政，以功稱建節旄，特」降皇華，親臨紫塞。中使曰宋光廷。公之異化，績效難窮，備」之碑石。公以大順元年二月廿二日殞薨於本郡，時年五十有」九。葬于漠高鄉漠高里之南原，禮也。兼夫人潁川郡陳氏。六」子，長曰延暉，次延禮，次延壽，次延鍔，次延信，次延武等并」連墳一塋，以防陵谷之變。其銘曰：

哀哉運蹷，蹶必有時，言念君子，政不遇期。豎牛作孽，君主見欺，殞不以道，天胡鑑知？南原之禮，松楸可依，千古之後，世復何之！銘于旌表，用防改移。

年月日題記。」

（録自敦煌卷子　P2913）

大順〇〇二

【蓋】失。

【誌文】

唐故會稽郡孔氏府君之墓誌」

府君曾祖諱，年代深遠，不載乎名。先考諱懷順，本貫青丘人也。授職」在軍，任副將兼門槍官。次處班列，有竭力奉公，立忠信而謹節，三端身」貌，仁出儕流，六藝道昇，府衙俱美，廿年前以歸幽冥。夫人王氏，幼從笄丱，結」髮行齊，禮備貞賢，左於琴瑟。奈何不消仁德，便此去留，爲守孤」兒，糜經寒暑。胤子二人，是曰從玥，孝道侍親，石求榮禄，市易爲徒，」殷奉甘旨，前年暫出濟涉波，□歲迴來，疑存侍小疾命大夜。府君享」年卅有八，去大順元年四月廿八日，終於私第。克取當年八月七日葬於」青州益都縣永固村之原大塋内。永先娶妻董氏。二人至日合祔」大禮畢。後娶任氏，婦無乖，見存侍奉。有子一人馮哥。」有弟一人從禮調□□常寬弘雅志。黄天不祐，傷手足，吉日祔」近碯□安府張氏久從博奉。右存在姪二人：忙忙，女妹妹。「昔府君安座宅，永□玄室，大禮以畢。後恐桑改易，埈固變移，」故刊石爲記，以俟他日。詞曰：

府君行堅，立性難□，爲情昊澣，語無宿言。「濟人拔苦，慈善心寬，轜車啓路，墳座高塬。「閭里傷嘆，朋友追攀，骨肉相送，六親哀怨，」孤墳寂寂，悲風落然。一往歸於蒿里，永別萬歲千年。」

（録自《山左冢墓遺文》）

大順〇〇三

【蓋】失。

【誌文】

大唐奉聖保忠功臣左神策軍散兵馬使押衙充昭弋都都知兵馬使金紫光禄大夫檢校刑部尚書兼御史大夫上柱國弘農楊公夫人隴西縣君李氏墓誌銘并叙　朝散大夫守光禄少卿柱國賜緋魚袋李貽厚撰并書

夫人隴西縣君李氏，曾祖譜，祖充，父僅，皆不仕；先妣夫人徐氏。縣君幼而聰慧，長則賢行，令淑之稱，傳於内外。年十六，笄于弘農尚書楊公。及歸杲，以雍柔之道，備聞六親，上和下睦，克成家肥矣。廣明中，弘農尚書楊公以黄寇犯闕，乃扈從奔蜀，至光啓年，復從乘輿巡狩于岐陽。楊公尚書，天資正直，神授機鈐，臨戎每奮其威稜，致國唯竭其忠信。一自都城紛擾，輦輅播遷，常泣血以祈天，每枕戈而待旦。果雪寰瀛之恥，終平君父之酬，因此亟加重任，累踐劇職。天子歸復京師，乃下詔曰：扈從功臣，已加褒奬，追封之典，宜賜恩榮。尚書楊公乃以夫人德冠婦儀，道光嬪則，早崇儉節，躬衣浣濯，女史識彤管之箴，雅頌合關雎之訓，乃特封隴西縣君。繇是聯華茂族，著美中姻，克播高風，統垂令範。既從夫貴，益表身榮，已彰郡邑之封，是顯閨門之慶。大順二年正月七日，忽遘微痾，遽成寢疾，竟乖勿藥，終痛膏肓，念二豎兮，徒訪秦醫；想孤魂兮，□遊岱岳。其月廿三日捐館于宣陽里，享年二十有六。嗚呼！縣君有德行可稱，有恭儉可尚，合鍾厚禄，保遐齡而天不垂祐，斯乃謂脩短之數矣！有女三人皆稚齒襁褓中。十七日，葬於萬年縣同仁鄉□白村，祔于尚書先塋，禮也。余寄都營居，尚書弘農公因請爲誌，不敢多讓，乃書銘曰：

行光婦道，名冠母儀，玉同潤德，松比貞姿。令淑有聞，節儉無比，式表柔和，克弘懿美。蕣華彫豔，英蘭墮芳，人生若幻，一夢堪傷。薤露成悲，丹旐將發，窀穸是期，寢苦永訣。垂彼令名，保茲不朽，刻于金石，天長地久。

刻石人李彦容。

（録自《陶齋藏石記》卷三十六）

大順〇〇四

【蓋】失。

【誌文】

唐故任府君墓誌銘并序　文林（下闕）并書

□安民爲政嗣美，嘉譽卓然，有土親人，漢官所重，軒裳禄仕，譜諜詳諸，□□□命也。曾祖諱巖，皇任鄜州鄜城縣令；祖諱貞古，皇任郴州臨武縣令；烈考諱清，□任宗正寺光陵令；義方垂慶，貽厥子孫，可謂吐耀人倫，順時鵬舉也。公諱茂弘，字廣□，四盛□躬，五常乂物，王畿少仕，懸絲守規。懿宗皇帝之五年，蒙威遠軍釋褐奏授朝議郎、行右武衛翊府兵曹、充表奏判官。後六年，選授陜州靈寶尉，秩滿，廉使以公藴不羈之才，署觀察衙推，□委□難前後縶維八載。中和初，天子幸蜀，有起請於東周，調集北京榆次尉。元戎以庶績振憂，旁徵幹蠱，器能首舉，榮被薦章，奏授汾州介休縣令。字人有術，以公滅私，剛而無虐，敏以濟衆。既畢常考，卜居雲水。文德改元，良牧命假西河宰，生靈是寄，邪匿屏蹤，軍旅之事交馳，道義之門□啓。矧夫懇祈解印，知足遂閑，僅周朞，洛州太守李公請充團練判官。公奉公私爲舟檝之利，洽上下擬膏腴之歡，經濟在懷，合臻光大。何期昊天不惠，奄歸九原，盈日西傾，巨川東注。大順二年十月二日暴卒于汾州之私第，春秋五十有五。銜惠者興歎，知名者愴懷。婚渤海高氏。燕齊盛族，漢魏名家，黄鳥玉珮以和鳴，角枕錦衾而永瘞。有子四人：長曰雷□，前汾掾；亞曰麟郎，稷門修業；次曰應郎行者，總角之初。有女四人，長曰婉娘，須適劉氏；次曰娥娘、瓊娘，□崇内典，咸愿披緇；幼曰延娘，始乎四歲，温恭立節，孝友承家。皆泣血號天，哀欲滅性。公累代松檟，遠寓秦郊，方今國步多艱，難馳旅櫬，則以其年十一月二十四日權安厝於州西南八里西河縣文信鄉白草溝之原，禮也。嗚呼！玄黄眇邈，修短常有，脱蟬蜕以沖空，去瀛州而絶信。公夫人高氏，聾之族姊也，熟窺懿範，愿紀壯猷，敢以直書，而慙叙述不至。其銘曰：

令圖撫俗明□吏師，冰壺皎潔，賢彦所知。陽舒陰慘，天地與時，大哉變化，振古如兹。

伯牙痛兮知音盡，蒹葭落兮失英儁，存丹元兮杳無極，齡□□兮皆委順。鸞鳳去兮留嘉名，龍淵没兮彰利刃，□□□兮何茫茫，棄亂世兮潛靈運。

（録自《山右石刻叢編》卷九）

景福

景福〇〇一

【蓋】失。

【誌文】

唐故清河郡張氏夫人墓誌　夫樂安郡孫珦述」

噫！夫人姓張氏，其淑慎貞素，禀自生知，退讓」儉遜，衣從於訓，祗奉晨夕，終始若一。吁！言乎不禄，」棄我私室，蘭摧春霧，蓮墜秋風，隟影難迴，逝」波不返。男一人高姐，電影未分，槿花已落；女二人：長曰」奴哥，穠花未開，嚴霜暗墮；次曰郭兒，丱髮未總，繼」我門嗣。夫人年四十有三，以景福元年冬十二月」二十日卜兆於府城之南雲門之下，樹丘」隴而銘。銘曰：

日月有度兮生死無常，白晝其速兮玄夜何長。」澠水爲鄰兮雲門是鄉，千年萬祀兮春露秋霜。

時景福元年歲次壬子十二月辛未｣朔二十日庚寅孫珣記。｣

（録自《八瓊室金石補正》卷七十七）

景福〇〇二

【蓋】失。

【誌文】

唐魏國太夫人劉氏墓誌銘并序　族生攝節度判官將仕郎監察御史裏行賜緋魚袋侯濬川撰｣

夫大塊茫茫，有南海北溟之固；玄穹浩浩，爲東烏西兔之資。辨三才以攝羣生，推二氣而崇景運。｣雖智窮罔象，德洽無爲，言符造化之功，位冠華夷之長，而不能逃天地之大鼓，抗修短之常期。即｣有鍾慶德門，積善洪胄，厥惟令族，實曰彭城，襲高光之餘風，播豐譙之美胤，即我郡夫人之貴｣嗣也。夫人曾祖傒，皇任鄭州滎陽縣令；祖陟，皇任義昌軍節度參謀、殿中侍御史、内供奉、上柱｣國；皇考績，皇任朝議郎，守滄州臨津縣令、試弘文館校書郎、柱國；皆襲慶基仁，奉珪構室，資忠｣履信，誕發蘭儀。外族姑臧李氏，外祖操，皇任朝議郎行青州壽光縣令，親舅道樞，見任義昌軍節度副｣使、檢校尚書工部郎中、兼御史中丞、賜紫金魚袋。夫人授訓公宫，承顔内幄，懿德光於娣姒，柔順洽於｣宗親，咸曰非海内名家，人中偉望，無以爲夫人匹偶也。長適于范陽盧氏，即｣我司空也。夫人鸞鳳和鳴，琴瑟合奏，言容賁于國史，德行標於法度，六姻之内，爲規矩焉。而孝於舅姑，｣恭於盥饋，寒暑不易其道，風雨靡愆于時，終始一心，朝昏罔殆，雖古之純和德行，無以過也。洎司空仗鉞登壇，分茅目鎮，夫人持愈謙之行，無恃貴之容，高卑共榮，內外咸睦。是歲封爲彭城縣君。」閨門峻設，天秩永昌，而內則外言，不逾規矩，雖魚軒接軫，曾未留心，而象珥充庭，莫能屆意。此則」夫人之懿德也。又明年，封爲彭城郡太夫人，爵位轉高，恭虔益厚，罔貴珠玉，不務綺羅，示儉德於中閨，革」奢華於外署。有以見輔佐君子之道，有以崇發揮胤嗣之光，而尚惴惴無言，謙謙若訥，居」王侯之右，敬之如賓；奉節制之尊，待之以禮。雖門參九戟，而職貳三台，以夫人之情田，俟」公卿之進止，思無固必，義合典彝，此又夫人肅雍之德也。方期偕榮九錫，共享百齡。豈期罷律谷之」暄，綴龍鄉之曉，椒風蕙露，家凝殯妣之冤；縞服蒻幃，國起亡嬙之歎。即以景福二年正月廿九日寢疾，薨于」使宅，享年卅七。奉當年六月十日敕下追封，仍頒國號。其制詞曰：生榮死哀，孝子之事親終也；揚名追」遠，有國之延賞至焉。推而行之，義歸一揆，不有寵錫，何載厚恩。銀青光祿大夫、檢校工部尚書、使持節景州諸」軍事、守景州刺史、兼御史大夫、上柱國盧允奇亡母彭城郡太夫人劉氏，生禀令儀，殁垂素範，踵孟母擇鄰之訓，」勉王陵事主之忠，藹然勳臣，居吾昭代。徽猷既茂，典禮宜加，爰昇封國之榮，用示及泉之寵，式光子道，」克勵乃誠。可追封魏國太夫人。其長子允奇，幼而聰晤，孝敬自天，長實溫清，承順在已；洎鍾外禍，高」柴比肩，哀感過於曾顏，禮義形於喬梓。幼曰朱社課，渥洼異狀，鸑鷟殊姿，已知孝敬之方，曲盡銜哀之旨，是武陵」泣血之歲，同宜都求夢之年，雖曰童蒙，已有成人之風矣。有女二人：乞姓長馮四娘子，幼馮五娘子，年方幼小，志在」溫柔。慕謝氏之風儀，襲班家之禮法，自纏哀禍，悉悴形容，晨夜追思，夢寐悲感，皆情深陟屺，念切扃」泉。於是窀穸有期，龜筮咸許，青烏擇日，白馬臨郊，奉常撰加等之儀，鹵簿具送終之禮，親賓拜享，」公台護喪，哀榮畢備於斯晨，盟好同瞻於此際，四方致奠，千里持函，導從禮儀，輝映今古。即以其年」八月七日葬於將相鄉，祔大塋，禮也。高原茂草，林薄迴翔，瞻望松楸，咫尺」塋闕。鸞騰玉羽，向天路以無迴；風引霞裾，入青冥而不返。遂作銘曰：

大道冥冥，元功悄悄，育聖誕靈，開祥啓兆。其一。茂族華源，崇基峻址，乃惓豐譙，實惟邦涘。其二。娣姒開國，」夫人起家，作配方伯，榮兼物華。其三。郁郁祥煙，萋萋瑞草，霞錦相鮮，霓旌照輝。其四。鳳蓋魚軒，歌臺舞榭，」燭日鳴鑾，輅車文馬。其五。令淑長往，音容日睽，唯規與範，作世芬葩。其六。内則外儀，親族皆推，恭儉節用，」閨門是資。其七。行標蘋藻，德配鳲鳩，嬿婉君子，福禄是遒。其八。言符經典，道契蓍龜，芳塵已矣，泣血漣洏。其九。」百子千孫，天長地久，陵谷遷移，斯文不朽。其十。」

（周紹良藏拓本）

景福〇〇三

【蓋】　穎川郡陳府君墓誌

【誌文】

唐故福建觀察使檢校司徒兼御史大夫穎川郡陳府君墓誌銘并序　前鄉貢進士黄璞撰　安定胡兆祉書」

嗚呼！府君以大順三年正月二十九日薨變，春秋四十有四。其戢難之大略；鎮俗之宏功；實挂在民謡，□於□□；江夏□□」爲名士傳以伸之，又爲神道碑以明之。吁！今將葬矣，合作誌銘，以備陵遷。夫誌者識也，但書其爵里宅兆，鐫之于石，藏之于幽，」識之于後，故其詞不縷矣。府君諱巖，字夢臣，帝王之後，其先尤以賢德聞者曰仲弓，穎川人也，當後漢時，爲太丘□令叔□」季和弟昆，動于天文，聚以表德；章帝旌之命爲侍中□□始興郡王□□霸，先仕於梁，平侯景之亂，□□□□五世□□□□」避永嘉之難，入閩之建安綏成，因鄉于□曾祖父諱□，字文保，爲當府司馬；時淮西逆命，帥軍討之，□□□功□□□史□」御史中丞賜紫金魚袋。王父諱好古，字慕□，溺□林泉；不干利禄，搜抉勝異；蔚成篇章，有家集二十卷，追贈太子舍人。父」諱簡，字言□，漱流枕石，克紹先風，蘊粹孕靈，以鍾令嗣，贈工部尚書，又贈羽林大將軍；太夫人會稽郡□氏，□□□□□」知詩禮，鳳鳴叶兆，□子挺生，追贈會稽郡太君，又贈衛國太夫人。府君幼則徇齊，不爲兒弄；長逢離亂，□□兵鈐，□□□之」泣血，興言□□王室；陳仲舉之登山，□□思掃妖塵。□□則神鬼宵奔，揮劍則欃槍星落，洎縻使職，□□□功，廉使滎陽公」謚，夙慕英風，累咨□畫，請爲都團練副使，仍判清源，又三發疏章，請□交代。滎陽公尋告疾北歸，公□□府□□□□□」文，威以肅衆，寬以撫□，誓丹血以□□□憂瘴而求理，嘗曰□民莫先於令長，持法必繫於糺繩，遂精吐□□□□□故□□」□不撓，瘡痏咸瘳，莫不□率農桑□□學教賣力佩犢，再揚龔遂之風；左誦右絃，大闡文翁之化。故得與國□□於□□□□」竟納於降幡。合浦靈珠，睒□光於五夜；漁陽瑞麥，吐秀色於連年。家家吟多袴之謠，處處詠如坻之什。朝廷嘉歎，□□□□」褒崇，就加工部尚書，兵部尚書，未幾，又加右僕射、左僕射，不二年，又加司空。噫！雖則委珠道著，益彰衣錦之榮；然而治水功成，」未捧陶鈞之命。甘棠勿翦，講樹空存，哀哀生靈，何嗟及矣！夫人錢塘范氏，而出自令門，婦于華派，□□婉嫕蕙□蘭□□」垂範於金閨，驟霑榮於石窌，□府君非惟敦敬孝悌多奉以家規，至于恤物愛民，亦得於內助。□□□之□□□□□」封錢塘郡夫人。有子六人：長曰延晦，太子司議；次延□，一子出身守閩縣尉；次延晃，睦王府參軍；次□□□□□□□」次延曦；皆秀掩嵇松，茂踰緒柳，儼然在疚，柴毁踰禮，吾知聚星之德，其未艾矣。有女二人：長適事于□判滎陽公□□□□」適于太子正字董承和，即淛東廉問相國之令子。孫男三人，長曰肇，任長樂縣令、賜緋魚袋，□□□令裔□□□□□□」試於銛鋒，展驥終呈於逸步；次曰□，檢校工部尚書、守漳州刺史、兼御史大夫，材質豐傑，宇量□□□分茅土之□□□□□」之望，又可以見敬仲之後不乏其人焉。□府君以景福二年八月十四日厝于閩縣敦業鄉太平里□□山之陽□□余復」掇其民之哀歌。而爲銘曰：

大滂仁化蘇凋俗，生植霑如膏雨沃，方喜九年重戴天，豈□一旦□□□」閩山上，閩山足，佳城鬱鬱松阡緑，逝者□云可□□□御，知□□。」

（録自《唐陳觀察墓誌考》）

乾寧

乾寧〇〇一

【蓋】 失。

【誌文】

唐故尚書外膳部郎范陽盧君諱峻，字子翰，襟」度夷曠，思致恬敏，生知孝悌，善與人交，誠腑洞」開，不立牆岸，特爲叔舅相國王公徽所憐。公陷」賊巢，巢以白刃脅。君上下蔽捍，不離寸步」地。工五言詩，一舉擢進士第，解褐參京兆軍事，」歷尉涇陽、萬年，入曲臺爲博士。洎陞粉闈，所至」偕有聲稱。享年五十有二。乾寧甲寅歲六月癸」巳終厥位。粤壬寅，權窆於芙蓉園南寧安鄉三」趙村。夫人京兆杜氏，晝哭不絕聲。有男子曰崔」十，甫四歲；女子曰盈，未及笄。再從甥司珍大夫」南陽張玄晏識其墓云：外氏北祖大房，甲於他」族，北齊黄門侍郎思道，即君之八世祖。」唐顯慶中丞相承慶，景雲中廣陽公齊卿，黄門」侍郎藏用，大和中詩人、義陽太守拱，咸在族屬。」曾祖諱幼平，太子詹事，贈右常侍；祖諱賞，襄陽」節度判官，贈兵部郎中；父諱弘宗，夔州刺史。世」世以文學德義稱。」

（録自《考古與文物》一九八三年一期秦珠《唐末盧峻墓誌銘》）

乾寧〇〇二

【蓋】故樂陰郡夫人墓誌銘

【誌文】

唐故樂陰郡先妣夫人董氏墓誌銘并序　沙門道□□」

詳其修短之分，□□不能移；否泰之時，賢哲共歎。茵而不□，」宣父之名言；高名傷壽，先儒之□事。歷觀前古，何代無焉。」先妣夫人十一娘子，父諱君□□任代本齊人，桓公相夷」吾之後，仲公先生之胤緒也。夫人命授訓女師，及笄而字，歸」於樂安郡孫氏。夫公贍，結髮齊眉，如賓展敬，松蘿合巹，琴」瑟絃和。比望諧老千秋，神靈密祐，何禍忽染，構疾大漸，秦」醫莫能，殞於乾寧元年五月六日，歿於私第，享年四」十有一。夫孫氏，恨孤燈之悄悄，□□□□無依。有一子一女焉。」男僧從隱，幼業詩書，長而慕□，□□佛理，落髮玄門，精揀」微言，學通奧義，見止當州開□□□謝四日幼，纔條竹」馬之年，虎班始分，必有成鱗之□。□□五娘，自幼如花，裙」裾繼室，纔餘總角，便歸王氏之□。乾寧元年歲次甲寅」十一月己未朔十二日庚午，遷□□先塋，禮也。龍棺柳翣，馬鬣」松塋，下吊鶴於煙間，悼哀風於木□，陵移谷換，代變時遷，刊石，」留名，用彰無朽。其銘曰：

欲彰令範，復履方輿，忠□□□，□□不逾，黃泉先墜，」萬事皆虛。傷嗟夫人，身歿名□，□□□□，長埋千古。」欲問蒼蒼，何時不睹，□□□□□□□□。莘堂一別，」萬載永扃，圓牋此石，用□千□。」

（周紹良藏拓本）

乾寧〇〇三

【蓋】 失。

【誌文】

唐故清河郡張府君合祔墓誌銘并序。」

故有府君諱宰，皇不仕，自承軒轅之後，有姓興焉。累」代纓冕不絕，此而不書。祖諱翁諱通。府君即第四子」也。性禀明能，包含今古，仁義四方，□恩九族。奈何天不憖遺，方」餌不及，以廣明元年五月四日因疾奄終安陽縣大同鄉大姓疃之私第，享年五十有二。夫人路氏，淑性有聞，閨闈内則，以景福二」年九月十一日因遘疾不瘳，奄終私室，春秋五十有七。當遇年」月非便，堂厝之儀。夫人有兒女六人：嗣子長曰再讓，娶樂安」孫氏；次曰再殷，在府遊奕使下食糧，娶潁川陳氏；其次再楚，屬」相州第一將食糧，娶隴西李氏；幼曰再遇。長女八娘，適渤海高氏」之門；幼女七娘，□彭城劉氏。嗣子等立性温克，孝有成家。既」失天蔭，泣血號天，糜潰肝心。遂乃龜人告吉，罄家有無，辨於」窆禮。以乾寧二年乙卯歲七月甲寅朔廿九日壬子啟靈於莊西」北二百餘步安塋之，禮也。慮後年代遐遠，桑田變移，」故刊貞石，記于泉户。詞曰：

悲歟府君，道行立身，禄命將盡，降禍來臻。夫人路氏，」宛淑人聞，泉臺何速，珠沉水渾，祔葬於此，萬載千春。」

（録自《鄴下冢墓遺文二卷》卷下）

乾寧〇〇四

【誌文】正面。

唐故先師和尚，汝州襄城縣」人也。俗姓賀蘭氏，法號慧峰，」於中和戊申歲八月二十八日」遷化，去乾寧乙卯年建造」靈塔，十月功畢，改記耳。」

【誌文】背面。

弟子及功德主玄藏，弟子玄悟、玄應、玄朗、玄雅、」玄鑒，玄達、玄通、玄義、玄暢、玄敬、玄密、玄猗、玄覺。」

【誌文】側面。

般若波羅蜜多心經全文不録。

（北京圖書館藏拓本）

乾寧〇〇五

【蓋】失。

【誌文】

大唐故内樞密使特進左領軍衛上將軍知内侍省事上柱國濮陽郡開國侯食邑　千户食實封　百户吴公墓誌并序　翰林學士朝議郎守尚書司封郎中知制誥柱國賜紫金魚袋裴庭裕撰　翰林待詔朝散大夫檢校右散騎常侍守蜀□傳□御史大夫柱國賜紫金魚袋閻湘書

昔周文以聖德受命，太伯以至仁讓王，錫封于吴，因國爲氏。公諱承泌，字希白，即裔孫也。曾祖士偘，贈金紫光禄大夫内給事；祖德鄘，贈特進右領軍上將軍□□□；宣宗之朝，渥恩特異，出則綰兵符而臨巨鎮，入則司劇務以闡皇猷。懿宗皇帝將奉□丕圖，□公時爲弓箭庫使，送往□□□事居之際，顯著忠規；□□綴衣壓紐之時，皆參密議。父全紹，贈朝散大夫内侍省内侍。□公則長子也。□□□王夷甫本天仙中人；雅度清標，嵇叔夜真風塵外物。□趨庭之歲，穎悟過人，五始窮經，元□僅成於傳癖；三冬足用，慰祖乃號於書謡。百氏九流，無不該博，而又昇高作賦，納賈馬之降旂；遇景裁詩，破曹劉之堅壘。韜光未仕，籍甚高名，學書王右軍，妙傳其法；受琴甘處士，薄奪其師。開韓□府，精擇賓寮，首行羔雁，庾元規之招殷浩，□鎮西之辟袁宏。千載論交，一時□美，尋□□渥，昇之班行。乾符末，□先皇帝以郇瑕之封，筦榷遺利，命□公以本官充解縣榷鹽催勘副使。明如夏日，洞察秋毫，每辭種嵩之金，常遠劉輿之膩。潔白無玷，課最有聞，搜考句稽，盡取黠史；青鳧赤仄，充於水衡。以功賜緋魚袋，充解縣催勘使。尋屬關河失守，盜賊驚奔，銅駞既□於九衢，金根去狩於三蜀。公則以榷利錢寄河中府，單車往河北，傳檄諸道，言天子蒙塵之辱，責官司奔問之儀，召被革車，期□上國。遂與易定節度使王處存同領甲兵一萬屯東渭橋，□□公奔赴行朝，面奏本末。先帝感其忠果，錫以金章，依前充解縣榷税使。會蒲帥王重榮盡占鹽租，請贍軍伍，□□公復歸朝闕，後改充南詔禮儀副使，車輟不行。中和三年，充許蔡通和慰諭使。下齊之辯素優，方期集事；吠堯之犬正衆，不克前征。朝廷罪之，奪我金紫。先帝幸寶鷄之歲，搜訪才能，召□□公充西院承旨，却復章綬。尋以疑蛇未辨，鬪蟻方喧，遂辭清切之班，去樂林園之趣。馬相如彈琴之地，揚執戟草曆之亭，自有高情，寧拘美爵。帝重違其請，便充西川宣諭使，不到闕者數歲。聖上虔承大寶，振起頹綱，歷訪舊臣，以裨至理。尋加内寺伯判内侍省内給事。綜領省務，領袖廷臣，張華則該博舊章，黄瓊則練達故事，加内侍充學士使。嚴徐論思之地，枚馬視草之司。公之精識通才，光膺是選。絲綸夜出，得以講陳；鴛鷺會同，靡不宴洽。改宣徽北院使，守右監門衛將軍、濮陽郡開國伯食邑七百户。□公酷好浮圖氏，不茹羶飲酒，宥密之地，非所愿也，懇讓者再三，上許不奪素志，方拜恩焉。□□□□二年，改内樞密使，加特進左領軍衛上將軍、知内侍省事，濮陽郡開國侯，食邑一千户，食實封一百户。□□公素懷遠略，常切致君，大用之辰，納忠不一，其他扼制萬務，條緝百司，□在簡書，不可備載。乾寧二年春正月二十日薨于滻水，年四十五。君命也：冬十月一日上示中書門□許□□公昭雪，十一月二十日葬于京兆府萬年縣滻川鄉北姚村，禮也。長男修辭、次男修睦，皆南遷未復；小男修禮。葬有日，公之季知象，猶子恕己以書寓門僧，請銘于裴廷裕，時爲天子詞詔之司，不得辭，乃緒而銘曰：

泗磬豐鍾，其聲不羣，鸞翎鳳翼，其□□□。公之苦學，公之好文，果於盛日，匡我明君。一言□□，百歲□□，聖道□□，弘恩曲宣。以是忠骨，藏之下泉，祐我家國，億萬斯年。

翰林待詔正議大夫檢校左散騎常侍闕□□□御史大夫上柱國賜紫金魚袋董環篆蓋。

（周紹良藏拓本）

乾寧〇〇六

【蓋】失。

【誌文】

□□□□□刺史檢校司空□□□公墓誌銘并序□□德化軍巡官前嶺南西道觀察支使試秘書省正字魯洵撰

（缺。）乃有大雹呈瑞，靈嶽降賢，上則一千年以誕（缺。）簡册，煥乎古今，（缺。）也。自漢魏至于（缺。）茂族先□□東晉過江，士族南徙，以丹邱（缺。）先君顒，自安高尚，不求禄仕。先君由（缺。）秦州刺史。公即秦州府君第二子也。生有奇表，（缺。）精元，孝資温靖，敬事昆弟，至於疏親遠屬，（缺。）天下將亂，且歎曰：窮理講學，將非由時，豹略龍（缺。）士之志，廉使美其材，署爲平昌討伐使，（缺。）事，冢制加御史大夫。是時歉儉，後（缺。）詔兼大司憲，恩及師徒，惠播閭里，（缺。）上聞（缺。）□啓三年，加工部尚書，是秋又遷刑部（缺。）以正□使知而後改，遂刑措不用，（缺。）租賦，其或稼穡將登，有水（缺。）不若神明之政也。日者（缺。）公率公拒之，羣寇瓦（缺。）而不用，得非良二千石（缺。）金紫，是歲復加右揆大（缺。）兩浙中令以嘉辭厚（缺。）□□不絶書，多竭私（缺。）有地千里，有爵三公，顯赫（缺。）未嘗驕於色，恡於（缺。）厚於人，薄於已，古（缺。）視政，以其月十七日薨（缺。）終神氣不亂，顧謂（缺。）□歸勉□郡事，言訖而瞑，（缺。）子撫軍若一奉上（缺。）功成名遂，善始令終（缺。）碑□州罷市□（缺。）見□其後人心也如此。先大□（缺。）宏（缺。）没□□繼大（缺。）□□之養□□□□是日太君（缺。）禮□閨門道光先公一□而□□□□（缺。）□長曰彦崇，□□軍節度（缺。）

將，孝以承家，謙以處衆，生□□□之道，且明治亂之機，入侍庭闈，出佐軍旅；次曰彦□，彦□，彦信，彦特，彦持，彦琪，彦擇，□□府節度推官；幼曰彦豐；並俊秀聰敏，仰稟義方，號慕殞絶者數四。女四人，皆明惠賢淑，有曹謝之風，長適鎮海軍都指揮右揆吴章，次方笄年，未良匹；次許嫁陳氏，即□閩帥司空公第二子；次許嫁錢氏，即今兩浙中令彭城郡王愛子也。副使葉公與左都押衙師位右都押衙紹□及諸都將親奉喪事，各率家財，送往事居，知無不至。傳曰：周人之思邵公，愛其甘棠，況其子乎？公恩施廣於一境，可謂貽厥孫謀矣。以其年十一月廿五日葬於郡之義成鄉貞節里，一日親吏傳尚書公命曰：子爲賓職，復典文翰，我先君勳業善政，當得其實，愿爲誌石，以傳不朽。洵受恩有日，報賜無階，陳讓不獲，因灑泣銘曰：

五緯降瑞，四靈效祥，誕生碩臣，讚我巨唐。奇表岳峙，懿行蘭芳，揞天柱石，濟海舟航。士懷恩信，民歌樂康，鳳書錫命，虎符有光。軍崇美號，義洽故鄉，三公爵秩，千里憲章。化穆二紀，仁被一方，威儀棣棣，度量汪汪，未嘗分閫，俄驚壞梁，望碑揮灑，罷市淒□，佳城叶吉，丹旐啓行，厚地永固，遺德難忘，流慶令嗣，□□□□

（周紹良藏拓本）

乾寧〇〇七

【蓋】 唐故右拾遺崔君與鄭氏夫人合祔墓銘

【誌文】

故右拾遺清河崔府君與滎陽鄭氏夫人合祔墓銘并序　　親舅朝散大夫行尚書司勳員外郎柱國李冉撰

再房兄朝散大夫國子周易博士柱國德雍書」

府君諱巘，字濟之，清河人也。地冑清高，門風儉肅，元，魏以降，冠閥間獨稱四姓，清河之族，」實爲華茂，其於德望熏焯，軒冕蟬聯，代有其人，世不乏嗣，史諜具紀，難備斯文。」曾祖異，皇任尚書水部員外郎、渠州刺史，贈太傅；祖從，皇淮南節度使、檢校」尚書右僕射、贈太師，謚曰貞；父安潛，皇太子太師贈太尉；」我家與」崔氏世接姻媾，追榮秦晉，長姊適太尉公，生三人，」府君即次子也。敏辯成性，孝敬居心，仁義睦親，謙和與物，推誠於朋執，敦友悌於閨門，見」善必遷，惟賢是狎。窮經而義貫心腑，靡耀於人；奮筆而詞動菁英，莫矜於世。洎乎理道之」本，濟俗之謀，剖析而洞究根源，練達而皆明機要。雖先儒之奧業，良吏之優才，力諸精通，」莫能偕比。年廿八，擢進士甲科第。故相國太尉杜公總征賦之任，署鹽鐵巡官，奉」授秘書省校書郎，故相國司空鄭公奏充集賢殿校理，乃授京兆府參軍兼職，歲」滿轉渭南縣尉，又轉長安縣尉，皆職如故。俄拜右拾遺。」府君幼負偉量，不拘小節，加以磊落奇表，曠達襟虛，時人咸許之以開濟之才，待之以卿」相之位，豈期一登通籍，纔越壯年，彼蒼者天，殲我英妙，何藴其才而不展其用，積其善而」不享其齡耶？不幸寢疾旬日，以乾寧四年八月廿日，終于華州之官舍，享年三十有三。」府君娶故度支巡官，監察御史滎陽鄭景淋女。鄭夫人亦我之自出也。族氏高顯，」著美山東，鍾慶閨闈，誕生賢淑。稟性而温明可則，飾身而柔順自持。逮於刀尺之上，詩書」之業，匪因訓教，咸自通曉。洎歸盛族，克顯婦儀，蚤夜惟勤，修笄總衿纓之禮；敬恭罔怠，奉蘋蘩祭祀之職。而又端貞垂範，儉素作程，懊休宗姻，敦睦娣姒。式叶宜家之道，雅明」主饋之方。不幸天不與年，先府君即世，以大順元年正月廿四日寢疾，終于長安」開化里，享年二十有八。有女一人，名曰玉章，年若干歲，毁瘠號慕，有加成人。頃者，」府君與夫人辭代之際，皆屬歲月非吉，未克歸于大墓，權窆於華州華陰縣 」鄉 村。今因太尉公靈輿東祔，先遠有期，今集賢」相國公府君之堂兄也，銜表庀事，痛毒于懷，乃悲府君之喪，已易歲時，未」還鄉陌，爰詢龜筮，果叶吉良，遂議舉遷，同歸洛食。即以乾寧五年八月六日，合葬于」河南府壽安縣甘泉鄉連里村，祔于先塋，禮也。余奉長姊岐國夫人命，以」府君之官婚行業，特屬編載，不敢以荒薄辭，遂得摭實始卒，濡毫揮涕，乃爲銘曰：

國有盛族，族有令嗣，惟善惟仁，宜壽宜貴。懿彼嘉偶，」誕生清門，百行無玷，四德可尊。孰期徽美，皆悲夭促，所謂蕣華，」堪驚風燭。逝波奔海，良玉成塵，魂掩重壤，名載貞珉。峩峩嵩高，」潺潺洛水，永祔松楸，保扃泉里。」

（周紹良藏拓本）

光化

光化〇〇一

【蓋】唐故南内李府君墓銘

【誌文】

唐故南内留後使承奉郎行内侍省内僕局令上柱國賜緋魚袋隴西李府君墓誌銘并序　内弓箭庫副使給事郎行内侍省内府局令同正上柱國賜緋魚袋李應坤撰　承奉郎行内侍省内府局令員外置同正員上柱國周弘濟書」

公諱令崇，字坦之。其先也姑臧茂族，隴右華宗，盡著勳功，長輝簡策。邇後枝分葉散，派遠源深，立殊績於秦廷，款」庸列國；振高名於漢室，威熠遐戎。騷雅始河梁之詩，楷模美龍門之陔，垂休比迹，故得言焉。曾王父諱清，右神策」軍興元元從定難功臣、金紫光禄大夫、檢校工部尚書、上柱國；圯橋受略，汲冢傳經，常扈從於艱難，誓匡持於」警衛。式延垂範，克振遺風。王父仲璋，給事郎、行内侍省内僕局令、上柱國、賜緋魚袋；行義素崇，文學兼美。孝出曾」顏之右，靜同陶謝之間。皇考諱從遂，登仕郎、行内侍省内府局令、上柱國；雅淡居懷，温恭立節，班資始□，丘壑留」情。公即其長子也。幼穎悟，長乃瑰奇，推能即六藝急先，覽卷即五行俱下。杜征南文房武庫，擊玉敲金；王太尉」瓊樹瑶林，摩雲瑩日。至如默識强記，虚論高譚，目睹耳聆，演暢而不遺一字；約文講義，探窮而洞曉三隅。加以嫉」惡如仇，誨人不倦，忠正自立，孤介不羣。蘭芝足并於清芬，珪玉可符於令德。才辯識量，得以盡言。其望也：卧龍稱」譽，一鶚傳芳。虞詡致書，比之東箭；顧榮入洛，號曰南金。其童也：情田萬頃，器宇百間，太華三峰，寒松千尺。清源見」底，澄淑度之波瀾；心鏡孤明，懸仲尼之日月。其辯也：頰涌波浪，口吐雌黄，叙温燠即寒谷生暄，論嚴苦即春松落」葉。袁宏受謝安之扇，式表仁風；曹丘揚季布之名，更高然諾。其達也：智能極物，愚足全生，知命樂天，居閑體道。阮」嗣宗之操執，善惡短長；稽叔夜之行藏，未曾喜愠。□振風流藴藉，舉止威儀，盡可師資，堪爲軌範。韜光未仕，已播」嘉名，時薛將軍董護浮陽，自懷世譽，兼抱雄才，精選賓僚，慎擇幕畫，仲宣始依劉表，獨步推能；千里初值王戎，」三言見録。攜筆硯即陳琳走檄，陪罇俎即阮瑀從軍。讜言嘉謀，當時稱許。罷職未幾，富春孫公内侍，重分□寄，」出護中山，辟禮迎書，交馳道路。公至於再四推讓不獲，俊逸參軍，游去而不辭蕭絳；酒狂别駕，醉來而旨怕桓温。」尋被殊恩，擢居清列，雍容朝右，綱紀班行。在公以潔白知名，立事以清通莅職。中和五年，朝廷以師勞蔡水，」蹕駐龜城，欲選使乎，遠頒帝誥，乃命故内相濮陽公充許蔡通和使，公乃副之，周旋靡替，揖讓不虧。然瀉」河之辯自明，而雖鞭之長莫及。尋蒙朝遣，與公共之。僖宗皇帝再復上京，留心五嶺，欲將聖旨，宣」勞遠人，乃命特進弘農楊公使焉。公居介職，二星動彩，八使分鑣，奉尺一之書，明逾皎日；開丹青之信，諾」重黃金。尋歸闕廷，天子復以陸賈義隆，尉他信寡，再迂皂蓋，重諭蒼生，乃貳職於將軍樂安西門公。三」屈不撓，一志如初，豈憚再馳之勞，爰奉急宣之命。況人懷舊□，德有留芳，馬援遺風，幾添壯志；隱之故地，可繼」廉名。適值濮陽公始振英風，當臨政事，爰求佐職，尤在得人，擢授樞密院端公，尋錫頳服銀魚。鄧艾平生，宣王」見重；阮种殊操，穎考稱賢。俄忻舊館之歡，復被初筵之敬。騎兵寄室，應有約於當年；緑水芙蓉，頓覺榮於此日。毗」贊之選，無盛於斯。公内助謨猷，外嚴恭恪，舉無失德，言必推公。被雅議於政事之前，秉無私於台臣之側。而參以酒德，間以琴心，所奉明知，以爲己任。尋濮陽忤旨罷務，公亦連座免官。海竭」山崩，通宵興嘆；魚窮鳥病，無意求榮。始終既不移本心，休戚亦當其共處。尋蒙明雪，却復前銜。乾寧三年，公」乃却下東山，來朝北闕，蓋以執政秉無私筆，抱出世才，匡輔聖明，槐羅沉滯，欲傾肝膈，少答」樞衡，果蒙遷拜南内留後使。宫掖雖遭焚毁，司局亦宜清閑，進顯之資，於斯爲始。豈期景命不永，大漸彌留，」光化元年十二月廿七日，薨於永興私第，春秋四十有四。來年正月二十日，遷葬於長安縣龍首原，禮也。嗟乎！子」産云亡，先賢所悼；隨武既喪，有識咸哀。不唯震慟生徒，抑乃悲纏時彦。頗謂留馨香於殁後，存懿德於生前者也。」長子居簡、仲子居紹、季子志郎，皆敦詩閲禮，率己立身，奉倩儀形，盡爲家寶，超宗俊人，頗有父風。皆志性不違，哀」毁過禮。應坤叨承疏從，復忝密知，豈將片言，仰宣重德。蓋以獲口遺教，顧屬小才，雖云□道徽猷，無慚紀録；」却是太丘懿範，不易書銘。自知短綆之詞，曷叙無窮之美。銘曰：

秦爲丞相，漢作將軍，令問令望，立功立勳。美哉垂祐，盛族斯聞，」太華等高，長河比潤。德而惟馨，言而有信，哀哉不壽，隙塵奔迅。」死乃生本，生乃死隨，捨故涉新，我樂自知。美矣君子，深達其宜，」未遷丘陵，不變江海。長留懿德，可紀年載，佳城之事，斯言尚在。」

（録自《考古與文物》一九八三年第二期《兩塊唐墓誌與唐末農民起義》）

光化〇〇二

【蓋】　符氏誌銘

【誌文】

唐故瑯琊郡符氏誌銘并序　書客鄉貢明經韓知進撰」

夫玄化初闢，包含萬象，周公立喪服之儀，文□制大葬之禮，孝」行之終，遷厝是矣。符氏者，顓頊之後裔，因燕君而立□本貫」雲州雲中縣人也。曾祖考進昌，授大同軍□軍十將；早習」弓裘，幼從軍旅，效千征於塞上，處衆温和；展百戰於砂場，」義標忠勇。傾因寇戎侵境，大舉戈鋋，定難封疆，歿於是日。婚彭」城郡劉氏夫人。閨儀肅著，令淑天然，早備三從，名彰四德。去乾」寧四年，時疾傾喪，壽年八十七。嗣子四人：長曰少端，量同江海，志」比丘山，忽降温災，卒於本貫，壽年卅一；婚高陽郡耿氏，不幸奄歸泉」路。嗣子二人：長曰元審，授忻州隨使軍將，文武雙美，重義疏財，道合規方，」每施幹略。婚太原郡温氏，夭亡，又婚清河郡張氏；嗣子四人，並皆幼小，長」曰猧兒，小猧，皈皈，潤潤。次曰元立，性懷良善，禮義安身，婚范陽盧氏；嗣子」一人：□則。次曰少知信行爲本，雅合仁風，因降温疾，卒於本貫；婚清河郡路氏。」次曰少德，閑居處靜，政直治家；婚南陽郡張氏；嗣子一人：元贊，未婚。次曰少□，普」施孝悌，恭謹無偏；婚内黄郡呼延氏；嗣子四人：長曰元竇，婚清河郡張氏；次曰兜」皈、鄉、定郎。嗣孝少□等幼逢罹憫，長在偏慈，供甘旨之無虧，敬髮□」之有則，孔懷相重，匪失雁行之蹤；幼姪同飧，每著推梨之義。時光化三年」歲次庚申十一月十八日於馬邑縣城西南八里特置新塋。遷厝畢矣。日月尚」有盈昃，山河豈免改移，鎸石爲銘，記斯前跡。乃爲詞曰：

朗朗青天月，忙忙紫塞雲；永奄幽垌户，長閉夜臺人。」玉免東流急，金烏西照頻，朔風常凜凜，吹化壠頭塵。」再序詞曰：孝感□□，□□荒田，墳安雁繞，萬歲千年。」

（周紹良藏拓本）

唐代墓誌彙編

殘誌

殘誌〇〇一

【蓋】失。

【誌文】

大唐故監察侍御史河南元府君夫人南陽張氏墓誌銘并序　進士唐欽撰」

河南府君諱衮，後魏景穆帝之後，新成王十八代孫也。祖瓘，有」唐廬州刺史；父諱潮，河陰令。世靈帝裔；光昭史册，福慶流演，而」生府君。君德被中外，才濟安危，學識優深，器用弘博。惡詭名以」巧進，醜世路之苟達，遂育德以俟知，每從辟於大府，皆不利其禄，不」遠其地，而未始不以德厚於世，才兼於衆而從之。猶是兵部尚書」岳鄂觀察使郗公士美，一爲見知，常所禮重，累授辟符，位參司憲。」夫人南陽人也。祖守瑜，司農卿，贈工部尚書；父獻恭，吏部尚書，節」制山南西道東都留守贈尚書左僕射。嗚呼！夫人富以柔德，克配」名哲，睦親立孝愛之稱，字孤著慈仁之譽。春秋五十有五，遘疾」終於郢之陴地。生一子六女：長適襄陽縣丞唐歙，而亦克繼柔順，」昭彰孝和，彼屺之懷，哀毀過禮，其飾往之器服，悉親經於手目。」侍御先夫人十有六年終於溢城，尋歸葬於洛邑，其亨年禄」壽終殞歲月并勒在前石，此不書也。嗣子晛：哀號泣血，護尊夫」人喪，遠就先塋，別卜吉地，以其年十一月四日合祔於邙山，禮」也。恐陵谷移變，故命欽以勒誌云。其辭曰：

百川東注烏西傾，玉折蘭摧傷福盈。」宿墳未及松桂生，夕户不聞刀尺聲。」秋風慘悽吹銘旌，九原泉路同新塋。」

（周紹良藏拓本　河南千唐誌齋藏石）

殘誌〇〇二

【蓋】無。

【誌文】

大唐故人元智惠銘記。

（録自《塼誌徵存》）

＊　殘誌〇〇三（與殘誌〇二〇重出，此當存）

【蓋】失。

【誌文】

□澧州□陽縣令、上柱國王府君諱德□衛州衛縣人也。若乃周□□□□□□」□□□漢高創業，共蕭曹而建功。是□□幹崇□」□□□徹，著美縑緗，光乎視聽。祖普，父昌，並位隆」□□□屬時運代興，率先投效，蒙授朝散大夫□」□□□曹參軍事，轉任衡州衡山縣令。既而邊□」□□□在戎旗□□上護軍上柱國通直郎，後□」澧州澧陽縣令。於是法雷霆以光百里，灑時雨以」潤四民，覩馴雉而知恩，聽絃歌而辯德，秩滿赴□」去十□年十一月二日，卒於選所，春秋五十□□」□□□年十月廿六日歸葬於洛州邙山之陽□」□□自少及長，立身行道，接朋友以恭謙，事君父」而忠孝，方流譽於三輔，盡歡逸於百年。豈天□□」無心，將年齡之有限，嗚呼哀哉！然恐桑田□□□」露□河，式題景行，記之泉户。其詞曰：

立功西漢，鼎盛南陽，惟君嗣美，世載貞良，□□□」令，特達珪璋。器宇弘深，波瀾澄映，身縻好爵，□□」□□□玉其體，松筠成性，四時代謝，百一相□□」□□□列風□己今□□□□神□□□

（周紹良藏拓本）

殘誌〇〇四

【蓋】失。

【誌文】

有唐太子文學王公墓誌銘并序」

公諱太貞，字大正，陽平人也。自文王荒國，子晉錫胤，」累有明德，世爲大家。曾祖君懿，高蹈不仕；

祖玄度，明」經登科；父修恪，安州雲夢丞；並克纂盛烈，休有令名。」或道不辱身，或人浮於食。公雲夢之長子也。弱則嗜」學，長而能文，四時厚其和，百行豐於孝，事友以信著，」居家以悌聞。郡舉孝廉，吏補正字。登纖表梅仙之望，」作掾弘孟博之聲。屬新册儲宫，盛擇端士，署太子」文學；從人望也。春秋五十有九，遘疾終於歸義里之」官第。五月十七日，歸殯相州安陽縣西南六里平原，」禮也。公大而能廉，光而不耀，至於王圖霸略，八索九」丘，皆殷在胸中，濬發其口，宜爲士林之宗長，而不達」於時者命也。如沉如浮，不吏不隱，造次顛沛，輒與道」俱。夫人修武張氏，後夫人長樂馮氏，並苗而不秀，先」公而終。繼夫人滎陽鄭氏，禮而後動，惠其有章，慟哭」小其帷堂，善訓深於斷織。嗣子禕等，孝能竭力，哀則」如疑，東西之人，不可無識，以文見託，有爲爲之。銘曰：

天曰與仁，神曰助直，其道何有，惟此哲人。秉心泉塞，」寧不眉壽，龍腹之岡，馬鬛之墳，去此不復，于嗟王君！」

（周紹良藏拓本）

●殘誌〇〇五（與開元一九三重出，或考爲五代墓誌，均當删）

【蓋】失。

【誌文】

故左武衛中郎將石府君墓誌銘并序　前太子通事舍人朱仲武撰并書

公諱映，字先進，其先樂安人；後世家于京兆，今則京兆人也。晉將軍苞之慶胄，衛純臣碏之靈苗，祖

□，考守珍，皆公侯繼業，鐘鼎傳門，載籍昭彰，其來自遠。公策名委質，夙著令聞，孝以承家，忠以奉國，故得鄉黨稱悌焉，朋友稱義焉，可謂不忮不悇、有典有則者也。頃以方事之殷，爟火不息，而能率先義勇，克集茂勳。累遷至左武衛中郎將，前朝賞有功也。公志懷敦素，性守謙沖，不以榮顯介情，但欲優游晦跡而已。所冀神降其福，天與之齡。何圖兆夢泣瓊，藏舟棄壑，哀哉！以歲次十一月十四日遘疾，終于私第，春秋六十有八。夫人孫吕，夙禀坤儀，素傳內則，鼓琴瑟而有節，主蘋藻而知禮。嗚呼！蕣華早凋，瓊林遽折，天不慭遺，先公數稔而亡。今以歲次甲子四月庚午葬公于長安龍首原，夫人祔焉禮也。嗣子清士、冕岳、嵒湊、岫秀等，蓼莪在疚，欒棘其形，泣血于苴麻，竭力于窀穸。恐時遷陵谷，事或幽封，爰命揮毫，敬刊貞石。詞曰：

性質温温，神儀洸洸，職參禁衛，位列中郎。流芳後代，秉義前王，冀保永終，曷其云亡！卜兆吉辰，素車薄葬，爰遷嘉偶，及此同壙。魄散泉扃，神游繐帳，後背重岡，前臨叠嶂，聊紀世載，式昭問望。

（周紹良藏拓本）

殘誌〇〇六

【蓋】唐故樂安任府君之墓

【誌文】

唐東川節度押衙充綿州都押衙州郭鎮遏鼓角隨身等將銀青光禄大夫檢校太子賓客兼御史中丞上柱國樂安任公墓誌銘并序　鄉貢進士王還古撰」

公諱鉉，字鼎之，其先食邑樂安，世爲右族，紆金拖紫，極人物之宗師；翼」戴梁朝，綰銀黄之貴；刻石銘山，盡主之大業；其後子孫派别，冠冕□□」家于左綿，爲郡人也。羣推德行，列于史諜，公則其後。」高祖寇，蒙版授賜緋焉。曾祖注，不仕，志高物表，道出人中，卧雲水而」蔑王侯，遁煙霞而侮金爵，爲昔時之逸人也。祖選，充當州軍事押衙；」父紹，充當州軍事押衙，盡多才多藝，立德立功，早釋褐衣，投筆戎旅，誠」有後之家也。公性倜儻，秉操端莊，幼禀義方，長多奇節。若乃誠明」處衆，孝友肥家，言成楷模，德作龜鏡，弱冠之歲，累職衙庭，自一匱而至」九層，始涓流而及滄海，爰昇劇職，統制郡城。公道以濟時，廉能激俗。」菱花照髮，觸類必顯於妍蚩；蓮鍔剸犀，臨刃不聞於擊滯。履歷繁劇，洞」究公方，經始圖終，曾無祇悔。遂得藩翰稱奬，擢列崇班，朝右欽承，爰」陟中憲。謙光自執，烈志無回位；尊而禮卑，名著而身降。四方嚮□，」三蜀」欽風，爲一時之俊邁也。居無何，忽遘疾悸，以五月三日終于樂安里私」第。嗚呼！享年四十四。嗟乎！天殲俊乂，時喪賢明，火照崐山，礫石與琳瑯」共盡；□□燕地，芝蘭與蕭艾同萎。鴻頓羽於九霄，驥蹶足於千里。親朋」失色，雨血淚而雷號；里巷銜悲，俄傾擁而罷肆。公娶長樂馮氏。男順」郎，女志女，或方當總角，或正在垂髫，咸飲泣血絶漿，哀毁過禮。乃曰生」著無疆之美，没留不朽之名，須刻貞珉，以光來葉。胃還古曾吞繡羽，或」夢綵毫，授簡再三，俾從紀貫。遂探幽寂，敬副愿言，言之未終，敢爲銘曰：」

令族騰芳，播美軒裳，乃祖乃父，爲龍爲光。爰生令子，」盛業彌昌，忠貞冠冕，禮樂笙篁。軍門柱石，衙闥棟梁，」洎還憲秩，俄陟班行。佩霞方而耀日，擁象簡兮飛霜，」遽哀川逝，奄歎舟藏。天長地久兮渺茫，水咽雲愁兮故鄉，」刻貞石以紀德，與穹壤兮同長。」

弟當州軍事驅使官鐐□。」

（周紹良藏拓本）

殘誌〇〇七

【蓋】大唐故劉氏墓誌銘（據《山左冢墓遺文》補蓋。）

【誌文】已殘。

唐平盧節度□□徵□□試右武衛兵曹參軍何叔平故夫人彭城劉氏墓誌銘□□　□□節度隨軍前明經梁旿撰并書

□□□□陰陽之□□男女流形；伉儷之義重，故牝馬之□（下泐。）□□之詠（約泐五六字。）入四德之儀，禮備三從之旨，詢之於代，□□（以上約泐十二三字。）昔漢高祖封合肥□齊國史載焉，其□（以上約泐十一二字。）曾□丕，大父祥，□□□□□□隱□□（此行後悉漫滅。惟此後第一行有「里之」二字，二行有「肅清」二字，四行有二字，五行似有「和英」字及「月」字，六行似有「悼中闈之」四字。）

（録自《陶齋藏石記》卷三十）

殘誌〇〇八

【蓋】失。

【誌文】

巨唐故太子校書前進士李君墓銘」
李觀字元賓，其先隴西人也。始來自」江之東，年二十四，舉進士，三年登上」第，又舉博學宏辭，授太子校書，一年，」年三十九，客死於京師。既斂之三日，」其友人博陵崔弘禮葬之於國東門」之外七里。里曰慶義，原曰嵩原。友人」韓愈書石以誌之，銘曰：
已乎元賓！壽」也者，吾不知其所慕；夭也者，吾不知」其所惡。生而不淑，孰謂其壽？死而不」朽，孰謂其夭？已乎元賓！才高乎當世，」行侔於古人。已乎元賓，竟何爲哉！竟」何爲哉！」

（周紹良藏拓本）

殘誌〇〇九

【蓋】失。

【誌文】已殘。

唐皇五從高叔祖易定等州
上柱國李公故夫人遼東榮
夫人諱尚卿，其先遼東人。
后妃之賢者故慎氏
名振於義武軍三代
柔和，立性婉順，深有靜

尚容德也。自作嬪君
玉葉秀而芳陰多，
親禮樂之風訓習
之禄，華如桃李，□
近無出其二美焉。
圓而虧隨彼蒼不
亟九日終于定州博陵
習禮；次曰師周，承天
聞詩禮，積習義
不自勝歎鳴鳳而□
併請俸錢以喪事至
夫婦之道，聿修承□
安喜縣鮮虞鄉暉□
以□受命，刊誌貞石，用□
美淑德，夫人令名，惟桃之華
之原兮，峩峩孤墳兮

（録自《八瓊室金石補正》卷七十八）

* 殘誌〇一〇（與貞元〇二七重出，此當删）

【蓋】失。

【誌文】

唐贈涇州司馬李府君改葬墓銘并序　檢校户部員外郎兼侍御史張惟儉撰」府君以辛丑之夏，即世褒中；庚午之秋，改塋洛下。前」推甲子三十一年，向非哲婦成家，良嗣克構，孰能漏」皇恩於重壤，開白日於佳城，揚顯哀榮，於斯備矣。府」君名庭玉，字庭玉。家本祁人，自齊車騎將軍至皇祖」兩當令諱業，或隱或出，有武有文。及皇考琛，洎於司」馬，咸服仁義，保蒙丘園。雖生不及榮名，而慶鍾於後」胤。嗣子曰嶼，以廉恪聞。端揆魏公嘉其周慎，」委以腹心，終無悔尤。歲深議勞，再命署滎澤尉。唯俯」唯傴，逾謹逾勤，中無閒言，暇即强學，行已如是，前期」未量。去年軍例賞功，嶼請迴追贈，故有涇州之命，錫」類者榮之。丘隴改封，章綬更襚。夫人姚氏，扶老護喪，」有孟母之賢，秉恭姜之操，享嶼之養，人曰宜哉。其所」擇之辰孟秋上旬之三日，所卜之地洛陽清風之古」原。夫孝於所親，必忠於所奉，尚其哀敬得禮，故謂其」旌墓云。其銘曰：

遠自袞斜來洛濱，荒丘重改襚衣新，誠敬哀榮萃此」辰，于嗟之子孝於親！」

（北京圖書館藏拓本）

殘誌〇一一

【蓋】 失。

【誌文】

前鄜坊節度使押衙銀青光禄大夫檢校太子賓客上柱國李府君之墓誌　陳徒修□

哀誌之詞曰：至登榮樂者生之貴也，至可哀恨者掩乎終。」府君名匡扶，即故□州刺史銀青光禄大夫檢校太子賓客上柱國」之貴子。公家本起族，封疆土之盛主，世積榮秩，」無不台鼎，行聯」帝門，宗實侯王，蓋唁曰鱗閣文華，亦將絶矣。府君弱冠之」歲，早耽墳典，豐禮義之美偁，布仁孝之弘益，人人仰殊風之」之明政，欽文藻之洪彧。咸曰成器何甚歟！遂探雅言之德，重」感恩布於遠近，發詞相應，情深契曩者。昔何公之可當□方」賢女，妻得之盛，匹府君之華偶也。今夫人」先上，府君門清一秀，長息德郎，痛乎小遭荼毒，攀號豈」任，氣竭腸分，黲於雲月，霄鶴聞之嗚咽，栖鳥聽之失巢，孝」感之神，慟於羣物。府君□遊宦五都，遍參行烈，戎□」重遇，靡不優顧。且生也千里者慕其德，權師十萬者請其謀。」公不怒而自威，不約而自信，能善施輯也，非府君之故莫能」裁。善備不虞，好納于達，退功推衆，收日予嚴。不刑而自從，復」令不再而咸一。□求昧貿，法必顯明，豁然之懷，世罕如也。」府君特然之色，寰楹匪儔，弓開箭破於虜羣，劍杖霜愁於遼」海。嗚呼！天怒遐廓，令府君之染疾矣；地踈靈哲，摧危岫於」北原，於五月□四日薨于荆南私第矣。於是□愁風來窗户之」間，哀霧起堦墀之上。卜吉來兆，於八月十七日遷葬□神於河南縣」鎮梓澤鄉之玉甸耿村。松吹晚景，鳥思去音朝光，懼改桑□，剋石爲記。銘曰：

四序往迴知若何，生兮死兮傷此□。逝水一征難更返，朝朝暮暮無歸波。」□□丈夫英頗當，翻眠古塚青峨峨。再説一篇堪淚落，夕陽狐兔來悲歌。

（北京圖書館藏拓本）

殘誌〇一二

【蓋】失。

【誌文】

唐故上騎都尉通直郎行永康令杜府君夫人朱氏墓誌銘并序」

若夫桂曄松貞，表恭姜之逸操；蘭薰雪白，彰孟光之」閑雅。寢地之訓，無爽於幼年；弄磚之儀。有成於丱歲。」能兼之者，實夫人之謂乎！夫人朱氏，即榮之後也。分」官命族，唐典邁於知人；揚曆開基，魏史光於進德。父」琛；才兼文武，位列周行，冀燮鹽梅，將調鼎鼐。夫人問」名納禮，適於杜氏之門。承舅姑以敬恭，事娣姒而柔」順。中饋酒食之禮，鞶帨榛栗之儀，皆闇合於前經，終」可爲於後則。不謂藏舟靡固，陽劍先沉，志負寒霜，撫」其孤藐。每心歸向，祈以淨因，虔仰六時，匪虧一念。知」岸樹之非久，識井籐之不堅，豈積善之無徵，忽遷神」於大暮。於是夜臺空掩，遊月肆而無歸；草露晨晞，望」雲衢而不返。春秋七十有八。嗣子君信。泉樹多感，欒」棘有傷，思荅無由，號天叩地。即以其年十一月廿五」日葬於龍首原，禮也。白楊淒切，素柳縈紆，丹旐繽翻，」黃壚靜寂。恐陵移海變，冥漠無追，敢勒翠球，式旌不」朽。銘曰：

萊梁之妻，夫人能似，幼彰令德，曾」佐君子。家襲冠紱，名傳策史，俄化一生，溘焉萬紀。其一。」客駕晨裝，哀歌曉徹，庭酹告辭，崩心瀝血。聞者悽楚，」見之嗚咽，恐音徽之寂寥，庶播芳於鏤碣。」

（周紹良藏拓本）

殘誌〇一三

【蓋】失。

【誌文】首行全泐。

□唐□□元年正月廿九日，長沙高士□□□通□□□」□□□□□□悴芝于甘泉鄉甘泉里之私第，享壽□□□」□□□□高士□二也，是得録于姓族素行以□終□□□□」□□□□□也，夫其先安定臨涇人也，晉右僕射□□□」□□□□□□□□□子孫播遷，至十八代孫皇朝爲長□」□□□□自後子孫遂居長沙，便爲郡人也。果毅生□□」□□□□□□□生試懷州武德承，諱珍。高士則武德□」□□生而好學，□始弱冠，鼓篋郡庠，精春秋左氏傳，累□」□□雲用光王庭，而高士性。將道合德行，天與孜孜□」□□之儔也，依乎膝下之愛，不忍離其色養，親歿之後，□」□□乃曰：代與我違，夫何求哉！遂油油然耕桑於田間□」□□□永歌堯舜而已，身外之事，付乎四男。長諶、次□□」□□高士德教，有令問焉。貴室朱氏，自佐高士五十年□」□合和若鸞鳳翡翠之婉孌矣。栢舟之志既高，女蘿之□」□有。二女皆歸令德盧氏、王氏矣。嗣子諶等，泣血柴體，□」□□以明年春仲月廿六日協吉，遂奉裳帷遷神于翼□」□□□

山原附先夫人塋，從其禮也。天高地遠，□□」□□□□□以爲紀。乃銘曰：
上缺。風霜缺。」

（録自《八瓊室金石補正》卷七十一）

殘誌〇一四

【蓋】失。

【誌文】

唐故相王府隊正段公墓誌銘并序」

君諱子，字守謙，其先出自武威，因官河北，今爲安陽縣人也。氏何」由命？因京邑而開家；望何由興，自都護而著族。曾祖侶，隋左衛率；」龍樓曉闢，陳武旅而司階；鶴鑰宵嚴，清蘭墀而執戟。祖善慈，皇」朝長樂府別將；雄情動俗，峻節驚人，雖韞異於當年，竟沉淪於下」位。父□珪，上柱國吏部□選；山川器局，鐵石心神，鴻飛發漸陸之」資，鸎谷□遷喬之望。君□靈玉潤，□粹珠明，妙譽夙彰，得自□玄」□日奇志早□□□□□之年□□□□□□□齋郎容臺合□」幸供奉□□□□□□□□□□□□□□□王府隊正□別□」敕漁□□□□□□□□□□□□□□□□□□□□□□□」□□□□□□□□□□□□□□□□□□□□□□□□□」□□□□□□□□□□□□□□□□□□□□九月三日□□」於□□□□□□□□□□□□□□□□□□□蔚□□□□」□□□□□□□□□□□□□□□□□□□□不足扶□□士」□□□□□□□□□□□□□□□□□□金之珍殆□□□」□君□□□□□□

□□□□□□□□□□□越以二年十」一月十九日□□□□□□□□□□□□□泉臺重壤
異」□窟□□□□□□□□之□有子徵□□□□陶甸匐之」□厚穸□哀□□□□□□□□□
□□碎惜庭玉之俄」□思圖□□□□□□□□□當□深懷有慟」之悲，爰旌不朽。□□
□□□□瀰瀰汪榮，□□□□□□□□□服，□□西冥，家」□□□□貽厥有經。其一。□廟□□□
□□□□□□允膺嘉辟。□」□□侍，天渙俄錫，□□□□□□□□清易，黄泉易没，□」□長
違，掌珠落影。□□□□□□□□□□□□□□□□幽」□□□年劍飛。」

（録自《鄴下冢墓遺文二編》）

殘誌〇一五（岑仲勉考以咸通九年葬爲近）

【蓋】失。

【誌文】

唐故朝議郎前守蓬州刺史樂安孫府君墓誌銘并序　第十九弟朝議郎守左補闕内供奉柱國孫徽撰并篆蓋」

孫氏得姓，始自虞帝，分枝緒族，派于陳齊。齊大夫書以伐樂安有功，封樂安氏。爾後綿聯弈葉，代生」聞人，輔世翊時，不可編既。高祖府君諱逖，英拔間出，年十八，應制擢科，授越州山陰縣尉，滿秩」從調，判居三等。時有司考覆，公精以爲妙絶，昇二等送，超拜左拾遺，至考功員外，主貢籍。挺志鞠練，」不受請託，時論推峭。拜中書舍人刑部侍郎，終于位。諡曰文公。曾祖府君諱宿，篤富刀翰，摛

麗瑰」藻，判入高等，授秘書省校書郎，遷諫議大夫、中書舍人、華州刺史。 大父府君諱公器，抗志耽學，應」書判超絶登第，授京兆府鄠縣主簿，遷監察御史，終于邕管經略招討等使兼御史中丞，累贈司空。」烈考府君諱簡，擢進士第，判入殊等，授秘書省正字。 時南場所試，爲搢紳推最，歌諷在口，谿此時人」號爲制判家。 自□鎮從事拜監察，歷位至諫議大夫知制誥。 時宰執加官，例自翰林頒」詔，執政者異筆直送閣下，冀駁其能否，自閣長已下皆疊手洽背，相顧不能下筆。 太保公遂」援翰立構，以副權命，當時瞻實於文學者，無不降歎捷，拜中書舍人，蓋時宰酬勸也。 廉牧近輔，杖」鉞雄鎮，歷刑、吏侍郎，尚書左丞，兩拜吏部尚書，四總銓務，三授太常卿，兩任東都留守，後除檢校司」空、太子少師，薨于位，累贈太師。 蓬州府君即太師公第三子也，諱讜，字廷臣。 娶范陽盧氏，姻」聯名族，謂推良匹。 府君少以沖澹養素，恬漠自尚，名利之態，膠雠於胸襟間。 洎于强仕，悟以緒冕」爲重，乃奪志以從役。 時也，故相國盧公商出鎮梓潼，辟爲從事，未及奏秩而罷府還京。 盧公入」剸劇曹，仍司邦計，復署巡官，奏試太祝。 不旬歲，盧公秉執大政，歸于廟算，府君以相幕體例，合」得優陞，遂除太常寺協律郎。 會太保公授任卿長，復以卑解。 不越月，蒙特恩除京兆府櫟陽」縣尉，滿秩未幾，復爲故易定節度使李公公度奏職轉銜兼監察御史，不赴命，蓋避賢也。 歲杪」獲薦於朝籍之士，授河南府士曹參軍。 考終赴調，復任新安令。 凡涖官從職率有休聞，不阿曲於」權豪，不脂韋於朋比，臨事必斷，執理不回。 克以廉聞，蒙恩拔授蓬州刺史。 郡罷東歸，閨門之期其」也。 以府君炳義滌行，既未大舒於盛朝，必得以壽考享也。 何圖燥濕愆和，膏肓遘疹，殲良何速，」福善奚徵，以其年五月五日終于東都會節里之私第，享年六十。 有男三人：長曰凝、次曰驥兒、次」曰阿咸； 有女二人：長曰韶娘，次曰阿欒。 凝以蔭緒釋褐任汴州參軍，驥兒已下皆繭丱齠齓，未克其」負荷。嗣子凝乃括髮茹荼，號踴泣疏，走厮役來京師，且曰某承理命云：孰我平生之行止，備我平」生之事行，刻石編紀，宜以徽爲先也。徽承訃雪涕，哀感相束，嗚呼！梁木堙蠹，戴氏所以興嗟；火宅」環銷，釋門於焉立諭。有以見衰榮萃列，哀樂同塗，即世徒悲，勞生莫既，華其行不能增之於圖諜，評」其才不能損之於聞見。今以日月湍激，龜筮叶符，時不我留，吉宜從兆，以其年七月三十日遷窆于」河南縣北邙山杜原村祔大塋，禮也。嗚呼哀哉！嗚呼痛哉！軌轍差途，蕣靈序位，行人逝水，日慘風」號，想法服之留塵，念玄驂而即路，棟傾舟覆，於焉已焉。徽學不該微，詞非扶麗，承命書實，其何以」辭，殞涕勒銘，用申冤訣。銘曰：

靈嶽焜煌，璿源濬激，不腆瓌寶，必滋奇特。家傳冕緒，代襲儒紳，」積善儲祉，天生令人。冥賦淳和，神資孝友，行惟渤潤，義不山朽。璧傷以勁，蘭萎其芳，鵬匯風水，驥縶康莊。枝葉相違，尚貽其戚，」人琴俱謝，悲曷容臆。埍篪韻咽，鴻雁影凋，抶情斷愛，灼骨燻膂。月冷泉扃，風號隴隧，援毫揮涕，勒銘以記。」

第二十五弟鄉貢進士孫綮書。」

（周紹良藏拓本）

* 殘誌〇一六（與大中一〇三重出，此當删）

【蓋】失。

【誌文】

有唐故下邳郡林氏夫人墓誌并序　河南褚符撰

夫人林氏，其先下邳郡人也。曾祖□，皇任廣州參軍；祖景□，□任潮州長史；父□□□□□□□□□□□□□□□□□□□□□鄉里咸謂□高□□□□□□夫人則府君之仲女也。未笄而柔和冰潔，既鬟惟□□蘭馥，由親族□□黨□□以□□也。□□□而閨中□族富春孫氏子以□□□□作□□婦□□媒□□□□□□□□□夫人□得以□□□得□配（闕）而（闕）慈。□仁□繩（闕）也。□□（闕）冀（闕）三人長曰□□娘（闕）以（闕）

□墳峨峨，□山之旁，懿德美行，不隨□□高山有□雕琢無妨，□□□□□之□□□□□□陵谷改張，此石若出，斯文□昌。

（録自《金石萃編》卷一百十四）

* 殘誌〇一七（與大中〇九五重出，此當删）

【蓋】失。

【誌文】

唐前試大理評事兼監察御史孫公亡妻隴西李氏墓誌銘并序　再從姪前鳳翔節度掌書記試祕書省校書郎紓撰」

祖母夫人姓李氏，其先隴西人也。系于皇族，即大鄭王」之後。烈祖暄，皇朝台州刺史；父叔康，前任杭州臨」安縣令；皆自修勵，爲宗室令人。外祖博陵崔稜，」皇朝户部侍郎、鳳翔節度使。夫人年甫初笄，作配」君子，言容禮法，本於生知；婦道母儀，不假師訓。奉上盡孝」敬之道，接下極慈惠之仁。儀形六姻，佩服四德，衿鞶之慶，」宜享永年。無何，寒暑愆和，以至寢疾，藥石無效，沉痾莫」痊，生也有涯，古來共恨，遂以大唐乙亥歲六月十六日」終于東都敦化里之私第，春秋廿四。即以其年七月廿五」日歸窆于河南縣平樂鄉祔于先塋禮也。男□前鄉」貢明經，先夫人數月而卒；女峴娘，沉瘵之中，鍾此」禍酷，號天叩地，如不勝喪。紓奉卅五叔翁之命，俾述」徽懿，粗紀中外官氏，勒于貞石云。

銘曰：

婦道巽順，母儀高令，恭惟夫人，執德不競。居佩圖史，動」傾箴規，周旋服禮，莫不令儀。謂天福善，永古終吉，一旦愆」和，遂至寢疾。爰憑藥餌，亦虔禱乞，神理無徵，奄歸巨室。」瞻彼崇邙，松檟蒼蒼，爰卜宅兆，平樂之鄉。前列高阜，」旁臨古崗，伏惟尊靈，安此玄堂。嗚呼哀哉！」

再從姪孫鄉貢進士綵書并篆」

（河南千唐誌齋藏石）

殘誌〇一八

【蓋】失。

【誌文】

故人居士唐羅什塔

（北京圖書館藏拓本）

殘誌〇一九（《唐文拾遺》卷三二收此誌，作咸通四年）

【蓋】　失。

【誌文】

唐扶風馬氏故夫人清河張氏墓誌銘并序　趙郡李直撰并刻字

夫人諱慶，本望清河郡人也。夫人即□公之長女也。夫人立性柔和，齠齔知禮，閨門之教，不肅而成，及以笄年，歸于扶風馬氏。琴瑟諧韻，幾移星霜，敬夫如賓，卹下□□□□□易隔□花□□何圖，忽染微疾，藥餌無徵，以咸通□□□□□□殁於天長鄉之私室，春秋五十有八。親愛□慟（下泐十餘字。）難照長夜□□結髮同於百年，事與愿違，（下泐十餘字。）琪將仕郎前守亳州鹿邑縣尉；（下泐十餘字。）陳州項城縣尉；□□脩己（下泐十餘字。）將仕郎□□陳州項城縣主簿；（下泐十餘字。）有女二人：長女適渤海吴氏，次女適（下泐十餘字。）匍匐主喪，孝過於禮，銜恤問禮，恭修齋祭，無不□誠，□□□□□悲逾於常禮。以當年五月廿七日安葬于杭州鹽官縣西□□里海昌鄉秧田村□□里，買得郁師周地，東至孫晊，西至郁師周，南至□北至郁爲新□禮也。墳壠儼成，雖存殁異路，夫妻□□□莫大焉。伏恐桑田改變，陵谷難分，固刊貞石，乃爲銘曰：

肅肅爲人，德行先□，幽明易分，恩愛難別。紅顏既□，白日先没，徒感松風，空悲壠月，□□直書，千□不□。

（録自《古誌石華》卷二十三）

＊　殘誌〇二〇（與殘誌〇〇三重出，此當删）

【蓋】失。

【誌文】

□澧□澧陽令上柱□□」
□□德□，衛州衛縣人也。若乃周□□□□□□」□□□□；漢高創業，共簫曹而建功。是□□榦崇
□」□□□□徹著美縑緗，光乎視聽。祖普，父昌，並位隆」□□□□屬時運代興，率先投效，蒙授朝散大夫
□」□□□□曹參軍事，轉任衡州衡山縣令。既而邊□」□□□□在戎旗，□□上護軍上柱國通直郎，後
□」澧州澧陽縣令，於是法雷霆以光百里，灑時雨以」潤四民，覩馴雉而知恩，聽絃歌而辯德。秩滿，越
□」□十□年十一月二日，卒於選所，春秋五十□□，」以□□年十月廿六日歸葬於洛州邙山之
□□」□□自少及長，立身行道，接朋友以恭謙，事君父」而忠孝，方流譽於三輔，盡歡逸於百年。豈天
□□」無心，將年齡之有限，嗚呼哀哉！然恐桑田□□□」露□河，式題景行，記之泉户。其詞曰：」
立功西漢，鼎盛南陽，惟君嗣美，世載貞良。明敏□」令，特達珪璋，器宇弘深，波瀾澄映。身縻好爵，
□□」□□，其玉其醴，松筠成性。四時代謝，百一相□，□」□始列，風□已吟，□□而□神□□□」

（周紹良藏拓本　開封博物館藏石）

殘誌〇二一

【蓋】失。

【誌文】

哭亡女二首

送汝出秋□□舟臨路」

張氏　岐，全家共來處，丹旐獨」

亡女　歸時。撫櫬腸欲絶，舉觴」

墓誌　心更悲，不知黄壤裏，知」

銘　此與無知？」

吴興嘉山水，爲汝不復遊，」

終日□□後，閉門空淚流。」

冥然當盛暑，忽爾成高」

秋，片玉想如在，一生□」

□□。」

（北京圖書館藏拓本）

殘誌〇二二

【蓋】失。

【誌文】

故優婆塞張客子灰身塔。

（北京圖書館藏拓本）

殘誌〇二三

【蓋】陳府君墓誌銘

【誌文】

朝散大夫使持節韶州諸軍事守韶州刺史上柱國陳府君墓誌銘并序　鄉貢進士黃寀撰」

嗚呼！陳府君罷牧韶陽，挈家東還，遘疾終于道，喪及乎故里，其姻家有濟南五經暐造吾」廬曰：孰子以文自重素矣。今陳府君實番禺支侯，有朱紱皂車之貴，將歸骨地下，欲吾子爲誌」諸美盛，備乎陵遷，斯足以波振雄藻耳。愚曰：夫文之所以可觀者，在乎無苟毀譽，故得其道則爲文，失」其道則爲誖。愚之所重者蓋守其道，安敢以已爲乎？且古之名器不虛假人，故二千石爲重。今四方多」梗，國家用兵，有執政者務足去聲國力，所以入仕者半蹊於財利，裂壤者多出於權族，濯豎而巾，」抑足以富，有方土矣，是則府君於古實爲盛，於今實爲窒，儒之職固愿伸白其道，編次于文，安」俟濟南生孜孜過其詞以相勤乎？於是聳然執管而唯命曰：」府君諱讜字昌言，其先潁川人，太丘宰仲弓之後也。晉末避亂于閩，因而家焉。曾王父護同州」司馬；王父福侍御史内供奉，皇考愻大理評事贈兵部郎中；皇妣彭城劉氏贈彭城郡」君。自同州司馬至兵部郎中，皆性於高逸，不以爵禄自拘，鐍匱德於己，發爲禎符，以鍾于」府君。府君爲兒時，便知不以沙土戲玩，岐嶷有志，欲大其門，求司馬子長而下三家書，外其身以窮之，」披卷釋然，洞得心髓。裴公帥閩日，嘗大器之，命與子弟處。子弟即故相國公坦也。年中而西」與計偕，以發泄奇蓄，遇公道大開，聲光崛振，僅及□舉，遂擢高科。時尤重其名，牓下授秘省正字，後歷」調授涇陽尉，後又尉奉天江夏令，其同寮以道相知許者，莫匪名賢，鳴玉鏘金，迭登朝右，不可殫紀。」顧公汩没常調，皆不自平，欲拔在班行間。公切於問安，堅乞一官還家，遂授此府長史，」朝彦嘉之，相率以詩爲贐，紹溢緗帙，到今街童巷妾亦能榮而歌之，未去於口。公及釋夏服，」久之方起塋壠，會故相國裴公時節制襄川，章行業上聞，遂授春州刺史。公既涖止，以」公爲家，以民爲子，撫而理之，咸飽其賜，如乳飫口。朝廷能之，復命牧韶之人，復若春之人。禮讓大興」於蠻貊，風謡洋溢乎遠邇。咸曰：吴隱之之投香玉，子貢之止水，蓋異跡而同德耳。公前娶于汝南」周氏，奉嬪君子，内助弘多，不幸中年與物先化。後娶于范陽盧氏，封范陽縣君。皆華族令儀，蘭芬玉」映，中饋增輝，他族取則。汝南夫人有女四人：長適于濟陽蔡渏；次適于汝南童珣；次適于高平邵殷；」次適于彭城劉極。皆抱器懷才，爲州呈推美，而後在瑀席之選焉。范陽君有子一人曰渥；有女二人。渥」天與英敏，志專傳業，居喪逾禮，孝感有聞。吾知敬仲之風其將復振矣！弟二人，仲曰處性沖厚，時」譽暢茂，恩授幽州昌平縣令；季曰誨，舉進，詞學優富，流輩多宗之，命不偶時，累戰失捷，鄭司空」愚辟署南海掌記試祕省校字。親舅全正，鴻少卿；次全交，前開元禮，見任河南清縣主簿；内弟知」新，三禮登科，見任陝州司馬；皆搢紳上流，當代名士。故具于是，以明中外之盛耳。噫！公之名德富」於身，功利流於人。朝廷方將大用之以爲諸侯標鏡，位僅止於專城，身奄謝于南陬，得無痛惜」哉！時享年八十有三，葬于侯官縣葛崎之先塋，禮也。黄氏子既伸白其道，乃掩袂薦之以銘曰：

鳥有鳳，獸有麟，雖居處之非異，蓋凡聖之非倫。山有波，石爲塵，遺耿光而泯。」

（録自《續語堂碑録》）

殘誌〇二四

【蓋】失。

【誌文】十六宅故榮行富」郎君，葬崇道鄉西」趙村。十二月十五」日。監護使丞務郎行内省掖庭局」丞上柱國程式柔。」

（北京圖書館藏拓本）

殘誌〇二五

【蓋】失。

【誌文】

唐故潤州句容縣尉褚君墓記　前進士崔周楨撰」

□戌歲二月戊戌，監察御史齊公恒明以館客褚」□子之喪赴于博陵崔周楨，且命撰紀曰：君名峰，」字君石，京兆人也。早歲登進士第，調授潤州句容」尉，歲滿，客姑蘇，去年復求調天官，考試中品□」□按籍簡吏，次陝而疾作，還授館齊氏，自始□」至啓手足，大凡一甲子。□醫巫之術備消息徒」□靡有遺也，而不克驗，哀哉！君娶于李氏，無」子，有一女，遠不及訃，卜以是月癸卯，權窆于□城北隅，終始之託也。嗚呼！君子之稱人也，寧□」事而觀行哉，必推所善以及其善，本所□而」知其與人，即君之行已處物，余雖不知何而」得以恒明言之矣，天下趨途，方嚮榮而背哀」生死之比乎？恒明厚君之死，即君之□□□」誠也，可不忘於死矣。且恒明君所友也，其書□□」心存没親戚之，不若即君之處親戚也，□□□」以感疏者矣。尋源索本，得此二事，紀□□□□」壽□爲之善□。」

南陽□□□」

（周紹良藏拓本　河南千唐誌齋藏石）

殘誌〇二六

【蓋】失。

【誌文】

（上闕）大理司直兼殿中侍御史賜緋魚袋弘農楊公（中闕）誌銘并序　（上闕）歙池等州觀察判官將仕郎監察御史裏行吳興錢徽撰」

（上闕）秋八月有二旬又六日，宣歙採石軍副使兼殿中侍」（中闕）寢，河南長孫夫人稱字以復，年齡卌六，越以來」（中闕）洛陽縣平陰鄉之原，緩也。曷爲緩？先是殿中卜遷」（中闕）於是月，然後得合葬焉，以夫人從而祔之，順也。凡」（中闕）號爲夫人，未爵命，匪邑號，稱夫人，賢之也；謂能婦」（中闕）其子，以成其教，志於道而識其真，有生不踰閑，既病而」（中闕）嗚虖賢哉！夫人先故甚貴，始自元魏獻皇帝，次第以支」（中闕）載代勳烈昭明史册，曰若太尉，爲國元輔，受文」顧命（中闕）皇，忠亮一德，誠格上下，慶茂枝黨，厥生後賢。大父諱揣，」歷官至□□司法參軍；盛業不臻於大任，積慶用發其餘榮，洎殁世，追」贈太子贊善；王考諱縯，似續家訓，施于政經，歷職成能，累遷長安縣」令，是時□革之後，京邑多事，恃功怙寵，實繁有徒，淩弱暴寡，莫能禁止。」府君愷悌直清，不倚不流，蓋睹其容貌，閲其行事，若畏刑罰，如親父母。而强」禦屏息，惸嫠安懷，人到于今，謂之遺愛。故吏部侍郎蘇公震嘗見器之，猶」郗公之遇逸少也。釐厥淑女，締爲嘉姻，而伯姊故已適司徒楊公綰矣，視其」所舉，時曰知人。夫人生則聰爽，天然明智，不幸閔凶，在幼而孤，依於楊公之室，」視猶女也，承大家之慶善，恭外族之清懿，而又資仁人之德惠，未及笄年，」遂若老成，纔十有六歲而歸楊氏。楊君夙以文行受知司徒，婚姻之故，由」司徒選，瑟琴好合，中外榮之。故夫人慎閨内之修，知人婦之道，以明義奉」君子，以孝敬事先舅，以慈愛和六親，度於法有戴己之知，漸於化成，孟母」之訓，蒸嘗而潔，承祭祀酒食而肅祇賓旅，組紃而克勤女事，人一能之，已」

（周紹良藏拓本　河南千唐誌齋藏石）

* 殘誌〇二七（與大曆〇四四重出，此當删）

【蓋】 失。

【誌文】

唐故汝州司法參軍裴府君墓誌銘并序　　從姪遵鴻撰」

乙卯歲六月十九日，有唐循吏朝散大夫汝州司法參軍」裴君卒于位，門人含悽以啓手，童子向隅而猶」燭，小吏庭泣，行者路悲。於戲！享年六十二矣。君名涓，河東」聞喜人也。氣稟天和，性與道合，克承岳降之慶，不越府趨」之位，殁而猶睆，其如命何！故君子曰：雖未達，吾必謂之達」矣。曾祖德超，皇銀青光禄大夫、秦州刺史；祖思簡，」皇金紫光禄大夫、司農大卿；父休英，皇兖州鄒縣令。」君則鄒邑府君之長子也。弱齡以祖蔭知禮署，爲太廟」齋郎，不忝古人之儀，深達夫子之問。六載考績，調授滄州」鹽山縣尉，轉幽州歸義縣丞，次任汴州尉氏縣丞。三命佐」邑，政必有聲，諧聯曹如魯衛，致邑宰於恭賤，拆繁剖劇，拂」鍾無聲。天官佳之，俾掾于汝，欲觀政也。片言而滯獄咸折，」直筆而潛枉必申。方將高于公之門，騁驥子之足。而天不」與壽，生也有涯，鄰春不相，朋執咸慟，白日誰有，玄堂獨歸。」嗣子顗，前試太子通事舍人。扶護靈櫬，至自汝，以八月」十一日陟于邙山之崗，卜於斯，厝於斯，植松栢於斯。慮變」陵谷，式題貞石，以誌之云。

於鑠我先，代襲蟬聯，令問令」望，孰曰不然。恂恂從父，惟儉惟賢，光啓後嗣，策名當年。才多」位下，有志不宣，今則已矣，萬事生前。萬事生前，逝者何有，永謝浮生，」茲焉可久。鬼籙入冥，人寰空晝，唯餘名謚，千古不朽。」

（北京圖書館藏拓本）

殘誌〇二八

【蓋】 失。

【誌文】

唐故居士天水趙府君墓誌銘并序　將仕郎前試左武衛兵曹參軍申昈述」府君姓趙氏，裔天水人也。別業易州來水縣，須因先父遷□□」仕流浪海隅，從軍地遠，徙居青州，兩世迄今，凡二百年矣。先妣夫人太」原王氏生公，是季子也。府君生居□北海之郡，志好雲門山水，南北」貿賈，利有攸往，廣涉大川，博學古墳，與朋友交，言行敦美，信義」彰聞，輕金玉，立善外著，孝行六親。府君諱琮，字光，婚夫人太原王」氏，有男三人，長曰審巖，次曰審裕，季曰審文；女一人，初笄之年，適夫陰」氏。孟男年居弱冠之秋，居然老成，□□大□合國風之堅操徒行古□」立信温尚，可謂父訓有知，流嗣千載矣。夫人王氏，令淑賢□居□」淚血，在苫塊之内，殞哽蘭干，骨□□□□□譽聞年□□□□」導著府君遇軍情變亂，不以交道仇□，生涯亦不遭毀爇，」錢穀湛然，上下無虞。叢食安貼。乙未歲季夏月五日，遇疾青」州之私第，下於人世。丙申年七月三日命知者卜得吉夕，殯於」益都縣南五里建德雲門山東崗原，禮。慮山河更改，松筠彫」萃，遂紀年代，乃爲銘説。銘曰：

天水之君，蘊志難羣，□行雙美，立性松筠。卓然孤立，在世推□，生好東皐之利，滅亡迴返高墳。有子賢行，傳代光□，女從他氏，五德猶存，白楊千載，滋茂兒孫。落日烏啼，猿叫荒村，却□思遺念，□棺血淚□。其一。生涯終不改，兒女永無依。其二。□□生平事，留蹤萬存其三。嗣流孤壠下，恩愛向誰論？其四。」

（《周紹良藏拓本》據《陶齋藏石記》卷三十六補字）

殘誌〇二九

【蓋】侯夫人銘

【誌文】

劉府君故夫人上谷侯氏墓誌銘并序

夫人侯氏，其先易川人也。年五十八。有唐壬申歲辛亥月，卒于外生深州管記之私第。踰月，歸旅櫬厝於先塋常山城東北五里之平原，禮也。實以星婺借靈，常娥助質，閨門儀範，動合規躅。至如執成織紝之伎，宛自天假，非關傅母，藴兹令淑，□□其芳，故我彭城劉君俯而聘也。和鳴應兆，琴瑟叶韻，翱翔焉得敬鳳之稱，和柔焉有梁鴻之□。向卌餘稔，而孕三男三女矣。所冀偕老，不幸而先驅螻蟻，嗚呼！良婦既殁，弔客驛委，陽臺之下，但望行雲；鳳樓之前，□聽去吹。是以琢石旌善，置之壠墜，其詞曰：

有淑女兮作□君子，行婦道兮卌餘祀。曾誡夫兮斷織，或訓子兮勞徙。既于飛兮鳳凰，何先驅兮螻蟻？素車轉兮涕淚空垂，丹旐飛兮哭聲不弭，方刻石兮旌能，冀傳芳兮播美。

（録自《陶齋藏石記》卷三十六）

殘誌〇三〇

【蓋】失。

【誌文】

君諱益錢，字小奴，河南洛陽人也。其先漢」楚元王之後。祖諱□，齊幽州長史；父隋貝」州宗城縣令；政溢飛蝗，化踰馴雉，金聲玉」振，水潔冰清。公稟質貞凝，志性高遠，孝友」寬仁之德，資重價而稱珍；含英挺秀之奇，」體温潤而成彩。既而隟駒駿景，崦嵫之照」已沉，川龍急瀾，沂泗之流永逝。以五年正」月廿二日卒於私第，春秋八十。即以其年」三月二日，葬於邙山廿五里，禮也。恐樵蘇」罔禁，丘壟易平，紀遺烈於佳城，勒貞徽於」文琬。乃爲銘曰：

弈葉華宗，蟬聯茂族，代載其美，挺兹温淑。」其一。人事既往，時遷陵谷，銘奇琬琰，傳芳蘭菊。其二。」

大唐故處士劉君墓誌銘并序」

（北京圖書館藏拓本）

殘誌〇三一

【蓋】失。

【誌文】

唐故右金吾衛倉曹參軍鄭府君墓誌銘并叙　荆南觀察判官試大理評事盧弘宣撰」

府君滎陽人，諱魯字子隱，官歷懷寧、澧陽二尉，終右金吾衛倉曹參軍。自北齊」侍中述祖至府君，蓋七世矣，治家之法，爲代所貴，時風攸賴，□教用尊，堅」焉自持，矗焉不遷，長□□幼，直行易守，環堵之内，居然□□，故今之勗人者，舉」曰修行鄭氏，則頑者以化，離者以固矣。修行其第之里名也。大王父進思，」皇朝贈博州刺史；王父游，晉州臨汾令，贈太常少卿；父寶，祕書省著作郎，贈左散騎常侍；府君其第四子也。昔常侍□世而府君專」以□自任，以資其昆弟之學，體和持正，嘻然大同，上付下奉，由我而理，故其」二仲，爲時名公，曰敬，官至絳州刺史；曰易，官至工部郎中，令望懿德，闊視當」世。迨絳州、工部相繼凋謝，府君顧謂諸子曰：善自位者，然后爲用。前日家」聲不泯，翳吾二仲，而今而後，非我所及。度吾能者；奉先訓，養諸孤，以謹家俵，其」殆庶乎？謂京師艱食，終不能衣食嫠幼，往歲工部佐戎於荆，嘗植不毛之田」數百畝，蕪廢于兹亦一紀矣。府君乃喟然南來，復墾于是，疏卑爲溉，陪高而」畝，及今三年，而歲入千斛。是歲分命迓二嫂氏洎諸孤于二京。春三月，絳」州夫人盧氏從四子至自京師；秋八月，工部夫人盧氏至自洛陽。噫！府君」遇病於七月，工部夫人之至蓋亟矣。諸子以聞，則軒然而作曰：二嫂至矣，吾」家畢集矣，吾於今而瞑，庶無愧矣。是月十七日，終于江陵縣之東郊別業，享年」五十七。明月廿一日，返葬于洛陽，并以十一月四日，窆于邙山之東麓，祔先」人之舊域，啟夫人之故封焉。夫人隴西李氏，齊州長史思整之曾孫，博州」司户掾皓之孫，楚丘尉宣之女。冠族令德，不幸短命。其生四子：中男曰絳，早損；」長男曰績，商州上洛尉，敏於吏理；幼男曰纁，志於藝文；女子字觀音，僅勝衰矣。」三世母感，昔愍今，慈毓道導，斯可以立矣。嗚呼！不義者多富，不仁者或壽，以」府君勤於義而終以屢空，豐於仁而不及下壽，神竟昧乎？或者以府君志仁」力義，未嘗一日以匱而不足其守，神之與顧爲多乎？弘宣愧乏安仁國士之資，」畏當治長非罪之許，勒銘貞礎，殆無愧詞。其銘曰：

聖人日遠，其道浸漓，仁」義禮信，鮮克由之，一門獨傳，終世無違。循循府君，性得天資。大易于于，大同」怡怡，推誠亡情，保雉慰嫠。既孀既孤，其人不知，宜介景福，獎勵于時，卑秩」不壽，豈天之爲？邙山之上丘纍纍，陵夷谷變安可期，平生志尚終莫虧，能」如府君□□何人斯！」

（周紹良藏拓本　河南千唐誌齋藏石）

殘誌〇三二（《唐文續拾》卷六收此文，作咸通六年）

【蓋】失。

【誌文】

唐范陽盧君妻京兆澹氏墓誌銘并序　朝議郎守太子詹事柱國賜緋魚袋澹轔撰

予娶潁川陳氏，生夫人，即予之長女也。大父諱昱，官至學子博士，贈散」騎常侍。（闕。）歷□郢二州刺史，□以（下闕。）局得名，故夫人（闕。）中外之風和（下闕。）」之表大中□年（闕。）范陽盧□□□焉。良人（闕。）茅茨食上藜（下闕。）」初逮事（下闕。）」適口噫（下闕。）」至京師招（下闕。）」矣□子（下闕。）」其門□□兄（闕。）當衰舊□年（下闕。）銘曰：

生有歸（下闕。）」窮幸富貴□如（下闕。）」置泉扉

□姪鄉貢□□庠篆額，　前婺州隨軍翟□書。

（録自《芒洛冢墓遺文四編》卷六）

殘誌〇三三

（周紹良藏拓本）

【蓋】失。

【誌文】

祖衍，皇朝右衛大」將軍陳國公。」父孝□，隆州新井縣」令。竇晙，楊州海陵」縣主簿。

＊殘誌〇三四（與貞元一〇六重出，此當删）

【蓋】失。

【誌文】

唐故秦州上邽縣令豆盧府君夫□墓誌」

夫人鉅鹿魏氏，曲陽人也。曾祖諱行覽，贈瀛州刺史；」祖諱知古，銀青光禄大夫，守侍中，工、户部尚書，上」柱國，梁國忠公。先府君諱□，正議大夫，巴、延、邛、歙、寧」五州刺史，鉅鹿縣開國男之第四女也。夫人素行□」容，雅量情智，天性殊等，人倫高標。年十二，適事豆盧」府君。既年廿二，府君喪矣。婦德幼彰，母儀夙著，存歿」不改其操，寒暑匪易其心。有女一人，法名道峻。夫人」年卅四，丁先府君之憂，卌三丁先太夫人之憂，仰蒼天而罔極，嗟人心如夢幻，欻然自悟，歸信釋門，齋戒不虧，卅餘載。頃曾授指趣心地於聖善寺大晉禪師，先登有學之源，□證無言之果。無何寢疾，辛巳歲七月廿九日，終於東京康俗里第，享年七十有一。其年十一月十四日，權窆龍門山西原從宜禮也。孤女毀瘠逾制，幾難勝喪，顧其體道自真，孝誠不匱，記聖賢而資福，節哀臨以持經，如在之敬罕儔，專一之心可上。復恐松櫝凋朽，陵谷遷變，紀于貞石，爲其誌焉。」

（周紹良藏拓本　開封博物館藏石）

殘誌〇三五

【蓋】　失。

【誌文】

唐故銀青光禄大夫檢校太子賓客兼監察御史柱國河南爾朱府君墓碣并銘　廣平程彦矩撰」

府君其先河南郡人也。曾祖祐，任主客郎中；祖澤，同州韓城令；」厥考弁，歷左金吾引駕仗押衙、銀青光禄大夫、檢校太子賓客；」俱積德行，貟緣車服。府君諱逵，字正道，少倜儻有氣，不謹」小節，雖家藏巨萬，視之蔑然。輕玉帛若糞土，重然諾不顧千金。」議者曰：斯亦豪傑人耳。初職繫懷州軍事押衙，後改授山南東」道節度散兵馬使，始銀青光禄大夫、檢校太子賓客、兼監察御」史，由山南授東都留守押衙，其階□檢校官□監察仍舊，勳如」柱國。以府君之用心磊落，蔚有才智，觀其□必可捍難□」敵，揣其義必可赴湯蹈火，則其位殆不稱□□□□然心□□」度有規，將構第渚宮，豈止於欀桷宏壯，甍棟膠□□□選□□」去卑濕，結峻守以踈氣，鑿巨沼以溺流，竹樹森羅，□□□□□」郡內幽絕，罔有鄰比。世居馮翊，慈親在焉。府君□□□□」遥，不克迎養，同氣八人，更迭定省，□著行□□□十四□□□」公事關連計，司輓運之勞，咸稱幹監，每休□□□家屬□□□」間有愛睦如也，里巷益多府君之能□以仰止□□□」未嘗不應，人由是歸。嗟乎！未及下壽，以其年五月六日(下闕)」卒于江陵府無競里私第，享年廿有九。娶河南(下闕)」男一人：春郎六歲歲，女相之六歲歲。用當年十一月(下闕)」叶歸葬同州澄城縣武安鄉永平管。親弟遜(下闕)」特以哀命，見請銘于貞石。文曰：

彼蒼者天，禍福茫然。欲問其緣，杳寞無言。俄(下闕)曷有後先。積善何爲，報應玄玄，熟云有後，(下闕)□期慶延，在于他年。」

(古文獻研究室藏拓本)

殘誌○三六

【蓋】失。

【誌文】殘石。

(上闕)尉歐陽府君夫人河東裴氏墓誌　(上闕)殿中侍御史內供奉白季隨纂

(上闕)維夏九日，涇陽縣尉歐陽瑛遘疾終，」

(上闕)哀昭微之廨，春秋二百五十二甲子，」

(上闕)天興縣邵吉原，從先塋，禮也。暨」

（上闕）二日，夫人裴氏殞，其年十月十有，」
（上闕）歐陽族渤海郡，厥先尚矣，爰自漢」
（上闕）纓，追曾祖謀，皇朝散大夫、洛（下闕）」
（上闕）夫邢州鉅鹿縣令，考（下闕）」
（上闕）黎蒸卜居，郊墅（下闕）」
（上闕）立慈訓（下闕）」
（上闕）壼（下闕）」

（古文獻研究室藏拓）

殘誌〇三七

【蓋】失。

【誌文】

唐故定州義武軍節度隨　使步軍都教練使左横衝軍使西（下泐。）使銀青光禄大夫檢校户部尚書右監門衛大將軍守祁州刺史兼御史大夫上柱（下泐。）」府君諱楚，字夢巖，其先弘農人也。周宣王太子之後。其上爰自興漢，（下泐。）」麾旞之貴，或軒裳寄重，迭居卿相之榮，雖派流已歷於千春，（下泐。）」播乎徽音，用載其來，終難盡事。祖諱亦，（下泐。）」放曠而不趨名利，逍遥而自取清閑，忘機懷隱士之風，達命（下泐。）」府君即先府君之第二子也。府君夙擅沉機，素韜（下泐。）⌉定欃槍，壯節難羣，殊庸益著，先相府太師傾城（下泐。）⌉横得志，散霜戈而在野，凱捷如神，論功業則當（下泐。）⌉累踐隆途，伏遇相公，載委征戎，（下泐。）⌉宸聰，奏授祁州刺史。府君幼有出□之用（下泐。）⌉將示嗟（下泐。）⌉相顧，徒竭青囊，夜魄纔遊，（下泐。）⌉署⌉享年五十一。室曰尹氏，有子二人：長曰（下泐。）⌉於倫□藝能咸達於精微，並當（下泐。）⌉天，茹血叩地，銜哀求擇兆之儀，（下泐。）⌉州安喜縣鮮虞鄉公乘里之新塋禮也。（下泐。）⌉野帶昏愁之色，而況寰中知己，陌上行人，覩此（下泐。）⌉桑田，貴刻貞珉，用爲鄉記。⌉

府君之生兮天賦英雄，□□之達兮□□列功。（下泐。）⌉彎弧而逝鳥投空，身惟□□□主，心乃盡忠。（下泐。）⌉聲傳黠虜，譽徹聖聰。既節義而行事，合齡算（下泐。）⌉便□深□，胸中之豎子有徵，壁上之懸蛇致怪，奄（下泐。）⌉□□西垂，流波東邁，一入松楸，永辭昭代。⌉

（録自《京畿冢墓遺文》卷下）

殘誌〇三八

【蓋】失。

【誌文】

亡宮者，不直何許人也。爰自良家，入陪天閫，專一成性，淑慎居心。夙夜在今，小星之輝方耀；春秋非我，大年之數先窮。卒於宮所。即以其年九月六日葬於城西，禮也。春秋七十五。司存有忝，乃作銘曰：

彗星騰彩，朝日揚輝，既登秋算，式待坤闈。蘭風載穆，薤露旋置置厚夜，有去無歸。

（録自《陝西金石志》卷九）

殘誌〇三九

【蓋】失。

【誌文】

亡宮一人八品誌文一首」

亡宮者，本良家子也。充奉」後庭，勤於法度，錫以班秩，」酬乎厥勞，享年不永，遘疾」云逝。春秋若干，以某年月」日葬于亡宮之塋，禮也。乃」刊貞石，式紀銘云：

生爲匣玉，歿爲野土，一辭」九重，千秋萬古。」

（周紹良藏拓本　河南千唐誌齋藏石）

殘誌〇四〇

【蓋】似無。

【誌文】

（缺。）覺禪師塔銘

（缺。）以測其聖凡，處生死之塗者，不足知（缺。）五蘊皆空，是故空中三寶常住哉。（缺。）蘭氏，河南人也。高祖蕃，周驃騎大將（缺。）隋禮部尚書；曾祖仁，唐朝户部尚書（缺。）祖石，岐陽縣令；父温，絳州曲沃（缺。）聲高調下，材期登於金紫，位奄屈於銅（缺。）與蘭桂而齊芬；特禀善根，向菩提而結（缺。）出禪之心；辭舍俗流，無染人緣之事，遂（缺。）垂攀八普之真輪，遊四依之正轍，弱冠（缺。）密威儀恭敬檀□□妙曉自其誠等觀（缺。）是布衣服體□□身以忍辱而當違（缺。）言於性向（缺。）尼衆供養（缺。）

（録自《關中石刻文字新編》卷二）

* 殘誌〇四一（與大曆〇四二重出，此當删）

【蓋】似無。

【誌文】

（上闕）銘并序（上闕）錫撰⌉

（上闕）寺之本院律師法⌉（中闕）豈寶乎律師天生道⌉（中闕）其所務也，分氎之義不⌉（中闕）臨香壇，辭不見允，望之儼⌉（中闕）萬嶺乃曰威儀三千，吾鏡之⌉（中闕）無生之觀，位居玄匠矣。⌉（中闕）獨孤氏葛覃蘊德，十亂匡⌉（中闕）賜律師紫袈裟一副，前後所錫錦綺⌉（中闕）盈庭，了無是相，道何深也。由此敕書⌉（中闕）御馬每下於雲霄，天花屢點於玉砌，綈構⌉（中闕）繚絙，金刹熠耀；額題御札，光赫宇宙。皆⌉（中闕）之爲□□哉。噫！律師擲鉢他方，應遽還於⌉（中闕）香天，顔貌如生，若在深定，曲肱右脇，湛然已滅。⌉（中闕）具以上聞，皇情憫焉。中使臨弔，賻贈之禮有⌉（中闕）若三都取則意澮泣海心閑虚空，而今而後□⌉（中闕）授其髻寶八部孰示於衣珠，覺路醒而却迷，□」(中闕)寺大德凝照惠照、凝寂、悟真，資敬寺上座洪演、」(中闕)法雲寺律師遍照等凡數千人，則懿戚相門，愛」(中闕)匠，如睹鶴林。即以其年七月十八日奉」(中闕)塔之禮也。素幡悽於道路，丹旐慘於郊扃，式揚」(上闕)登壇不向，明光殿去，去應超生。」(下闕)」

(上闕)用之刻字」

(周紹良藏拓本)

＊ 殘誌〇四二(與開元〇五三重出，此當删)

【蓋】 失。

【誌文】

大唐相州安陽縣大雲寺□大德□□法師影塔之銘并序」

法師諱嘉運，字靈□，俗姓劉氏，其先帝王，漢高祖之苗裔，」彭城人也。遠祖固宦，遂此居□子孫派流，於兹不絶，遂爲」魏郡人焉。法師宿植勝因，生而奇拔，早懷慕道，辭俗歸」真，年 歲遂投慈潤寺方大禪師出家，習業，至年十六，逢」廣啓虔門，便蒙剃染，配本縣大通寺，恒以頭陁爲務，六時」禮懺，一食資身，知自行之不弘，了利他之情廣，更策心訪，」朝夕孜孜，遂投河南府佛授記寺翻經大德感法師，親承」右學，解深密法花仁王轉女身梵綱等經、成唯識俱舍等」三性一乘之妙旨，光滿達磨之流宗，莫不究盡祖□，窮其」奥，從兹温古，道業□新，遂得譽播三川，聲聞八水，奉」敕便留住佛授記寺補充翻經感法

師侍者，後□本州大」（下缺）

（北京圖書館藏拓本）

殘誌〇四三

【蓋】失。

【誌文】

師諱通明，字霞光，京兆温秀人氏。」幼而端凝，早習佛法。德以懷」遠，義以得衆，遊居此地，數十餘」年，胸藏西意，鐸振四方。於六月初」四日撤手坐脱，飄爾而去。衆等」舉念，修建靈塔，稽首銘曰：

晝翻貝葉，夜習釋道，久志宗□，」廓爾悟入。直取泥洹，永抛生死，」六塵何有，萬法本空。王氏枝葉，」臨濟正派，書此萬年，劫燒弗壞。」

（北京圖書館藏拓本）

殘誌〇四四

【蓋】似無。

【誌文】

慈潤寺故」大慧休法」師灰身塔」

（北京圖書館藏拓本）

殘誌〇四五

【蓋】似無。

【誌文】

慈潤寺故大明歆律師支提塔記」律師俗姓□，生長在瀛州，」出□□具戒，問道□都遊，」三藏俱披□□□□□」□□羣英□遠近□來求」四□□□□，□□八十周」□□數十遍，釋滯解玄幽，」亦謂無量壽，淨土業恒修，」爰登於六九，七十五春秋，」遷神慈潤所，起廟此岸頭，」略記師之德，芳名萬古留。」

（北京圖書館藏拓本）

殘誌〇四六

【蓋】似無。

【誌文】

靈泉寺故大修行禪師灰身塔記

（北京圖書館藏拓本）

殘誌〇四七

【蓋】似無。

【誌文】

靈裕法師灰身塔

（北京圖書館藏拓本）

殘誌〇四八

【蓋】似無。

【誌文】

相法師灰身塔

（北京圖書館藏拓本）

殘誌〇四九

【蓋】似無。

【誌文】

道政法師｣支提塔

（北京圖書館藏拓本）

殘誌〇五〇

【蓋】似無。

【誌文】

初公之塔」 小師了道、」了端。

（北京圖書館藏拓本）

殘誌〇五一

【蓋】似無。

【誌文】僅存前半方。

沙彌尼清真塔銘并序　大安國寺沙門季良撰兼書」

勤策尼者，扶風馬公左武衛中候順之」季女，大招福寺郟法師之猶子子也。幼」而聰慧，性善管絃，耳所一聞，心便默記。」仁賢温克，尤重釋門。父母違而嫁之，遂」適隴西李氏，宿衛榮之貴妻。自入夫門，」便爲孝婦，雖居俗禮，常樂真乘，每持金」剛經，無間於日。迨十許稔，不意染綿羸」之疾，藥物不救，委卧匡床，由是□□□」心，捨俗從道，契宿愿（下缺。）

（周紹良藏拓本）

殘誌〇五二

【蓋】似無。

【誌文】

唐崇業寺故大德禪師尼真空塔銘并序

禪師諱真空，俗姓申氏，馮翊郡朝邑人也。植性明悟，天姿卓越，六度□□，稟自齠年，□戒深仁，行諸早歲。既而□□宿善，童子出家，訪道□□與波□而無異，練心（下缺。）

（録自《隋唐石刻拾遺》卷下）

殘誌〇五三

【蓋】似無。

【誌文】

聖道寺故大比丘尼靜感

（北京圖書館藏拓本）

殘誌〇五四

【蓋】似無。

【誌文】

光天寺故大比丘尼普

（北京圖書館藏拓本）

殘誌〇五五

【蓋】　失。

【誌文】　已殘。

（上缺）未□文伯之遽□恭姜（下缺）

（上缺）蔆失榮井藤仍謝，以大唐（下缺）

（上缺）有四嗣子□璋等，痛切茹荼（下缺）

（上缺）丙辰，祔葬於長安□西北三（下缺）

（上缺）陽鄭氏，次曰素□，適清河崔（下缺）

（上缺）昭懿範，乃爲銘曰：

（上缺）青春，俄悲黄鶴，德（下缺）

（上缺）母儀，□□女則，如（下缺）

（上缺）空垂搴幃寂寞，遠（下缺）

（上缺）不春，夜臺詎曉，□（下缺）

（録自《陶齋藏石記》卷三十六）

＊　殘誌〇五六（與開元二六八重出，此當删）

【蓋】　失。

【誌文】已殘。

（上缺）□貞□翼爾□□□□□」（上缺）先凋，遂使影謝蘭帷，芳□□」（上缺）燭宅兆未終，權爲殯厝，以唐」（上缺）祔葬於龍泉故里，矩陰山北」（上缺）樹纏憂嗟令問而空存墉慈」（上缺）聞，爰想德音，重爲銘曰：

（上缺）此貞良。其一。　貞良于何，淑人君」（上缺）職胡寧不臧，人謡善政，俗讚」（上缺）奄喪，永古長秋。其四。

恭維後嗣，」（上缺）啓玄扃與蟻繐，庶慈顔而永」（上缺）既龜從於五兆，亦何謝於千」（下缺）

（録自《陶齋藏石記》卷三十六）

殘誌〇五七

【蓋】　失。

【誌文】

唐故横海軍節□□

公諱峻，字峻，深州饒陽□□□

源發派，逮至于今，冠紫□□

省文也。　祖讓□□□

王父朝左金吾衛大□□□
元衛前親軍□靈□□□

（古文獻研究室藏拓本）

＊　殘誌〇五八（與大曆〇五九重出，此當删）

【蓋】　有唐著作佐郎崔公墓

【誌文】刻于蓋。應是誌文後段。

平樂原從先君禮也。公有子滿籯，次」□固，皆易直純雅，有其才而無其命，先」公而終。貞固之子公度，童年又殀。公之」次女范陽盧徵妻，明敏温惠，女子之賢」良者也，不幸短祚，稚齒而歿。易曰積善」之家，必有餘慶。其誕詞哉！繼夫人隴西」縣君李氏。長女趙郡李潤妻，兄子兟，弟」子契臣等，永惟慎終之義，克舉揚名之」道，故篆石爲誌，銘曰：

吾家代業之積仁，安平嗣君之德之純，」懷其道而道不伸，王佐之器莫試於經」綸。老氏藏室何寂寞，吴江之滸又遼廓，」哲人其萎舟去壑。柔明簡諒君子之嬪，」□華早落厚夜無晨，昭昭萬古共挹芳」□」

（武漢大學歷史系藏拓本）

殘誌〇五九

【蓋】　無。

【誌文】磚。

鎮西府内主簿劉」□□□□□□□」歲諱鶉尾望舒建」平壽星十日乙卯朔，」以申時卒於墓。」

（録自《高昌磚集》）

殘誌〇六〇

【蓋】無。

【誌文】磚。

□□□□□□□□□□□□□□□□」□□上柱國史建洛妻馬氏，終於節義坊□□」□其月柒日葬於城東舊塋禮也。春秋叁」拾有捌。夫一生性懷貞敏，忠恊温恭，齊眉之禮夙」彰，捧心之風彌著。門同秦晉，族類潘陽，掩膏」□而長辭，靡魂香而難返。哀子嘉客舉」□泣血，擗踊絶漿，心摧如半死之桐，志痛」若口心之草。烏呼哀哉！慈容永謝。」

（録自《高昌磚集》）

殘誌〇六一

【蓋】無。

【誌文】磚。

河西王通事舍人」燉煌張季宗之墓」表。夫人燉煌宋氏。」

（録自《高昌磚集》）

殘誌〇六二

【蓋】失。

【誌文】

唐故滑州韋城縣尉孫府君墓誌銘」

君諱令名，樂安人，中書侍郎處約之猶子。幼」禀□粹，能明經術，尤善屬文，工於詞翰，初以」甲科補相州成安主簿，調遷韋城尉。抱凡香」之屈，□橋玄之量，不幸早世，春秋五十二，終」於洛陽私第。夫人京兆韋氏，淑□成德，柔明」作範，中饋克修，□人以正。君之亡也，誨子于」義，邦族之内，毋□見焉。趙州刺史利賓、河南」府士曹利涉，并夫人之弟，拱而尚君，寧慼何」追。夫人元子庭謂、次子庭言，或掾于州，或齒」于選，相繼淪没，何痛如之！有女適滄州樂陵」縣令弘農楊承績。哀哀昊天，痛過擗地，□遵」合祔，改卜于北原。□乃露十霜，節芳不朽。銘」曰：

生有涯兮若浮，水閲川兮悠悠。德無泯兮□」□，□白楊兮千萬秋。」

（河南千唐誌齋藏石）

殘誌〇六三

【蓋】 失。

【誌文】

故河南府法曹參軍上黨郡開國男」諱含液，苗氏之家胤。曾祖猷，洛陽」縣令。祖襲，洪雅縣令。父延嗣，太府」少卿，累代無違德，立身皆令問。公」由大學進士受楊府□軍、睢陽郡」司功、陽翊士曹掾，蒞歷清貫，四及」神州，人無閒言，物飽其論，君子以」爲盛德之後善善也，樂其終。從祖」昆晉卿自右扶風遷萬□人之望」也，輝映當時。有子四人，曰顔、曰頴」、曰顒、曰愿，崔氏之出。早着清才，不」幸而孤，孰不傷慟，悲夫！」

（河南千唐誌齋藏石）

殘誌〇六四

【蓋】 失。

【誌文】

唐故隨州司法參軍陸府君墓誌銘并序　前國子進士丁仙之撰」

君□□□廣成，吳郡吳人也。世爲江東大族，有若賈之雄辯，續」之□□□抗貞亮，機雲詞藻，芬烈圖史，蘊襲人才，逮乎□□□」□□□□不絕矣。故高曾從典著作，鄉族休若；」王父□卿，獻替乃行；皇考元誨，善政秋浦，居今緊」□能守官，罔或失職，仲尼所以歎美者，豈徒然哉！君即」府君之孟子也。始以弱冠補國子生，明申公詩及左氏傳，」登太常第，調補隨州司法參軍。君孝友居家，清白率職，遂視既」發，俾□處休。常欲克服家聲，發揮祖德，故居已行簡，必繼世象」賢。純自衷，則散騎韡之跡；篤義在我，則議郎瑁之風，豈不以佩」襲清覩，遵承素業，不墜于地，能肥厥家而已哉。屬天子入秦，」慈母居洛，黄綬位□，驟歌西上之書；白華思勤，載詠南陔之什。」是以背灞渭，指伊瀍，促□長，溘盡中路，私館不復，游魂何之？書」揭表□，徒識周公之禮；瘗金杖信，空荷館人之恩。吁！彼蒼者天，」殲我□人。享年五十，大夜忽臻。嗣子登哀哀在疚，泣血何君之」□□也，禁且莫唅，視而不瞑，神期茫茫，殆將有恨，吾淺之爲丈」夫也，豈識哉！豈識哉！維歲大荒落十一月甲午，終于陝州之魏」□，明年獻春正月乙酉，歸葬于東都北山先人之舊塋，」禮也。故人萬楚敬爲銘曰：

平原之孫，秋浦之子，令問名」世，德□不弭，享年何其，知命而已。天道與善，君奚及是？養則思」禄，資無代耕。安卑剋己，服義吞聲。溘盡于外，全歸不瞑。魂兮何」□，□朝幽明。北邙羣木，豪末拱中。有先人松栢□，隱□」□□□□□百代之後俾金涌。」

（河南千唐誌齋藏石）

殘誌〇六五

【蓋】失。

【誌文】

沙州報恩寺故大德禪和尚□□□遷神誌銘并序」

夫報應有量，三身由示涅槃；生滅不恒，四類豈無遷變。蓋幻化之促速，」非復載之不仁。厥有桑門穎秀，金□□人，俗姓劉，其先洛陽人也。或因」官□，地届三苗之鄉。其母初孕，不□葷羶，及生此男，與衆殊異，」三年頗合，戲則□沙，八歲齔齒，不樂長髮。僅十歲，從師受業；纔」十七，□俗披緇。讀則目覽五行，閱乃心通九部。弱冠進具戒於凝闍」梨下，聽南山鈔。壯年猒文字，依□和尚處，悟棲神業，捨彼魚筌，取其心印。千池水月，蓋是隻輪；萬□參羅，皆從方寸。心既不起，境亦何生，」障雲豁開，邪山自□，返求赤水，乃得玄珠，一契于懷，三十餘載。□」律則龍堆獨步，備空乃鷹塔罕□，慕義如雲，趨風若□，聲高□」□，名□澄蘭，一自傳燈，萬炬孔熾，陟壇攝授，弟子盈門。將謂化浹長」年，寧期壽命短折，青春遘疾，朱夏勿瘳，腸非至席，頭靡就枕，」盥漱之後，酌飲不通，策勤自强，節操彌固，囑付既畢，端然坐亡。時」辛巳歲龍集大荒駱四月廿八日，終于報恩精舍，春秋五十有七。於戲！至」人悔迹，杳然何之？于時雲揚徘徊，皆帶愁色；哀聲動地，酸感塵心。以」五月一日葬于南沙陽開渠南原，之禮也。於是弟子像照等淚盡以血，」□音不衰，追想芳猷，愿刊他石。蒙雖不佞，式昭厥休。銘曰：

達士與物兮不爲凝滯，遷神淨方兮有若蟬蜕。彼美吾師兮塵□網」莫拘，化俗未盡兮今也則無。立壟寂寂兮晨鍾不發，原野」青青兮曉露晞珠。

蕃中辛巳歲五月一日葬于南沙陽開渠北原之禮也□守墓弟子承恩諸孝子。

辯踈下頤中，荒迷不顧身，茹荼何足若，銜蓼未爲辛。兩目恒流涕，雙眉鎖伉噸，唯餘林裏鳥，朝夕助

圖書在版編目(CIP)數據

唐代墓誌彙編/周紹良主編;趙超副主編. —上海:上海古籍出版社,2024.3
(歷代碑誌彙編)
ISBN 978-7-5732-0577-3

Ⅰ.①唐… Ⅱ.①周… ②趙… Ⅲ.①墓誌—彙編—中國—唐代 Ⅳ.①K877.45

中國國家版本館 CIP 數據核字(2023)第 010415 號

歷代碑誌彙編
唐代墓誌彙編(修訂本)
(全九册)
周紹良 主編 趙 超 副主編
上海古籍出版社出版發行
(上海市閔行區號景路 159 弄 1-5 號 A 座 5F 郵政編碼 201101)
(1) 網址:www.guji.com.cn
(2) E-mail:guji1@guji.com.cn
(3) 易文網網址:www.ewen.co
上海展强印刷有限公司印刷
開本 710×1000 1/16 印張 297.25 插頁 18 字數 3,476,000
2024 年 3 月第 1 版 2024 年 3 月第 1 次印刷
ISBN 978-7-5732-0577-3
K·3309 定價:1,280.00 元
如有質量問題,請與承印公司聯繫
電話:021-66366565

唐代墓誌彙編

索　　引

人名索引

童 0010_4

17 童珣 殘誌 023
72 ～氏 大中 085

龐 0021_1

36 龐昶 開元 283
40 ～十二娘 開元 454
～脊言 開元 283
～壽 開元 283
46 ～相 開元 283
48 ～敬(仁敬) 開元 283
50 ～夷遠 開元 173
72 ～氏(常來妻) 開元 498
～氏(張去奢妻) 天寶 110

彦 0022_2

13 彦琮 垂拱 025

齊 0022_3

08 齊詮 貞觀 120
10 ～王 貞觀 122
11 ～璿 大曆 058
12 ～弘 證聖 007
17 ～玘 大中 164
～子(胡) 天寶 203
37 ～朗(明) 證聖 007
38 ～澣 開元 195
齊澣 天寶 136
～澣 大和 100
44 ～孝明(韋素妻) 大中 164
～孝曾 大中 164
58 ～掄 大和 100
60 ～景琇 天寶 203
～景珍 天寶 203
～景俊 天寶 203
～景之 天寶 203
～景全 天寶 203
61 ～㬚 貞元 119
～㬚 大和 007
～㬚 大中 164
66 ～暭 貞元 119
67 ～煦 貞元 119
72 ～氏(張□妻) 貞觀 120
～氏(劉密妻) 元和 074
～氏(劉密妻) 大和 050
～氏(侯續妻) 大和 100
77 ～隆 證聖 007
78 ～陁 貞觀 120
88 ～節 天寶 203
～餘敬 大中 164
91 ～恒明 殘誌 025

方 0022_7

03 方竚 大中 060
37 ～初 大中 060

72 方氏(余從周妻) 大中 060
77 ～履寧 大中 060

席 0022$_7$

10 席元福 永徽 111
17 ～豫 天寶 205
～豫 建中 001
37 ～鄆 永徽 111
40 ～大雲(吴真妻) 開元 512
42 ～彬 天寶 229
50 ～泰(義泉) 永徽 111
60 ～固 永徽 111
70 ～雅 永徽 111

高 0022$_7$

00 高立本 天寶 072
～立人 大中 039
～彦(懷彦) 貞元 136
～彦 開成 019
～方 開元 212
～商老 咸通 033
～應(師仁) 開元 043
～應 天寶 144
～庶幾 景龍 036
～文(性文) 聖曆 044
～文穎 景龍 016
02 ～證 大和 069
～證 咸通 079
～證 乾符 030
03 ～詠 大和 029
～誠 大和 029
04 ～護 開元 187
07 高翊 廣明 005
10 ～王臣 開元 264
～王臣 開元 318
～亘 天寶 096
～元琮 元和 016
～元位 大和 066
～元稱 顯慶 063
～元紹 景龍 016
～元彧 天寶 072
～震 大曆 075
～霞寓 長慶 015
～霞寓 大和 020
～霞寓 大和 066
～霞寓 大中 107
～霞寓 廣明 004
11 ～璩 大中 079
12 ～琇 長慶 022
～瑀 大中 047
～瑗 開元 376
～弘規 貞元 119
～延嗣 咸通 033
15 ～建謀 乾符 008
17 ～琛 天寶 148
～務節 天寶 249
～承業 開元 372
～承金 元和 068
～子雲 天寶 072
～子□ 開元 181
～君遊 總章 004
18 ～珍(行仁) 載初 003
20 ～重 咸通 033
～信德 萬歲通天 006

高千 開元 376
～香 天寶 157
～毛(貞簡) 開元 372
21 ～仁 開元 372
～行仙 大和 066
～衍兒 大中 105
～貞 大和 029
～穎 光宅 007
～穎叔 咸通 033
22 ～岑(柳奴) 元和 016
～崔生 開元 372
～巖 大和 065
～利生 大曆 047
～崇文 開元 181
～崇文 大和 020
～崇德 聖曆 044
～崇德 天寶 148
～崇業 長安 042
～崇禮 元和 016
～崇節 開元 376
～樂 載初 003
～繼 開元 264
23 ～倩(叔容) 天寶 072
24 ～德(元光) 天寶 008
～德(士進) 顯慶 151
～德正 開元 264
～德正 開元 318
～德政 長安 043
～休 開元 372
～幼成 元和 016
25 ～仲方 載初 004
～仲方 天寶 157
26 高伯堅 長安 043
～伯堅 開元 264
～伯堅 開元 318
～偘 開元 181
～偘 天寶 148
～偘 元和 016
～儼仁 永徽 148
～峴 咸通 033
27 ～像護(景衛) 天授 032
～候 龍朔 052
～叔秀 大曆 076
28 ～徵 大中 134
～懲(志肅) 開元 318
～齡 垂拱 039
29 ～嶸(若山) 開元 295
30 ～寧 開元 318
～寬 開元 318
～永興 大和 066
～進 載初 003
～適 貞元 052
～憲 長安 043
～憲(志平) 開元 264
～守(裕□) 開元 212
～宇 開元 264
～安 天寶 245
～安期 光宅 007
～安期 垂拱 019
～審行 開元 295
～良貴 大曆 047
～密 開元 318
～定方 開元 407
～宗 天寶 144

31 高福(延福) 開元 187
32 ～祇 開元 295
33 ～業 垂拱 039
34 ～滿 聖曆 004
～漆娘(崔鋭妻) 萬歲通天 006
～祐 天寶 148
～祐 元和 016
～達 顯慶 063
～蓬丘 咸通 033
35 ～神 開元 407
～禮 天寶 179
～禮賓 天寶 072
～袖 天授 032
～連 大曆 075
36 ～湜 大中 105
～湜 咸通 033
～邈(行淹) 聖曆 004
37 ～渙 乾符 030
～洛 顯慶 151
～滌 咸通 079
～迴 顯慶 151
～通 開元 212
～通 天寶 157
38 ～瀚(子至) 大中 105
～祥 元和 068
～裕 天寶 157
～遂 元和 143
～道豁 永徽 148
40 ～力士 開元 187
～士廉 開元 295
～士訓 長慶 022
～士逸 總章 004
高志遠 長安 042
～杳 天授 032
～去疾 大中 105
～袁 光宅 007
～真 龍朔 052
～真 景龍 016
41 ～栖巖 大和 066
42 ～荆玉 天寶 157
～韜 顯慶 063
～彬兒 咸通 033
43 ～式 聖曆 044
～越 天寶 245
44 ～蓋 開元 264
～蓋 天寶 166
～勤王 長慶 022
～勱 開元 295
～藏 調露 023
～藏 開元 378
～藏 大曆 075
～孝德 永徽 148
～孝燕 貞元 136
～蘩娘 咸通 033
～桂郎 咸通 033
～權祖 開元 187
45 ～嬇(朱守臣妻) 開元 181
46 ～如詮 大曆 047
～相 載初 003
47 ～懿 長安 043
48 ～敬言 長安 042
～敬言 長安 043
～敬言 開元 264
～敬言 開元 318

50 高貴 開元 372
～貴泰 顯慶 151
52 ～挺言 咸通 063
55 ～扶 大和 020
～捧(文穎) 龍朔 052
～輂 大順 004
～輂 大中 135
56 ～擇交 寶曆 017
58 ～軫 長慶 022
～敖曹 永徽 148
60 ～日琛 天寶 184
～昱 光宅 007
～量 聖曆 044
～思誨 大曆 047
～思温(知柔) 乾符 008
～羅漢 咸通 033
72 ～氏(張懷文妻) 顯慶 145
～氏(南斌妻) 總章 004
～氏(李通妻) 神龍 040
～氏(董嘉斤妻) 開元 058
～氏(王景曜妻) 開元 413
～氏(王承裕妻) 天寶 179
～氏(劉鸞母) 天寶 144
～氏(劉玄豹妻) 天寶 249
～氏(劉明德妻) 貞元 027
～氏(孫注留妻) 元和 036
～氏(蕭子昂妻) 元和 126
～氏(劉明德妻) 長慶 009
～氏(李玄慶母) 長慶 022
～氏(楊贍妻) 寶曆 017
～氏(王翼妻) 大和 065
～氏(衛文約母) 開成 019
高氏(柳當妻) 開成 031
～氏(季惟一妻) 大中 036
～氏(劉戬妻) 咸通 079
～氏(曹弘立妻) 咸通 091
～氏(苗景符妻) 咸通 099
～氏(劉戬妻) 乾符 030
～氏(柳當妻) 廣明 004
～氏(任茂弘妻) 大順 004
～岳 元和 016
～岳 長慶 022
77 ～隆基(繼) 長安 043
～舉 乾符 008
78 ～駢 乾符 013
～駢 廣明 004
～駢 中和 013
80 ～夔(安本) 垂拱 039
～夔 天寶 166
～令望 建中 007
～慈(智捷) 聖曆 044
～義恭 貞元 136
81 ～鍇 大中 140
～鍇 咸通 021
83 ～鉽 大中 105
84 ～銑 天寶 148
86 ～知行(慎非) 景龍 016
87 ～欽仁 天授 032
～欽德(應休) 開元 376
～鄭賓 大中 105
～郃 大中 118
88 ～筠 乾符 008
～餘慶 開元 043
～策 大和 029

90 高小晉 大中 105
～小漢 咸通 033
～懷 開元 376
～懷彬 元和 068
～光復 開元 318
99 ～榮 天寶 184
～□婉(翟虔母) 大中 039
～□利慈 大中 039
～□昇 大中 039
～□鐶 大中 039

卞 0023_0

30 卞進 貞元 095
34 ～祐 貞元 095
35 ～沖 貞元 095
72 ～氏(劉□妻) 貞元 095

應 0023_1

30 應宗立 咸通 048
～宗本 咸通 048
～宗合 咸通 048
32 ～兆 咸通 048
44 ～藻 咸通 048
52 ～播 咸通 048
60 ～晁 咸通 048

康 0023

00 康庭玉 開元 164
～庭蘭 開元 517
～磨伽 永淳 014
07 ～韶 開元 517
10 ～玉 長壽 031
康亘 開元 517
～元敬(留師) 咸亨 085
～元暕 長壽 031
～雲間(袁晁) 貞元 093
12 ～延德 永淳 012
13 ～武通(宏達) 咸亨 051
17 ～子元 景龍 043
～君政 神龍 016
21 ～仁 咸亨 051
～仁基 長壽 031
～處哲 儀鳳 011
～須達 貞觀 139
22 ～樂 咸亨 085
23 ～伏度 永淳 013
24 ～德 調露 008
～續(善) 調露 008
25 ～積善 神龍 016
26 ～和 貞觀 139
27 ～叔卿 大中 123
28 ～仵相 咸亨 085
～從遠 天寶 146
30 ～濟 大曆 079
～寧 開元 517
～安 永隆 016
～富多 神龍 014
～賓 建中 005
～宋生 咸亨 085
34 ～滿 開元 164
～波蜜提(翟那寧昏母) 麟德 010
～逵 總章 033
～遠 開元 164

康達 總章 033
～婆(季大) 貞觀 139
36 ～暹 調露 008
37 ～洛 總章 033
～洛 永淳 013
～郎(善度) 長安 036
41 ～楨(仁德) 永隆 016
44 ～莫量 貞觀 182
～老 調露 008
48 ～敬本 咸亨 015
～敬本(延宗) 咸亨 029
50 ～忠素 調露 008
52 ～哲(慧哲) 神龍 016
53 ～拔達 貞觀 182
～威(賓) 開元 164
～感 永淳 013
60 ～勗 總章 033
～羅 貞觀 139
63 ～默 咸亨 029
71 ～阿達 貞觀 182
～阿善 永淳 014
～愿子 開元 515
～匿 開元 517
72 ～氏(支茂妻) 永徽 016
～氏(羅甑生妻) 調露 016
～氏(史善法妻) 長安 035
～氏(姚子昂妻) 建中 005
～氏(李宗卿妻) 貞元 077
～氏(石默啜妻) 元和 106
～氏(張汶妻) 大中 040
77 ～留買 永淳 013
78 ～陁 貞觀 139
康陁 永隆 016
80 ～善行 永隆 016
～善恭 永隆 016
～善義 永隆 016
86 ～智(感) 長壽 031
91 ～煩陁 開元 517

庚　0023_7

21 庚師壽 天寶 087
33 ～邃 天寶 087
38 ～道蔚 咸通 034
44 ～若訥(皎) 天寶 087
71 ～阿 咸通 034
72 ～氏(苗紳妻) 咸通 034
77 ～興宗 天寶 087
90 ～光烈 咸通 034

廉　0023_7

30 廉寮 開元 276

庫狄　0025_6 4928_0

10 庫狄干 武德 003
37 ～～洛 武德 003
～～通 咸亨 012
～～通(豐仁) 咸亨 012
40 ～～真相(崔行褒母) 武德 003
50 ～～惠感 咸亨 012
77 ～～賢 咸亨 012

唐　0026_7

02 唐端 開元 200
04 ～讌 上元 025

唐護 龍朔 065
10 ～正辭 開成 047
11 ～張五 會昌 027
12 ～弘實 會昌 027
21 ～仁軌 龍朔 065
～仁軌(師範) 總章 022
～師貞 會昌 027
～師禮 會昌 027
24 ～休 長壽 028
25 ～仲翔 貞觀 023
28 ～儉 貞觀 052
30 ～寬 天授 020
32 ～遜 貞觀 061
～遜 麟德 026
34 ～湛 永徽 034
～遠 大中 055
～達 永徽 034
35 ～湊 會昌 027
～神護 貞觀 104
37 ～逸 開元 339
39 ～沙 龍朔 065
44 ～恭 長壽 028
50 ～惠兒(梁寺妻) 垂拱 065
53 ～感 長壽 028
60 ～思文 永淳 005
～曇海 龍朔 087
～羅什 殘誌 018
67 ～昭 開元 200
71 ～阿深(明□妻) 永徽 034
～阿朋 延壽 015
72 ～氏(郭雲妻) 貞觀 023
～氏(康武通妻) 咸亨 051
唐氏(施□妻) 長壽 028
～氏(甘基妻) 神龍 030
～氏(源杲妻) 開元 146
87 ～欽 殘誌 001
90 ～小姑 天授 020
97 ～耀謙 延壽 005

廣 0028_6

74 廣陵渤海王 中和 013

麻 0029_4

17 麻君師 永淳 030
72 ～氏(孟□妻) 永淳 030

縻 0029_4

30 縻寬 貞元 018
88 ～簡 大中 085

文 0040_0

04 文諸葛 建中 013
30 ～安縣主 貞觀 147
72 ～氏 天寶 063
88 ～簡公 元和 105
90 ～懷靜 天寶 063
～堂 中和 004

辛 0040_1

00 辛亶 開元 281
～亮 大曆 002
～庭 大曆 002
～文慶 咸通 075
～京杲 貞元 041

辛京杲 貞元 070
～京杲 貞元 086
～京杲 貞元 093
02 ～彰 麟德 026
10 ～正臣 龍朔 051
～雲京 大曆 069
14 ～劭 元和 074
17 ～琛 貞觀 157
～子馥 龍朔 051
18 ～玠 開元 217
21 ～偃武 開元 281
～行儉 大和 095
～術 貞觀 157
～衡卿(公能) 貞觀 157
～師周 大和 057
24 ～德源 龍朔 051
～幼直 大和 057
～幼昌(弘運) 大和 057
25 ～仲方 咸通 075
～仲連 長安 011
～傑(玉師) 貞觀 157
～積慶 龍朔 051
26 ～稷 天寶 231
28 ～從臯 咸通 075
30 ～謇(玉臣) 貞觀 157
～宗汶 咸通 075
34 ～浩 大曆 069
38 ～裕 大中 145
40 ～大娘 大曆 002
～希逸 大曆 002
44 ～勸 元和 074
～茂 大曆 002
辛英疆(唐□妻) 貞觀 134
47 ～郁 貞觀 157
50 ～奉國 大和 057
60 ～昌 麟德 026
68 ～晦 乾符 019
71 ～驤(玄馭) 龍朔 051
72 ～氏(樂善師妻) 儀鳳 032
～氏(杜濟妻) 開元 217
～氏(盧彥緒母) 開元 281
～氏(邢超妻) 開元 535
～氏(何簡妻) 天寶 013
～氏(郭邕妻) 大曆 018
～氏(劉克勤母) 大和 095
～氏(陳渝母) 大中 133
77 ～居受 文德 001
80 ～義 開元 281
90 ～惟壹 咸通 075
92 ～怡諫 開元 535
99 ～榮 大和 057

章 0040_6

00 章亮 乾元 006
～慶 乾元 006
08 ～謙 乾元 006
10 ～震 乾元 006
13 ～武及 大和 094
17 ～豫 乾元 006
23 ～俊 乾元 006
44 ～韓 乾元 006
48 ～敬皇后 貞元 111
55 ～豊 乾元 006
77 ～巽 乾元 006

80 章令信 乾元 006

譙 0063_1

17 譙郡太夫人 永淳 025
～郡公(丞相司徒) 會昌 004
72 ～氏(劉遼妻) 開元 063
～氏(劉海達妻) 開元 064

亡(宫) 0071_0

30 亡宫 儀鳳 020
～～ 儀鳳 038
～～ 永隆 001
～～ 天授 005
～～ 證聖 001
～～ 證聖 014
～～ 久視 006
～～ 大足 007
～～ 長安 067
～～ 神龍 017
～～ 景雲 015
～～ 開元 015
～～ 開元 432
～～ 開元 456
～～六品 儀鳳 014
～～六品 儀鳳 039
～～六品 儀鳳 040
～～六品 文明 003
～～六品 天授 030
～～六品 長壽 013
～～六品 長安 034
～～二品 顯慶 143
～～三品 開元 403
亡宫五品 永昌 007
～～五品 長安 072
～～五品 天册萬歲 007
～～五品 神龍 018
～～從五品 長壽 012
～～九品 麟德 042
～～九品 麟德 044
～～九品 麟德 049
～～九品 麟德 051
～～九品 麟德 062
～～九品 上元 007
～～九品 調露 021
～～九品 垂拱 069
～～九品 載初 007
～～九品 神龍 015
～～九品 神龍 019
～～九品 神龍 025
～～九品 神龍 034
～～九品 神龍 042
～～九品 神龍 049
～～九品 景龍 038
～～七品 龍朔 007
～～七品 上元 005
～～七品 儀鳳 026
～～七品 文明 010
～～七品 天册萬歲 001
～～七品 神龍 005
～～七品 神龍 007
～～七品 神龍 010
～～七品 神龍 011
～～七品 神龍 031
～～七品 開元 233

亡宫七品 開元 243
～～四品 調露 004
～～八品 文明 007
～～八品 垂拱 050
～～八品 長壽 016
～～八品 萬歲登封 002
～～八品 萬歲通天 002
～～八品 神龍 008
～～八品 神龍 020
～～八品 神龍 044
～～八品 神龍 051
～～八品 開元 230
～～八品 開元 348

雍　0071_4

10 雍元儉 開元 168
38 ～道獎 開元 168
40 ～希顏 元和 082
72 ～氏(王天妻) 太極 005
～氏(陸峴妻) 大中 141
90 ～惟良 開元 350
～□張(興) 開元 168

玄　0073_2

52 玄靜先生 大中 028

顏　0128_6

00 顏亮 開元 123
～慶 開元 123
～襄子(智周) 顯慶 133
02 ～端 永徽 072
04 ～謀道(宗玄) 開元 123
10 顏亘 長慶 028
～瓌(弘憲) 永徽 056
12 ～瑶 景龍 044
21 ～顗 開元 123
～仁楚 永徽 056
～仁楚(俊) 乾封 006
26 ～伽 永徽 056
～伽陁 乾封 006
～和 永徽 105
28 ～徹 永徽 072
30 ～永 長慶 028
～之儀 調露 022
～憲 乾封 006
36 ～昶 調露 022
40 ～太和 永徽 056
～真卿 乾元 055
～真卿 大曆 055
44 ～協 調露 022
～萬石(子興) 調露 022
46 ～相(仁肅) 永徽 105
51 ～振 景龍 044
53 ～感 永徽 105
60 ～思 景龍 044
～黯 永徽 072
67 ～昭 開元 123
80 ～人(婆仁) 永徽 072
～義玄 永徽 056
～義玄 乾封 006
90 ～惟貞 景雲 800
～少洪 長慶 028
91 ～惟 開元 123
92 ～恬 開元 123

93 顏悰 開元 123

譚 0164_6

00 譚亮齊 貞觀 011
10 ～二娘(侯□妻) 龍朔 009
21 ～伍 貞觀 011
～師 龍朔 009
27 ～叡 龍朔 009
～約 龍朔 009
28 ～徹 貞觀 011
72 ～氏(支竦妻) 大中 111
～氏(支竦妻) 大中 112
～氏(支鍊師母) 咸通 020

龔 0180_1

44 龔黄頭 貞元 131
60 ～景 貞元 131
71 ～厲 貞元 130
72 ～氏(陳子珍妻) 貞元 131

新 0292_1

10 新平公主 開成 023
60 ～羅王 長慶 026

效 0442_7

17 效君恪 永徽 120
35 ～神英 永徽 120
41 ～姬(張□妻) 永徽 120

謝 0460_0

00 謝慶夫 咸亨 037
08 ～謙 會昌 024
10 謝元賓 咸通 064
～元賓 咸通 065
12 ～登 咸通 064
～登 咸通 065
15 ～珠娘 咸通 064
17 ～珉 乾符 005
～承禧 咸通 064
～承裕 咸通 049
～承裕 咸通 064
～承賀 咸通 049
～承賀 咸通 064
～承翰 咸通 064
～承暐 咸通 049
～承昭 咸通 049
～承昭 咸通 064
～承昭 咸通 065
～承範 咸通 049
20 ～乘景 咸亨 037
21 ～偃 咸通 064
～偃 咸通 065
24 ～休文 長慶 032
26 ～儼 會昌 024
28 ～僧娘 咸通 064
30 ～良 乾封 052
37 ～通(師感) 乾封 052
～迢(歐陽琳妻) 咸通 065
38 ～裕 永徽 018
40 ～士良 神功 007
～克文 會昌 024
～克武 會昌 024
～克從 會昌 024
～克藝 會昌 024

謝克忠 會昌 024
～壽 會昌 024
44 ～執言 咸通 064
46 ～觀(夢錫) 咸通 049
～觀(夢錫) 咸通 064
～觀(夢錫) 咸通 065
60 ～景宣 咸通 064
～景宣 咸通 065
72 ～氏(任愛妻) 開元 078
～氏(王守琦妻) 大中 032
87 ～欽 乾封 052

諸葛 0466_0 4472_7

00 諸葛立成 寶曆 010
～～立則 寶曆 010
17 ～～君尚 天寶 073
～～翌 開元 037
21 ～～穎 開元 037
30 ～～良卿 天寶 073
～～良卿 寶曆 006
～～良卿 寶曆 010
33 ～～演 長慶 031
35 ～～禮 開元 037
40 ～～大娘 天寶 072
～～士牟 寶曆 010
～～嘉亮 天寶 072
44 ～～萬 寶曆 006
48 ～～故 寶曆 006
66 ～～罕 大和 053
67 ～～明悊 天寶 073
72 ～～氏(裴孝仙妻) 元和 006
～～氏(陳日雅妻) 寶曆 006

諾 0466_4

36 諾褐拔(烏地可汗) 景龍 018

靖 0512_7

00 靖亮 乾封 058
～康 龍朔 013
17 ～君亮 開元 297
18 ～珍 龍朔 013
20 ～千年 乾封 043
23 ～綜 龍朔 013
28 ～徹(萬通) 龍朔 013
～徹(士明) 乾封 058
～馥 乾封 043
34 ～褘 乾封 058
～遠 乾封 043
50 ～表 開元 297
60 ～景 乾封 058
87 ～鄭 乾封 043
88 ～策(廣平) 開元 297

郭 0742_7

00 郭亮 大曆 076
～彦道 天寶 022
～方 開元 203
～底 大曆 019
～慶 貞觀 023
～摩 上元 010
～章 天寶 097
08 ～謙 景龍 013
10 ～三剛 乾符 035
～正一 永淳 025

郭玉 天寶 097
～五(王緒妻) 神功 009
～元象 龍朔 019
～元振 天寶 071
～要姑 乾符 035
～霸 大曆 057
～雲(仲翔) 貞觀 023
～雲(秦仙) 大曆 076
～珽之 開元 445
～璠 元和 019
12 ～瑶(少良) 大曆 074
～延玉 乾符 035
15 ～建 光啓 003
17 ～珝 大中 046
～承亨(涣) 開元 153
～子儀 大曆 007
～子儀 貞元 032
～子儀 長慶 010
～子儀 開成 020
～習 開元 343
～君副 乾封 047
～君佐 大中 067
20 ～重慶 乾符 035
～重惠 乾符 035
～重未 乾符 035
～重晟 乾符 035
～季膺 天寶 195
～季膺 貞元 091
21 ～仁 開元 296
～仁恭 天寶 021
～虚己 開元 389
～虚己 開元 390
郭行徹 顯慶 110
～行滿 顯慶 017
～儒 垂拱 066
～衍 垂拱 030
～离 天寶 098
～虔友 天寶 183
～師 貞元 091
22 ～川川 乾符 035
～崗 大曆 076
～奬 開元 092
～邕(熙朝) 大曆 019
24 ～侁 開元 445
～倚 開元 445
～德(行滿) 咸亨 021
～納 貞元 113
25 ～仲寧 天寶 049
26 ～伯宗 萬歲登封 005
～和 貞觀 037
～穆 上元 010
28 ～倫 貞觀 009
～倫 貞觀 025
～仵(朗) 開元 296
～儀(張滂妻) 貞元 091
～從志 大曆 074
～儉 垂拱 030
30 ～宣(播玉) 乾符 005
～宸 開元 136
～宇 開元 136
～審之 景雲 025
～密之 天寶 098
～賓 天寶 047
～實 咸亨 069

郭賓(劉元節母) 萬歲登封 005
～寀 開元 136
31 ～汪 開元 445
～涉 天寶 098
～馮德(客) 開元 203
～潛 天寶 097
～遷 咸亨 069
32 ～兆 天寶 011
～辿 開元 445
33 ～業 垂拱 030
～業 萬歲登封 005
34 ～漪 貞元 091
～滿堂 乾符 035
～漢章 貞觀 023
～洪 貞元 089
～逵 貞觀 009
～遠 貞元 091
～達 貞觀 025
～達 麟德 013
～達 麟德 019
36 ～湜 大曆 057
～遇 大曆 037
～遇 大曆 038
37 ～洛 貞觀 025
～迴 大曆 037
～迴 大曆 038
～通 貞觀 009
～通 總章 039
38 ～祥 永徽 097
～遊素 貞元 091
～道 天寶 049
～道子 開元 296
40 郭大賓 證聖 003
～大賓 景龍 013
～士衡 顯慶 056
～士偘 顯慶 153
～壽(君雅) 龍朔 019
44 ～藏 大曆 076
～恭 開元 203
～孝恭 證聖 003
～孝恭 景龍 013
～英 乾符 005
～華嚴(張□妻) 開元 092
～其 開元 296
～楚先 永徽 002
～藥師 天寶 049
47 ～朝 乾符 005
～柳 寶曆 014
48 ～檔 貞觀 037
～敬(化和) 顯慶 153
～敬 咸亨 021
～敬玄 證聖 003
～敬玄 景龍 013
～敬同 景雲 025
～敬同 開元 136
50 ～夷簡 大和 080
～泰素 大曆 013
～肅宗(守烈) 垂拱 030
～本(彦基) 垂拱 066
～貴 龍朔 019
～貴 麟德 046
51 ～振 開元 389
～振武 貞觀 023
53 ～咸 萬歲登封 005

郭感 開元 343
56 ～提 貞觀 037
60 ～曷 證聖 003
～思訓(逸) 景雲 025
～思訓 開元 136
～思謨 景雲 025
～思謨 開元 136
～思誨 開元 136
～昇 開元 136
61 ～顒 天寶 049
62 ～曖 天寶 031
～則 景雲 025
～則 開元 136
64 ～時英 大曆 074
66 ～嚴 大曆 037
67 ～略 貞觀 009
71 ～阿獵 大曆 038
～愿符 大中 154
～長衡 總章 039
72 ～氏(金行舉妻) 永徽 002
～氏(趙嘉妻) 永徽 097
～氏(王□妻) 永徽 144
～氏(侯子妻) 龍朔 060
～氏(侯子妻) 龍朔 083
～氏(周靜毓母) 麟德 046
～氏(張彦妻) 乾封 056
～氏(上官儀妻) 總章 039
～氏(司馬論妻) 長安 004
～氏(杜□妻) 開元 278
～氏(杜□妻) 開元 335
～氏(趙南山妻) 開元 352
～氏(李良佐母) 開元 393
郭氏(張英妻) 開元 475
～氏(張思鼎妻) 開元 043
～氏(士如珪妻) 開元 047
～氏(張伋母) 開元 182
～氏(李華妻) 大曆 013
～氏(李華妻) 大曆 057
～氏(張滂妻) 貞元 103
～氏(高彦妻) 貞元 136
～氏(孫懷真妻) 元和 036
～氏(田意真妻) 元和 114
～氏(弓如山母) 元和 151
～氏(劉□母) 大中 067
～氏(李損妻) 大中 094
～氏(郝道進妻) 咸通 043
～氏(來佐本妻) 咸通 110
～氏(牛延宗妻) 乾符 015
～氏(王文進妻) 光啓 003
77 ～留留 乾符 035
～興 咸亨 069
～興 景雲 025
80 ～全福 乾符 035
～全豐 乾符 035
～全禮 大曆 074
～益 垂拱 066
～義方 開元 445
～義本 上元 010
～義同 貞元 091
～善 開元 343
～善志 天寶 183
～公(監牧使) 大和 064
90 ～小歸 乾符 035
～小剛 乾符 035

郭懷亮 上元 010
～懷琰 天寶 127
～懷琰 天寶 267
～懷琰 天寶 262
～懷道 貞元 091
～尚淹 大曆 074
91 ～恒(知常) 景龍 013
～焯 天寶 098
94 ～恢 上元 010
96 ～懌(如城) 開元 343

施 0821_2

00 施言 元和 037
14 ～珪 元和 037
17 ～那 龍朔 088
23 ～獻 元和 037
30 ～容 咸通 119
35 ～清河 元和 037
38 ～道 龍朔 088
67 ～昭 元和 037
72 ～氏(鄧威妻) 龍朔 088
～氏(李威妻) 垂拱 052
～氏(何允妻) 大和 002
～氏(小光) 大和 035
～氏(申胤妻) 咸通 008
～氏(吴文晃妻) 咸通 119

旃 0824_7

40 旃檀花 貞元 111

敦 0844_0

72 敦氏(諸葛良卿妻) 天寶 073

論 0862_7

90 論惟貞 大曆 010

許 0864_0

00 許亮 大和 096
～康 顯慶 156
～康 顯慶 159
～康 上元 006
～康 證聖 005
～康 開元 023
～康 開元 163
～康佐 元和 124
～廣先 開元 088
～文秀 大和 096
～文寶 開元 088
～玄琮 天授 022
04 ～護 乾封 048
10 ～元晸 大和 065
13 ～琮 長壽 004
14 ～耐重 大中 160
16 ～琨 咸通 027
17 ～孟容 大和 054
～孟容 大和 100
～子安 開元 306
18 ～玫 大中 160
20 ～雙 乾封 013
21 ～行師 顯慶 156
～行本(奉先) 顯慶 159
～行本(奉先) 上元 006
～行本(奉先) 證聖 005
～行本(奉先) 開元 023

22 許彪 顯慶 156
～彪 顯慶 159
～彪 上元 006
～彪 證聖 005
24 ～偉(仲褘) 開元 088
～緒(玄嗣) 顯慶 156
～緒(玄嗣) 顯慶 159
～緒(玄嗣) 上元 006
～緒(玄嗣) 證聖 005
～緒(玄嗣) 開元 163
25 ～仲康 貞元 137
～仲宣 貞元 137
～仲昪 開元 388
27 ～舟 咸通 083
～叔牙 開元 306
28 ～倫 大和 096
30 ～寇七 廣明 002
～賓 廣明 002
32 ～澄 開元 307
36 ～涓 開元 023
37 ～洛仁 上元 032
38 ～海容 廣明 002
40 ～士端(公直) 永徽 019
～士端 乾封 013
～士端 久視 005
～志雍 元和 033
41 ～樞(思言) 久視 005
44 ～英(朱晃母) 開元 163
～華(德茂) 開元 088
～世緒 開元 023
～楚玉 久視 005
～林 大和 096
46 許觀(玄觀) 開元 088
47 ～期 開元 023
48 ～敬宗 武德 002
50 ～冑 乾封 013
～冑 久視 005
～本 開元 163
60 ～國(進國) 乾封 048
～景先 開元 057
62 ～眺 開元 023
72 ～朏 開元 023
～氏(鐘紹京妻) 開元 306
～氏(朱庭瑾妻) 開元 306
～氏(趙君旨妻) 大和 087
～氏(侯澗妻) 大和 100
77 ～堅(惟貞) 垂拱 034
80 ～義方 顯慶 156
～義誠 開元 023
～義琳 上元 006
87 ～朔 開元 023
90 ～惟忠 久視 005
～惟忠 長壽 004
～惟忠 聖曆 006
～棠 中和 004

談 0968_9

17 談子陽 開元 286
22 ～胤友 開元 286
44 ～孝武 開元 286
62 ～昕(先儒) 開元 286

三 1010_1

37 三洞法師(侯敬忠) 開元 076

王 1010_4

00 王立(懋範) 顯慶 039
～充 乾封 024
～充 咸亨 025
～充 聖曆 016
～充 長安 010
～亮 貞觀 132
～亮 開元 496
～彥 儀鳳 004
～彥 永隆 012
～彥 貞元 050
～彥威 景龍 029
～彥威 大和 087
～方慶 天寶 215
～方平 開元 484
～方徹 會昌 007
～方茂 天寶 215
～方莒 天寶 188
～方莒 天寶 190
～方莒 會昌 056
～方泰 大和 054
～方智 開元 470
～膺 開元 269
～齊由 開元 033
～齊旦 儀鳳 018
～齊丘 儀鳳 018
～齊丘 景龍 029
～高 元和 109
～高陽 元和 033
～康師 儀鳳 016
～庭 貞元 118
王庭訓 天册萬歲 006
～庭誨 天寶 127
～庭玉 開元 190
～庭瓌 貞元 045
～庭凑 大中 096
～庭芝 天册萬歲 006
～庭芝 長安 019
～庭芝(特秀) 開元 091
～庭暉 建中 019
～府兒 乾封 055
～慶 麟德 007
～慶(君膺) 調露 003
～慶(褎) 開元 105
～慶(弘慶) 開元 134
～慶元 寶曆 002
～慶祚(嘉胤) 聖曆 017
～摩(季□妻) 顯慶 102
～廣業 開元 344
～意通 大中 032
～意娘 會昌 056
～文 咸亨 018
～文 長壽 020
～文 貞元 118
～文殊 咸亨 003
～文鼎 天寶 138
～文叡 開成 037
～文進 光啓 003
～文幹(强之) 會昌 037
～文泰 久視 010
～文表 咸亨 045
～文成 天寶 061
～文曉 儀鳳 028

王文曉 永隆 015
～文雅 開成 037
～文隋 貞觀 173
～文義 永隆 004
～文合 永徽 142
～音 咸亨 039
～言 麟德 007
～譙 永徽 053
～讓 萬歲通天 018
～讓 景龍 028
～讓 開元 251
～讓 會昌 033
～玄 顯慶 049
～玄(善通) 麟德 017
～玄(明感) 咸亨 056
～玄亮 咸亨 100
～玄應 長壽 019
～玄度 殘誌 004
～玄辯 顯慶 039
～玄貞 開元 008
～玄宗(承貞) 垂拱 022
～玄裕 天授 033
～玄觀 乾封 022
～玄觀 儀鳳 030
～玄起(子昇) 開元 175
～玄默 天寶 205
～玄嗣 長壽 010
～玄同 長慶 008
～褒 嗣聖 003
～褒 天寶 188
～衮 大和 054
～衮 咸通 045
王京(崔虔母) 天寶 216
01 ～龍 龍朔 002
～龍兒 咸亨 038
～顔 貞元 030
02 ～端(直) 乾封 036
～端 開元 175
～端 天寶 012
～端(奚子) 寶曆 002
～端嚴 大曆 048
～訓(庭訓) 天寶 062
～訓 大曆 003
～訓 貞元 126
～謑 大和 015
～誕 咸通 045
～譒 建中 016
03 ～贇 儀鳳 018
～就 天寶 076
04 ～謝 會昌 033
～訙 大和 015
～詵(元獎) 長安 031
～詵 大和 015
～訥 天寶 062
～諸 開成 011
05 ～諫 建中 016
06 ～謂 元和 079
07 ～望之(光旦) 聖曆 018
～望之 開元 091
～望古 開元 269
～翊 永徽 100
～毅 上元 004
～詢 光宅 004
～詢 長安 056

王詢 神龍 006
～諝 寶曆 018
～韶 長壽 020
～韶(伏護) 開元 341
～譔 大和 015
08 ～詮 開元 266
～論 會昌 056
～謙 開元 485
10 ～三師 麟德 007
～三娘(曹智謙母) 神龍 023
～正 長安 014
～正拱 元和 128
～玉 貞觀 166
～玉 儀鳳 028
～玉兒 貞觀 053
～五女 大中 001
～玹 大中 124
～璡 大中 141
～瓌 開元 097
～璋 長安 056
～元 開元 345
～元(元楚) 天寶 059
～元(大禄) 開元 090
～元亮 會昌 007
～元度 長慶 008
～元一 儀鳳 013
～元瓌 長安 018
～元璋 萬歲通天 023
～元貢 開元 340
～元玼 開元 340
～元弘 乾封 022
～元琰 開元 485
王元貞 貞元 050
～元俊 開元 340
～元獻 開元 340
～元佐 元和 112
～元佐 大和 061
～元伯 長安 022
～元獎 長安 022
～元綱 開元 062
～元賓 開元 340
～元宗 龍朔 005
～元祐 元和 112
～元逵(茂遠) 大中 096
～元通 開成 002
～元真 乾封 039
～元楷 長安 028
～元藏 長安 023
～元敬 開元 340
～元泰(清) 天寶 127
～元嗣 開成 037
～元用 開成 002
～元問 大和 061
～元卿 龍朔 005
～元恪 長安 028
～元燮 開元 266
～雨雨 咸通 046
～震 天授 033
～震(伯舉) 景龍 032
～震 貞元 100
～平 貞元 098
～天(文信) 太極 005
～再武 光啓 003
～晉(康) 開元 268

王晉　會昌 017
～晉俗　開元 350
～晉俗　大曆 024
～雲生　會昌 014
～雲居　大中 028
11 ～珏　會昌 056
～璿　開元 292
～璿　天寶 078
～璿祚　開元 291
～瑱　開成 030
～瑱(茂原)　會昌 017
～瑱　大中 122
12 ～珽　開元 346
～瑗(于□妻)　聖曆 046
～瑗　大和 061
～瑗　乾符 030
～瑗達(君明)　永徽 138
～璠　大和 039
～璠　大和 067
～瑶　大中 148
～弘　寶曆 017
～弘讓　天寶 188
～弘讓　天寶 190
～弘讓　大和 054
～弘訓　開元 471
～弘雅　咸通 031
～弘雅　咸通 083
～弘璣　儀鳳 021
～弘紹　廣明 005
～弘寂　咸通 083
～弘福　開元 047
～弘道　永徽 140
王弘道　萬歲登封 004
～弘乂　元和 049
～弘太　咸通 083
～弘楚　咸通 031
～弘楚　咸通 083
～弘泰　咸通 031
～弘則　聖曆 021
～弘簡　總章 014
～弘籍　咸通 031
～烈(寶德)　儀鳳 007
～烈(□威)　儀鳳 018
～烈　天寶 076
～延(寶壽)　乾封 002
～延祚　開元 527
～延臺　顯慶 137
～延昌　乾元 004
～孫(君順)　龍朔 008
～磻夫　開成 055
13 ～球　大和 049
～武俊　貞元 110
～武俊　元和 125
～武俊　長慶 008
～武俊　大和 049
～武俊　大和 090
～武俊　大中 096
～武安　天寶 120
～戩　天寶 076
14 ～珪　大和 015
～瓘(威德)　長安 050
～瑾　長安 056
～瑾文　乾元 005
～珗　咸亨 093

王琪 光啓 003
～瑱 永徽 048
～瑱 開元 345
～琳 開成 002
～劭(君懋) 聖曆 017
～劭(君懋) 聖曆 018
～礎 大和 067
15 ～琿 久視 010
～璉 咸通 056
～建 貞觀 056
～建 咸亨 034
～建(師) 聖曆 048
～建侯 乾符 030
16 ～理 永徽 142
～瑒 天寶 216
～强 儀鳳 025
17 ～孟諸 大中 162
～盈 咸通 083
～璆 大和 094
～羽 天寶 028
～羽 天寶 134
～郅 貞元 021
～郅 元和 077
～瓊 大中 028
～璵 開元 470
～琛 顯慶 134
～璨 萬歲登封 004
～了 開元 339
～弼 聖曆 021
～弼 天寶 005
～弼 天寶 104
～豫(安舒) 神功 007
王豫 天寶 034
～承元 大和 049
～承元 大和 070
～承元 大和 090
～承元 開成 051
～承烈 聖曆 021
～承俊 元和 033
～承宗 開成 051
～承福 長壽 010
～承業 開元 357
～承業 大曆 030
～承法(東漸繼母) 開元 501
～承裕(文通) 天寶 179
～及德(文暉) 神龍 006
～忌 開元 473
～子麟(楚子) 開元 062
～子傑 聖曆 028
～子紹 文明 008
～子奇 聖曆 017
～子奇 開元 097
～子真 元和 141
～子忠 久視 010
～子景 景龍 027
～子卿 天寶 038
～子義 咸亨 113
～君 永徽 071
～君(昭仁) 麟德 027
～君 開元 081
～君德 咸亨 018
～君德 咸亨 056
～君仲 開元 502
～君娘 大曆 030

王君懿　殘誌 004
～君素　乾封 022
～君卿　太極 005
～君□　麟德 064
～翌(法護)　長安 046
～翼　天寶 267
～翼(鵬軒)　大和 065
18 ～珍　乾封 039
～珍　咸亨 082
～珍　大和 096
～珍業　貞觀 056
～瑜　永徽 130
～瑜　龍朔 083
～玠　大和 073
～政　大中 004
～璥　開元 134
～璇　永徽 018
19 ～琰　龍朔 083
～琰　咸亨 109
～琰　垂拱 021
～琰　開元 349
～琰　大曆 024
20 ～重寶　光啓 003
～重陽　元和 034
～重榮　乾寧 005
～秀　總章 028
～秀　儀鳳 001
～秀　聖曆 006
～秀　開元 269
～儁　麟德 064
～停停　大中 001
～愛(君義)　儀鳳 001
王愛景　元和 099
～信　聖曆 028
～信　天寶 028
～信　天寶 127
～信及　開元 135
～雙　龍朔 071
～雙　聖曆 048
～季隨　天寶 065
～毛仲　開元 172
～毛仲　開元 235
21 ～順　長壽 020
～順孫(彦昇)　永徽 018
～仁(弘贍)　龍朔 057
～仁緒　大曆 059
～仁緒　大曆 063
～仁肅　景龍 026
～仁本　咸亨 020
～仁表　麟德 063
～仁則　貞觀 053
～仁則(行規)　貞觀 094
～仁恪　永徽 128
～虎　貞觀 094
～虎　貞觀 095
～行儉　天寶 002
～行寬　永徽 138
～行淹(通理)　垂拱 021
～行滿　咸亨 100
～行模　天授 010
～行本　顯慶 056
～行本　元和 049
～行表　咸亨 053
～行表　咸亨 054

王行威(國寶) 垂拱 025
～行果 景龍 027
～行敏 儀鳳 010
～衡 永徽 071
～衝 聖曆 046
～術 元和 032
～衎 寶曆 018
～衢 寶曆 018
～衛春 天授 001
～儒 天授 016
～處謙 咸通 056
～處修 咸通 056
～處温 咸通 056
～處存 乾寧 005
～處存 廣明 005
～處泰 貞元 043
～處默 天寶 094
～虔休 長慶 008
～虔徽 咸通 056
～虔暢 咸通 056
～須拔 顯慶 100
～熊(王玄起之子) 開元 175
～熊 開元 176
～傾(玄鑒) 開元 018
～師(任懷節母) 麟德 043
～師(弘德) 乾封 055
～師 咸亨 045
～師(行則) 開元 033
～師 開元 090
～師 天寶 192
～師度 大和 075
～師襲 大和 065
王師正 長慶 011
～師正(中權) 大和 015
～師順 景龍 032
～師德 大和 075
～師保 垂拱 025
～師宗 大和 075
～師禮 大和 075
～師道 神功 007
～师古 開元 357
～師本 咸通 078
～師感 顯慶 021
～師感 元和 033
～貞 總章 010
～貞 長壽 019
～貞(弘濟) 長壽 021
～貞(子正) 長安 019
～貞(又威) 天寶 104
～貞素 貞元 126
～貞鎰 貞元 126
～贇 開元 342
～稃 大曆 051
～縉 天寶 134
～縉 大曆 030
～縉 貞元 046
～穎賓 上元 004
22 ～豐兒 咸通 045
～崟 大和 067
～巒 貞觀 103
～巒 顯慶 056
～巋 開元 341
～制 大中 030
～彪 顯慶 062

王鼎 先天 002
～嵩 麟德 045
～嵩 咸亨 066
～嵩 景龍 033
～嵩 開元 342
～嵩 貞元 021
～嵩迺 調露 012
～岌 長安 028
～仙童 長安 031
～仙客 天寶 216
～仙官 天寶 002
～仙葩 天寶 002
～仙敬 長安 031
～仙周 開元 497
～係 咸通 045
～邕 天寶 230
～山輝 先天 002
～繇 大曆 003
～繇 貞元 126
～崱 垂拱 021
～樂 開元 036
～崇 景龍 005
～崇 開元 007
～崇貞 元和 046
～崇仙 貞元 050
～崇俊 貞元 050
～崇禮（何四） 開元 340
～崇古 開元 269
～崇基 大和 015
～崇嗣 開元 105
～崇義 開元 268
～崇智 元和 133
王利器 開元 517
23 ～外 開元 090
～允 神功 007
～允 景龍 032
～允元 永淳 023
～允實 大中 032
～儜 顯慶 083
～俅 乾符 030
～獻 開元 268
～伏 調露 019
～伏生 神功 011
～伏興 貞觀 099
～傅之 大中 154
～俊 先天 002
～俊 貞元 039
～弁 中和 002
～綰 天寶 179
24 ～歧（太嶷） 文明 008
～仕詮 貞元 098
～仕倫 大和 094
～仇 大中 043
～佐時 元和 077
～德 麟德 014
～德（威德） 總章 024
～德 咸亨 054
～德 天授 016
～德 聖曆 027
～德 長安 001
～德 長安 019
～德 景龍 026
～德 開元 031
～德 開元 175

王德 天寶 104
～德高 乾符 036
～德方 會昌 054
～德琮 聖曆 021
～德仁 天寶 205
～德積 貞觀 095
～德倫 開元 411
～德儉 開元 291
～德進 貞元 045
～德遜 貞元 045
～德逸 貞元 045
～德真 調露 023
～德真 天寶 120
～德本 天授 042
～德表（文甫） 聖曆 028
～德素 天寶 034
～德感 景龍 005
～德□ 殘誌 003
～儔 會昌 024
～儔 會昌 045
～待仙 大和 065
～休復 咸通 097
～休泰 大曆 023
～幼元 開成 055
～贊（相） 總章 010
～贊 開元 091
～緯 貞元 125
～緒 乾封 002
～緒 天册萬歲 006
～緒（虔緒） 神功 009
～續 開元 292
～續 天寶 034
王稹 天寶 138
25 ～生 長安 014
～生 長安 068
～仲（胡同） 開明 004
～仲 咸亨 066
～仲 開成 043
～仲玄 景龍 032
～仲武 大和 065
～仲建（彦初） 咸通 047
～仲儒 大和 065
～仲伸 大和 065
～仲連 大和 065
～仲堪 貞元 076
～仲坰 貞元 076
～仲甫 開元 190
～仲昇 貞元 070
～仲丘 開元 347
～仲丘 開元 402
～仲周 長慶 005
～仲舒 大中 054
～傑（韜光） 先天 002
～紳 貞元 104
～積 先天 002
～積善（餘慶） 龍朔 031
26 ～伽 咸亨 112
～伯 永徽 130
～伯仁 永徽 053
～伯仁 顯慶 073
～伯倫 天寶 169
～觸 顯慶 039
～儇 開元 120
～儼 建中 012

王儼 建中 014
～儼 光啓 002
～俱夷(楊孝忠母) 光宅 001
～和 貞觀 103
～和 永徽 102
～和(善惠) 乾封 040
～和 景龍 023
～穆 顯慶 168
～穆 麟德 064
～穆 天授 010
～稷 天寶 138
27 ～凱沖 開元 126
～酆 貞元 021
～多 顯慶 168
～多 天授 010
～凫 開元 251
～脩福 開元 131
～修本(適從) 開成 011
～修本 大中 143
～修惠 神功 007
～修惠 景龍 032
～修恪 殘誌 004
～郇 貞元 093
～衆仲 元和 098
～象 開元 176
～象 開成 011
～侯 儀鳳 021
～翻(遐舉) 大中 001
～奬 咸亨 093
～奬 開元 090
～叡 開元 036
～龜 貞元 048
王峰 永徽 018
～魯 廣明 005
～粲 貞觀 132
～粲 龍朔 005
～粲 長安 056
～粲 神龍 006
～粲仁 麟德 064
～約(伏仁) 顯慶 111
～約 咸亨 018
～約 天寶 120
～約 貞元 048
～絢 大和 054
～紓 咸通 017
～綯 大和 054
～叔 長安 014
～叔雅(元宏) 元和 033
～叔平 貞元 076
～叔孫 顯慶 026
～叔遇 元和 148
～叔原 元和 060
～叔卿 乾封 036
～紹 大和 039
～紹望 景雲 007
～紹烈 大中 096
～紹鼎 大中 096
～紹德 永徽 102
～紹宗 垂拱 022
～紹懿 大中 096
28 ～佺(大行) 景龍 023
～佺 元和 148
～倫 長安 057
～徽 乾寧 001

王徵 龍朔 057
～徵 麟德 024
～徹 咸亨 038
～徹 天寶 212
～徹 寶曆 018
～儀 神龍 006
～儀 開元 097
～儀 大和 051
～僧 咸亨 112
～僧 長安 022
～僧 長安 031
～僧護 開元 091
～從 會昌 017
～從亮 會昌 036
～從盈 大中 032
～從政 開成 002
～從巖 建中 019
～從約 大和 048
～從祐 大中 032
～從禮 大和 048
～從芬 建中 019
～從泰 大中 032
～從長 乾符 030
～儉 永徽 138
～儉(甑生) 咸亨 093
～煞鬼 顯慶 073
～收 大中 141
～稅 天寶 138
～綸 大中 001
～繪 開元 350
～繪 大曆 024
～縱 嗣聖 003
30 王宣(文義) 麟德 064
～宣 儀鳳 013
～宣 開成 055
～濟 長安 065
～濟 開元 403
～汶 大和 054
～寧 顯慶 139
～寬(士遠) 永徽 121
～寬(行倫) 龍朔 002
～寬 大曆 051
～寬 貞元 111
～寵 麟德 024
～寵兒 咸通 045
～寓 咸通 107
～永(廣途) 貞元 100
～永 開成 038
～進(悉達) 顯慶 123
～進(思儼) 聖曆 027
～進 開元 304
～進 大中 148
～之豫 萬歲通天 014
～之豫 聖曆 028
～之渙(季淩) 天寶 028
～之咸 天寶 028
～之咸 大中 001
～適 開元 127
～憲 儀鳳 007
～守廉 元和 046
～守廉 元和 133
～守琦 大中 032
～守貞 元和 127
～守貞 咸通 056

王守質(文宗) 大曆 030
～守節 元和 033
～安(海寧) 貞觀 050
～安 顯慶 021
～安 長安 056
～安 長安 065
～安仁 上元 002
～宰 天授 025
～宏(元景) 永徽 048
～容 貞觀 092
～容 咸通 017
～良 大和 094
～良 乾符 030
～良輔 聖曆 005
～良釗 貞元 050
～寰 天寶 063
～定 萬歲登封 004
～定 長安 056
～定 貞元 026
～定遠 元和 083
～賓(士外) 貞觀 092
～賓 咸亨 109
～賓 聖曆 006
～賓 聖武 008
～寶(行敏) 儀鳳 010
～寶(奇珍) 嗣聖 003
～寶 延載 005
～寶 長安 057
～寶德 咸亨 100
～寶倫 大曆 059
～宗 永徽 100
～宗 元和 127
王宗 咸通 056
～宗慶 會昌 017
～宗志 大和 094
～宗幸 大中 025
～察 貞觀 092
～察 天寶 046
～察 天寶 212
31 ～涯 大和 015
～涯 大中 054
～濬 會昌 056
～福 開元 033
～福 貞元 050
32 ～淵 總章 014
～冰 開成 002
～淨德 大曆 048
～祇玄 開元 357
～遜 麟德 040
～業 乾封 040
～業 天授 016
～業 天寶 179
～業 建中 014
33 ～心自在(朱含光母) 天寶 094
～溥 開元 485
～浚 貞元 021
～浚 中和 013
～演 大和 026
～述 儀鳳 004
34 ～淹 開元 120
～湛 開元 413
～滿 調露 003
～滿 天授 016
～滿 聖曆 006

王法(客僧) 顯慶 073
～波利 麟德 026
～洪周 開元 033
～禕 顯慶 138
～禕 咸亨 018
～禕 景龍 028
～禕 殘誌 004
～禕之 開元 097
～祐 天寶 076
～祐 元和 033
～逵 貞元 021
～逵 元和 077
～逵 會昌 031
～達 龍朔 057
～達(文□) 麟德 024
～達 儀鳳 021
～達 天授 010
～達 天授 033
～達 開元 135
～遠 龍朔 028
35 ～沖 永徽 048
～沖 龍朔 057
～沖之 開元 062
～清 咸通 083
～神蹇 建中 019
～神祐 文明 008
～神感 龍朔 057
～禮(珪) 永徽 140
～禮 乾封 055
～禮賢 元和 112
～遘 貞元 021
～遘 元和 077
王遘 大和 015
36 ～涓 元和 034
～温之 大曆 059
～温之 大曆 063
～昶 顯慶 153
～昶 長安 028
～暹 開明 001
～暹 開元 131
～暹 咸通 056
～遏 開元 134
～還古 殘誌 006
～邈 貞元 021
～邈 元和 077
37 ～湖 文明 008
～潮 乾寧 006
～鴻 天寶 188
～渙 龍朔 071
～渙 開元 292
～渙 天寶 078
～淑 麟德 040
～洛客 萬歲通天 014
～洛客 聖曆 028
～凝 咸通 057
～凝 乾符 031
～深(仁濬) 調露 012
～深 開元 033
～冠 光啓 002
～初 貞元 017
～逸(文超) 咸亨 053
～逸 咸亨 054
～逸 上元 004
～逸 聖曆 046

王逸 開元 417
～迴 永徽 018
～通 貞觀 050
～通（二朗） 貞觀 103
～通 儀鳳 004
～通（阿師） 調露 019
～通達 貞觀 053
～迢 貞元 021
～迢 元和 077
～選 咸通 083
～朗（玄明） 龍朔 005
～朗 長壽 019
～朗 開元 131
～朗 天寶 094
～郎（客） 咸亨 112
38 ～泠然（仲清） 天寶 002
～游 長安 046
～游藝 開元 269
～海 長安 046
～海 開元 105
～祥（善愿） 上元 013
～祥 元和 072
～祥慶 開元 097
～祥芝 開元 097
～祥鳳 開元 097
～裕（士寬） 天授 016
～遂休 元和 072
～遊 天授 025
～遊順 開成 036
～遊道 調露 003
～遊藝 調露 003
～遵 義和 001
王遵 會昌 017
～道 貞觀 050
～道質 天寶 216
～道智 乾封 022
～道智 儀鳳 030
39 ～濟 咸通 047
～淡 永徽 100
～遴 大曆 030
～遴 大和 026
40 ～十娘 長安 065
～十一娘子 元和 148
～十三娘 大曆 048
～十八娘 開元 262
～乂 先天 002
～力士 顯慶 138
～大禮 開元 175
～大通 垂拱 022
～大志 永徽 100
～大明 儀鳳 028
～大義 顯慶 123
～大義 開元 120
～大劍 元和 034
～太貞（大正） 殘誌 004
～爽 儀鳳 028
～爽（文昌） 天寶 076
～士林（東皐） 建中 014
～士昂 儀鳳 018
～士昂 景龍 029
～士則 大和 014
～士譽 建中 012
～埻 大曆 030
～才（挺儁） 貞觀 132

王才(玄德) 永徽 102
～才(神瓌) 麟德 007
～才 麟德 053
～才 永隆 012
～才 天授 033
～才 萬歲通天 018
～才 聖曆 021
～才 聖曆 048
～才 長安 065
～才 開元 062
～才 開元 120
～才粲 貞觀 082
～克正 貞元 085
～乘 開元 471
～乘 天寶 190
～乘 大和 054
～希玩 開成 037
～希儁 元和 127
～希儁 咸通 056
～希俊 開元 345
～希晏 大曆 051
～有方 景龍 027
～有志 開元 271
～存白 大中 084
～存夫 大和 054
～志寧 貞元 039
～志良 元和 112
～志凝 天寶 188
～志忠 貞元 039
～志愔 天寶 065
～志悌 天寶 190
～志悌 大和 054

王嘉(感) 長安 022
～嘉慶 長安 014
～嘉福 長安 014
～嘉運 大曆 023
～右肱 開元 412
～眘疑 開元 402
～奇 先天 002
～奇 天寶 059
～壽 天册萬歲 006
～七斤 貞元 118
～雄 儀鳳 037
～雄 開元 120
～雄 建中 019
～去奢 天寶 049
～真行 貞元 025
～賁 寶曆 018
～柱 聖曆 048
～燾 大和 015
41 ～頗 咸通 081
～楷 顯慶 102
～楷(詮芝) 龍朔 071
～榴 長安 050
～楨(弘幹) 顯慶 134
～標 調露 012
42 ～嬌嬌(楊籌女母) 咸通 038
～媛(張□妻) 顯慶 074
～媛(崔暟妻) 大曆 063
～韜(大隱) 儀鳳 037
～彬 開元 028
～機 顯慶 134
～機 光宅 004
43 ～博 久視 009

王求 開元 266
～式(文卿) 儀鳳 021
～式(簡大) 長慶 030
～式 大中 135
～式 中和 004
～婉(李伏奴母) 咸亨 027
～載 儀鳳 004
～越 開元 339
44 ～協(勤合) 永徽 071
～協 元和 112
～基 開元 017
～鍪 顯慶 102
～堪 元和 098
～萬通 總章 014
～勸 會昌 033
～蕭 長壽 020
～蒙 景龍 032
～蒙 元和 001
～蒙 大中 090
～茂 開元 031
～茂時 大和 015
～藏 開元 033
～恭 永徽 121
～恭 麟德 053
～孝瑜(□節) 永徽 128
～孝傑 長壽 030
～孝傑 景龍 002
～孝源 天寶 138
～孝遠 開元 007
～孝義(弘道) 龍朔 028
～萃 建中 014
～革 建中 014
王英 寶曆 018
～英進 會昌 037
～英浦 長安 065
～昔 天寶 140
～喆 開成 055
～世充 武德 005
～世充 貞觀 007
～世充 貞觀 066
～世充 貞觀 103
～世充 貞觀 152
～世充 永徽 146
～世充 顯慶 100
～世充 龍朔 027
～世充 龍朔 053
～世充 麟德 018
～世充 開元 523
～世郎 開元 175
～楚賓 開元 166
～楚卿 元和 033
～黄石 建中 019
～樹 開元 418
～林 顯慶 049
～林 咸亨 053
～林 咸亨 054
～林 會昌 050
～林(益) 光啓 002
45 ～坤 咸通 047
46 ～坦 大曆 030
～墿 大曆 030
～墠 大曆 024
～塤 大曆 030
～觀 開元 031

王觀奴 貞元 118
～駕鶴 貞元 111
～駕鶴 會昌 034
～恕 景龍 005
～如 顯慶 062
～相 龍朔 028
～相 景龍 034
～相 開元 134
～相 大曆 051
～相兒 麟德 045
～楊五 咸通 045
47 ～猛略 龍朔 031
～郁 會昌 056
～朝順 大和 066
～郊 大曆 003
～郊(文秀) 貞元 126
～奴子 永隆 004
～好兒 龍朔 003
～胡子 開元 031
～胡子 天寶 190
～胡師 長安 065
～都 開元 484
～超之 萬歲登封 004
48 ～乾福(緒) 延載 005
～幹 開元 268
～幹 貞元 076
～幹 貞元 111
～敬(仁恪) 龍朔 083
～敬 開元 340
～敬德 開元 501
～敬仲(文仲) 寶曆 018
～敬賓 顯慶 033
王敬賓 麟德 064
～敬業 乾封 002
～敬夫 開成 055
～敬本 乾封 002
～敬本 天寶 062
～故 天寶 138
～樅 元和 140
50 ～中和 元和 148
～申伯 大和 059
～抗 大和 026
～較 貞元 076
～泰 永徽 130
～泰 咸亨 100
～肅 永徽 142
～本 咸亨 034
～本 天册萬歲 006
～本 開元 251
～本 天寶 192
～惠(思) 永徽 142
～惠(思敬) 麟德 053
～惠 景龍 023
～惠 大曆 023
～惠子 大曆 059
～惠子 大曆 063
～惠忠(子廉) 開元 486
～惠舉 證聖 003
～忠 總章 014
～忠 咸亨 039
～忠嗣 貞元 100
～奉林 元和 046
～奉林 元和 133
～奉忠 會昌 037

王奉國 元和 046
～奉國 元和 133
～表 永徽 140
～表 天寶 028
～貴 永徽 055
～貴 天授 001
～貴 長安 068
～貴 開元 266
～貴 開元 340
～素(仲儉) 永徽 100
～素 儀鳳 030
～素 開元 017
～素 開元 091
～素 天寶 179
～素臣 景龍 005
～秦客(元賓) 天寶 034
51 ～排須 開元 412
～振 麟德 007
～振 大和 075
52 ～揆 顯慶 049
～播 元和 044
～播 大和 015
～靜 永徽 140
～靜 顯慶 021
～靜 乾封 055
～靜信 天寶 114
～哲 先天 002
～哲 開元 091
53 ～輔義 開元 502
～盛 永徽 138
～盛 麟德 027
～成 長安 046
王成沼 中和 002
～成晏 中和 002
～成則 咸通 070
～威 永徽 121
～威 顯慶 026
～威 咸亨 066
～感 儀鳳 007
～感 長安 031
～感 景龍 026
～感 開元 497
54 ～軌 開元 184
～勣 儀鳳 028
～勣 永隆 015
56 ～擇從 開成 055
～操 上元 004
～操 聖曆 046
～操 景龍 034
58 ～整 垂拱 021
59 ～掞 貞元 076
60 ～昉夫 開成 055
～日新 萬歲通天 018
～日新 開元 202
～日霞 咸通 056
～日雲 元和 127
～日雲 咸通 056
～旦 天寶 120
～昱 總章 028
～昱 咸亨 039
～昱 天寶 028
～昮 萬歲通天 018
～昮 開元 047
～昮 開元 251

王朂	天寶 051
～朂	大和 026
～朂(子奇)	聖曆 018
～國意	永隆 014
～國良	貞元 005
～國良	貞元 093
～國清	寶曆 001
～國祁	開元 017
～冕	開元 521
～嵩	長安 022
～嵩	天寶 179
～晟	儀鳳 030
～晟	咸通 031
～晟	咸通 083
～思(惠)	長安 001
～思	元和 060
～思齊	開元 266
～思慶	開元 033
～思訥(昚言)	天册萬歲 006
～思誨	貞元 085
～思元	開元 018
～思武	貞觀 094
～思仲	乾封 022
～思宗	天寶 104
～思禮	長安 057
～思溫	龍朔 031
～思溫	天寶 138
～思旭	寶曆 018
～思敬	聖曆 021
～思敬	開成 037
～思本	神功 011
～思惠	證聖 012
王思惠	景雲 022
～思或	建中 012
～思慎	景雲 022
～恩	大和 094
～黯之	天寶 034
～晏	貞元 045
～晏	大中 141
～晏實	咸通 037
～旻	天寶 140
～旻	咸通 056
～旲婆	元和 033
～昇	天寶 046
～昇	貞元 111
～昇朝	大中 096
～回	天寶 223
～昌	萬歲通天 014
～昌	聖曆 028
～昌	殘誌 003
～固巳(炅)	開元 471
～畏	天寶 094
～買	開元 031
～買	開元 135
～炅	咸亨 093
～炅	大曆 030
～炅	元和 127
～炅	咸通 056
～景	萬歲通天 014
～景	聖曆 028
～景度	長慶 011
～景章	長慶 011
～景玄	大中 145
～景新	長慶 011

	王景詮	建中 012
	～景晉	開元 532
	～景珍	開元 131
	～景秀	大曆 048
	～景之	景龍 028
	～景曜(明遠)	開元 413
	～景陽	開元 131
	～羅	龍朔 044
	～羅漢	神龍 006
61	～毗	貞元 025
	～毗	元和 141
	～晊	中和 002
	～晤微	天寶 034
	～顯	乾封 039
	～顯	乾封 040
	～顯	永隆 012
62	～暟	景龍 027
	～昕	長安 054
	～昕	神龍 046
	～則(抃抆)	永徽 053
	～則	乾封 002
	～則(孝才)	咸亨 100
	～則	長壽 009
	～則(遺憲)	長安 033
	～則	開元 097
	～則	開元 105
63	～晙	景龍 027
	～晙	開元 196
	～晙	天寶 136
64	～曉	開元 240
	～曉	開元 496
	～暐	開元 378
	王晧	開元 496
	～黝兒	大中 001
66	～嚴七	大中 122
	～噐	元和 001
67	～曜	龍朔 031
	～曜	開元 496
	～明	顯慶 083
	～明(元貞)	永隆 015
	～明(鳳爽)	天授 025
	～明德	大曆 048
	～明朗	咸亨 018
	～明感	咸亨 018
	～暉	垂拱 044
	～暉	開元 097
	～暉	開元 345
	～暉	天寶 192
	～略	大中 001
	～鄂	中和 004
	～嗣	開元 339
	～嗣之	大曆 049
	～照之	天寶 034
68	～曒	景龍 027
	～晦	萬歲通天 018
	～晦	景龍 027
70	～雅	天寶 061
71	～隴	開元 033
	～阿師	永隆 014
	～阿九	開元 166
	～阿八	咸亨 056
	～厚德	乾符 025
	～原	麟德 045
	～匡	開元 036

王匡國　聖曆 046
～臣　永徽 128
～臣端　會昌 037
～巨　龍朔 083
72 ～丘　開元 040
～劉老　大和 094
～馴　大中 028
～氏(孔懷順妻)　大順 002
～氏(郭通妻)　貞觀 009
～氏(張伯妻)　貞觀 031
～氏(支茂妻)　永徽 016
～氏(孫遷妻)　永徽 029
～氏(趙安妻)　永徽 055
～氏(周藻妻)　永徽 084
～氏(金魏妻)　永徽 117
～氏(陳□妻)　永徽 130
～氏(趙勳妻)　永徽 134
～氏(樂文義妻)　顯慶 023
～氏(杜文貴妻)　顯慶 032
～氏(張伽妻)　顯慶 051
～氏(宋□妻)　顯慶 069
～氏(張泉妻)　顯慶 139
～氏(房賓子妻)　龍朔 018
～氏(掖庭宮司簿)　麟德 004
～氏(强偉妻)　麟德 026
～氏(董師妻)　乾封 001
～氏(陳才妻)　乾封 020
～氏(靖徹妻)　乾封 058
～氏(楊義妻)　總章 026
～氏　總章 042
～氏(吕道妻)　咸亨 020
～氏(宋亮母)　咸亨 082
王氏(張傑妻)　咸亨 094
～氏(張貞妻)　咸亨 109
～氏(關□妻)　咸亨 113
～氏(劉洪妻)　上元 015
～氏(封德妻)　上元 040
～氏(張□妻)　儀鳳 013
～氏(皇甫鏡幾妻)　文明 009
～氏(宋□妻)　光宅 004
～氏(張倫妻)　垂拱 014
～氏(龐德威妻)　垂拱 044
～氏(郭本妻)　垂拱 066
～氏(高珍妻)　載初 003
～氏(裴延京母)　天授 001
～氏(賈隱妻)　長壽 009
～氏(張元妻)　長壽 022
～氏(郭暠妻)　證聖 003
～氏(許惟忠母)　證聖 006
～氏(齊朗妻)　證聖 007
～氏(許樞妻)　久視 005
～氏(褚黯母)　久視 010
～氏(張茂妻)　長安 047
～氏(董義妻)　長安 051
～氏(東良妻)　景龍 015
～氏(□珣母)　景龍 041
～氏(張信妻)　景雲 009
～氏(李鉉母)　開元 007
～氏(盧調妻)　開元 028
～氏(元温妻)　開元 036
～氏(劉遼妻)　開元 063
～氏(張景旦妻)　開元 126
～氏(張敞妻)　開元 180
～氏(田靈芝妻)　開元 184

王氏(宋運妻) 開元 198
～氏(郭馮德妻) 開元 203
～氏(李誕妻) 開元 206
～氏(鄧□妻) 開元 216
～氏(杜濟妻) 開元 217
～氏(殷萬頃妻) 開元 244
～氏(楊高仁妻) 開元 271
～氏(崔奬妻) 開元 272
～氏(卜素妻) 開元 277
～氏(梁英妻) 開元 300
～氏(孟頤妻) 開元 310
～氏(智範) 開元 336
～氏(朱自勖母) 開元 356
～氏(公孫孝遷妻) 開元 423
～氏(張璿母) 天寶 001
～氏(隆之) 天寶 028
～氏(范沼妻) 天寶 029
～氏(張敬巳妻) 天寶 030
～氏(袁通妻) 天寶 040
～氏(崔沖妻) 天寶 051
～氏(李懷妻) 天寶 064
～氏(寇恭妻) 天寶 093
～氏(崔寵妻) 天寶 120
～氏(何知猛妻) 天寶 121
～氏(陶元欽妻) 天寶 137
～氏(李獻妻) 天寶 175
～氏(崔湛妻) 天寶 180
～氏(崔澄妻) 天寶 204
～氏(張璥妻) 天寶 215
～氏(楊海珍妻) 天寶 223
～氏(張安生妻) 天寶 264
～氏(陸振威妻) 乾元 005
王氏(瞿曇譔妻) 大曆 049
～氏(崔暟妻) 大曆 058
～氏(崔沔妻) 大曆 062
～氏(崔沔妻) 大曆 063
～氏(常俊妻) 大曆 080
～氏(曹景林母) 建中 015
～氏(司馬齊卿妻) 貞元 007
～氏(桑甹妻) 貞元 023
～氏(韋縝母) 貞元 025
～氏(張突母) 貞元 043
～氏(嗣曹王妃) 貞元 093
～氏(張惟妻) 貞元 138
～氏(曹少華母) 元和 019
～氏(李岸妻) 元和 045
～氏(秦士寧妻) 元和 062
～氏(李翻妻) 元和 072
～氏(魏賓妻) 元和 082
～氏(李崗妻) 元和 099
～氏(秦愛妻) 元和 107
～氏(李素妻) 元和 138
～氏(韋端妻) 元和 141
～氏(俱海妻) 長慶 001
～氏(劉皓妻) 長慶 003
～氏(適崔) 長慶 011
～氏(崔湛妻) 大和 013
～氏(崔弘禮妻) 大和 039
～氏(劉礎妻) 大和 048
～氏(鄭當妻) 大和 067
～氏(徐明妻) 大和 096
～氏(謝壽妻) 會昌 024
～氏(苗縝妻) 會昌 031
～氏(侯粲母) 會昌 036

王氏(尹弘雅妻) 會昌 039
～氏(尹弘慶妻) 會昌 039
～氏(鄭當妻) 開成 039
～氏(張庭光妻) 大中 006
～氏(張亮妻) 大中 006
～氏(劉舉妻) 大中 009
～氏(鄭鐈妻) 大中 025
～氏(李從證妻) 大中 052
～氏 大中 061
～氏(趙建遂妻) 大中 089
～氏(張勤妻) 大中 099
～氏(陳諭妣) 大中 133
～氏(鄭寶妻) 大中 135
～氏(陸峴妻) 大中 141
～氏(湯華妻) 大中 146
～氏(張亮妻) 大中 149
～氏(韋行貫妻) 大中 151
～氏(盧公則妻) 大中 154
～氏(張審文妻) 大中 158
～氏(袁某妻) 大中 162
～氏(馬惟良妻) 咸通 012
～氏長仁 咸通 017
～氏(崔敬章妻) 咸通 019
～氏(嚴公度妻) 咸通 022
～氏(張經妻) 咸通 037
～氏(鄧瑶妻) 咸通 042
～氏(李守□妻) 咸通 070
～氏(辛仲方妻) 咸通 075
～氏(劉思友妻) 咸通 079
～氏(蔡儒妻) 咸通 089
～氏(强瓊妻) 乾符 007
～氏(耿庸妻) 乾符 029
王氏(支訥妻) 乾符 033
～氏(范友瓊妻) 中和 003
～氏(趙琮妻) 殘誌 028
～氏(趙琮母) 殘誌 028
～質 長壽 020
～質 咸通 078
74 ～隨 儀鳳 001
～陵 大和 075
76 ～陽子 天寶 188
77 ～堅 開元 485
～堅兒 大中 001
～隆 聖曆 028
～隆 貞元 021
～隆 大中 001
～同政 咸亨 101
～同皎 開元 263
～同皎 大曆 003
～同皎 貞元 126
～同福(長卿) 天寶 138
～同恩 天寶 188
～同卿 顯慶 003
～同人 開元 292
～同人 天寶 078
～陶 顯慶 039
～朋顯 貞觀 154
～闍桂 延壽 016
～履信 聖曆 027
～履貞 開元 345
～履道 開元 473
～履直 長安 046
～履□ 咸亨 101
～開 貞觀 132

王開 儀鳳007
～開 天授016
～段(通) 顯慶062
～舉 聖曆027
～舉 長安001
～舉 開元017
～舉 開元497
～留(留生) 儀鳳036
～留留 咸通045
～礐 建中014
～印兒 大中122
～卿(元慶) 顯慶026
～卿 龍朔008
～興 顯慶111
～興 龍朔044
～興(義起) 景龍028
～興 景龍034
～興 開元339
～興(恪) 光啓002
～賢 麟德064
～賢本 儀鳳037
78 ～陁 長安022
～陁 長安031
～陁 長安057
80 ～八娘 元和034
～全度 元和049
～金 垂拱025
～金 元和148
～金虎 乾封036
～金兒 大中143
～夔 景龍026
～令(大政) 總章028
王令(簡) 開元339
～令仙 貞元076
～令均 元和034
～無競 開元202
～無虧 景龍005
～慈質 乾封040
～慈善 咸亨034
～兼之 天寶034
～夎(同光) 天寶205
～羊 開元418
～羊仁(元瑜) 開元418
～美暢 長安054
～義 永徽128
～義 龍朔044
～義 龍朔083
～義 儀鳳037
～義(懷彦) 長壽019
～義 長壽020
～義(信成) 長安014
～義 長安019
～義 天寶127
～義 中和003
～義立 開元206
～義立 會昌037
～義方 垂拱025
～義端 景龍030
～義諶 天寶002
～義仙 會昌037
～義温 元和034
～義臺 垂拱025
～普 殘誌003
～善相 永隆005

王曾 開成 011
～公(孝寬) 顯慶 081
～公亮 大和 041
～公亮 咸通 056
～公廉 會昌 050
～公度 天寶 038
～公政 開元 062
～公素(全白) 大中 148
～養(仁) 長安 028
～玆 大中 044
～玆 咸通 036
81 ～鉟 咸通 097
～鉅 元和 144
～甑 元和 148
～甑生 咸亨 066
82 ～釗 元和 060
～鍨 元和 122
83 ～鉽 貞元 021
～鉽 元和 034
～錢大 延載 005
84 ～鎮 元和 060
85 ～鍊 開成 055
86 ～鍔 元和 104
～鐶 元和 060
～鐸 咸通 113
～知謹 開元 017
～知道 大曆 003
～知古 貞元 023
～知教 咸通 047
～知敬 武德 006
～知□ 元和 060
～智(張敬玄母) 咸亨 039
王智 嗣聖 003
～智言 開元 497
～智崇 大中 028
～智温 大和 065
～智通 天授 010
～智本(子元) 萬歲通天 018
～智興(太傅) 大和 039
87 ～欽 開元 485
～鄭 天寶 205
～郤 咸通 078
～叙 大曆 023
88 ～鎰 大中 041
～簡 咸亨 054
～簡(孝柔) 聖曆 017
～簡(孝柔) 聖曆 018
～簡 大中 148
～簡能 大和 026
～敏(寶達) 顯慶 168
～敏(元敏) 長安 065
～敏 景龍 028
～策 聖曆 027
～纂(德纂) 乾封 039
～纂 儀鳳 018
～纂 聖曆 028
90 ～小(隆) 咸亨 038
～惟 大曆 024
～惟能 元和 034
～惟贊 大中 148
～惟儉 太極 005
～惟實 大中 148
～惟乂 大中 148
～惟忠 開元 418

王惟忠 大和 026
～惟昪 大中 148
～惟昌 大中 148
～惟明 元和 034
～惟質 大中 148
～懷 開元 206
～懷文(思武) 貞觀 095
～懷璲 垂拱 024
～懷信 開元 342
～懷仁 開成 037
～懷古 開元 090
～懷素 垂拱 021
～懷感 長壽 027
～懷璧 天寶 104
～懷智 永隆 014
～懷光 開元 090
～愔 景龍 028
～少珍 貞元 050
～少伯 開元 261
～少微 天寶 034
～少直 大中 051
～少華 貞元 050
～少恒 元和 112
～光 麟德 027
～光 天寶 246
～光贊(劉渾母) 天寶 212
～光胄 聖曆 017
～尚 垂拱 044
～尚賢 開元 339
～常散 大中 028
～黨 大曆 023
～炎 天寶 028

91 王恒 景龍 028
～恒 大曆 024
～恒 大中 028
～恒沔 貞元 118
～恒泛 貞元 118
～恒滔 貞元 118
～恒清 貞元 118
92 ～忻 開元 131
93 ～怡 景龍 023
～怡(友睦) 開元 350
～怡 大曆 024
～怡 貞元 025
～怡 元和 141
～熾 貞觀 094
～熾 貞觀 095
～熾 開元 036
94 ～慎貞 開元 105
～慎微 開元 105
～慎知 開元 105
96 ～懌 景龍 028
97 ～惲 顯慶 111
～惲 會昌 056
98 ～悦 大曆 024
～悌 天寶 212
～敞 永徽 048
99 ～榮 顯慶 138
～榮 總章 024
～榮 長安 001
～榮(立) 光啓 002
～□ 天寶 004
～□ 貞元 075
～□廉 元和 046

王□慶 天寶 205
～□一 貞元 021
～□通 長安 068
～(門下侍郎) 貞元 046
～(太師) 大中 025
～(大司馬) 咸通 084

豆 1010_8

18 豆璲 開元 534
36 ～温 開元 534
80 ～善富(暉) 開元 533

豆盧 1010_8 2121

15 豆盧建(立言) 天寶 051
21 ～～貞松 天寶 051
30 ～～寬 顯慶 109
32 ～～洮 大中 114
～～遜(貞順) 顯慶 109
37 ～～通 顯慶 109
72 ～～氏(賀蘭□妻) 聖武 006
77 ～～欣期 景雲 006
90 ～～懷讓 顯慶 109
～～懷讓 天寶 051
～～光祚 天寶 051
～～□ 殘誌 034

丁 1020_0

00 丁讓 天寶 129
～六 上元 019
03 ～贇 上元 019
07 ～望 長慶 013
～韶(子韶) 天寶 129
17 丁君逸 垂拱 010
20 ～信 顯慶 065
21 ～順 垂拱 010
～行本 天授 011
22 ～仙芝 殘誌 064
～山童 大中 156
24 ～佑(玄成) 大中 156
～稜 大中 156
26 ～伯 上元 019
27 ～叔則 天授 011
28 ～儀 垂拱 010
32 ～冽 天寶 129
35 ～神武 天寶 129
36 ～澤 天授 011
38 ～道 大中 156
39 ～潾 天寶 129
44 ～翥 大曆 053
48 ～敬賓 垂拱 010
50 ～貴娘 顯慶 065
53 ～成 上元 019
60 ～思禮 上元 019
67 ～昭□ 長慶 013
72 ～氏(楊師善妻) 天授 011
～氏(崔相妻) 開元 147
77 ～鳳 天寶 111
～居立 大中 111
～居立 大中 156
～居重 大中 156
～居約 大中 156
～居周 大中 156
～居□ 大中 156
78 ～隂 天寶 129

82 丁鐘　顯慶 065
88 ～範(師則)　垂拱 010

元　1021_1

00 元兖　殘誌 001
～充　貞元 108
～章　貞元 139
～諒　調露 006
～玄慶　大足 005
～襄　貞元 108
～京　貞元 108
～京　貞元 139
01 ～顔子　開元 036
～諒　天寶 226
03 ～誠　天寶 226
07 ～詢　天寶 226
～詢　元和 085
～韶　寶曆 019
09 ～麟　開元 045
10 ～至　大曆 063
～二娘　大曆 011
～正則　開元 045
～瓌　開元 056
～霄　貞觀 136
11 ～預　開元 045
12 ～弘　長安 021
～弘　景龍 030
14 ～瓘　開元 056
～瓘　大曆 011
～瓘　大曆 012
～瓘　貞元 108
～瓘　殘誌 001
元瑛(思亮)　長安 040
17 ～子上　開元 465
～叉　開明 001
～勇(世武)　永徽 124
21 ～仁虔　開元 056
～仁虔　大曆 011
～仁虔　大曆 012
～仁師　調露 006
～仁表　大和 005
～師本　開元 089
～師丘　長安 040
～貞(潭)　大曆 012
22 ～劇　開元 056
～巖　載初 001
～巖　長安 021
～崇略　貞觀 136
23 ～牟　大中 042
～峻　大足 005
24 ～備　開元 011
～德珉　天寶 226
～德操　載初 001
～待仙　開元 036
～休宗　長安 040
25 ～仲素　貞元 139
26 ～嶧　天寶 057
～叡　天授 035
～粲　永徽 124
～叔明　天寶 057
～叔明　天寶 060
～復業　廣德 001
28 ～齡景　天寶 057
30 ～宣　貞觀 136

元永康 開元 056
～守節 天寶 051
～安 天寶 057
～安 天寶 060
～宏 長慶 022
～客師 天寶 051
～寶藏 開元 036
～察微 天寶 226
～寂 天寶 057
31 ～濬 廣德 001
～濬長 貞元 139
33 ～溥 大曆 016
34 ～洪則 垂拱 019
～禕 天寶 226
35 ～神霽 開元 036
36 ～温(守誠) 開元 036
～温 元和 085
37 ～潮 貞元 108
～潮 殘誌 001
～鴻 大曆 016
～渙 大曆 016
～通 大足 005
27 ～罕(客子) 天授 035
40 ～大保 開元 045
～大通 顯慶 034
～希古 開元 045
～志 垂拱 019
～志儉 長安 040
～壽 開元 011
～雄 大足 005
～真(深) 大曆 011
42 ～彬 大和 024
43 元載 貞元 100
44 ～孝緒 開元 089
～孝遵 載初 001
～華 永徽 124
～華 顯慶 163
～世倫 開元 103
45 ～構 大曆 012
46 ～如璋 天寶 060
～如珪 天寶 060
47 ～妃娘 垂拱 019
48 ～乾 垂拱 019
～乾直 廣德 001
50 ～惠□ 顯慶 034
～奉伯 大足 005
～素 開元 089
51 ～振 開元 469
～振 天寶 057
～振 天寶 060
56 ～揖 天寶 060
60 ～日涉 廣德 001
～日啓 廣德 001
～日隸 廣德 001
～日用 廣德 001
～暠 天寶 108
～思莊 廣德 001
～思忠(獻直) 開元 056
～思忠 大曆 011
～思忠 大曆 012
～思忠 貞元 108
～買得(那盧和因) 開明 001
～景(靈景) 天寶 060
～景超 開元 089

62 元則(注詳) 顯慶 034
66 ～貺 殘志 001
70 ～雅 開元 036
71 ～匡 開明 001
～槩(德日) 總章 019
72 ～氏(王敏妻) 顯慶 168
～氏(衡義整妻) 天授 013
～氏(獨孤煜母) 長安 021
～氏(獨孤思敬妻) 景龍 030
～氏(鄭玄果妻) 開元 011
～氏(李元確妻) 開元 103
～氏(郭思謨妻) 開元 136
～氏(申屠公妻) 開元 154
～氏(紀茂重妻) 開元 208
～氏(裴□妻) 開元 472
～氏(陸思本妻) 天寶 052
～氏(李丕妻) 貞元 015
～氏(薛迅妻) 貞元 105
～氏(薛公綽母) 元和 085
～氏(張季聳妻) 元和 152
～氏(裴諠妻) 大和 024
～氏(李正卿妻) 會昌 040
～質(文剛) 貞觀 136
80 ～鐘 天授 035
～鏡遠 大曆 016
～義端 長安 021
～義全 開元 056
～善 儀鳳 034
～善積 調露 006
～谷愚 開元 089
86 ～知古 天寶 051
～智惠 殘誌 002
元智威(景略) 載初 001
87 ～舒 元和 085
～舒温 天寶 226
90 ～光濟 開元 412

霍 1021_4

17 霍砮 貞觀 156
21 ～行感 麟德 025
～貞 顯慶 046
22 ～豐 貞觀 156
～岑 貞元 090
25 ～生 麟德 025
30 ～寬(公裕) 貞觀 156
～寶 麟德 025
34 ～漢 貞觀 109
～漢胡 顯慶 090
～達 麟德 025
38 ～道奇 貞觀 100
40 ～嘉 貞觀 109
44 ～萬(萬敵) 顯慶 090
～恭(弘肅) 貞觀 100
～孝騫 貞觀 100
60 ～晟 大中 104
72 ～氏(路□妻) 顯慶 046
～氏(李經妻) 天寶 153
～氏(呂秀妻) 貞元 090
～氏(劉復禮母) 大中 104
79 ～勝 貞觀 109

万俟 1022_7 2323_4

00 万俟玄道 天寶 066
25 ～～仲將 天寶 066

50 万俟肅 天寶 066
72 ～～氏(樊玄紀妻) 咸亨 014
～～氏(鄭□妻) 天寶 066
88 ～～餘慶 開元 409

爾朱 1022_7 2590_0

00 爾朱彦伯 上元 036
18 ～～珍 上元 036
23 ～～弁 殘誌 035
24 ～～休最 上元 036
～～休最 垂拱 012
32 ～～遜 殘誌 035
34 ～～祐 殘誌 035
～～逵(正道) 殘誌 035
37 ～～澤 殘誌 035
57 ～～春郎 殘誌 035
60 ～～旻(玄靖) 垂拱 012
72 ～～氏(劉珪妻) 顯慶 076
80 ～～義琛(仲珪) 上元 036
～～義琛 垂拱 012
98 ～～敞 上元 036
～～敞 垂拱 012

夏 1024_2

12 夏廷珪 乾符 005

夏侯 1024_2 2723_4

11 夏侯斐 大中 010
～～瓆(厲) 開元 188
12 ～～璀 開成 047
17 ～～弼 開元 474
20 ～～孚 開元 474
22 夏侯彪之 大曆 058
～～尌 開元 474
26 ～～自勵 開元 414
34 ～～法寶 開元 138
36 ～～湘 大中 078
38 ～～道安 開元 138
40 ～～太真 開元 414
43 ～～載 開成 047
44 ～～蕚 開成 047
48 ～～敬 咸通 062
60 ～～思泰(懿) 開元 474
～～杲 開元 474
68 ～～昣 開元 414
72 ～～氏(趙宗立母) 開成 047
～～氏(耿元晟母) 大中 074
77 ～～留生 開元 474
86 ～～鐸 開元 414
90 ～～懷智 開元 138

于 1040_0

00 于方 元和 008
～庭謂 貞元 055
～六從 貞元 065
04 ～謹 開元 270
08 ～詮 景龍 014
10 ～元祚 開元 270
13 ～琮 會昌 004
14 ～珪 會昌 004
～珪 咸通 040
～珪 咸通 084
～瓘奴 天寶 165
16 ～强 天寶 231

17 于弼 開元 270
～承慶 開元 069
20 ～季文 元和 078
21 ～偃(攸宜) 天寶 165
～處直 開元 069
～經野 開元 389
22 ～稱 元和 078
26 ～保寧 開元 069
27 ～約 元和 078
～叔政 貞元 065
～叔海 貞元 065
28 ～縱 元和 078
30 ～宣道 開元 270
～永寧 開元 270
31 ～汪 貞元 055
34 ～瀆 會昌 041
36 ～涓 乾符 019
38 ～遵孝 開元 292
40 ～士俊 景龍 014
～士恭(履揖) 開元 270
～志衡 會昌 023
～賁(履謙) 景龍 014
44 ～世俊 天寶 165
～薛九 天寶 165
～棻 元和 078
50 ～申(伯厚) 貞元 055
～申 元和 018
～肅 咸通 040
51 ～頔 元和 101
～頔 長慶 015
～頔 大和 050
58 ～敖 大中 120
于敖 咸通 040
60 ～晟 景龍 014
～思晦 乾符 018
～昌嶠 貞元 065
66 ～嬰 開元 270
67 ～昭理 貞元 065
71 ～頎 貞元 055
～頎 元和 018
72 ～氏(蔣礎賓) 開元 069
～氏(李暄妻) 開元 149
～氏(孫景商妻) 貞元 073
～氏(孫景商妻) 開成 046
～氏(孫景商妻) 會昌 004
～氏(孫景商妻) 大中 120
～氏(孫備妻) 咸通 040
～氏(孫景康妻) 咸通 084
～氏(韋洙妻) 咸通 091
80 ～全益 大中 129
～公巽 貞元 055
90 ～惟謙 天寶 165
～惟謙 元和 078
～光彥 景龍 014
～光寓 天寶 165
～光業 景龍 014
～光祐 景龍 014
～光嗣 元和 078
～□和 貞元 055

要　1040_4

05 要諫 文德 002
33 ～祕 文德 002
72 ～氏(舒行言妻) 文德 002

平 1040_9

71 平陟 大和 077
72 ～氏(周著妻) 大和 077

再 1044_7

67 再明 長慶 031

石 1060_0

10 石二娘(馬□妻) 萬歲登封 001
～玉 貞元 111
15 ～殊 開元 543
20 ～秀 開元 193
21 ～何羅燭 元和 061
22 ～崇俊(孝德) 貞元 078
24 ～德 開元 543
25 ～岫 開元 193
～岫秀 殘誌 005
27 ～包 永徽 054
30 ～守珍 開元 193
～守珍 殘誌 005
～甯芬 貞元 078
35 ～清 開元 193
～清 貞元 078
～清士 殘誌 005
～湊 開元 193
～神福(忠良) 元和 061
40 ～乂 元和 106
～士冕 開元 193
～雄 元和 106
50 ～忠政(不邪) 寶曆 008
60 ～冕岳 殘誌 005
石思景 貞元 078
～喦 開元 193
～喦湊 殘誌 005
63 ～默啜 元和 106
64 ～暎(先進) 殘誌 005
65 ～映(先進) 開元 193
71 ～臣思 元和 061
72 ～氏(鄭滿妻) 永徽 054
～氏(胡佺妻) 開元 035
～氏(曹閏國妾) 大曆 043
～氏(李榮滌母) 元和 108
～氏(曹弘立妻) 咸通 092
～岳 開元 193
77 ～賢 萬歲登封 001
80 ～義 寶曆 008
84 ～鎮 天寶 068
86 ～智琮 萬歲登封 001
90 ～少琳 元和 106
～少清 元和 106
94 ～倚 開元 543
～□用 元和 061

西門 1060_0 7722_0

10 西門元佐 元和 119
18 ～～珍 元和 119
20 ～～季平 元和 119
～～季華 元和 119
～～季常 元和 119
～～季煋 元和 119
30 ～～進 元和 119
42 ～～彭 元和 119
～～(公) 光化 001

雷 1060_3

07 雷詢(明遠) 天寶 090
20 ～儁 貞觀 070
30 ～賓泰 天寶 090
37 ～通 貞觀 070
～通 天寶 090
60 ～景中 大和 012
67 ～路 天寶 090
72 ～氏(魏□妻) 貞觀 070

可那 1062_0 1752_7

60 可那員 顯慶 019
72 ～～氏 顯慶 019

哥舒 1062_1 8762_2

20 哥舒季通 武德 006
48 ～～翰 貞元 007
～～翰 貞元 127
86 ～～銲 貞元 083

雲 1073_1

60 雲思益 中和 004

賈 1080_6

00 賈彥 龍朔 032
～彥璿 開元 289
～彥璿 建中 006
～膺福 神功 009
～廓 開元 350
～廉 咸亨 097
～庭玉 開元 116
賈庭芝 開元 107
～庭金 開元 116
～廣兒 咸通 105
～文度 大和 076
～文行(欽賢) 永淳 010
～玄 天寶 217
～玄贊(冲思) 垂拱 007
～玄操 建中 006
02 ～端 永淳 010
～誕 貞觀 161
04 ～謨 貞觀 076
～詵 開元 077
10 ～元叡 顯慶 124
～元恭 長安 025
～元恭 開元 350
～元敬 長安 025
～晉 貞元 009
～石老 大中 116
11 ～麗麗 大中 116
～預 麟德 052
12 ～弘秀 麟德 052
13 ～琮 證聖 011
14 ～耽 貞元 006
～耽 貞元 130
16 ～瑰 儀鳳 008
～强 天寶 217
17 ～子通 證聖 011
～君相 長安 025
18 ～政(自政) 會昌 022
～政 大中 116
～琁 貞元 047
20 ～位 咸通 105

賈秀 垂拱 035
～秀 貞元 111
～信(元諒) 麟德 052
～千秋 會昌 022
～千秋 大中 116
～統(知人) 顯慶 010
21 ～偃定 貞元 047
22 ～邕 垂拱 035
～崇璋 天寶 200
～崇裕 天寶 005
～崇裕 天寶 075
24 ～仕通(仁徹) 貞觀 076
～待(賀元瓘母) 開元 084
～德 顯慶 160
～德茂 顯慶 161
～科兒 咸通 105
25 ～純 天寶 005
～純 天寶 075
～積 垂拱 035
26 ～瑰 儀鳳 008
28 ～從直 會昌 022
～從贇 會昌 022
～從贇 大中 116
～收 天寶 227
29 ～嶸 咸通 105
30 ～宜 龍朔 032
～宜郎 大中 116
～汶 開成 015
～進思 長壽 009
～憲 顯慶 010
～憲 儀鳳 008
～守義 垂拱 035
賈賓 垂拱 007
～寶 貞觀 034
～寶 貞觀 076
～寂 長壽 009
31 ～涉 咸通 105
～福延 開元 350
～福祐 開元 350
～福祚 開元 350
～福祥 開元 350
32 ～洮(德川) 咸通 105
～遜 開元 116
33 ～演 天寶 227
～演 垂拱 007
34 ～達 貞觀 161
～謨 貞觀 034
37 ～通(子照) 貞觀 034
～通(楊□妻) 證聖 011
～通 聖曆 052
～逸 開元 116
40 ～大隱 天寶 227
～直 顯慶 160
～嘉賓 天寶 005
～嘉賓 天寶 075
～去贇 天寶 227
41 ～栖汭(福牛) 開元 289
43 ～嬪(李□妻) 建中 006
44 ～考逸 開元 116
～英秀 開成 036
～藝 建中 006
～黄中 開元 077
～楚(玄德) 長安 025
～楚 開元 350

45 賈棲梧 天寶 227
46 ～緦 長壽 009
～相 開元 350
～相兒 咸通 105
47 ～朝采 天寶 005
～朝采 天寶 075
48 ～幹 開元 115
50 ～中立 元和 153
～泰 顯慶 161
～惠元 咸通 105
～奉節 開元 116
51 ～振 麟德 052
52 ～悊 證聖 011
53 ～感 開元 116
54 ～勣 永淳 010
58 ～整 顯慶 010
～整 儀鳳 008
60 ～晃 天寶 005
～晃 天寶 075
～昂 貞觀 161
63 ～暄 大中 018
67 ～明(智) 開元 115
～暉 貞元 047
72 ～隱 長壽 009
～隱(思敬) 天寶 217
～氏(吴孝妻) 永徽 043
～氏(暴廉妻) 咸亨 079
～氏(張威妻) 咸亨 097
～氏(張濟妻) 垂拱 011
～氏(鄭遘妻) 聖曆 052
～氏(李買妻) 久視 019
～氏(陳利見妻) 開元 325
賈氏 大曆 028
～氏(張偭妻) 貞元 009
～氏(魏仲俛妻) 寶曆 005
～氏(尹弘簡妻) 會昌 039
74 ～勵言 天寶 227
77 ～閏郎 大中 116
～鳳 長安 025
～興 顯慶 010
～興 顯慶 161
～興 儀鳳 008
79 ～勝 天寶 227
80 ～令琬 天寶 005
～令琬 天寶 075
～令珪 龍朔 032
～令忠 開元 116
～無名 永徽 129
～公彦 垂拱 007
～公彦 天寶 227
86 ～智 開元 115
87 ～欽(長才) 顯慶 160
～欽惠 天寶 227
90 ～光 垂拱 035
～當 咸通 056
92 ～怡 天寶 227

班 1111_4

08 班謙 貞觀 115
37 ～潯 開成 033
72 ～氏(宋文義母) 貞觀 115
～氏(陳士棟妻) 開成 033

甄 1111_7

72 甄氏（游□妻） 永隆 002
～氏（王行果妻） 景龍 027

璩 1113_2

10 璩元貞 大曆 054
17 ～翼 大曆 054
22 ～崇胤（紹宗） 大曆 054
34 ～洪徹 大曆 054
72 ～氏（丁賛妻） 上元 019

項 1118_6

04 項謨 天寶 193
17 ～承暉 天寶 193
20 ～重昌 天寶 193
～重明 天寶 193
～重陽 天寶 193
72 ～氏（馬舉妻） 長安 012

張 1123_2

00 張立德 天寶 110
～立德 天寶 125
～童俠 神功 008
～亶 景龍 006
～亮 顯慶 121
～亮 元和 152
～亮 大中 006
～亢 貞觀 030
～亢 顯慶 024
～育（永玲） 貞觀 145
～齊 開元 504
張齊丘 開元 365
～廓 萬歲通天 011
～高 永徽 009
～高 永徽 129
～彦（德明） 乾封 056
～彦 貞元 103
～彦昇 大曆 034
～裔圖 乾符 031
～方 貞觀 102
～方 長壽 022
～方（玄逸） 開元 046
～方仁 長安 061
～方德 顯慶 080
～方粲 久視 012
～廉 垂拱 006
～廉 長安 013
～慶 永徽 107
～慶 龍朔 023
～慶 咸亨 094
～慶 會昌 019
～慶 殘誌 019
～慶之（仲遠） 天授 041
～庭訓 天寶 264
～庭誨 乾符 031
～庭光 大中 006
～庭光 大中 026
～庭光 咸通 027
～廣平 天寶 162
～意 顯慶 029
～意 長安 044
～辛六 大中 118
～辛七 大中 118

張文 永徽 091
～文 顯慶 012
～文 顯慶 050
～文 龍朔 078
～文 長安 002
～文立 天寶 001
～文琮 聖曆 028
～文琮 貞元 112
～文珪(元敏) 開元 423
～文琰 長安 061
～文秀 永徽 106
～文經 顯慶 095
～文收 開元 440
～文湊 貞元 037
～文朗 貞觀 031
～文藝 長壽 007
～文相 大中 045
～文幹 天授 024
～文惠 貞觀 145
～文哲 貞元 007
～文哲 貞元 009
～文哲 貞元 094
～文成 長安 039
～文母(杜善榮妻) 總章 044
～文會 開元 052
～文會 開元 365
～文會 建中 001
～弈 貞元 112
～讓 調露 007
～讓 長安 024
～諒 開元 276
～諒(知仁) 咸通 037

張玄 長壽 022
～玄弼 天授 039
～玄弼 開元 382
～玄弼 開元 513
～玄弼 天寶 111
～玄弼 天寶 169
～玄弼 天寶 221
～玄弼 元和 067
～玄遇 景龍 002
～玄真 萬歲通天 011
～玄封(毓德) 長壽 033
～玄恭 乾封 029
～玄植 永貞 003
～玄敬 顯慶 106
～玄素 貞元 111
～玄靚 顯慶 056
～玄晏 咸通 116
～玄晏 乾寧 001
～玄景(元暉) 咸亨 107
～玄暉 咸通 076
01 ～龍 天寶 011
～龍 天寶 270
～顔(雲卿) 大曆 032
02 ～端(爨務本母) 顯慶 080
～端 永昌 008
～端 長壽 030
～端(崔澤妻) 開元 395
～訓 咸亨 097
～誕 龍朔 033
～誕 麟德 048
～讖 垂拱 020
03 ～詠 咸通 037

張識 大曆 026
～識 大曆 027
～識 貞元 009
04 ～詵 大曆 032
～詵 元和 152
～詵 中和 007
～諶 大中 082
～護(懷儼) 垂拱 006
～護 垂拱 038
～護 天寶 155
～讚 顯慶 074
～讚 咸通 066
～勍 會昌 035
～勍(子剛) 咸通 007
05 ～竦 開元 521
～竦 大中 058
06 ～謣 顯慶 052
～謣 開元 514
07 ～翊 上元 035
～翊 開元 365
～翊 開元 424
～翊 大曆 033
～毅夫 大中 096
～諷 大曆 066
～部 咸通 023
～調 貞元 014
～詢孝 開元 440
08 ～說 開元 389
～說(燕公) 天寶 003
～說(燕公) 貞元 127
～說(燕公) 乾符 023
～說 天寶 081
張詮(敬仙) 開元 236
～謙 開元 518
～謙 天寶 081
～謙(景倩) 天寶 207
～謙逸 大順 001
～諗 貞元 014
～議潭 大順 001
09 ～談俊 天寶 273
～談英 大中 087
～榮宗 龍朔 020
10 ～二十八娘 大中 006
～二十八娘 大中 149
～三十娘 大中 006
～三十娘 大中 149
～三十一娘 大中 006
～三十一娘 大中 149
～正平 永徽 106
～正禮 大中 118
～正謩 長慶 027
～正甫 大和 011
～正甫 大和 047
～玉瑗 乾封 017
～玉山 永徽 050
～玉山 總章 031
～至德 開元 152
～亜 天寶 199
～五郎 貞觀 067
～瓌 大和 020
～璋 垂拱 056
～璋 貞元 138
～璋 大中 040
～元 貞觀 148

張元(外生)	長壽 022	張晉瑜	大中 152
～元方	天寶 198	～晉扶	大中 152
～元慶	開成 020	～晉卿	大中 152
～元贇	大中 119	～可行	咸通 092
～元瓘	神功 008	～雲(義雲)	貞觀 167
～元弼	開元 381	～雲	永徽 140
～元及	神功 008	～雲	大中 120
～元信	顯慶 131	～雲黯	開成 010
～元濟	元和 009	～賈	大和 011
～元審	開成 025	～賈秀	貞元 099
～元福	永淳 001	11 ～巧巧	大中 082
～元禕	開元 436	～璿	天寶 001
～元超	大中 087	～瑨	天寶 119
～元敬	聖曆 028	～頲	大中 081
～元忠	天寶 235	～冀	中和 007
～元挺	貞觀 126	12 ～登山(伯倫)	天寶 270
～元哲	長安 061	～琇	開元 218
～元昱	顯慶 051	～瑀(珪)	長壽 007
～元長	貞元 061	～瑀	元和 067
～元朔	景雲 009	～瑗	天寶 179
～元纂	咸亨 108	～瑶	天寶 001
～賓	乾符 023	～列	垂拱 038
～震	顯慶 017	～弘	顯慶 101
～冢	咸通 055	～弘	麟德 048
～平仲	大中 136	～弘	調露 007
～天輔	開元 022	～弘	天寶 169
～再清(洪英)	大中 070	～弘亮	大中 087
～再遇	乾寧 003	～弘慶	大中 116
～石	貞觀 030	～弘靖	永貞 008
～石	貞元 040	～弘靖	大和 039
～百歲娘子	大中 040	～弘靖(相國)	大和 067
～晉詞	大中 152	～弘政	大中 087

張弘秀(弘才) 顯慶 007
～弘貞 大中 087
～弘爽 貞觀 077
～弘爽 咸亨 062
～弘藏 貞觀 077
～弘晟 大中 087
～弘昌 大中 087
～發 開元 375
～悉 開元 034
～悉 開元 509
～悉 永貞 005
～烈 開元 538
～延 貞元 129
～延慶 長壽 014
～延訓 貞元 119
～延識 貞元 119
～延誠 貞元 119
～延識 貞元 119
～延諴 貞元 119
～延議 貞元 119
～延武 大順 001
～延信 大順 001
～延師 天寶 110
～延寶 中和 012
～延禮 大順 001
～延喜 中和 012
～延壽 大順 001
～延昌 貞元 044
～延暉 大順 001
～延鍔 大順 001
～延賞 貞元 014
～延賞 大和 006

張磻 咸亨 028
13 ～琬 開元 506
～球 廣明 003
～武 顯慶 164
～武 乾封 032
～武 景雲 009
～武 中和 012
～武哲 顯慶 040
～琮 顯慶 033
～琮 天寶 084
～戣 大中 158
14 ～珪 聖武 007
～珪 乾符 034
～珪 中和 007
～瓘 龍朔 022
～瓘 景雲 026
～璹 開元 519
～瑋 開元 402
～琪 大中 045
～琳 久視 008
～琳 天寶 169
～勔 開元 259
15 ～璉 垂拱 006
～聃郎 大中 040
～翽 開元 365
～殊 長安 024
～建 永徽 007
～建章(會玉) 中和 007
～建封 貞元 070
～建封 貞元 071
～建封 貞元 133
～建封 元和 023

張建封 元和 117
～建封 元和 119
～建封 會昌 048
～建封 大中 135
16 ～琄 天寶 043
～璟 元和 067
～璪 元和 067
～强 貞觀 144
17 ～翌(善宜) 咸亨 083
～盈 天寶 162
～玘 貞元 060
～珣 元和 067
～珣 大中 042
～珝 貞元 103
～习 貞觀 102
～瓊 天寶 207
～瓊 貞元 134
～珊珊 咸通 085
～琛 貞觀 172
～琛(珍寶) 永徽 113
～琛 永淳 002
～琛(遺真) 寶應 001
～務 貞觀 031
～務 垂拱 056
～務 永昌 008
～務 長壽 030
～務朝 大中 087
～承慶 元和 104
～承家 天授 019
～承祚 開元 519
～承泰 大中 081
～承恩 天寶 169
張承嗣 長安 044
～子 顯慶 118
～子珍 開元 338
～子葵 永徽 027
～君諒 乾封 056
～君平 大中 081
～君弘 貞觀 035
～君政 開耀 002
～君寬 開元 284
～君楷 乾封 056
～君表 乾封 056
～君表(君彦) 長安 039
～君素 大中 087
～君雅 貞元 112
～翼(凌虚) 開元 373
～翼 貞元 111
～翼軫 開元 236
～柔範(趙越賓妻) 開元 276
18 ～瑜 開元 218
～瑜 咸通 028
～珍 顯慶 080
～珍 咸亨 050
～玢 開元 046
～玠 天寶 001
～玠 大中 042
～政 元和 122
～政文 大中 026
～敢之 天册萬歲 003
～璥(承宗) 天寶 215
19 ～琰 垂拱 020
～琰 開元 519
20 ～重華 貞元 048

張重掉　大中 082
～重暉　開元 126
～重暉　開成 038
～重光　會昌 003
～秀(實)　貞觀 144
～秀　長安 019
～秀　開元 338
～秀　會昌 002
～秀之　長壽 033
～儁　顯慶 056
～儁(縉)　開成 020
～喬　開元 504
～禹珪　中和 010
～愛　景雲 022
～舜藝　顯慶 050
～信　貞觀 102
～信(仁亮)　萬歲通天 015
～信　景雲 009
～信(不約)　大中 045
～季　大順 001
～季平　元和 086
～季鞏　元和 152
～季良　貞元 018
～季宗　殘誌 061
～季戎(定遠)　大中 056
～季戎　咸通 085
～季□　元和 009
～孚　開元 381
～孚(孟信)　開元 513
～乘運　天寶 016
～維深(禄伯)　大順 001
21 ～顗　貞元 018
張顗　咸通 066
～仁　貞觀 030
～仁(景真)　麟德 011
～仁(君道)　麟德 070
～仁(才立)　乾封 041
～仁(義寶)　調露 017
～仁　垂拱 011
～仁　長壽 014
～仁　長安 002
～仁　天寶 244
～仁亮　垂拱 014
～仁方　開元 429
～仁一　開元 475
～仁政　顯慶 056
～仁師　萬歲通天 030
～仁穎　乾符 031
～仁獎　開耀 003
～仁倫　開元 405
～仁復　咸通 066
～仁褘(道穆)　儀鳳 029
～仁楚　長安 044
～虎　龍朔 022
～偃　大曆 026
～行立　大中 014
～行瑾　天寶 273
～行儼　顯慶 037
～行密　貞觀 085
～行實　景雲 009
～行滿(德充)　貞觀 148
～行恭　乾封 017
～行恪　咸通 007
～儒　長安 037

張虔裕 廣明 003
～虔壽 開元 499
～處廉 貞元 018
～處平 儀鳳 029
～處澄 萬歲通天 030
～處真 咸亨 094
～處節 開元 052
～處節 開元 365
～處節 建中 001
～處節 建中 002
～偭 大曆 026
～偭 貞元 009
～須摩（呂□妻） 永徽 127
～⿱此山 開元 381
～⿱此山（慎交） 天寶 244
～睿（洪遠） 貞觀 030
～睿 永徽 091
～師 乾封 032
～師 長安 018
～師（藥） 長安 037
～師 開元 006
～師子（還□） 永淳 001
～師政 咸亨 109
～師儒 廣明 005
～師娘 廣明 003
～師娘子 大中 081
～師素 元和 116
～貞 永徽 093
～貞 顯慶 022
～貞（舍利） 咸亨 109
～貞 垂拱 004
～貞 垂拱 005
張貞（直） 長壽 007
～貞 長安 018
～貞 開元 022
～貞 天寶 264
～貞亮 貞元 138
～貞和 貞元 138
～貞遂 貞元 138
～貞古 貞元 138
～貞脊 天寶 169
～紫虛（崔淯側室） 咸通 106
～經 大中 158
～經 咸通 037
～秤 長安 069
～縉 天寶 111
～穎 長安 039
22 ～鑾 貞觀 045
～歸 開元 510
～岑 寶曆 013
～粵 咸通 007
～佻 開元 513
～嵩 顯慶 145
～嵩 調露 017
～嵩仁 顯慶 077
～侹 大曆 026
～後胤 開元 402
～後胤 開元 519
～巖 顯慶 007
～仙期 天寶 016
～仙尉 開成 014
～仙□ 廣明 003
～嶷 貞元 103
～峯 寶曆 012

張嶠 天授 040
～巒 貞元 112
～利 開元 109
～利休 貞元 099
～利賓 景龍 008
～利真 天寶 270
～崇 麟德 016
～崇 天寶 110
～崇 貞元 134
～崇 大中 040
～崇讓 貞元 061
～崇正 永貞 003
～崇珪 乾封 054
～崇獻 顯慶 139
～崇積 天寶 273
～崇基 貞觀 085
～崇基 天寶 126
～繼 會昌 003
～繼繼 大中 118
～繼伯 天寶 142
～稱 貞觀 060
23 ～外 貞觀 067
～允伸 咸通 106
～允紳(保相) 中和 007
～佇郎 大中 040
～俌 天册萬歲 003
～伏亶 開元 052
～伏德 天寶 011
～伏生 天寶 011
～伏奴 麟德 055
～獻 貞元 103
～獻恭 殘誌 001
張獻甫 貞元 044
～俊(文相) 天寶 081
～俊興 天寶 003
～侔 大和 020
～綰 天寶 081
24 ～什住 乾封 041
～先(普賢) 開元 341
～先 大中 040
～仕達 長壽 033
～勉 元和 104
～倚 天寶 112
～德 總章 003
～德 萬歲通天 015
～德 開元 521
～德(武德) 天寶 198
～德 延載 002
～德寬 景雲 010
～德輔 咸通 106
～德操(修真) 顯慶 131
～俠 永貞 007
～待賓 上元 035
～待問 上元 035
～偉 神功 004
～偉度 開元 410
～偉節 開元 126
～儹 天册萬歲 003
～休 顯慶 037
～休光(芬) 開元 409
～勳 開成 041
～綺 天寶 207
～緯 天寶 207
～緒 永淳 027

張緒 開元 499
～緒 天寶 081
25 ～生 調露 017
～仲 咸亨 010
～仲方 大和 100
～仲平 光啓 004
～仲武 咸通 105
～仲武(太尉) 中和 007
～仲仙 天寶 270
～仲殷 貞元 103
～仲臣 開元 510
～傳弓 貞元 048
～傳禮 元和 081
～佃 大曆 026
～佃 咸通 028
～傑(超倫) 咸亨 094
～積 萬歲通天 011
～積善(餘慶) 開元 405
～練 大中 149
26 ～白澤 長安 061
～白駒 貞觀 039
～自然(那) 先天 005
～伯(德秋) 貞觀 031
～伯(楊□妻) 永徽 093
～伯 顯慶 101
～伯 天授 024
～伯瑶 建中 013
～伯璵 建中 013
～伯通(思廉) 龍朔 033
～伯隴 乾封 035
～伯隨 貞觀 035
～伯禽 開成 038
張伯嘗 大中 022
～伽 貞觀 067
～伽(弘訓) 顯慶 030
～伽(明哲) 顯慶 051
～伽 咸亨 083
～伽 天寶 246
～鬼(□屯) 乾封 037
～泉(義深) 顯慶 139
～儇 開元 180
～儇 元和 150
～偘 萬歲通天 030
～偘先 天寶 162
～保守 重光 002
～臯 貞元 138
～魏賓 咸通 047
～峴 元和 007
～嶧 開元 380
～嶧 元和 067
～和 貞觀 145
～和 顯慶 051
～和 顯慶 056
～和(才) 永淳 002
～穆 顯慶 022
～總章 中和 007
～繹 景雲 010
～繟 開元 382
～繟 開元 513
～繟 天寶 111
～繟 天寶 207
27 ～墍 天寶 199
～歸 景龍 008
～倜 大曆 026

張倜(不器) 大曆 027
～修文 開元 335
～豹 久視 008
～候五 大中 026
～候十一 大中 005
～敻 垂拱 056
～伋 天寶 183
～佋 永貞 007
～冬至 景雲 016
～芻 咸通 102
～鄒客 大中 118
獎(如相) 龍朔 015
～獎 開元 124
～舟郎 大中 082
～約 開元 373
～約 開元 375
～約通 開元 208
～綱(遵詳) 貞觀 112
～終 長壽 033
～叔齊 貞元 061
～叔齊 永貞 003
～叔元 大中 050
～叔子(嗣元) 開元 006
～叔政 中和 012
～叔重 貞元 061
～叔重 永貞 003
～叔虞 貞元 091
～叔虞 貞元 103
～叔威 貞元 061
～叔威 永貞 003
～紹 開元 382
～紹仁 咸通 114
張紹宗 乾符 031
～紹真 先天 008
～紹蘭 天寶 142
28 ～倫 垂拱 014
～倫 萬歲通天 015
～倫 貞元 119
～徵 貞元 001
～徹 萬歲通天 030
～徹 開元 197
～徹 開元 518
～徹 永貞 007
～徽 大中 081
～僧護 咸亨 032
～僧護 咸亨 083
～從政 大中 008
～從政 大中 040
～從古 開成 020
～從古 會昌 019
～從嗣 咸通 106
～從周 元和 117
～從簡 大中 008
～從簡 大中 040
～僉 天寶 063
～僉 天寶 110
～綸 天寶 207
～縱 天寶 081
～稌 貞元 112
29 ～秋 上元 018
30 ～宜 天寶 043
～宜生 永徽 106
～濟 垂拱 006
～濟(幹) 垂拱 011

張滂 貞元091
～滂(孟博) 貞元103
～汶 大曆027
～汶 大中008
～汶(乾夫) 大中040
～液 長安047
～寧 貞觀148
～寧(仁則) 元和009
～寬 貞觀030
～寬 麟德069
～寬 調露017
～寬 開元034
～扂 開元373
～宥正 會昌020
～進(正德) 大中142
～進兒 大中118
～進全 元和009
～之緒 天寶199
～之美 咸通023
～憲郎 大和020
～守讓 天寶110
～守讓 天寶126
～守讓 元和123
～守珪 開元417
～守珪 天寶047
～守珍(珍) 開元521
～守瑜 殘誌001
～守行 永淳001
～宰 乾寧003
～守素 久視008
～準 開成038
～安 顯慶019
張安(眕) 長安069
～安 貞元112
～安生 天寶264
～安安 垂拱063
～安封 光啓004
～安都 顯慶095
～安節 大中118
～突 貞元043
～容朗 咸亨050
～容成 貞元112
～客(知仁) 上元035
～客子 殘誌022
～審文(子遠) 大中158
～審理 大中158
～寄長 總章031
～良 麟德011
～良 長安037
～定 貞觀151
～定斌 景雲010
～定和 永昌008
～定遠 永貞003
～定奴 大中040
～定景 顯慶045
～寅郎 大中040
～賓 顯慶050
～賓 中和005
～寶(彦珍) 永徽009
～寶 顯慶106
～寶(什藏) 龍朔023
～寶 麟德048
～寶 調露012
～寶節 天寶003

張宗 麟德 069
～宗 永昌 004
～宗 開元 436
～宗廉 元和 104
～宗厚 大中 132
～宗厚 咸通 041
～察 大曆 032
～察 大曆 033
～寀(潘元一母) 顯慶 086
～竦 天寶 124
～寂 天寶 155
～寂 天寶 198
31 ～泚 天寶 084
～泚 大中 056
～泚 咸通 085
～沔 天寶 110
～涉 乾符 031
～灞 貞元 001
～濬(文遠) 貞觀 029
～源 大和 101
～潛 元和 007
～袝 開元 538
～福 貞觀 029
～福 開耀 003
～福 神龍 013
～福 大和 101
～憑 開成 038
32 ～淵 天寶 215
～澄 天寶 244
～漸 天寶 258
～滔 咸通 085
～業 垂拱 004
張業 長安 044
33 ～泌 天寶 110
～浦 天寶 063
～泳 大中 158
～溥 廣明 005
～演 麟德 048
～演 天寶 110
～述 元和 123
～梁 大中 142
34 ～對(懷玉) 乾封 057
～湛 開元 518
～漪(若水) 開元 381
～漪 開元 382
～漪 開元 513
～漪 天寶 111
～滿(思言) 麟德 055
～滿才 貞觀 067
～洧 天寶 063
～法雲 開元 475
～法珍 長安 061
～法式(王思慎母) 景雲 022
～漢(泰) 開元 338
～漢璋 大中 142
～浩然 天寶 270
～洪相 垂拱 004
～沐 天寶 126
～禕(福實) 天授 024
～逵 元和 123
～逵 咸通 007
～達 貞觀 145
～達 永徽 009
～達 顯慶 040

張達 顯慶 091
～達 顯慶 131
～達 乾封 032
～達 乾封 037
～達 咸亨 062
～達(文通) 永淳 018
～達 垂拱 056
～達(文遠) 聖曆 039
～達 先天 005
～達 元和 123
～造 元和 123
～薳 元和 123
35 ～冲 龍朔 078
～冲兒(守忠) 上元 018
～清 天寶 126
～清 貞元 012
～清 元和 123
～清 大中 014
～湊 天寶 126
～神慶 聖曆 039
～禮(章) 龍朔 039
～禮 麟德 069
～禮 長安 029
～禮 開元 429
～迪 永淳 019
～迪 開元 513
～遘 天寶 274
36 ～堲 天寶 199
～温(長仁) 麟德 016
～湯 天授 024
～澤 天寶 126
～湜 大中 152
張袒 開元 538
～迦葉 證聖 017
～迦羅 景龍 008
～邈 長安 039
～遲 垂拱 056
37 ～汜 開成 022
～潤 天寶 126
～鴻潛 天寶 162
～渾 天寶 126
～渾之 大中 063
～洛(子春) 永徽 067
～沼 貞元 009
～沼 大中 022
～祖(遠) 咸亨 050
～逸(豐) 永徽 073
～通(進達) 貞觀 151
～通 永徽 012
～通 顯慶 106
～通 麟德 016
～通 乾封 054
～通 咸亨 032
～通(泰) 長壽 007
～通 景雲 026
～通 開元 046
～通 乾寧 003
～運 永淳 019
～運 景龍 008
～運才 麟德 048
～選 垂拱 056
～朗 貞觀 068
～朗 顯慶 101
～朗(寶貴) 乾封 054

38 張塗 開成 041
～海 貞觀 102
～海(玄德) 乾封 032
～洽 垂拱 020
～洽 元和 007
～祥 總章 001
～裕 天寶 043
～遊 開元 266
～遊晉 開元 409
～遊藝 貞元 119
～遊秦 開元 409
～遊恪(瓌) 景雲 010
～遵 貞觀 031
～遵 永徽 129
～遵 龍朔 015
～遵 元和 123
～道 龍朔 015
～道(守元) 長壽 014
～道 長安 029
～道一 開元 020
～道成 景雲 009
～道晏 永貞 007
～道晏 大和 020
～道昇 永貞 007
～道買 景雲 022
39 ～沙娘 會昌 019
～沙門 建中 002
～逖 天授 040
40 ～十一娘(劉□妻) 開元 152
～十八娘子 元和 115
～九齡 開元 030
～九齡 開元 525
張(九齡) 大和 011
～大酺 久視 012
～大雅 天册萬歲 003
～大師 天寶 110
～大象 天册萬歲 003
～大素 神功 004
～大智 乾封 035
～太安 大中 085
～太忠 長安 037
～爽(伯和) 乾封 025
～爽 天寶 001
～爽 乾符 031
～士高 龍朔 020
～士龍(天養) 長安 029
～士諒 大曆 049
～士儒 天册萬歲 003
～士倫 建中 001
～士之 開元 022
～士源 建中 001
～士貴(武安) 顯慶 056
～士貴 開元 124
～士曄 建中 001
～士防 建中 002
～士防 貞元 074
～士階 顯慶 079
～士階 建中 002
～士階 貞元 074
～士階 元和 104
～士階 開成 041
～士階 大中 099
～士陵 建中 002
～士陵 貞元 074

張士陵(公器) 元和 104
～士隆 永徽 067
～直方 咸通 106
～直方(工部) 中和 007
～才(陁) 永徽 129
～才(弘述) 顯慶 029
～才 龍朔 022
～才 龍朔 053
～才(貞幹) 咸亨 108
～才 垂拱 005
～克茂 建中 001
～克茂 建中 002
～克茂 元和 104
～克恭 貞元 018
～克明 永貞 007
～乂 長壽 034
～希 顯慶 007
～希文 儀鳳 029
～希古 天寶 273
～希超(少逸) 貞元 001
～希杲 天寶 142
～有鄰 開元 521
～存 貞元 076
～存休 大中 099
～南素 廣明 005
～南陽公 天寶 180
～志 長安 069
～志 神龍 013
～志 大曆 034
～志立 乾封 056
～女羡(段□妻) 貞觀 006
～嘉 顯慶 095
張嘉(善義) 長安 024
～嘉言 開元 136
～嘉貞 天寶 003
～嘉貞 貞元 014
～嘉之 景龍 014
～嘉福 開元 197
～嘉福 開元 395
～嘉福 天寶 155
～嘉祐 天寶 003
～嘉禮 大曆 008
～吉 乾封 042
～脊 開元 504
～脊知 天寶 081
～脊知 大中 045
～脊知 咸通 028
～奇 開元 109
～壽 顯慶 033
～壽 垂拱 005
～壽 開元 338
～壽 大中 006
～壽 大中 149
～壽禄 大曆 026
～壽禄 大曆 027
～壽禄 大曆 032
～七娘 乾寧 003
～雄 乾封 046
～雄(大歡) 永昌 008
～雄 長壽 030
～去盈 天寶 110
～去疑 天寶 110
～去逸 天寶 110
～去逸 天寶 126

張去逸 元和 123
～去奢(士則) 天寶 110
～去惑 天寶 110
～真 咸亨 028
～真 開元 521
～真誌 武德 002
～奈 貞觀 151
～奈 咸亨 062
41 ～楷 天寶 043
～楷 天寶 244
～楷 貞元 001
～栖 開元 373
～栖巖 大和 020
42 ～彭郎 大中 040
～桃 天授 024
～桃湯 永淳 001
43 ～博 貞觀 126
～婉 顯慶 079
～載 垂拱 020
～載 大中 118
～載 大中 142
～貳郎 貞觀 039
～越 天寶 025
～越 天寶 261
～越石 開元 410
～朴 大中 056
44 ～基 麟德 011
～基 咸亨 050
～萱 咸通 027
～蓋 乾封 035
～蓋 開元 284
～勤 大中 099
張夢殷 乾符 018
～莊 乾封 056
～芮兒 長安 041
～萬 開元 499
～萬發 咸通 031
～萬頃 開元 126
～萬封 天寶 094
～萬善 永徽 050
～萬善 總章 031
～蘭 元和 009
～勸 貞元 005
～勸 貞元 006
～茂 貞觀 103
～茂(元和) 長安 047
～茂弘 大中 118
～茂賓 貞元 040
～芝 顯慶 029
～恭 貞觀 167
～孝 顯慶 077
～孝讓 咸亨 067
～孝謨 聖曆 035
～孝胤 天寶 011
～孝德 顯慶 101
～孝緒 貞觀 086
～孝雄 天寶 215
～孝忠 建中 014
～孝忠 元和 125
～孝節 天寶 142
～範 總章 001
～英 顯慶 017
～英(趙□妻) 顯慶 118
～英 總章 003

張英　開元 475
～英　天寶 063
～英竭　大中 026
～英傑　大中 006
～莒　元和 005
～菩　咸通 023
～若訥　開元 490
～若虛　大中 152
～若芬　開元 409
～若思　儀鳳 027
～荀荀　貞觀 039
～藹仁　咸通 114
～世　貞觀 167
～世海　乾封 017
～世哲　儀鳳 029
～楚　顯慶 163
～楚　貞元 030
～楚璋　開元 284
～楚客　天寶 037
～楚金　開元 538
～黄　垂拱 038
～贇　乾符 023
～藥(子)　永徽 012
～藥子　永徽 012
～藥師　開元 197
～植　開成 020
～楯　大中 056
～楯　咸通 010
～椅　天寶 155
46 ～旭　咸通 085
～觀　垂拱 006
～觀(利賓)　咸通 028
張幧　中和 007
～如山　永淳 019
～如山　聖曆 002
～勰　開元 381
～嬋　開成 041
～相(仲容)　顯慶 037
～相　咸通 028
47 ～均　貞元 138
～懿　上元 035
～懿(萬壽)　永淳 027
～懿　天授 026
～懿　神功 008
～懿　開元 424
～猛　永淳 018
～歡用　光啓 004
～妃　貞觀 045
～翃　開元 365
～翃(逸翰)　建中 001
～翃(逸鄭)　建中 002
～翃　大曆 049
～起(田玄善妻)　垂拱 027
～起(祚)　開元 475
～起　大中 082
～超　龍朔 033
～超　咸亨 109
～超　元和 123
～超　咸通 007
～期　開元 341
～穀　永徽 009
48 ～乾愛　開元 468
～幹　龍朔 037
～幹　麟德 055

張幹 開耀 003
～幹 聖曆 039
～敬 永徽 067
～敬 咸亨 030
～敬玄 咸亨 039
～敬玄(什行) 開耀 003
～敬詵 貞元 061
～敬已 天寶 030
～敬仙 天寶 198
～敬之(叔譽) 天授 042
～敬之 天寶 215
～敬宗 開元 307
～敬忠 天寶 112
～敬忠 大曆 032
～敬忠 大曆 033
～松茂 元和 009
50 ～中立 乾符 031
～中權 乾符 031
～聿 大中 158
～聿 咸通 037
～聿之 咸通 109
～泰 上元 035
～泰 先天 005
～泰 開元 409
～泰 天寶 264
～泰 寶曆 012
～青 乾封 025
～肅 顯慶 012
～肅 顯慶 095
～肅 開元 510
～肅 天寶 207
～肅珪 天寶 063

張惠(王敬賓母) 顯慶 033
～惠達 乾封 016
～惠達 大中 018
～惠則 開元 438
～忠(處信) 貞觀 126
～忠 顯慶 029
～忠 龍朔 089
～奉忠 建中 013
～春潭 天寶 169
～春景 天寶 169
～春岳 天寶 169
～由庚 咸通 114
～由訓 咸通 114
～由儀 咸通 114
～壽禄 大曆 033
～表 久視 008
～表 神龍 013
～貴(茂) 顯慶 050
～貴 乾封 025
～貴 乾封 057
～貴 總章 008
～貴 開元 034
～貴 開元 046
～貴寬 永淳 019
～素 乾封 042
～素 神功 008
～素 開元 409
～素德 貞觀 085
～秦師 顯慶 024
～秦客 神龍 013
～柬之 天授 039
～柬之 開元 380

張柬之 開元 381
～柬之 開元 382
～柬之 開元 513
～柬之 天寶 111
～柬之 天寶 221
～柬之 元和 067
51 ～振(文遠) 顯慶 121
52 ～悊 天寶 084
～哲 大中 070
53 ～盛(世隆) 顯慶 022
～成(文德) 垂拱 038
～成 長安 047
～成 大和 101
～成則 大中 045
～成則 咸通 028
～威(弘重) 咸亨 097
～威 開元 046
～威 開元 338
～威 天寶 110
～甫 大中 154
～感 開元 429
～戎 大中 158
54 ～軌(道彥) 咸亨 010
～勣 開元 436
55 ～扶 顯慶 051
～曹 永徽 064
56 ～操 貞元 134
57 ～拯 開元 525
58 ～攬 萬歲通天 011
～軫 貞觀 172
～軫 開元 381
～軫(季心) 開元 382
張軫(季心) 天寶 111
60 ～曰常 開成 038
～喭(弘節) 長安 018
～昉 咸亨 062
～昱 大中 152
～呈 開元 538
～昜 貞觀 086
～國 顯慶 056
～國楨 寶曆 012
～見 咸亨 067
～見 長壽 014
～兄仁 乾封 029
～暠 垂拱 056
～易(泰易) 開元 504
～易之 開元 026
～易之 開元 263
～易之 開元 308
～晟 神功 008
～思播 中和 012
～思鼎 天寶 043
～思約 中和 012
～思儉 長安 002
～思賓 長壽 022
～思賓 證聖 017
～思道(勤王) 開元 122
～思哲 長安 061
～思盛 長安 061
～思暕 天寶 081
～思賢 總章 032
～思義 永徽 007
～思義 長安 008
～思義 天寶 003

張晏 天寶 215
～昊 廣明 005
～昇 垂拱 011
～昇 垂拱 056
～昇虛 大曆 005
～暈 貞元 018
～回 天寶 221
～昌(吳生) 咸亨 032
～昌 貞元 111
～昌 開成 022
～昌 會昌 002
～昌 殘誌 020
～昌期 大曆 058
～昂 永徽 027
～嵒 先天 005
～嵒 開元 374
～具瞻 開元 052
～具瞻 元和 104
～具瞻 開成 041
～圓郎 廣明 003
～炅(仙客) 大曆 026
～炅 大曆 027
～炅 貞元 009
～杲 開元 284
～景 貞觀 144
～景 永徽 067
～景 總章 008
～景(世雄) 神龍 013
～景 開元 276
～景 大中 118
～景球 大順 001
～景仁 廣明 005
張景仙 天寶 270
～景之(仲陽) 天授 040
～景旦(昇明) 開元 126
～景陽(再) 開元 538
～景恂 長安 069
61 ～毗羅 天寶 272
～顒 顯慶 037
～點(子敬) 開元 380
～顯 貞觀 126
～顯 垂拱 006
～顯 長壽 014
～顥 開元 504
62 ～昕(道光) 開元 436
～曛(繼明) 元和 067
～則 貞觀 086
～則 開元 381
～則 開元 429
～則 天寶 221
63 ～貽玘 貞元 103
64 ～曉 咸亨 010
～曉(士明) 咸亨 028
～曉 大中 022
～時譽 開元 052
～時譽(虞卿) 開元 365
～曄(文殊) 調露 007
～曄 咸通 010
～曄(日章) 咸通 085
66 ～嚴 大中 056
67 ～曜 總章 001
～明(文明) 貞觀 035
～明 永徽 140
～明 上元 018

張明 長安 039
～明憲 開元 528
～暉 景雲 010
～略 咸亨 030
～略 咸亨 094
～昭 乾符 023
～瞻 大中 056
～瞻 咸通 085
～鷺 大中 071
～嗣元 開元 373
68 ～晦之 天授 039
～晦之 天授 040
～晦之 天寶 221
70 ～雅 開元 006
71 ～隴(祖君信母) 永徽 106
～隴 開元 409
～愿 開元 380
～愿 開元 381
～愿 貞元 030
～愿 元和 067
～厚禮 開成 022
～厚本 開成 022
～階 天寶 124
～愿(善愿) 總章 008
～愿(秦卿) 大曆 033
～匡 天授 026
～長 乾封 041
～長 咸亨 050
～長度 天寶 003
～長瑤 聖曆 035
～頤 大曆 032
～頤 大曆 033
張頤貞 中和 007
～槩 貞元 112
72 ～劉課 大中 014
～劉十 大中 005
～劉十 大中 026
～劉十一 大中 026
～剛 乾封 032
～剛 咸亨 109
～剛 開元 341
～隱 垂拱 014
～后 貞元 012
～胐 天寶 221
～氏(胡永妻) 貞觀 008
～氏(毛祐妻) 貞觀 015
～氏(□禕妻) 貞觀 019
～氏(王才妻) 貞觀 132
～氏 延壽 100
～氏(潘卿妻) 永徽 017
～氏(郝榮妻) 永徽 024
～氏(楊藝妻) 永徽 030
～氏(馬忠妻) 永徽 038
～氏(王則妻) 永徽 053
～氏(楊清妻) 永徽 057
～氏(楊吴生妻) 永徽 092
～氏(王禮妻) 永徽 140
～氏(郭行滿母) 顯慶 017
～氏(韓政妻) 顯慶 052
～氏(爨仁軌母) 龍朔 016
～氏(周師妻) 龍朔 055
～氏(王楷妻) 龍朔 071
～氏(桓琮妻) 龍朔 089
～氏(王宣妻) 麟德 064

張氏(楊達妻) 乾封 005
～氏(司馬興妻) 咸亨 016
～氏(仵欽妻) 咸亨 024
～氏(尚武妻) 上元 038
～氏(王留妻) 儀鳳 036
～氏(觀□妻) 儀鳳 041
～氏(曹宫妻) 調露 009
～氏(王深妻) 調露 012
～氏(王才妻) 永隆 012
～氏(唐思文妻) 永淳 005
～氏(蘇同吉母) 光宅 005
～氏(孟仁妻) 垂拱 002
～氏(陳冲妻) 垂拱 029
～氏(樂師妻) 垂拱 043
～氏(楊賓妻) 垂拱 062
～氏(皇甫貞慎母) 天授 026
～氏(王玄裕妻) 天授 033
～氏(元罕妻) 天授 035
～氏(朱行妻) 如意 001
～氏(邢政妻) 長壽 002
～氏(和錢妻) 長壽 011
～氏(連簡妻) 天册萬歲 008
～氏(常舉妻) 萬歲通天 009
～氏(慕容琬母) 聖曆 035
～氏(秦□妻) 長安 003
～氏(趙越賓妻) 長安 009
～氏(田待妻) 景雲 023
～氏(郭思訓妻) 景雲 025
～氏(陳智妻) 景雲 026
～氏(戴令言妻) 開元 010
～氏(孟裕妻) 開元 020
～氏(王德妻) 開元 031
張氏(蔡仁叡母) 開元 034
～氏(李二妻) 開元 041
～氏(劉□妻) 開元 080
～氏(王師妻) 開元 090
～氏(王慶妻) 開元 105
～氏(梁方妻) 開元 109
～氏(蕭舉妻) 開元 118
～氏(楊純妻) 開元 124
～氏(郭思謨妻) 開元 136
～氏(夏侯法寳妻) 開元 138
～氏(田嵩妻) 開元 158
～氏(雍□張妻) 開元 168
～氏(張約通孫女) 開元 208
～氏(李文幹妻) 開元 254
～氏(邢均妻) 開元 265
～氏(王思齊妻) 開元 266
～氏(房孚妻) 開元 331
～氏(王育疑妻) 開元 402
～氏(蕭令臣妻) 開元 410
～氏(姚珝妻) 開元 422
～氏(趙壽妻) 開元 425
～氏(鄭敝妻) 開元 440
～氏(宋知感妻) 開元 444
～氏(王智言妻) 開元 497
～氏(楊□妻) 開元 499
～氏(季泉妻) 開元 506
～氏(白知禮妻) 開元 529
～氏(蔣敏妻) 開元 539
～氏(董昭妻) 天寶 102
～氏(李安樂妻) 天寶 175
～氏(高安母) 天寶 245
～氏(崔克讓妻) 天寶 265

張氏(呼延澕母) 聖武 007
～氏(宋文博妻) 順天 002
～氏(楊春妻) 順天 003
～氏(崔克讓妻) 寶應 002
～氏(李睦妻) 大曆 008
～氏(皇甫悟妻) 建中 003
～氏(曹景林妻) 建中 015
～氏(梁思妻) 貞元 002
～氏(鄭晃妻) 貞元 019
～氏(程俊妻) 貞元 030
～氏(閻士態妻) 貞元 032
～氏(梁思妻) 貞元 054
～氏(吕秀妻) 貞元 090
～氏 貞元 099
～氏(王永妻) 貞元 100
～氏(李閑妻) 貞元 111
～氏 貞元 115
～氏(陶英妻) 貞元 127
～氏(曹□妻) 元和 019
～氏(苗蕃妻) 元和 021
～氏(秦樺信妻) 元和 059
～氏(劉通妻) 元和 064
～氏(申屠輝光妻) 元和 093
～氏(孟維妻) 元和 113
～氏(田萬昇妻) 元和 114
～氏(季弘亮妻) 元和 125
～氏(蕭子昂妻) 元和 126
～氏(周球妻) 元和 132
～氏(邵才志妻) 元和 135
～氏(崔蕚妻) 元和 136
～氏(曲惟證妻) 長慶 016
～氏(高軫妻) 長慶 022
張氏(曹萬妻) 長慶 030
～氏(解晉卿妻) 寶曆 009
～氏(楊宗本妻) 寶曆 013
～氏(何洪□母) 寶曆 016
～氏(劉泳妻) 大和 031
～氏(王璠妻) 大和 067
～氏(劉元卿母) 大和 072
～氏(王振妻) 大和 075
～氏(楊弘慶妻) 大和 083
～氏(魏川妻) 大和 092
～氏(李彦崇妻) 開成 003
～氏(田英妻) 開成 014
～氏(張汜女) 開成 022
～氏(柳濟妻) 開成 031
～氏(趙元戣伯母) 開成 052
～氏(苗) 會昌 002
～氏(楊公弼妻) 會昌 014
～氏(包□妻) 會昌 026
～氏(馬紓妻) 會昌 030
～氏(李閑衆妻) 會昌 034
～氏(温造妻) 會昌 048
～氏(曹慶妻) 大中 007
～氏(韋頊妻) 大中 022
～氏(魏仲連妻) 大中 023
～氏(鄭鐈妻) 大中 025
～氏(王守琦妻) 大中 032
～氏(孫奭母) 大中 042
～氏(劉繼妻) 大中 050
～氏(華□妻) 大中 082
～氏(洪抗母) 大中 086
～(都護) 大中 119
～氏(陳諭祖妣) 大中 133

張氏(陳諭曾祖妣) 大中 133
～氏(劉航母) 大中 136
～氏(適彭城劉氏) 大中 152
～氏(李元妻) 大中 159
～氏(王晟妻) 咸通 031
～氏(郝忠憲妻) 咸通 043
～氏(魏儔妻) 咸通 046
～氏(王仲建妻) 咸通 047
～氏(過訥妻) 咸通 050
～氏(孫仕竭妻) 咸通 053
～氏(何溥妻) 咸通 054
～氏(劉仕俌妻) 咸通 055
～氏(魏□妻) 咸通 066
～氏(王晟妻) 咸通 083
～氏(趙公慶妻) 咸通 095
～氏(李琯妻) 咸通 102
～氏(蔡胤母) 乾符 023
～氏(成建妻) 乾符 027
～氏(敬延祚妻) 中和 005
～氏(威高妻) 中和 008
～氏(王仲實妻) 光啓 003
～氏(王文進妻) 光啓 003
～氏(孫珣妻) 景福 001
～氏(元兖妻) 殘誌 001
～岳(崑崙) 貞觀 039
～岳 長安 041
74 ～助 元和 104
～隨 咸通 074
76 ～陽 大中 082
77 ～堅容 開元 506
～閏之 咸通 007
～鳳 咸亨 067
張鳳憐(伯鸞) 永徽 007
～隆 長安 047
～同晏 天寶 081
～周 建中 011
～周抗(智遠) 廣明 003
～門全 開元 284
～履素 開元 020
～騷(孝質) 貞觀 067
～騷 永徽 064
～閿 中和 007
～舉(思奮) 貞觀 060
～舉(冲邈) 長安 002
～留生 乾封 046
～留生 開元 138
～問 神龍 013
～冏 咸亨 097
～卿 永淳 018
～具瞻 建中 001
～具瞻 建中 002
～巽(子華) 寶曆 012
～興 貞觀 060
～興(文起) 龍朔 022
～興 大中 070
～貫 開成 052
～賢 聖曆 039
～賢 開元 538
78 ～阤 乾封 042
～阤 神功 008
～覽(智周) 垂拱 020
79 ～勝 顯慶 001
～鄰 會昌 026
80 ～八娘 乾寧 003

張全忠　咸通 102
～金　龍朔 078
～金龜　元和 104
～金才　萬歲通天 011
～金娘　大中 082
～金剛　顯慶 024
～鏡玄　天寶 207
～鏡初　天寶 160
～鎬　大中 031
～鉉　開元 158
～夔　長安 069
～舞　顯慶 095
～令容　會昌 002
～令賓　顯慶 139
～令暉　開元 068
～令暉　永貞 007
～令恂　長安 069
～無擇　大中 136
～念祖　天授 033
～慈修　永昌 006
～弇　大中 081
～羊(君節)　顯慶 001
～義　貞觀 029
～義(依仁)　永徽 027
～義(世義)　永徽 143
～義(弘義)　顯慶 106
～義　龍朔 023
～義(成)　咸亨 067
～義　儀鳳 029
～義　開耀 003
～義　垂拱 014
～義　聖曆 039
張義　開元 375
～義　貞元 014
～義琬(思靖)　大曆 007
～合　先天 009
～普　殘誌 020
～善　顯慶 118
～善(嘉寶)　龍朔 006
～善(德)　乾封 042
～善　長安 002
～善　開元 341
～善政　乾封 025
～善政　開元 022
～善才　顯慶 107
～舍利　貞觀 068
～曾　貞元 134
～會　顯慶 121
～公謹　天冊萬歲 003
～公謹　神功 004
～公瑾　元和 152
～公儒　咸通 028
～公佐　大中 014
～公直　顯慶 107
～公素　咸通 106
81 ～矩　顯慶 086
～矩　長安 044
～矩　廣明 003
82 ～釗　天寶 084
～釗　咸通 037
～鍘　咸通 037
～鐘葵　貞觀 102
～譏　咸通 037
83 ～鍼　大中 136

張鈥 大中 006
～鈥 大中 149
～猷 貞觀 148
～猷 咸亨 030
～猷 神龍 013
84 ～鐃 開元 504
85 ～銖 大中 026
～鍊 大中 006
86 ～鍠 開元 374
～鍔 天寶 084
～錫 大中 026
～知亮 天寶 001
～知言 天寶 063
～知九 咸亨 030
～知泰 大曆 024
～智慧(元泰) 總章 017
87 ～鋼 貞元 119
～鋒(子剛) 大中 026
～欽(子伯) 永徽 064
～翔 顯慶 079
～翔(子翼) 建中 002
～翔 元和 104
～翔 開成 041
～舒(弘裕) 貞觀 172
88 ～鋭(郟侯) 大曆 034
～鈐 文德 001
～簡琇 開元 518
～簡瑜 開元 518
～慜 開元 365
～敏 顯慶 024
～敏 開元 052
～敏 建中 001

張節 永徽 093
～節 咸亨 030
～策 開元 381
～纂 顯慶 086
～纂 天授 033
～籍 大中 102
～籍 大中 107
90 ～小哥 大中 014
～小醜 中和 007
～小師 開元 519
～小娘子 大中 081
～小菩 咸通 023
～惟(部) 貞元 138
～惟一 貞元 026
～惟儉 貞元 027
～惟儉 殘誌 010
～惟敬 元和 009
～惟哲 元和 009
～惟岳 建中 016
～惟岳 建中 018
～惟敏 元和 009
～懷 開元 529
～懷 天寶 270
～懷文 顯慶 145
～懷瓌 乾符 031
～懷瓘 乾符 031
～懷實 建中 013
～懷寂 永昌 008
～懷寂(德璋) 長壽 030
～懷惲 開耀 002
～愔 景雲 022
～愔 元和 123

張少清 咸通 031
～光 顯慶 012
～光(秦義妻) 龍朔 053
～光祐 開元 518
～常求 開元 145
91 ～悱 天寶 030
～恒 天寶 160
～恒 天寶 215
～恒肅 大中 014
～恒貴 顯慶 077
～炳 貞觀 085
92 ～惱 大曆 034
93 ～愃(承寂) 神功 004
94 ～忱(承珪) 天册萬歲 003
～怙 貞元 012
～怙 元和 123
～慎思 開元 136
97 ～恪 大中 087
～輝 長安 024
98 ～悦 元和 132
～敞(子開) 開元 180
99 ～榮 貞觀 085
～榮 顯慶 001
～榮 顯慶 074
～榮 乾封 035
～榮 乾封 054
～榮 開元 022
～榮 會昌 014
～榮琛 天寶 198
～榮秀 大中 018
～榮崇 天寶 198
～榮芝 天寶 198
張□ 貞元 111
～□ 貞元 111
～□廉 萬歲通天 030
～□儒 神功 004
～□禄 貞元 009
～□節 麟德 069
～(徐州伯) 貞元 070
～(説弟) 貞元 127

裴 1173_2

00 裴亮 開元 068
～方産 聖曆 005
～度 會昌 030
～度 大中 047
～度 大中 054
～度 大中 097
～庭裕 乾寧 005
～讓之 神龍 045
～玄覽 景雲 018
～雍熙(王同福妻) 天寶 138
02 ～端辭 咸通 063
03 ～誼 大中 054
～誼 大和 024
～就 貞元 004
04 ～謀 殘誌 036
05 ～靖 貞元 132
07 ～詢 景雲 018
～諝 貞元 021
～諝 元和 102
～譔 元和 091
08 ～施 開元 213
～敦復 天寶 054

10 裴正　天寶 138
～元凱　元和 144
～元紀　天寶 225
～元简　元和 023
～可久(真遠)　咸亨 080
～雲　大中 137
11 ～瓏　開元 129
～璿　開元 385
～頊之　開元 522
～冀　貞元 026
12 ～弘泰　大曆 079
～弘泰　元和 131
～弘泰　開成 009
～延京　天授 001
～延宗　天授 001
13 ～琬　開元 129
～武　元和 131
14 ～瑾之　上元 012
～璹　開元 398
～璹　天寶 187
～瓚　大中 124
～琪　元和 137
16 ～琨　天寶 080
～瑒　開元 129
～璟　元和 023
17 ～玘　開元 129
～珣　天寶 128
～璆　乾符 016
～瓊　開元 129
～琚　元和 008
～璵　開元 129
～承章　元和 008
裴承家　天寶 078
～承宗　開元 125
～承嗣　天寶 054
～忌　垂拱 045
～忌　開元 125
～子章　光啓 001
～子餘　貞元 056
18 ～玠　開元 129
19 ～璘　開元 129
～琰之　上元 012
20 ～孚　元和 144
21 ～顗　大曆 044
～顗　殘誌 027
～仁安　元和 144
～仁基　開元 523
～行顗　開元 227
～行儉　聖曆 032
～行儉　長安 062
～行儉　景龍 002
～行儉　開元 019
～行儉　開元 523
～衡　大中 096
～處璡　天寶 225
～師武　景龍 019
～師武　開元 071
～貞固　開元 227
～穎　乾元 010
22 ～胤　垂拱 045
～鼎　天寶 259
～炭　天寶 220
～繇之　會昌 011
24 ～倚　貞元 029

裴德　天寶 138
～德超　大曆 044
～德超　殘誌 027
～佶　元和 130
～休　開成 050
～休　會昌 034
～休英　大曆 044
～休英　殘誌 027
～稹(道安)　開元 523
～稹　貞元 029
～稹　大中 124
25 ～仲卓　開元 386
～仲將　天寶 054
～仲將　天寶 257
～仲將　大和 024
～仲由　垂拱 045
～倩　開元 523
26 ～自强　開元 125
～伯源　天寶 164
～伯義　貞元 004
～偲　貞元 087
27 ～修謹　天寶 002
～儋　會昌 009
28 ～復(茂紹)　元和 023
～儀　元和 102
30 ～沆　大中 010
～濟　天寶 128
～寬　乾封 021
～寬　天寶 246
～永嗣　天寶 257
～適時　大曆 031
～守祚　天寶 138
裴守忠　天寶 231
～守忠　貞元 056
～定　開元 523
～寂　貞觀 139
～寂　顯慶 159
32 ～濰　天寶 239
～漸　元和 073
～适(通玄)　大曆 078
33 ～溥(王冷然妻)　天寶 002
34 ～灌頂　乾封 021
～汯　開元 466
～漠　天寶 080
～祐　元和 144
～達　開元 213
～達　元和 006
～達　開成 016
35 ～遘　天寶 242
36 ～洎　永貞 006
～涓　大曆 044
～涓　殘誌 027
37 ～鴻智　景龍 019
～鴻智　開元 071
～次王　大和 054
～滌　聖曆 005
～迅　天寶 054
～迅　天寶 257
～迥　開元 102
～迥　大和 024
～逢　大和 014
38 ～澣　大和 099
～祥　開元 213
～遵慶　會昌 011

裴遵鴻 大曆044
～遵鴻 殘誌027
～道 永淳003
39 ～沙(鉢羅) 開元213
～潾 元和069
40 ～十一娘 元和006
～太一(李□妻) 永淳003
～太元 開元044
～爽 垂拱045
～爽 開元129
～爽 開元398
～爽 天寶078
～爽 天寶187
～友直 貞元004
～克郎 元和023
～希莊 開元129
～有信 天寶080
～支 開元213
～沯 天寶231
42 ～斯 開元125
43 ～婉 大曆073
44 ～基 開元398
～基 天寶187
～苑 開成016
～蔭 垂拱045
～恭道 神龍045
～孝仙 元和006
～孝忠 聖曆005
～孝智 大和014
～世恩 景雲018
～蘊 開元125
～蘊 天寶078

裴蘊 天寶227
～權 天寶220
～枘 大和099
～模 開元386
46 ～垍(相府) 元和082
～坦(光胤) 開元522
～坦 殘誌023
47 ～均 大和050
～懿 永貞004
～懿 咸通080
～超 元和144
48 ～翰 先天002
～幹 元和144
50 ～中庸 天寶080
～肅 開元398
～肅(子敬) 天寶187
51 ～振 天寶078
52 ～援 天寶078
～虬 元和023
～靜盧 乾封021
53 ～咸(思容) 聖曆005
54 ～勣 咸亨080
56 ～操之 大曆078
57 ～蟾 咸通003
59 ～掞 神龍045
60 ～日勝 大和024
～曠 大曆073
～曠 元和023
～冕 天寶110
～冕 貞元132
～思質 開元227
～思義 大曆078

裴思簡 大曆 044
～思簡 殘誌 027
～思慎 開元 519
～昇卿 天寶 225
～昌(仲達) 元和 144
～昌期 開元 125
～昂 太極 001
～昂 開元 522
～景 元和 006
67 ～明達 元和 144
～明禮 麟德 026
～昭(待賓) 景雲 018
～嗣宗(希文) 乾封 021
68 ～斅珍 大曆 078
71 ～阿八 開成 009
～巨卿 天寶 231
～長川 開成 022
72 ～朓 天寶 060
～朏 開元 523
～氏(常協妻) 萬歲通天 031
～氏(劉寂妻) 神龍 041
～氏(李璿之母) 太極 001
～氏(韋頊妻) 開元 071
～氏(薛□妻) 開元 227
～氏(張承祚妻) 開元 519
～氏(王同人妻) 天寶 078
～氏(趙佺妻) 天寶 172
～氏(李□妻) 天寶 220
～氏(元舒温妻) 天寶 226
～氏(賈欽惠妻) 天寶 227
～氏(于强母) 天寶 231
～氏(李洽妻) 天寶 259
裴氏(李玢妻) 聖武 005
～氏(張倜妻) 大曆 027
～氏(楊□妻) 貞元 004
～氏(吴□妻) 貞元 004
～氏(盧寂妻) 貞元 056
～氏(魏防妻) 貞元 087
～氏(武珍妻) 貞元 132
～氏(孫起妻) 元和 058
～氏(權璩妻) 元和 102
～氏(田意真妻) 元和 114
～氏(范傳正妻) 長慶 019
～氏(高覲王妻) 長慶 022
～氏(劉栖楚妻) 大和 014
～氏(孫起妻) 會昌 011
～氏(馬紓妻) 會昌 030
～氏(孫起妻) 大中 092
～氏(孫公器妻) 大中 163
～氏(江俞九母) 咸通 080
～氏(楊璩妻) 咸通 103
～氏(歐陽瑛妻) 殘誌 036
～氏裴(公)又 殘誌 023
～質 元和 023
77 ～覺(寶真空) 景龍 019
～尼 開元 129
～同(思泰) 開元 385
～同亮 貞元 099
～聞喜 天寶 227
～居業 咸亨 080
～興 元和 144
80 ～鎬(千石) 天寶 054
～義寶 永淳 003
～首兒 神龍 045

84 裴銑(成子) 天寶 257
86 ～知命 天寶 225
87 ～鄭邑 大和 024
88 ～簡 大曆 078
～簡 元和 073
～簡 大和 024
90 ～惟庶 開元 068
～惟謹 開元 068
～惟謙 開元 068
～惟孝 開元 068
～惟敬 開元 068
～懷 太極 001
～懷旻 景龍 019
～懷瞁 開元 071
～懷義 開元 521
～少擢 天寶 242
～光庭 開元 523
～光庭 貞元 029
～炎 開元 074
～炫 天寶 051
94 ～煒 天寶 078
97 ～烱 開元 008
98 ～悌 永淳 003
99 ～榮期 開元 125
～□(裴佶季弟) 元和 130
～(江南東道宣撫招討使) 天寶 091
～(上谷郡守) 天寶 063
～(哀皇后) 天寶 080
～(太傅) 大中 054
～(丞相晉公) 大中 097

冀 1180_1

00 冀弈 貞元 067
72 ～氏(田侁妻) 貞元 067

弘 1223_0

24 弘化公主 乾元 007
72 ～氏(高誠妻) 大和 029

孔 1241_0

00 孔齊参 天寶 048
～齊参 開成 021
07 ～望回 開成 021
10 ～玉(梁君英母) 顯慶 048
～元 聖曆 036
13 ～戣 咸通 115
14 ～珪(敬宗) 開元 169
17 ～翼 開元 169
20 ～香 貞觀 138
21 ～穎達 大曆 058
22 ～岑父 大中 024
～岑父 咸通 115
～崇道 天寶 255
24 ～德紹 天寶 048
27 ～紓(持卿) 咸通 115
30 ～永 大順 002
～宗 開元 287
～察 貞觀 138
31 ～馮哥 大順 002
33 ～述睿 天寶 048
～述睿 開成 021
～業 開元 169

36 孔温裕(鄒魯) 咸通 074
～温裕 咸通 115
～温質 大中 024
37 ～祖舜 天寶 048
40 ～爽 開元 169
～克讓 天寶 048
42 ～桃栓 開元 287
45 ～妹妹 大順 002
46 ～如珪 大中 024
47 ～起 咸通 117
48 ～乾滿 開元 287
～敬宗 聖曆 036
60 ～晟 顯慶 048
～昌寓 天寶 048
63 ～戩 大中 024
71 ～長寧 貞觀 138
72 ～氏(劉博妻) 大中 024
80 ～全禎 天寶 048
83 ～鐵婢 咸通 115
88 ～敏行 元和 105
～敏行 開成 021
90 ～忙忙 大順 002
～懷順 大順 002
～光 開元 287

孫 1249_3

00 孫亮 開元 423
～齊丘 開元 052
～高師 大中 085
～高姐 景福 001
～方紹(比璉) 咸通 068
～應 元和 029
孫庭言 殘誌 062
～庭謣 殘誌 062
～庭林 元和 036
～廣 開元 116
～文通 元和 036
～文楚 上元 037
～章 光宅 002
～玄 文明 005
～玄表 開元 100
～雍兒 大中 151
01 ～龍 永徽 059
～襲 長安 059
02 ～訓 永徽 029
～新奴 咸通 060
07 ～毅 會昌 035
～郭兒 景福 001
～韶娘 殘誌 015
09 ～讜(廷臣) 殘誌 015
10 ～三三 咸通 060
～五弟 咸通 060
～正言 長慶 016
～靈懷 咸亨 068
～璋 大曆 009
～元 開成 005
～天奴 咸通 040
～霸 貞元 073
～霸 開成 046
～百憶 元和 036
～石頭 元和 036
11 ～非熊 元和 058
～玩 咸通 060
～璩 會昌 010

孫頊 大中 042
～頊 大中 054
12 ～弘 永徽 128
～弘秀 調露 020
14 ～瓆 大中 042
15 ～建 乾封 050
16 ～瑝 會昌 004
～瑝 大中 054
17 ～翌 開元 136
～翌(季良) 開元 187
～珣 景福 001
～承景 文明 001
～子起 咸亨 068
～君(政) 總章 018
18 ～瑜 元和 153
～群兒 大中 161
～群兒 咸通 053
19 ～璘 大中 054
20 ～伉 會昌 004
～伉 大中 120
～信 乾封 050
～信 文明 001
～信 開元 100
～季 開成 005
～集慶 貞元 113
21 ～伾 大中 120
～行廉 長安 059
～何子 元和 036
～處玄 景雲 013
～處信 總章 005
～處約(茂道) 咸亨 068
～處約 殘誌 062
孫處沖 光宅 002
～佰悦 貞觀 128
～師政 長壽 034
～紫華 元和 036
22 ～侀(可器) 大中 092
～鼎奴 咸通 084
～侹 咸亨 068
～侹 延載 003
～岧 咸通 060
～岧 咸通 069
～萴 天授 002
23 ～秘 總章 005
～綝 大中 095
～綝 大中 151
～綝 殘誌 017
24 ～仕 咸亨 098
～仕竭 咸通 053
～侑 大中 120
～備 會昌 004
～備 大中 120
～備 咸通 040
～倚 會昌 004
～德(道) 光宅 002
～德 大中 038
～德儼 神龍 026
～德成 神龍 026
～倰 大中 120
～儲 會昌 004
～幼實(鼎臣) 廣明 006
～幼華 大曆 004
～纘 開元 442
25 ～仲將 貞元 026

孫仲將　貞元 113
～仲甫　開成 005
～佛奴　咸通 069
26 ～伯達　會昌 035
～儼　大中 120
～保衡　貞元 026
～保衡　貞元 113
～保衡　貞元 114
～保衡　永貞 006
～保衡　元和 015
～保衡　元和 058
～臯方　開成 005
～峴(孫向女)　大中 092
～峴娘　大中 095
～峴娘　殘誌 017
27 ～偓　咸通 117
～向　會昌 011
～向　大中 092
～衆娘　會昌 010
～紓　大中 095
～紓　大中 161
～紓　大中 163
～紓　殘誌 017
～網　咸通 084
～絳　貞元 026
28 ～攸　大中 120
～儆　咸亨 068
～儆　咸亨 096
～微仲　貞元 026
～微仲　永貞 006
～微仲　咸通 068
～徽　大中 151
孫徽　咸通 084
～徽　廣明 006
～徽　殘誌 015
～從朗　元和 153
30 ～注留　元和 036
～汶娘(賀老)　咸通 040
～宿　大中 163
～宿　咸通 084
～宿　廣明 006
～宿　殘誌 015
～進　文明 001
～進　大曆 004
～牢　咸通 068
～審象　貞元 026
～審象　永貞 006
～審象　元和 015
～審象(近初)　會昌 010
31 ～遷　永徽 029
～遷　乾封 050
32 ～澄(元規)　天授 002
～澄江　元和 029
33 ～泳　咸通 099
～溶　乾符 012
34 ～沈尤　開元 153
～漢章　大中 036
～汝砅　元和 038
～浩然　開元 107
～造　貞元 113
～造　貞元 114
～違　永徽 029
～達(思賢)　上元 037
～邁　永徽 108

35 孫津兒 咸通 084
～邁 元和 039
～邁 元和 058
～邁 會昌 004
～邁 大中 065
～邁 大中 092
～邁 大中 120
36 ～暹 開元 100
～迴紇 咸通 053
37 ～澥 會昌 004
～澥 咸通 117
～凝 殘誌 015
～通(德寶) 文明 005
～遹 會昌 004
～遹 大中 054
～遹 咸通 053
～鄴 咸通 068
38 ～海客 咸通 053
～海客 大中 161
～啓奴 咸通 060
～道全 咸通 040
～遊 總章 005
～紧 殘誌 015
39 ～逖(尚書考功郎) 天寶 124
～逖 顯聖 002
～逖 貞元 026
～逖 元和 058
～逖 會昌 004
～逖 會昌 010
～逖 大中 163
～逖 咸通 068
～逖 殘誌 015
40 孫乂 永徽 059
～九陵 元和 036
～奭 大中 042
～奭 咸通 053
～士璨 咸亨 068
～(士桀) 大中 042
～圭奴 咸通 084
～克 大中 042
～希莊 貞元 026
～希莊 貞元 113
～希莊 元和 039
～志廉(惠達) 天寶 247
～婷娘 咸通 053
～嘉之 聖曆 002
～嘉之 貞元 026
～嘉之 貞元 113
～嘉之 元和 039
～嘉之 元和 058
～嘉之 會昌 004
～嘉之 會昌 010
～嘉之 大中 054
～嘉之 大中 065
～嘉之 大中 092
～嘉之 大中 120
～吉娘 咸通 084
～雄 開元 100
41 ～姮娘 廣明 006
42 ～彭壽 大中 161
～荆 大中 092
44 ～埴 會昌 004
～芬奴 元和 036
～萬德 元和 036

孫萬斬 聖曆 028
～萬勝 元和 036
～恭(懷信) 乾封 050
～蘭奴 總章 018
～孝廉 長壽 034
～孝成 天授 002
～孝敏 貞元 026
～孝敏 貞元 113
～孝敏 會昌 010
～孝敏 大中 120
～廿九女 大中 065
46 ～嬋娘 廣明 006
47 ～懿 乾封 044
～縠 會昌 011
～縠 大中 054
～猧兒 咸通 040
～娩(韋寧母) 元和 039
～嫺娘 廣明 006
～奴哥 景福 001
～起(晉卿) 元和 058
～起 會昌 004
～起 會昌 011
～起 大中 065
～起 大中 092
～起 大中 120
48 ～乾 文明 001
50 ～忠幹 元和 055
～惠(智藏) 神龍 026
～惠度 元和 036
～惠業 元和 036
～惠達 元和 036
～春春 咸通 060
孫素朱 元和 036
52 ～虬 咸通 060
～虬 咸通 069
53 ～成 總章 018
～成(思退) 貞元 026
～成 會昌 010
～成 咸通 068
～感 總章 018
60 ～四譙 咸通 040
～曻 大中 042
～晟 開元 335
～思觀 開元 100
～思忠 長壽 034
～黑子 元和 036
～黑兒 會昌 010
～旻 開元 100
～旲門 大中 161
～旲門 咸通 053
～昌 開元 100
～炅 開元 100
～景商 貞元 073
～景商 開成 046
～景商 會昌 004
～景商 會昌 011
～景商 大中 065
～景商 大中 092
～景商(安詩) 大中 120
～景商 咸通 117
～景章 大中 163
～景裕 咸通 084
～景志 天授 002
～景蒙 大中 163

孫景明 天授 002
～杲 元和 029
～杲 咸通 099
～果 元和 043
61 ～晊 殘誌 019
～顒 乾封 050
66 ～嬰 貞元 022
～嬰(孺之) 貞元 113
～嬰 貞元 114
67 ～郢 咸通 068
～嗣初 大中 042
～嗣初 大中 161
～嗣初(必復) 咸通 053
68 ～噲 神龍 026
71 ～阿欒 殘誌 015
～阿律 咸通 053
～阿歡 咸通 053
～阿貴 大足 003
～阿咸 殘誌 015
～阿眉 咸通 053
～阿陁 大中 161
～阿陁 咸通 053
～阿尊 咸通 053
～愿 元和 153
～愿 神龍 026
～驥兒 殘誌 015
72 ～氏(楊□妻) 永徽 059
～氏(蓋贊暢母) 永徽 108
～氏(王孝瑜妻) 永徽 128
～氏(蓋蕃妻) 咸亨 015
～氏(尹達妻) 咸亨 057
～氏(任□妻) 咸亨 098
孫氏(羅君預妻) 永隆 013
～氏(王岐妻) 文明 008
～氏(張喭妻) 長安 018
～氏(杜□妻) 長安 059
～氏(石暎妻) 開元 193
～氏(張孝節妻) 天寶 142
～氏(劉智妻) 天寶 274
～氏(樊涚妻) 貞元 052
～氏(鄭錬妻) 元和 015
～氏(李伯宥妻) 元和 055
～氏(李妻) 開成 028
～氏(張公佐妻) 大中 014
～氏(陸瑛妻) 大中 038
～氏(韋璉妻) 大中 161
～氏 咸通 018
～氏(郝誠秀妻) 咸通 043
～氏(任體仁妻) 咸通 060
～氏(鄭少雅妻) 咸通 073
～氏(孫澥女) 咸通 117
～氏(張再讓妻) 乾寧 003
76 ～臊娘 會昌 010
77 ～堅靜(司馬長裕母) 元和 153
～鳳娘 咸通 040
～隆(道泰) 貞觀 046
～同 開元 300
～闔 天授 002
～舉 光宅 002
～舉 永徽 108
～巴 大曆 004
～興國 元和 036
79 ～勝 會昌 010
～鄰 開成 005

80 孫令名 殘誌 062
～美子 元和
～義方 開成 005
～義貞 開成 005
～義普(智周) 文明 001
～善 文明 005
～會 大中 054
～會 咸通 053
～公乂 大中 054
～公胄 貞元 122
～公輔 貞元 022
～公器 大中 163
～公器 咸通 084
～公器 廣明 006
～公器 殘誌 015
～公瞻 乾寧 002
81 ～矩 元和 029
～甑 永徽 029
84 ～錡 元和 029
～錡 元和 043
～鎮 元和 029
～鎮 元和 043
～鐃 咸通 099
85 ～鍊 元和 029
～鍊 元和 043
86 ～鐸 會昌 004
～智(黄玄義母) 乾封 044
87 ～鄭九 大中 161
～鄭九 咸通 053
88 ～簡 會昌 010
～簡 咸通 084
～簡 廣明 006
孫簡 殘誌 015
～筥(秘典) 大中 163
～節(惠照) 開元 337
～管俊 調露 014
～管真 調露 013
90 ～小亞 咸通 060
～小津 咸通 084
～小迎 咸通 060
～小迎 咸通 069
～小圭 咸通 084
～小女 咸通 060
～小小 咸通 060
～惟肖 貞元 026
～惟肖 永貞 006
～懷玉 元和 036
～懷真 元和 036
～懷幹 元和 036
～少華 大曆 004
～光順 元和 036
～光用 元和 036
～光義 元和 036
～尚復 會昌 010
91 ～恒(恪敬之) 開成 005
94 ～煒 咸通 084
99 ～榮 開元 300
～□璧 元和 036
～□(石暎妻) 殘誌 005
～(内侍) 光化 001

武 1314_0

00 武文謙 開元 450
01 ～顔 寶曆 011

05 武諫 寶曆 011
10 ～三思 景雲 005
～三思 先天 008
～三思 開元 040
～三思 開元 174
～三思 開元 263
～元衡 元和 065
～震 開元 449
12 ～延壽 開元 437
～延基 神龍 027
17 ～承嗣 開元 436
～豫 開元 449
18 ～珍 貞元 132
20 ～季元 元和 115
22 ～崇正 開元 479
24 ～幼範(少真) 開元 450
～稜 永徽 001
28 ～攸宜(建安王) 景龍 002
30 ～濟 開元 449
40 ～大本 開元 450
～太冲 開元 450
～希玄(敬道) 永徽 001
～志誠 貞元 132
～志温 貞元 132
47 ～懿宗(河内王) 景龍 002
50 ～奉四 上元 030
60 ～昇 開元 449
70 ～雅 永徽 001
72 ～氏(楊貴妻) 永徽 114
～氏(永年縣主、裴紹妻) 景雲 018
～氏(慕容曦皓妻) 開元 437
武氏(暴莊妻) 天寶 228
～氏(蘇日榮妻) 大曆 041
～氏(王志寧妻) 貞元 039
～氏(孫紫華妻) 元和 036
～氏(趙全泰妻) 寶曆 011
～氏(郝忠信妻) 咸通 043
～氏(孫簡妻) 咸通 084
80 ～令瓌 大曆 041
～公緒 大和 085
87 ～欽載(景初) 垂拱 068
90 ～懷亮 上元 030
～(河内郡王) 聖曆 028
～(高平郡王) 聖曆 028
～(建安郡王) 聖曆 028
～(梁王) 神龍 033

功 1412_7

24 功德山 貞元 111

環 1613_2

44 環廿四娘 大和 073

建 1540_0

10 建平公主 天寶 051
34 ～達 久視 007

强 1623_6

12 强瑗 麟德 026
13 ～琮 大中 055
～琮 咸通 041
17 ～瓊 乾符 007
22 ～循 開元 284

强樂 麟德 026
24 ～偉(玄英) 麟德 026
30 ～寶質 麟德 026
66 ～嬰 麟德 026
67 ～略 麟德 026
90 ～惟順 大和 028
～惟寂 大和 028
～惟義 大和 028
～□ 開元 288

孟 1710_7

00 孟方 開元 394
～彥昉 垂拱 002
～彥則 垂拱 002
～廓 開元 005
～文 元和 113
～文意 開元 074
～該 開元 019
～玄一(味真) 開元 020
～玄楷 開元 311
01 ～龍(彥) 麟德 019
07 ～詢 開元 020
08 ～謙 開元 020
10 ～元陽 寶曆 019
～元陽 大和 001
11 ～頭(惠) 開元 311
12 ～弘義 證聖 012
～孫 上元 043
13 ～琮 元和 143
14 ～瓘 開元 111
17 ～瓊 顯慶 120
18 ～政 久視 013
20 孟維 元和 113
21 ～仁(義) 垂拱 002
～處忠 神龍 032
～師(大雅) 麟德 019
～貞(君漢) 上元 043
～貞(知剛) 開元 005
～秤 顯慶 011
22 ～嵩 開元 019
～嵩 開元 257
～崱 開元 311
23 ～獻 儀鳳 003
～俊(光宣) 開元 257
24 ～休 貞觀 044
～緒 垂拱 002
～緒 證聖 012
25 ～仲康 顯慶 120
～仲康 開元 111
26 ～伽 開元 311
～儼 元和 113
～保同(德會) 貞觀 071
27 ～俛 元和 113
～豹 貞觀 044
～奐 開元 257
～粲之 開元 257
28 ～倫 元和 113
～儉 元和 113
33 ～心(孟友直女) 開元 021
34 ～法 上元 043
～洪度 儀鳳 003
～達 開元 311
36 ～温禮 顯聖 001
37 ～祖業 儀鳳 003

孟運(穆□) 儀鳳 003
38 ～裕(敬祖) 開元 020
40 ～大乘(王思惠妻) 證聖 012
～友直 開元 021
～才 開元 005
～友義 開元 005
44 ～孝敏(至德) 貞觀 044
～孝敏 神龍 032
47 ～栩 貞元 020
60 ～晟(玄晟) 開元 111
～昇 顯慶 120
～昇 開元 111
～昇 開元 257
～景和 儀鳳 003
61 ～顒 開元 020
～顒 開元 257
～顯 垂拱 002
～顯 證聖 012
67 ～暉(玄珪) 麟德 019
～暉(懷璧) 開元 394
～昭 開元 394
68 ～噉鬼 貞觀 051
71 ～陟 久視 013
72 ～朏 開元 395
72 ～氏(明雅妻) 貞觀 108
～氏(王武妻) 儀鳳 021
～氏(李起宗妻) 萬歲登封 006
～氏(麴信妻) 久視 003
～氏(袁公瑜妻) 久視 013
～氏(高應妻) 開元 043
～氏(張炅妻) 大曆 026
～氏(蔡崇敏妻) 貞元 049
孟氏(劉逸妻) 大和 070
～氏(楊□妻) 大中 051
77 ～隆武 貞觀 180
80 ～義 垂拱 002
～普(玄德) 顯慶 120
～善王 咸亨 049
～公平 開元 111
～公行 顯慶 120
～公直 元和 113
86 ～智略 貞觀 071
88 ～簡(節度使尚書) 長慶 015
～簡(尚書) 大和 058

刁　1712_0

72 刁氏(崔志妻) 貞觀 002

璆　1712_2

14 璆琳 殘誌 065

鄧　1712_7

00 鄧方 龍朔 088
～康 開元 377
～文思 順天 001
～玄德 寶應 006
10 ～霞 咸亨 042
11 ～璿 咸通 042
12 ～瑫 咸通 042
～弘業 開元 195
～延業 景雲 007
13 ～武 順天 001
20 ～秉 景雲 007
21 ～仁期 順天 001

鄧行儼 景雲 007
23 ～俊 寶應 008
25 ～仲元 咸通 042
27 ～款 咸通 042
28 ～儉 開元 195
30 ～良佐 開元 195
～賓(光賓) 開元 195
38 ～遵 咸亨 042
40 ～希莊 寶應 006
～森(茂林) 景雲 007
～森 寶應 006
44 ～芰 開元 285
46 ～觀 開元 377
47 ～胡兒 咸通 042
50 ～泰 開元 195
53 ～威(建) 龍朔 088
60 ～畾 開元 195
61 ～顯 咸亨 042
67 ～郢 寶應 008
68 ～晦 咸通 042
72 ～氏(孔桃栓妻) 開元 287
～氏(李勖妻) 寶應 006
～氏(劉智才妻) 順天 001
78 ～陁羅 景雲 007
80 ～義 龍朔 088
90 ～小虹 咸通 042
91 ～恢(文廓) 咸亨 042

弓 1720_7

00 弓亮 元和 151
26 ～自寬 元和 151
46 ～如山 元和 151
弓如岳 元和 151

翟 1721_4

00 翟方裕 天寶 146
04 ～讙 上元 039
～詵 開元 404
14 ～瓚(元宗) 上元 039
17 ～那寧昏 麟德 010
～君德 天寶 146
18 ～珍 上元 039
20 ～季華 貞元 111
21 ～虔 大中 039
24 ～纘 天寶 146
25 ～仲莒 大中 039
27 ～紀史直 顯慶 122
32 ～滔 開元 404
37 ～逸 開元 404
38 ～道生干 顯慶 122
44 ～孝通 貞觀 138
47 ～奴子 開元 404
48 ～散 上元 039
～松柏 顯慶 100
50 ～惠隱 顯慶 122
61 ～顯 貞觀 138
72 ～氏(趙昉妻) 貞觀 155
～氏(支彦妻) 永徽 020
～氏(胡哲妻) 聖曆 047
～氏(康從遠母) 天寶 146
～氏(臧曄妻) 貞元 083
78 ～騈 大中 039
80 ～義方 貞元 083
～□ 殘誌 032

胥 1722_7

72 胥氏(王寶妻) 長安 057

邢 1742_0

00 邢彦 開元 265
～彦裦 長安 062
～讓 貞元 128
～玄助 天寶 136
～褒 長壽 002
01 ～龍 景龍 021
02 ～端 長安 062
05 ～諫 長慶 014
07 ～郭(買) 天授 003
10 ～玉 長壽 002
14 ～璹 開元 515
17 ～璨 貞元 128
～君卿 景龍 021
～君卿 開元 013
～砮 麟德 030
18 ～政 長壽 002
～政 長安 062
～弢(輔元) 永隆 006
22 ～胤 貞觀 040
～仙 開元 013
～仙姬(玉女) 永徽 078
～嶠 長壽 002
～樂 麟德 030
23 ～參 長安 062
～弁(言) 貞觀 040
24 ～德弼 麟德 030
～德弼 開元 013
邢德弢 景龍 021
25 ～倩 開元 074
27 ～將 開元 013
～倨 貞元 011
～魯 天授 003
～紹 永徽 078
30 ～進 永徽 078
～宙 天寶 148
35 ～禮安 開元 535
37 ～通(伯明) 中和 006
38 ～道 長壽 002
40 ～真賢 長慶 014
44 ～芳(韋承誨) 會昌 038
47 ～均 開元 265
～超 開元 535
～櫓 乾符 021
50 ～泰 麟德 030
～泰 永隆 006
～忠收 中和 006
～忠汴 中和 006
～忠義 中和 006
60 ～思議 天寶 136
～思賢(藥王) 開元 013
～思慎 神龍 050
～昂 中和 006
61 ～顒 天授 003
67 ～暉 長慶 014
72 ～氏(張慈修母) 永昌 006
～氏(寇洋妻) 天寶 136
～氏(鄭玉妻) 貞元 128
～氏(張昌妻) 開成 022
77 ～隆 麟德 030

邢隆　永隆 006
～同琳　開元 535
～卿　永隆 006
80 ～羡　中和 006
86 ～智滿　永隆 006
～智滿　開元 013
～智勣　永隆 006
～智勣　景龍 021
88 ～範　景龍 021
90 ～惟彦　開元 535
～少通　貞元 011
～少鑒　貞元 011
～光詮　長慶 014
～光秀　長慶 014
～光朝　長慶 014
97 ～恂　會昌 038

鞏　1750_6

00 鞏玄敏　咸通 010
12 ～弘武　咸通 010
30 ～寧　咸通 010
35 ～禮　咸通 010
40 ～内範(張曄母)　咸通 010
～右可　咸通 010
72 ～氏(張季戎妻)　大中 056

尹　1750_7

00 尹庶鄰　元和 051
10 ～璋　神龍 004
～震鐸　大中 052
～雲　貞元 008
12 ～弘慶　會昌 039
尹弘雅　會昌 039
～弘殷　會昌 039
～弘禮　會昌 039
～弘簡　會昌 039
13 ～琮　開元 195
21 ～行欽　咸亨 057
～處休　元和 051
～貞(善幹)　貞觀 121
22 ～倕　元和 051
～嵩　咸亨 057
23 ～伏生　開元 215
24 ～佶　元和 051
25 ～仲修　咸通 105
31 ～袢　開元 434
32 ～澄　會昌 039
34 ～達(博通)　咸亨 057
38 ～遊洛　貞觀 121
40 ～十四娘　會昌 039
～十五娘　會昌 039
～大簡(徹)　開元 434
44 ～孝忠　開元 215
50 ～貴　咸亨 057
～夫人　元和 051
52 ～撥　咸亨 057
～静意　開元 434
53 ～成紀　開元 434
72 ～氏(何相妻)　貞觀 111
～氏(張禮妻)　龍朔 039
～氏(賈守義妻)　垂拱 035
～氏(程孝成妻)　先天 006
～氏(鄧賓妻)　開元 195
～氏(史庭妻)　天寶 139

尹氏(□楚妻) 残誌 037
80 ～全亮 元和 051
～公亮 元和 051
86 ～知古 開元 434
90 ～愔 元和 051
～□源 天寶 099

那 1752_7

21 那盧和 開明 001

司 1762_0

37 司鄰(蘭陵公) 咸通 113

司徒 1762_0 2428_1

72 司徒氏(陶德妻) 開元 108
～～氏(劉源妻) 開成 006

司空 1762_0 3010_1

72 司空氏(喬崇隱妻) 開元 248

司馬 1762_0 7132_7

00 司馬裔 垂拱 036
～～齊卿 貞元 007
～～玄祚 證聖 001
～～玄祚 開元 335
～～玄藏 天寶 067
02 ～～讖 儀鳳 023
07 ～～望(□卿) 顯聖 001
～～望 開元 165
08 ～～詮(元衡) 開元 334
～～論(伏愿) 長安 004
10 ～～元禮 天寶 067
17 司馬承祐 垂拱 036
～～子微 咸通 029
20 ～～垂 顯聖 001
～～垂 開元 165
～～垂 大曆 055
22 ～～繇 開元 335
27 ～～絳 開元 335
30 ～～宣 顯聖 001
～～寧 開元 335
～～寬 開元 335
～～寬 貞元 007
～～審 顯聖 001
～～寔(仁最) 垂拱 036
～～宗 元和 153
31 ～～遷 儀鳳 023
37 ～～運 開元 335
38 ～～道(安師) 儀鳳 023
40 ～～希奭 開元 335
～～希奭 顯聖 001
～～雄 垂拱 036
44 ～～蒼 開元 165
～～蒼 顯聖 001
～～林 儀鳳 023
48 ～～幹 長安 004
60 ～～晟 垂拱 036
～～昇 天寶 067
71 ～～長裕 元和 153
77 ～～譽 咸亨 016
～～興(文達) 咸亨 016
80 ～～益 顯聖 001
86 ～～鍠 顯聖 001
～～鍠 開元 335

90 司馬懷智 天寶 067

邵 1762_7

00 邵庭琦 開元 463
～庭蘭 開元 462
～庭懷 開元 439
～慶 元和 135
03 ～誠 開元 463
08 ～説 大曆 017
～説 建中 004
10 ～元景 開元 463
15 ～建和 會昌 034
～建初 咸通 072
17 ～承(乾) 開元 463
25 ～仲方 元和 135
27 ～殷 殘誌 023
28 ～儀 元和 135
30 ～進郎 大中 044
38 ～道預 開元 463
40 ～才應 元和 135
～才志(玄甫) 元和 135
～真 開元 439
60 ～最郎 大中 044
～昇 久視 005
～昇 天寶 136
67 ～明 元和 135
72 ～氏(史待賓妻) 開元 305
～氏(張軫妻) 天寶 111
～氏(宮如玉妻) 元和 014
80 ～全亮 元和 135

乙安 1771_0 3040_4

72 乙安氏(劉普曜妻) 永徽 068

柔 1790_4

07 柔調 貞元 111

聚 1790_4

00 聚慶(文悦) 大和 053
12 ～瑫 大和 053
23 ～允孚 大和 053
27 ～疑 大和 053
34 ～達 大和 053
44 ～藥 大和 053

政 1814_0

政□ 貞元 111

耿 1918_0

00 耿庸(大用) 乾符 029
～文訓 顯慶 155
07 ～毅 長安 026
10 ～玉 大中 074
～元 元和 112
～元晟(長仁) 大中 074
12 ～弘 乾符 029
～烈 乾符 029
20 ～儁 顯慶 155
21 ～仁惠 天寶 081
30 ～寧 乾符 029
34 ～遠恒 乾符 029
37 ～鴻 大中 074

耿深 貞觀 048
46 ～相 顯慶 155
52 ～静 長安 026
71 ～匡 貞觀 048
72 ～氏(房轔母) 天寶 214
77 ～堅 乾符 029
～卿 總章 038
80 ～令威 長安 026
～慈愛(成維忠) 長安 026

秀　2022_7

26 秀和上 開元 008
30 ～容縣主(楊迥妻) 大和 076
～禪師 開元 239

禹　2022_7

00 禹康 貞觀 168
44 ～藝(君才) 貞觀 168
83 ～猷 貞觀 168

喬　2022_7

10 喬雲 龍朔 025
14 ～琳 開元 247
～琳 開元 248
15 ～融 貞元 032
20 ～信 上元 021
22 ～催 開元 249
～仙 龍朔 025
～崇敬 開元 248
崇隱(玄寂) 開元 247
25 ～倩 大曆 075
30 ～寬 開元 247
喬寬 開元 248
34 ～達 開元 247
～達 開元 248
40 ～難(玄) 上元 021
43 ～娥(張□妻) 龍朔 025
44 ～夢松 開元 248
～夢松 開元 249
50 ～婁 上元 021
72 ～氏(楊約妻) 萬歲通天 012

信　2026_1

21 信行禪師 垂拱 065
～行禪師 萬歲通天 017
～行禪師 開元 037
～行禪師 開元 044
～詧 大和 042
30 ～安縣主 開元 056

焦　2033_1

10 焦璀(潤) 寶應 005
21 ～仁 寶應 005
～貞 寶應 005
22 ～山松 麟德 002
23 ～獻直 貞元 111
25 ～仲 天授 036
28 ～徹 麟德 002
30 ～寶 麟德 002
～寶 天授 036
44 ～莊 寶應 005
48 ～松(貞節) 天授 036
60 ～買 麟德 002
72 ～氏(楊華妻) 貞觀 113

80 焦義 麟德 002
～善慶 天授 036

千 2040

80 千金王 天寶 116

雙 2040_7

27 雙峰禪師 廣明 002

季 2040_7

37 季通微 大中 010

奚 2043_0

00 奚讓 萬歲通天 029
12 ～弘敬 萬歲通天 029
48 ～敬 萬歲通天 029
50 ～表 萬歲通天 029

毛 2071_4

00 毛文廣 大中 052
～文通 永徽 011
～文舉 貞觀 152
～言 開元 279
10 ～至存 元和 004
～至成 元和 004
20 ～季平 開元 035
22 ～岌 開元 279
30 ～寶成 貞觀 015
34 ～祐(千相) 貞觀 015
～達 咸亨 006
37 ～姿臺(張□妻) 龍朔 049
38 ～道元 天寶 185
40 毛爽(元) 天寶 185
～喜 開元 074
44 ～基 咸亨 006
46 ～觀 天寶 185
48 ～幹 開元 280
50 ～肅然 天寶 071
～貴和 貞觀 015
53 ～盛(韓興) 貞觀 152
60 ～景 咸亨 006
72 ～氏(王才妻) 麟德 007
～氏(李簡母) 開元 003
～氏(王鍊妻) 開成 055
77 ～鳳敬(愛) 開元 279
80 ～公 開成 052

乘 2090_1

20 乘季登 元和 142
～季寧 元和 142
～季真 元和 142
～季昌 元和 142
38 ～道卿 元和 142
44 ～孝禮 元和 142
～著(太質) 元和 142
47 ～鶴 元和 142

采 2090_4

60 采思倫 咸通 093

順 2108_6

10 順天翊聖皇后 景龍 011
88 ～節夫人 天寶 199

上官　$2110_0\ 3077_7$

10 上官靈芝　顯慶 081
　～～霽　總章 039
14 ～～珪　聖曆 016
　～～珪　開元 058
18 ～～政　總章 039
28 ～～儀　顯慶 056
　～～儀　開成 026
40 ～～壽　總章 039
44 ～～蒙　大中 006
60 ～～昌　總章 039
72 ～～氏(張善妻)　乾封 042
80 ～～義(師)　總章 039

能　2121_1

10 能元皓　長慶 024
12 ～弘質　長慶 024
　～弘賞　長慶 024
18 ～政　長慶 024
60 ～昌仁　長慶 024
　～炅　長慶 024
72 ～氏(王懷文妻)　貞觀 095
　～氏(楊基妻)　神功 006

盧　2121_7

00 盧立　貞元 041
　～亢　元和 130
　～彥章　大曆 060
　～彥緒　大足 008
　～彥緒　開元 281
　～彥恭　天寶 224
　盧彥冑　開元 281
　～彥卿　長安 043
　～方　長慶 023
　～方　乾符 022
　～方本　寶曆 007
　～商　寶曆 021
　～商　大和 021
　～商　大和 022
　～商(少傅)　大中 105
　～商　咸通 016
　～商　咸通 113
　～商　殘誌 015
　～齊物　元和 146
　～齊卿　咸通 024
　～齊卿　乾寧 001
　～京　大中 138
　～庭言　大曆 015
　～庠　咸通 085
　～廣　大和 021
　～廣　咸通 113
　～廣慶(有齋)　開元 469
　～章　咸通 024
　～文翼　永徽 125
　～奕　大和 054
　～言　咸通 058
　～讓　寶曆 021
02 ～彰　中和 010
03 ～竚　寶曆 007
　～就　大中 064
07 ～翊(子鸞)　開元 379
　～翊　天寶 224
　～翊　貞元 133

盧翊 大和 021
～翊 大和 022
～翊 開成 050
～毅 開元 262
～郭九 咸通 112
～調(子通) 開元 028
08 ～謙 貞元 133
～誨 大中 090
10 ～正論 開元 458
～正己 長慶 026
～正紀 貞元 041
～元亨 天寶 252
～元珪 大曆 061
～元將 神龍 021
～元禮 開元 026
～元莊 天寶 112
～元莊 天寶 154
～元莊 貞元 056
～元莊 貞元 133
～元茂 貞元 063
～元規 天寶 256
～元愔 天寶 103
～震兒 大中 083
～平仲 貞元 070
～平仲 大和 031
～覃 永貞 002
～雲 元和 032
～雲 大中 044
～瓌 貞元 056
～瓌 會昌 052
11 ～頊 元和 053
～頊 大中 083
盧頊 乾符 010
～孺方 大和 006
12 ～瑗 乾符 022
～播 元和 131
～播 大中 003
～播 大中 138
～播 咸通 001
～弘慶 大和 031
～弘獎 開元 358
～弘宣 大中 064
～弘宣 殘誌 031
～弘宗 乾寧 001
～弘懌 大曆 058
13 ～琬 元和 130
～琬 大和 044
14 ～瑾 大中 088
～瑾 咸通 057
～珙 貞元 097
15 ～融 大和 006
17 ～盈(盧峻女) 乾寧 001
～孟六 寶曆 021
～珣 長慶 023
～承慶 乾寧 001
～承業(子繪) 咸亨 059
～承業 開元 421
～承業 聖武 002
～承業 乾元 009
～承業 天寶 186
～承業 天寶 194
～承基 天寶 112
～承基 天寶 154
～承基 貞元 056

盧承泰　大足 008
～承恩　開元 028
～子亮　元和 146
～子玉　大中 075
～子政　長慶 015
～子真　元和 100
～子謩　大中 100
～子鷟　寶曆 007
～子野　永徽 125
～鞏　永貞 002
～習訓　天寶 045
～君胤　開元 379
18 ～珍　天寶 098
～玢(子玉)　景雲 014
～玢　開元 421
～玢　天寶 186
～玢　天寶 194
～玢　聖武 002
～政　元和 130
～政　長慶 023
～政　大和 044
～政　大中 003
～政　大中 088
～政　大中 138
～政　咸通 001
～敢郎　咸通 026
～群　元和 065
～群　元和 100
20 ～壬　元和 053
～重　天寶 112
～重　大中 064
～住子　大中 138
盧喬　大中 064
～季英　開元 291
21 ～上客　大中 083
～仁周　開元 165
～行毅(子明)　大足 008
～何　大中 003
～衍　乾符 010
～處行　長安 048
～處實　永貞 006
～卓　元和 100
～師丘　天寶 239
～貞　大中 047
～貞　大中 127
～貞慶　開元 192
～緬　大中 064
22 ～崔十　乾寧 001
～倕　大中 064
～嵩　元和 146
～嵩　大和 042
～嵩　咸通 057
～嶷　開元 379
～嶷　開元 491
～嶠　貞元 041
～嶠　貞元 053
～嶠　咸通 057
～樂娘　乾符 022
～繼兒　大中 083
23 ～允　貞元 068
～允奇　景福 002
～允載　大中 154
～俌　聖曆 017
～獻　永淳 022

盧獻 開元 379
～獻 大和 021
～獻 大和 022
～獻 開成 050
～峻 乾寧 001
～緘 開元 028
～緘 大中 128
24 ～勉 咸通 029
～德明 寶曆 018
～佶 永貞 002
～休彩 大中 154
～皓 寶曆 006
～幼平 乾寧 001
～幼孫 開元 379
～幼孫 大和 021
～幼安 大中 157
～積 大中 075
25 ～仲容 天寶 208
～仲容 乾元 009
～仲連 大中 138
～仲舉 大中 138
～傳素 乾符 010
～岫 大中 088
～岫 咸通 057
～朱社課 景福 002
26 ～自省(子慎) 天寶 256
～伯卿 寶曆 021
～伯卿 大和 022
～伯卿(元章) 開成 049
～伯卿 乾符 004
27 ～凱 天寶 045
～多慶 貞元 097
盧向 元和 053
～脩 天寶 112
～脩 大中 033
～倜 元和 146
～衆甫 大曆 063
～詹 天寶 045
～芻 大中 128
～奂 廣德 001
～粲 長安 043
～粲 景雲 020
～約 咸通 057
～綱 開元 028
～綅 大和 089
28 ～徵 大曆 061
～徵 貞元 062
～徵 殘誌 058
～徵明 開元 221
～復(子休) 天寶 154
～從儉 大和 020
～從愿 天寶 045
～從愿 貞元 068
～從雅 元和 076
～綸 長安 048
29 ～倓 元和 101
～倓 咸通 015
30 ～汶 咸通 058
～寧 開成 018
～寵 寶曆 007
～寓 大中 088
～扃 大中 064
～之道 神龍 021
～進賢 元和 053

盧憲 大中 064
～守直 永貞 006
～安壽 貞元 041
～宏 大中 080
～宏（子器） 大中 138
～宏（子器） 咸通 001
～審矩 大中 090
～審矩 咸通 015
～良金 乾元 001
～良金 咸通 024
～寰 元和 117
～寰 元和 130
～寰 長慶 023
～寰 大和 044
～寰 大中 003
～寰 咸通 001
～寶胤 天寶 256
～寶惠 開元 457
～宗 貞元 026
～宗 永貞 006
～宗冉 大和 046
～寂（子静） 貞元 056
31 ～汪 乾符 010
～泚 開元 540
～泚 天寶 186
～瀍 大中 044
～澐 開元 540
～澐 天寶 186
～潛 咸通 025
～濬 咸通 015
～福受 咸通 026
～福和 咸通 026
盧福會 貞元 053
32 ～淵 萬歲通天 014
～淵 天寶 256
～洌 開元 540
～洌 天寶 186
～浰 開元 540
～浰 天寶 186
～澄 開元 458
～滔 元和 146
33 ～沇 永貞 002
～溥 大中 064
34 ～漪 大中 010
～濤（混成） 大曆 050
～渚 咸通 014
～社 咸通 001
～遠藥 開元 290
～逵 大和 042
35 ～清 開元 540
～清 大中 154
～禮源 元和 065
36 ～澤 元和 101
～澤 咸通 015
37 ～澗 大和 042
～渾 乾符 010
～沼 天寶 133
～沼 大曆 063
～澮 大曆 061
～潔 永貞 002
～初（子端） 大和 022
～初 開成 050
～逢時 咸通 029
～通 咸通 058

38 盧涚 開元 540
～涚 天寶 186
～汾 乾元 009
～道亮 咸亨 059
～道虔 天寶 256
39 ～逖 天寶 045
～逖 天寶 256
40 ～十五 咸通 026
～大道 長安 043
～大道 天寶 103
～大度 天寶 045
～大質 開元 262
～士瓊(德卿) 大和 006
～士昂 永徽 125
～士閲 會昌 016
～士閲 咸通 006
～直(本愚) 長慶 023
～壺 大中 068
～克 天寶 256
～希 咸通 026
～希顔 會昌 015
～赤 開元 421
～赤松 咸亨 059
～赤松 大足 008
～赤松 開元 028
～赤松 天寶 112
～赤松 天寶 154
～赤松 天寶 186
～嘉瑗 貞元 041
～嘉瑗 貞元 053
～雄 元和 103
～去惑 會昌 006
盧杭 大中 003
41 ～楨 大曆 050
42 ～姚婆 大中 077
～札 大曆 050
～栝 大曆 050
43 ～載 貞元 041
～載 元和 071
～載 咸通 015
44 ～荃 大中 128
～莊道 大曆 060
～莊道 大中 106
～蕘 咸通 113
～萬石 大中 033
～萬春 永徽 125
～荷 咸通 058
～蘭金 咸通 058
～藏用 景雲 006
～藏用 開元 221
～藏用 天寶 136
～藏用 貞元 134
～藏用 咸通 029
～藏用 乾寧 001
～若虚 開元 221
～若晦 開元 028
～若厲 開元 028
～蕃 大和 065
～老成 咸通 058
～楚王 開元 165
～權 元和 130
～槇 大曆 050
45 ～棣 貞元 099
～構 大曆 050

46 盧賀老 大中 003
～相 天寶 112
～楞 咸通 001
47 ～懿 大中 003
～愨 開成 050
～胡郎 咸通 024
～睱 寶曆 007
～杷 大曆 050
～楹 大曆 050
48 ～敬一 貞元 068
～樅 大和 031
50 ～中規 乾符 021
～抗 貞元 041
～泰 元和 146
～肅 開元 532
～專 大和 013
～專 大中 080
～專道 天寶 269
～未曾有 開元 468
52 ～揆 會昌 003
～静(高隆基妻) 長安 043
～静 貞元 097
53 ～咸 天寶 219
～戎 咸通 025
54 ～拱 乾寧 001
56 ～操 元和 130
～耜 咸通 024
57 ～抱璧 咸通 058
～擢 貞元 063
～擢 大中 136
～招(子思) 天寶 252
～招 大曆 015
盧招 大曆 063
58 ～軫 咸通 024
60 ～日謙 長慶 007
～國倚 咸通 087
～思道 大足 008
～思道 開元 028
～思道 天寶 112
～思道 天寶 186
～思道 貞元 133
～思莊 開元 262
～思慎 大曆 070
～晏慎 開元 379
～晏慎 大和 022
～晏慎 開成 050
～旻 貞元 026
～旻 永貞 006
～昇明 永貞 006
～回 大中 088
～昌衡 天寶 256
～昂 開元 379
～昂 開元 491
～昂(子臯) 大和 021
～昂 咸通 113
～炅 開元 379
～炅 開元 384
～炅 開元 491
～炅 元和 100
～炅 大中 106
～景唐 文德 001
～景烈 天寶 025
～景修 大和 044
～景南 大和 044

盧景思 文德 001
～景明 咸通 015
～景嗣 文德 001
61 ～晊 大和 022
～晫 永貞 002
～炅 寶曆 005
63 ～暄 開元 028
～踐言(子中) 大中 003
～貽孫 開元 384
67 ～明遠(子廣) 天寶 112
～昭 大中 033
～昭度 天寶 224
～昭價 貞元 063
～瞻 天寶 112
～瞻 貞元 097
～野客 貞觀 032
～嗣宗 大和 006
～嗣業 大和 006
68 ～曒(朓) 開元 458
70 ～雅 天寶 112
71 ～陟 乾符 022
～陟 中和 010
～匡 咸通 058
～匡伯 咸通 014
～匡伯 乾符 017
～長 大和 021
～長卿 咸通 024
72 ～氏(丘蘊妻) 貞觀 149
～氏(辛衡卿妻) 貞觀 157
～氏(高夔妻) 垂拱 039
～氏(王□妻) 長安 048
～氏(李愻妻) 神龍 021
盧氏(崔訥妻) 景龍 017
～氏(崔曄妻) 開元 026
～氏(司馬□妻) 開元 165
～氏(王無競妻) 開元 202
～氏(柴少儀妻) 開元 225
～氏(崔光嗣妻) 開元 358
～氏(王固巳妻) 開元 471
～氏(寇鐈妻) 天寶 025
～氏(高俌妻) 天寶 072
～氏(韋珣妻) 天寶 098
～氏(王守質妻) 大曆 030
～氏(崔渾妻) 大曆 060
～氏(崔衆甫妻) 大曆 061
～氏(崔傑妻) 大曆 070
～氏(孫成妻) 貞元 026
～氏(鄭易妻) 貞元 063
～氏(鄭方母) 貞元 068
～氏(張惟妻) 貞元 138
～氏(孫保衡母) 永貞 006
～氏(王大劍妻) 元和 034
～氏(李虛中妻) 元和 065
～氏(鄭敬妻) 元和 088
～氏(崔景裕曾祖母) 元和 091
～氏(崔勝母) 元和 098
～氏(李還郎母) 元和 100
～氏(崔稃妻) 元和 101
～氏(崔虔妻) 元和 101
～氏(崔虔妻) 大和 013
～氏(韋衮妻) 元和 118
～氏(魏稱妻) 長慶 007
～氏(房挺妻) 長慶 011
～氏(鄭秉彝妻) 長慶 023

盧氏(崔鎔妻) 長慶 026
～氏(崔樅妻) 大和 013
～氏(李從義妻) 大和 022
～氏(劉茂貞妻) 大和 031
～氏(劉尚賓妻) 大和 042
～氏(崔讜妻) 大和 046
～氏(崔栯妻) 大和 058
～氏(鄭直妻) 大和 089
～氏(黎燧妻) 開成 007
～氏(崔渙妻) 開成 018
～氏(蘇恩妻) 會昌 006
～氏(孫成妻) 會昌 010
～氏(鄭紀妻) 會昌 016
～氏(李正卿妻) 會昌 040
～氏(宋環妻) 會昌 054
～氏(鄭口妻) 大中 033
～氏(邵進郎母) 大中 044
～氏 大中 064
～氏(李珪妻) 大中 079
～氏(李乂妻) 大中 094
～氏(鄭恕已妻) 大中 121
～氏(鄭約妻) 大中 124
～氏(韋修妻) 大中 151
～氏(郭愿荷妻) 大中 154
～氏(鄭釴妻) 大中 157
～氏(崔章妻) 咸通 005
～氏(鄭紀妻) 咸通 006
～氏(吴清妻) 咸通 013
～氏(李璋妻) 咸通 014
～氏(崔肇母) 咸通 015
～氏(嚴彩妻) 咸通 022
～氏(韓愈妻) 咸通 034
盧氏(崔丕妻) 咸通 057
～氏(崔倰妻) 咸通 086
～氏(楊知退妻) 乾符 010
～氏(李璋妻) 乾符 017
～氏(崔植妻) 乾符 021
～氏(孫讜妻) 殘誌 015
～氏(陳讜妻) 殘誌 023
～氏(鄭□易妻) 殘誌 031
～氏(鄭敬妻) 殘誌 031
～岳 貞元 041
74 ～肱 天寶 112
～肱 大中 154
～陵 大中 064
75 ～陳三 貞元 053
77 ～同吉 天寶 252
～同四 咸通 113
～周南 會昌 027
～闢(盧璠女) 元和 053
～閑 天寶 112
78 ～膳郎 元和 103
80 ～八(崔鍠母) 天寶 103
～八娘(辛仲連妻) 長安 011
～全誠 天寶 194
～全貞(子正) 天寶 186
～全操 開元 421
～全操 乾元 009
～全嗣 聖武 002
～全質 景雲 014
～全善 天寶 074
～益 貞元 010
～金友 大曆 060
～令節 長安 048

盧兼 咸通 037
～兼愛 開元 258
～義高 大和 039
～義恭 貞觀 052
～義恭 開元 192
～義恭 開元 468
～義幹 永徽 125
～義丘 天寶 045
～含(子章) 天寶 224
～公亮 咸通 015
～公誼 咸通 026
～公弼(子成) 咸通 058
～公政 咸通 026
～公佐 咸通 026
～公則(子貞) 大中 154
～公餘 咸通 058
81 ～鍇 大中 106
84 ～銑 大曆 070
86 ～知玄 開元 262
～知誨 大曆 050
～知宗 大中 083
～知宗(弘嗣) 咸通 113
～知遠 天寶 154
～知遠 貞元 133
～知遠 寶曆 007
～知退 大和 022
～知退 開成 050
～知晦 開成 050
87 ～鈞 大中 084
～鈞 咸通 016
～鈞 咸通 038
～鈞 咸通 057
盧鄯 大中 077
88 ～簡辭 大中 054
～簡棲 天寶 072
～策 大中 031
90 ～小夏 大中 083
～小孟 寶曆 021
～小魚 大中 003
～懷慎 開元 074
～少儒 開元 192
～少儒 開元 468
～光遠 貞元 056
～光懿 咸通 014
～當(讓之) 大中 088
～炎 貞元 056
～賞 乾寧 001
91 ～愜 貞元 056
92 ～憕(平仲) 天寶 194
～恬 天寶 194
94 ～慎盈 開元 165
～慎修 咸通 044
97 ～恂 天寶 194
～恂 大中 044
98 ～悦 開元 358
99 ～榮 咸通 026
～□讓 大中 080
～□(御史大夫) 貞元 010
～(尚書) 大曆 009

何 2122_0

00 何豪 天寶 013
～底 調露 025
～摩訶(迦) 調露 025

何文皛 大中 047
～文莒 大中 047
10 ～元廣 咸通 054
～元衮(思齊) 咸通 054
～元謙 貞觀 111
～元琮 咸通 054
～元壽 咸通 054
11 ～玭 元和 054
12 ～珽 大和 002
～弘靖 大中 047
～遜 咸亨 060
～弘實 大和 002
14 ～珪 天寶 013
15 ～建 咸通 054
16 ～環 貞觀 003
～環 貞觀 051
～璟 開元 467
17 ～承裕 咸通 054
～那 永徽 088
22 ～仙雲 元和 035
～樂 咸亨 104
～崇光 大中 047
23 ～允 大和 002
24 ～德 永徽 088
～休嗣 咸亨 060
25 ～仲邕 元和 035
～仲均 元和 035
～仲昌 元和 035
～仲堅 元和 035
26 ～得一 開成 054
27 ～俛(太常) 咸通 054
～殷 大中 047
何叔平 殘誌 007
28 ～從源 寶曆 016
30 ～賓仕 大和 002
～察 元和 035
31 ～濬 開元 467
～源 大中 012
～福 開元 467
～遷 元和 054
32 ～淨 開元 467
33 ～浦 開元 467
～溥 咸通 054
34 ～湛 咸亨 104
～洪 寶曆 016
～禕(元慶) 咸亨 060
35 ～溱 元和 054
36 ～遇 元和 035
38 ～溢(處休) 大中 047
40 ～友稜 咸通 054
～真 會昌 044
43 ～載 元和 035
44 ～茂 景龍 047
～孝緒 貞觀 111
～蒯 咸通 054
46 ～相(元輔) 貞觀 111
50 ～胄 大和 002
～肅 寶曆 016
53 ～盛(多子) 永徽 088
57 ～輅 大中 047
60 ～最 開元 467
～員 天寶 013
62 ～睽 大和 002
67 ～瞻 調露 025

71 何長清 大中 047
72 ～氏(兵部尚選王妻) 大曆 001
～氏(劉粲妻) 貞觀 003
～氏(宮人) 貞觀 018
～氏(曹□妻) 咸亨 104
～氏(張才妻) 咸亨 108
～氏(□客妻) 神龍 036
～氏(安菩妻) 景龍 033
～氏(□庭暉母) 永泰 008
～氏(王庭暉母) 建中 019
～氏(爨進妻) 元和 017
～氏(石忠政母) 寶曆 008
～氏(陸元慶母) 會昌 044
～氏(契苾乂妻) 大中 012
～氏(同國政妻) 大中 062
～氏(張周抗妻) 廣明 003
77 ～開文 天寶 121
78 ～陁 調露 025
79 ～陗 大和 002
80 ～夔 大中 047
～令韞 天寶 121
～無畏 咸亨 060
83 ～鏄 大中 047
86 ～知猛(元須) 天寶 121
88 ～鎰 咸通 054
～簡(弘操) 天寶 013
94 ～慎言 大中 004
～□(稷山縣丞) 太極 002

虞 2123_4

12 虞廷珍 大曆 056
22 ～山 開成 029
32 虞遜 開元 123
40 ～士亨 大曆 056
44 ～世基 開元 123
46 ～恕 大曆 056
60 ～景莘(次耕) 大曆 056
72 ～氏(慕容三藏妻) 咸亨 075
～氏(顔謀道妻) 開元 123
～氏(沈緯母) 開成 029
81 ～頌 開成 029
90 ～尚仁 大曆 056
～尚德 大曆 056

熊 2133_1

10 熊元逸 景雲 008
72 ～氏(蕭思亮妻) 景雲 008
～氏(陳綬妻) 寶曆 006

衡 2143_0

25 衡生 天授 013
30 ～濟 元和 062
～守直 天授 013
62 ～則 天授 013
71 ～長孫 天授 013
72 ～氏(田□妻) 垂拱 053
80 ～義整 天授 013

衛 2150_6

00 衛文約 開成 019
11 ～璿 會昌 051
17 ～孟老 開成 030
20 ～千郎 開成 030
21 ～儒 開元 093

衛師 天寶 240
28 ～徹 天寶 240
～從 咸通 032
31 ～憑(佳祖) 天寶 240
40 ～克己 天寶 109
44 ～權 會昌 051
48 ～增 會昌 051
50 ～中行 大和 015
52 ～靜 天寶 240
55 ～扶 光啓 001
57 ～蟾 光啓 001
60 ～國公(丞相) 咸通 027
～晏 會昌 051
～景 光啓 001
～景初 會昌 051
61 ～毗郎 會昌 051
72 ～氏(董榮妻) 乾封 034
～氏(劉臣德妻) 元和 081
～氏(吴綬妻) 光啓 001
88 ～節(師) 開元 093
90 ～小孟 開成 030

師 2172_7

00 師讓言 廣明 001
～讓夷 廣明 001
12 ～弘禮(德輿) 廣明 001
13 ～武(師弘禮女) 廣明 001
17 ～盈 廣明 001
20 ～位 乾寧 006
26 ～佃(師弘禮女) 廣明 001
47 ～鶴 廣明 001
60 ～易從 廣明 001

柴 2190_4

72 柴氏(郭思訓妻) 景雲 025
77 ～閲 開元 225
～閎 顯慶 001
90 ～少儀(光濟) 開元 225

岑 2220_7

23 岑參 大曆 017
71 ～長倩 開元 127

任 2221_4

00 任廉 顯慶 142
～應郎(圂) 大順 004
～慶 開元 072
～唐詡 寶曆 017
～唐詡 大和 023
～玄 貞元 110
04 ～詵 元和 027
09 ～麟郎(回) 大順 004
10 ～正 大和 036
～雷郎(圖) 大順 004
11 ～預 天寶 176
12 ～延娘 大順 004
17 ～瓊娘 大順 004
20 ～愛(友仁) 開元 078
～信 咸亨 098
21 ～順郎 殘誌 006
～行者(團) 大順 004
～貞古 大順 004
～貞慎 大和 036
～紫宸(朝) 元和 027

22 任巖 大順 004
～朏 大和 036
23 ～傪 大和 036
24 ～德(愿德) 顯慶 142
～德 咸亨 098
～皓 貞元 057
～皓清 元和 066
27 ～侗 元和 032
～紹 殘誌 006
28 ～儉 貞觀 159
～儉 顯慶 142
30 ～注 殘誌 006
～寇 殘誌 006
～良津 元和 066
～良賁 元和 066
34 ～法悦 延壽 013
～浩清 元和 027
35 ～津 元和 027
～清 大順 004
36 ～温玉 開元 072
37 ～選 殘誌 006
～朗 顯慶 038
38 ～道(守義) 貞觀 159
40 ～爽 貞觀 159
～士幽 元和 066
～賁 元和 027
43 ～婉娘 大順 004
～娥娘 大順 004
44 ～茂弘(廣遠) 大順 004
～恭 開元 078
46 ～相住 顯慶 004
～相住 顯慶 005
50 任素 顯慶 038
60 ～國 貞觀 177
～國清 元和 027
～國清 元和 066
～晃 開元 072
67 ～明(尚客) 開元 072
～昭 元和 047
71 ～阿慶 延壽 012
～阿悦 貞觀 074
72 ～氏(董敦禮母) 貞觀 110
～氏(董柱妻) 貞觀 177
～氏(李果妻) 永徽 118
～氏(王卿妻) 顯慶 026
～氏(董□妻) 龍朔 001
～氏(龐□妻) 天授 018
～氏(嚴□妻) 神龍 047
～氏(姚知妻) 天寶 131
～氏(李端妻) 貞元 038
～氏(何載妻) 元和 035
～氏(袁秀巖妻) 元和 038
～氏(李良妻) 元和 047
～氏(何溢妻) 大中 047
～氏(董惟靖妻) 大中 066
～氏(孔永妻) 大順 002
75 ～體仁 咸通 060
80 ～鉉(鼎之) 殘誌 006
～念 咸亨 098
84 ～鐐 殘誌 006
90 ～懷脊 開元 078
～懷嗣 開元 078
～懷節 麟德 043

崔 2221_4

00 崔立 乾符 006
～龐老 大和 013
～兖 乾符 004
～競 乾符 019
～亮 開成 013
～彦佐 大和 039
～彦佐 大中 010
～彦佐 大中 144
～彦穆 久視 015
～彦温(德昌) 大中 144
～彦冠 大中 144
～彦博 長慶 027
～彦博 大和 039
～彦求 乾符 002
～彦素 長慶 027
～彦輔 大和 039
～彦甫 長慶 027
～彦成 大和 039
～彦昇 聖曆 010
～彦昭 乾符 002
～彦防 大和 039
～彦鎮 大和 039
～彦餘 長慶 027
～彦光 大和 039
～序 天寶 195
～齊榮(説) 開元 282
～育 長慶 027
～育 大和 039
～育 大中 010
～高丘 開元 371
崔膺 貞元 125
～膺 咸通 071
～膺 咸通 076
～膺 咸通 107
～庭玉 天寶 234
～庭僎 天寶 173
～庭實 貞元 053
～庭曜 乾符 020
～慶 開成 018
～慶哥 天寶 265
～慶復 大和 058
～慶之 大中 068
～庠 大中 144
～廣 咸通 076
～賡 大中 144
～文 元和 136
～文康 顯慶 128
～文誼 建中 009
～文玘 建中 009
～文習 建中 009
～文政 建中 009
～文修 大曆 029
～文益 建中 009
～文賞 建中 009
～文□ 天寶 265
～章 大曆 045
～章 元和 001
～章 大和 004
～章 咸通 005
～弈 天授 014
～弈 長慶 023
～弈 大和 046

崔言(思立) 長壽 032
～言道 開元 087
～讓 乾符 006
～玄童 乾符 006
～玄應 天寶 195
～玄弼 聖曆 018
～玄及 長壽 032
～玄德 乾符 006
～玄哲 開元 008
～玄默 貞元 053
～玄暐 天寶 197
～玄暐 咸通 029
～玄隱(少徽) 開元 501
～玄隱 大和 064
～玄鑒 大和 039
～玄覽 永淳 022
～玄覽 天寶 180
～玄籍(嗣宗) 聖曆 010
～袞 元和 053
～袞 元和 130
～袞 咸通 057
01 ～顔 咸通 004
～証 開元 501
～譚 元和 076
～謜 開元 501
03 ～誼 咸通 062
～誧 開元 501
～誧 大和 064
～詠 大中 001
～誠(守誠) 顯慶 128
～誠甫 元和 150
04 ～計 長慶 026
崔諶(貿本) 開元 449
～詵 大曆 058
～訥(思默) 景龍 017
～訥 咸通 071
06 ～謂 大和 046
～謂之 開元 159
07 ～毅 開元 272
～諷 咸通 044
～諷 咸通 071
～詡 長壽 006
～調 咸通 044
～調 咸通 071
～韶 聖曆 011
～韶(子華) 聖曆 012
～歆(仲俊) 聖曆 013
08 ～放 寶曆 021
～放 開成 050
～敦禮 元和 031
～説 天寶 051
～謙 元和 134
～謙 大中 157
～譜 乾符 004
09 ～讜 大和 046
10 ～三通 咸通 044
～三通 咸通 071
～玉章 乾寧 007
～丕 咸通 057
～至 天寶 112
～至 貞元 093
～至仁 聖曆 013
～玹 中和 004
～瓌 開元 147

崔環 咸通 005
～環 乾符 019
～璡 開成 016
～璋 永淳 020
～元 元和 091
～元 大中 016
～元彦 貞元 125
～元彦 開成 018
～元慶 垂拱 033
～元二(盧璠妻) 元和 053
～元愻 天寶 269
～元獎 天寶 234
～元綜 開元 449
～元綜 大曆 070
～元綜 開成 013
～元緒 開元 449
～元續 元和 074
～元伯 開成 034
～元宙 元和 020
～元祐 元和 020
～元嘉 天寶 195
～元加 咸通 029
～元敬 垂拱 047
～元異 天寶 123
～元略 元和 083
～元略 大和 054
～元陽 大曆 018
～元周 大曆 029
～元範 大中 080
～干 大和 013
～干 大中 090
～霸先 貞元 125

崔霞(桂休源妻) 開成 013
～石 天寶 125
～晉 元和 136
～震 元和 146
～貢 貞元 097
11 ～珁(鄭造妻) 元和 129
～玼 大曆 029
～璩 開元 026
～璩 咸通 029
～張三 咸通 015
～預 長慶 027
～預 大和 039
～頲 元和 023
12 ～瑶 天寶 152
～引 元和 073
～弘 元和 136
～弘峻 大曆 058
～弘峻 大曆 062
～弘峻 建中 004
～弘禮(從周) 大和 039
～弘禮 大中 010
～弘禮 大中 144
～弘禮 殘誌 008
～弘壽 開元 495
～弘規 開元 273
～弘昇 天寶 195
～烈 開元 302
～廷(彦實) 長慶 026
～廷 大中 068
～延慶 開元 240
～延伯 神龍 035
～延朗 顯慶 043

崔延贇 貞元 053
～延輝 咸通 103
13 ～球 開成 051
～武 天寶 266
～戩 元和 134
14 ～珪璋 開元 317
～珪璋 貞元 094
～瑛(子訓) 開元 285
～琪 天寶 158
～珙 會昌 008
～珙 大中 017
～琪(鄭君妻) 咸通 005
～琳 先天 008
～礎 開成 050
15 ～璉 開元 060
～融 天寶 170
～融 元和 073
～建娘(崔樅女) 大和 013
16 ～聖四 建中 009
～瑝 開成 051
～醜兒 建中 009
～醜媚 乾符 017
～碣 咸通 029
17 ～孟孫 開元 493
～孟孫 大曆 014
～孟孫 大曆 058
～孟恭 元和 089
～孟恭 元和 091
～盈 大中 063
～珣 景龍 028
～璆 開元 060
～璆(叔度) 長慶 027
崔璆芝 元和 101
～蠡 開成 051
～琚 開成 013
～璵 會昌 009
～務仁 大和 049
～承福 開元 190
～承禮 開元 174
～承嗣 天寶 269
～子烈 大和 049
～子佺 天寶 171
～子容 天寶 053
～子源 貞元 024
～子博 永徽 139
～子博 顯慶 128
～子叶 開元 050
～子義 開元 282
～子美 寶曆 021
～翬 元和 001
～翬(遐舉) 大中 090
～召兒 乾符 020
～君讚 景龍 017
～君維 開元 026
～君宙 開元 449
～君實 元和 073
～君肅 久視 015
～君肅 開元 087
～君肅 開元 302
～翼 乾符 021
～柔 咸通 104
18 ～珍 元和 020
～政 長慶 012
～群 元和 001

崔群 元和 129
～群 大和 087
～群 大中 128
～群(相國) 咸通 005
～群 咸通 116
19 ～璘 開元 060
～璘(温之) 乾符 006
～瑺 長慶 029
～耿 大和 010
～耿 開成 001
～耿 大中 031
～耿 咸通 071
～褧 咸通 025
20 ～重 開成 017
～重暉 建中 009
～住 大中 063
～秀 元和 053
～秀 元和 130
～禹錫 元和 073
～儦 垂拱 047
～千齡 乾元 010
～千里 開元 449
～千里(廣源) 貞元 125
～千里 長慶 029
～季 元和 134
～季粱 天寶 035
～季則 元和 149
～季長 元和 150
～孚 長慶 027
～孚 大和 039
～孚 大中 010
～孚 大中 144
崔秉 永徽 139
～秉 顯慶 128
～系孩(伊奴) 天寶 149
～稚公 天寶 173
～種 乾符 004
～順(房寬母) 開元 371
21 ～順 天寶 269
～上真 順天 004
～仁意 天寶 160
～偃 元和 150
～盧 咸通 076
～行褒 武德 003
～行褒 武德 005
～行謹 開元 026
～行功 龍朔 051
～行功 總章 020
～行功 開元 026
～行功 天寶 197
～行功 上元 014
～行通 天寶 173
～行成 景龍 017
～行感 武德 003
～行規 咸通 044
～行規 咸通 071
～儒 大曆 024
～儒 大中 063
～衍 永貞 004
～衍 元和 076
～衍 元和 105
～虞延(師) 天寶 173
～處賓 開元 428
～處直 天寶 195

	崔處真	天寶 239
	～虔	天寶 180
	～虔	天寶 216
	～虔	元和 101
	～虔	大和 013
	～虔	乾符 004
	～虔	乾符 017
	～虔道	開元 520
	～倬	大和 093
	～倬	開成 001
	～倬	開成 013
	～倬	開成 018
	～倬	開成 044
	～倬	大中 063
	～倬	咸通 116
	～偕	大和 093
	～偕	大中 063
	～貞固	大曆 058
	～貞固	大曆 060
	～貞固	大曆 061
	～貞固	大中 105
	～貞固	残誌 058
22	～胤(集賢相國公)	乾寧 007
	～岑	開元 271
	～嵩	乾符 020
	～巖	咸通 087
	～偁	大和 093
	～偁	大中 063
	～獎	開元 272
	～嶷	長壽 006
	～皚	大曆 062
	～皚	建中 004
	崔山僧	乾符 019
	～山丘	開元 427
	～崇	天寶 160
	～崇	大中 090
	～崇基	聖曆 007
	～利	大和 013
	～利賓	萬歲通天 006
	～稃(嘉成)	元和 101
23	～巘	元和 103
	～峻	長慶 022
	～縮	元和 020
24	～侁	天寶 266
	～⿰牜先	大曆 058
	～⿰牜先	大曆 061
	～⿰牜先	殘誌 058
	～勉	大曆 029
	～勉	咸通 019
	～侑	天寶 266
	～備	元和 089
	～倚	元和 020
	～倚	元和 149
	～德	長壽 006
	～德雍	乾寧 007
	～德德	大和 039
	～德厚	景龍 017
	～德義	天寶 239
	～倰	元和 149
	～倰	元和 150
	～倰	開成 051
	～倰	咸通 086
	～待賓	開元 147
	～偉	天寶 204

崔佑甫 大曆 059
～稜 大中 095
～稜 殘誌 017
～緯 元和 094
～緯 開成 016
～縝 天寶 162
～稹 大中 128
25 ～仲方 開元 190
～仲德 大曆 058
～仲德 大曆 062
～仲德 元和 091
～仲容 天寶 197
～仲哲 永徽 139
～伷 天寶 266
～傑(伯雄) 天寶 178
～傑 大曆 070
～朱義 大和 013
～朱義 大中 080
～績(盧從雅母) 元和 076
26 ～伯良 大曆 058
～伯良 大曆 062
～泉 天寶 224
～儼 大曆 015
～儼 大曆 058
～儼 大曆 061
～儼 大曆 062
～儼 大曆 072
～儼 建中 004
～倡 開元 449
～峴 咸通 015
～程(孝武) 貞元 096
～程 元和 129
崔穆 天寶 204
27 ～歸 大中 063
～多兒 咸通 044
～豹 景龍 039
～衆甫 天寶 219
～衆甫 大曆 058
～衆甫 大曆 059
～衆甫 大曆 060
～衆甫(真孫) 大曆 061
～候 大中 124
～象 大中 016
～殷 元和 076
～夐(光遠) 乾元 010
～伋 大和 085
～翺 乾符 021
～詹彦 大曆 058
～詹彦 大曆 062
～鄒 大中 063
～名娘(崔樅女) 大和 013
～魯魯 大和 013
～鄱 大中 063
～紓(子綸) 咸通 104
～絢 元和 073
～叔貞 大和 078
～叔胤 開元 501
～叔則 大和 078
～叔賢 大曆 058
～叔賢 大曆 062
～紹 貞元 097
～紹(襲之) 乾符 019
～紹孫 咸通 082
28 ～微 咸通 019

崔微 咸通 071
～徵 開元 027
～徵 貞元 125
～徵 長慶 029
～徹 大曆 045
～復本 元和 123
～儀 顯慶 043
～儀表 開元 371
～儀甫 咸通 087
～儉 天寶 141
～儉 乾符 021
～從 乾寧 007
～臡 乾寧 007
～税 貞元 096
～税 元和 001
～税 大中 090
～税 咸通 005
～税 乾符 019
～縱 咸通 029
30 ～宜之 開元 054
～注 開成 018
～濟 天寶 123
～濟 天寶 234
～濟 貞元 097
～滂(德涯) 乾符 017
～寧 元和 028
～寧訓 天寶 265
～宛孫 乾符 017
～寵 開元 008
～寵 天寶 120
～寬 開元 008
～永 長壽 032
崔永 天寶 123
～宏 咸通 116
～進 永淳 020
～進 建中 009
～騫 開元 302
～守訓 寶應 002
～守約(安沖) 開元 273
～守基 寶應 002
～安潛 乾寧 007
～準 大中 090
～準 乾符 019
～客王 大曆 029
～寶德 天寶 141
～寶德 長慶 026
～賓 乾元 010
～宗儒 開成 007
31 ～漑 咸通 071
～沔 開元 174
～沔 大曆 015
～沔(若沖) 大曆 058
～沔 大曆 059
～沔(孝公) 大曆 060
～沔(若沖) 大曆 062
～沔(孝公) 大曆 063
～沔 建中 004
～潛 天寶 100
～遷 大中 010
～遷遷 大和 039
～憑 貞元 125
32 ～澄 天寶 204
～沂 大和 066
～漸 大和 049

崔泛 元和 028
～泛 開成 018
33 ～泌 天寶 053
～泌 開成 018
～沆 開成 018
～治 永徽 125
～淙 元和 101
～淙 開成 036
34 ～湛(湛然) 天寶 180
～湛 貞元 096
～湛 元和 001
～湛 元和 101
～湛 元和 129
～湛 大和 013
～湛 大中 090
～漪 開元 054
～洧(利物) 開成 001
～洧 咸通 107
～滿羸 大曆 058
～滿羸 大曆 060
～滿羸 大曆 061
～滿羸 殘誌 058
～法言 天寶 123
～濤 元和 149
～濤 元和 150
～濤 咸通 087
～洪毅 開元 272
～洪玘 天寶 173
～洪福 開元 272
～洪太 開元 272
～洪爽 開元 272
～洪藏 開元 272

崔祐甫 天寶 252
～祐甫 大曆 014
～祐甫 大曆 015
～祐甫 大曆 058
～祐甫 大曆 061
～祐甫 大曆 062
～祐甫 大曆 063
～祐甫 大曆 064
～祐甫 大曆 072
～祐甫(貽孫) 建中 004
～祐甫 咸通 104
～造 大曆 030
～逵 開元 371
～遠 開元 273
～婆兒 建中 009
35 ～沖(名器) 乾封 014
～澧 元和 098
～清 元和 103
～潛 元和 098
～溱 開成 018
～神慶 天寶 152
～神基 神龍 037
～禮 天寶 266
～禮 建中 009
～連孫 乾符 019
36 ～涓 元和 028
～澤 開元 395
～澤 元和 018
37 ～沉(處道) 神龍 035
～汲 元和 097
～渙 大曆 035
～渙 大曆 068

	崔涣(南和府君)	開成 001
	~涣(海量)	開成 018
	~涣	大中 063
	~涣	咸通 029
	~淑	開元 240
	~溆	寶曆 021
	~渾	開元 493
	~渾	大曆 014
	~渾(若渦)	大曆 058
	~渾	大曆 059
	~渾	大曆 060
	~渾	大曆 061
	~渾	大曆 062
	~渾	貞元 092
	~渾	大中 128
	~洛	開元 272
	~澮(□長)	元和 028
	~深	聖曆 007
	~祖	開元 087
	~家	咸通 044
	~褖	天寶 125
	~逸	垂拱 033
	~逸	元和 136
	~逸元	乾封 014
	~通(處徹)	永淳 020
	~通	貞元 139
	~通	元和 076
	~通	元和 097
	~通	大中 063
	~通兒	咸通 044
	~罕	大和 004
	~罕	大中 090
	崔罕	乾符 019
38	~澣	大和 064
	~海	大中 090
	~祥業	天寶 180
	~祥業	貞元 096
	~祥業	元和 101
	~裕	乾元 010
	~道	開元 272
	~道	天寶 125
	~道斌	長慶 026
	~道謙	乾符 006
	~道郁	聖曆 018
	~道猷	景龍 011
	~遊	至德 002
	~遵業	開元 285
	~肇	咸通 015
	~肇	乾符 017
40	~大方	天授 014
	~大方	開元 282
	~大方	天寶 035
	~大順	大和 078
	~大心	上元 042
	~大昊	開成 001
	~大質	永淳 022
	~友郎	開元 516
	~士寧	長慶 012
	~克讓(振元)	天寶 265
	~克讓	寶應 002
	~克蔭	咸通 076
	~克昌	開元 240
	~希先	天寶 006
	~志	貞觀 002

崔志 貞觀 042
～志 聖曆 007
～志 元和 136
～志廉 久視 015
～志廉 開元 030
～志廉 天寶 178
～志誠 開元 030
～志濟 垂拱 047
～志道(元閏) 永淳 022
～志道 天寶 180
～嘉祉 開元 399
～嘉本 元和 020
～嘉恩 大曆 045
～真娘 大和 078
～杭 大和 010
～校 大中 063
41 ～樞 太極 003
～櫍 咸通 061
42 ～彭 開元 358
～彭 天寶 141
～彭 長慶 026
～桴 乾符 017
43 ～婉(元□妻) 元和 097
～婉婉 乾符 019
～載 元和 134
～朴 元和 103
44 ～蕚 天寶 266
～蕚(秀蕚) 元和 136
～莊子 聖曆 012
～芃 貞元 130
～蕘 咸通 115
～萬 天寶 123
崔萬善 開元 495
～蘭孫 乾符 017
～薦 咸通 076
～蒙 貞元 056
～荐 大和 046
～茂之 開元 273
～茂藻 乾符 004
～藏曜 天寶 074
～獠 咸通 076
～孝康 開元 501
～孝珣 開元 050
～孝珣 天寶 204
～孝源 開元 026
～孝昌(慶之) 太極 003
～攀(鄭賓妻) 開元 493
～英 天寶 068
～著 元和 053
～著 元和 130
～著 咸通 057
～蕃 大和 064
～芑 開成 018
～芑(浚源) 大中 063
～世儁 天寶 265
～世師 開元 273
～世濟 開成 018
～世樞 開元 174
～世標 開元 500
～藝 大曆 045
～楚兒 大和 093
～黄左 元和 091
～贊 咸通 087
～植 建中 004

崔植 大和 010
~植 咸通 104
~植 大中 107
~植(固本) 乾符 021
~栯 大和 058
45 ~橚 大和 013
46 ~觀 開元 147
~恕 開元 520
~恕 貞元 125
~恕(敏從) 長慶 029
~相 開元 147
~樫 元和 074
47 ~均 久視 015
~均 開元 030
~翹 天寶 271
~朝 天寶 180
~朝 貞元 096
~朝 元和 001
~朝 元和 129
~朝 大中 128
~朝 咸通 005
~朝 乾符 019
~朝幹 天寶 216
~好義 乾符 021
~期 武德 005
48 ~幹 天寶 180
~敬章 咸通 019
~敬嗣 開元 262
~敬嗣 天寶 074
~敬憐 建中 009
~栟 大和 013
~樅(茂卿) 大和 013
崔樅(茂卿) 大中 080
49 ~趙九 大和 013
50 ~申娘 咸通 044
~申娘 咸通 071
~夷甫 大曆 058
~夷甫 大曆 060
~夷甫(平孫) 大曆 072
~夷甫 貞元 092
~泰(元平) 永徽 139
~泰之 開元 159
~泰之 開元 174
~泰之 元和 089
~泰之 元和 091
~肅 會昌 053
~奉節 開元 520
~貴仁 垂拱 033
~素(杜詢美妻) 顯慶 043
51 ~鶱 咸通 056
52 ~揆 開成 044
~揆 咸通 076
~授 大中 138
~授 咸通 001
~哲(能仁) 久視 015
~哲 天寶 178
~哲 大曆 070
53 ~輔卿 貞元 092
~盛兒 開成 001
~咸 長慶 026
~威 武德 005
~成 元和 134
~成甫 大曆 058
~成甫 大曆 062

崔戎 大中105
54 ～軌 武德005
55 ～輦 元和001
56 ～操 開元495
57 ～契臣 大曆058
～契臣 大曆060
～契臣 大曆061
～契臣 大曆072
～契臣 貞元062
～契臣 貞元092
～契臣 殘誌058
60 ～曠 天寶269
～日宣 元和097
～日用 景龍011
～日用 開元054
～日用 開元087
～日用 開元470
～日用 天寶012
～日用 元和097
～晟 元和108
～晟 元和134
～晟 元和136
～思慶 貞元053
～思約 久視015
～思約 開元087
～思約 開元302
～思約 天寶178
～思古(官奴) 天授014
～思古 開元282
～黯 開元302
～昇 開元026
～暈 天寶051
崔曅(玄暐) 開元026
～勗(寶) 大和078
～昂 景龍017
～圓 元和089
～景 天寶197
～景文 元和091
～景俗 元和089
～景運 開元358
～羅 長壽032
61 ～晊 開元050
～晊 天寶204
～晊 元和149
～晊 元和150
～晤 永泰003
～顒 長壽006
～顒 大和044
～哭 乾元002
62 ～暟 開元493
～暟 大曆014
～暟 大曆015
～暟 大曆059
～暟 大曆060
～暟 大曆062
～暟 大曆063
～暟 大曆072
～暟 貞元092
～懸解 元和073
～懸黎 咸亨015
63 ～踐忠 元和028
64 ～晞 天寶160
～曄 咸通044
～曄 咸通071

崔曄 乾符 020
66 ～瞿 元和 101
～嚴 開元 272
67 ～明 開元 449
～明昚 開元 067
～昭 開元 449
～昭 大曆 045
～昭儉 長慶 026
～瞻 咸通 087
～鄲 大中 106
68 ～曮 大曆 058
70 ～雅 大和 040
71 ～陟 大中 016
～愿 開元 447
～厚 咸通 062
～長瑜 永徽 139
～長先(後己) 武德 005
～長恭 乾封 014
72 ～丘 乾元 010
～丘山 神龍 035
～隱居 大曆 045
～隱林 大曆 045
～隱甫 貞元 125
～隱甫 長慶 029
～隱甫(太保忠公) 開成 001
～隱甫 開成 018
～隱甫(太保忠公) 開成 044
～隱甫 大中 063
～隱甫 咸通 071
～氏(盧萬春妻) 永徽 125
～氏(高孝德妻) 永徽 148
～氏(封□妻) 垂拱 047
崔氏(許行本妻) 證聖 005
～氏(武城郡君) 聖曆 007
～氏(王慶祚妻) 聖曆 017
～氏(王望之妻) 聖曆 018
～氏(慕容正言妻) 聖曆 033
～氏(蕭思一妻) 聖曆 036
～氏(李延祐妻) 神龍 037
～氏(王景之妻) 景龍 028
～氏(申屠行妻) 景龍 039
～氏(源惠津母) 開元 050
～氏(裴亮妻) 開元 068
～氏(盧思莊妻) 開元 262
～氏 開元 371
～氏(元琰妻) 開元 431
～氏(杜元穎妻) 開元 495
～氏(張承祚妻) 開元 519
～氏(王□妻) 天寶 004
～氏(李符彩妻) 天寶 012
～氏(趙思廉妻) 天寶 069
～氏(張俊妻) 天寶 081
～氏(張泚妻) 天寶 084
～氏(李津母) 天寶 141
～氏(李韜妻) 天寶 152
～氏(張鏡初母) 天寶 160
～氏(李沖妻) 天寶 170
～氏(高榮妻) 天寶 184
～氏(李諶妻) 天寶 197
～氏(鄭□妻) 天寶 234
～氏(鄭逞妻) 天寶 239
～氏(盧招妻) 天寶 252
～氏(盧□妻) 天寶 269
～氏(李昊妻) 乾元 002

崔氏(慕容威妻) 乾元 007
～氏(李璀妻) 永泰 003
～氏(竇叔華妻) 大曆 014
～氏(盧招妻) 大曆 015
～氏(李巒妻) 貞元 024
～氏(盧嶠妻) 貞元 041
～氏(盧嶠妻) 貞元 053
～氏(嗣曹王臯妃) 貞元 093
～氏(盧瞻妻) 貞元 097
～氏(鄭樞母) 貞元 111
～氏(元濬長妻) 貞元 139
～氏十六女(楊) 元和 001
～氏(裴復妻) 元和 023
～氏(獨孤珍妻) 元和 031
～氏(裴簡妻) 元和 073
～氏(劉密妻) 元和 074
～氏(王郅妻) 元和 077
～氏(李繼妻) 元和 094
～氏(田岌妻) 元和 114
～氏(盧璠妻) 元和 130
～氏(高岳妻) 長慶 022
～氏(盧直妻) 長慶 023
～氏(盧子騖妻) 寶曆 007
～氏(盧伯卿妻) 寶曆 021
～氏(盧士瓊妻) 大和 006
～氏(張佮妻) 大和 020
～氏(盧□妻) 大和 046
～氏(鄭溓妻) 大和 049
～氏(劉密妻) 大和 050
～氏(田聿妻) 大和 055
～氏(田萬昇妻) 大和 082
～氏(李翼妻) 大和 085
崔氏(李紳母) 大和 086
～氏(李繼妻) 開成 016
～氏(柳正封妻) 開成 031
～氏(盧伯卿妻) 開成 050
～氏(李潘妻) 開成 051
～氏(蘇深妻) 會昌 033
～氏(張信妻) 大中 045
～氏(李珪妻) 大中 079
～氏(鄭僎妻) 大中 100
～氏(盧鍇妻) 大中 106
～氏(支竦妻) 大中 111
～氏(支竦妻) 大中 112
～氏(支竦妻) 大中 113
～氏(劉蕡妻) 大中 117
～氏(盧緘妻) 大中 128
～氏(鄭寶妻) 大中 135
～氏(鄭遇妻) 大中 139
～氏(鄭汶妻) 大中 157
～氏(盧宏妻) 咸通 001
～氏(盧特妻) 咸通 006
～氏(盧總妻) 咸通 006
～氏(盧景明妻) 咸通 015
～氏(王□妻) 咸通 019
～氏(支鍊師母) 咸通 020
～氏(盧汶妻) 咸通 058
～氏(宇文瓚妻) 咸通 061
～氏(令狐從妻) 咸通 062
～氏(令狐紞妻) 咸通 062
～氏(達奚革妻) 咸通 063
～氏(李璠妻) 咸通 087
～氏(韋知退妻) 咸通 107
～氏(李存彦妻) 咸通 107

崔氏(王寓妻) 咸通 107
～氏(鄭濆妻) 咸通 106
～氏(李顓妻) 乾符 016
～氏(王再武妻) 光啓 003
～氏(盧徵妻) 殘誌 058
～氏(李潤妻) 殘誌 058
74 ～隋 會昌 053
～隋 乾符 021
～騏驥 咸通 015
76 ～陽元 大曆 020
77 ～堅 景龍 002
～堅 元和 097
～歸美 元和 067
～同靖 大中 080
～同佑 大中 080
～同映 大中 080
～門老 貞元 096
～朋 開元 448
～周楨 殘誌 025
～周冕 大和 007
～冏 開元 147
～閱 乾符 006
～居中 大中 080
～居晦 咸通 006
～郾 乾符 020
～民英 大曆 029
～民令 開元 190
～興宗 元和 074
～賢留 建中 009
80 ～全休 咸通 076
～金剛(王庭玉妻) 開元 190
～蒴 乾符 021
崔羑(幼卿) 開元 301
～夔 乾符 020
～令兒 大和 093
～令同 開成 013
～無生忍(嗣曹王皐妃) 貞元 094
～義玄 聖曆 010
～義玄 神龍 037
～義斌 天寶 141
～義邕(邑) 天寶 195
～義深 貞觀 002
～義直 太極 003
～義直 開元 174
～會仁 貞觀 002
～善福 聖曆 010
～善福 聖曆 012
～善福 聖曆 013
～善操 神龍 035
～公度 大曆 058
～公度 大曆 060
～公度 大曆 061
～公度 殘誌 058
～公禮 開元 240
～公淑 元和 134
～公逸 神龍 035
～公華 永淳 022
～公聿 元和 134
81 ～鐔 乾符 006
～鍇 乾符 013
～頌 大曆 059
83 ～鐵師 大中 068
～鎔 長慶 026

崔鉥 乾符 006
84 ～鉷 元和 134
～鎮 開元 371
～鎮 咸通 015
85 ～銖 乾符 006
86 ～鍠 天寶 103
～鍔 大和 079
～鐶 天寶 103
～銲 天寶 232
～知(莊) 天寶 266
～知慈 元和 076
～知德 開元 358
～知儉 元和 028
～知温 太極 003
～知温 開元 159
～知温 開元 174
～知温 元和 091
～知隱 貞元 094
～智言 長安 044
87 ～邠 元和 088
～鄭鄭 大和 039
88 ～鋭 萬歲通天 006
～鎰 大和 015
～篘 咸通 072
～範 天寶 265
～敏 大和 006
～筥 元和 142
～答 長慶 012
～管仲 大曆 045
～餘慶 開元 285
90 ～小哥 建中 009
～小順 大和 078
崔小贊 乾符 020
～小象 大中 016
～小通 咸通 044
～小通 咸通 071
～小吴 開成 001
～少通 乾符 020
～光嗣 開元 358
～眷 元和 127
94 ～忱 開元 030
～慎 聖曆 010
～慎 聖曆 011
～慎 聖曆 013
～慎言 顯慶 043
～慎經 開成 017
～慎由 乾符 011
96 ～怛 開元 285
～憬 聖曆 010
～憬 聖曆 011
～憬 聖曆 013
～熅(盧雄妻) 元和 103
97 ～恂 聖曆 010
～恂 聖曆 011
～恂 聖曆 013
～惲 聖曆 010
～惲 聖曆 011
～惲 聖曆 013
～惲 開元 030
～恪 聖曆 010
～恪 聖曆 011
～恪 聖曆 013
～恪 順天 004
～粗 大中 063

98 崔悦 永泰 003
99 ～榮 開元 282
～榮 元和 076
～(禮部尚書孝公) 天寶 252
～(相國) 會昌 009
～(博陵) 大中 025
～(相國) 大中 056
～(東都留守尚書) 大中 056

崇 2290_1

80 崇義 貞元 101

巢 2290_4

52 巢刺王 貞觀 147
～思玄 久視 001

樂 2290_4

00 樂方(士則) 儀鳳 032
～方(士則) 文明 002
～文士 貞觀 033
～文義(思禮) 顯慶 023
～玄(通才) 咸亨 023
～玄亮 上元 031
～玄德(寶積) 麟德 009
10 ～玉(善德) 調露 002
～元侃 咸亨 009
12 ～弘懿(彦之) 儀鳳 031
～孫 永徽 004
17 ～子華 貞觀 033
21 ～順 調露 002
～師 儀鳳 031
～師 垂拱 043
樂貞 貞觀 140
22 ～豐 咸亨 023
～巋(舉仁) 上元 031
24 ～德 咸亨 009
～休 上元 031
～緒 調露 002
26 ～穆 麟德 009
28 ～從 貞觀 033
30 ～安都 貞觀 033
～安公主 元和 123
31 ～遷 儀鳳 031
34 ～達(智纂) 永徽 004
～達(智通) 咸亨 009
35 ～神泰 調露 026
37 ～逸 咸亨 009
40 ～希有 麟德 009
～脊 貞觀 140
～雄 顯慶 023
43 ～始 儀鳳 032
～協 永徽 004
44 ～恭(果仁) 調露 026
～李師 儀鳳 032
～孝初 大曆 058
47 ～都 儀鳳 031
48 ～敬 顯慶 023
50 ～毛德 咸亨 023
60 ～昉 咸亨 023
～昇進 大和 001
67 ～暉 儀鳳 032
71 ～陟(世遷) 貞觀 033
72 ～氏(韓節妻) 咸亨 088
～氏(陳平妻) 載初 002

樂氏(趙士真妻) 咸通 095
77 ～隆 貞觀 140
～興 貞元 111
80 ～令姿(任德妻) 顯慶 142
～善文(善文) 貞觀 140
～善師 儀鳳 032
88 ～繁 會昌 020
90 ～少弘 大和 001
～少真 大和 001
～少晟 大和 001
97 ～恂 文明 002
～恪 上元 031
～□(道仁) 文明 002

卜 2300_0

00 卜彦 神龍 003
10 ～元簡(延休) 神龍 003
～雲 神龍 003
12 ～璀(無質) 長慶 015
18 ～政 開元 277
35 ～沖 神龍 003
47 ～期 長慶 015
50 ～素(仁) 開元 277
71 ～長師 開元 277
79 ～鄰 長慶 015
93 ～怡 長慶 015

傅 2324_2

00 傅交益 龍朔 086
17 ～羽客 龍朔 086
～翼 乾符 024
21 ～仁讓 乾符 024
傅仁弘 貞觀 127
～仁建 乾符 024
～仁禮 乾符 024
～仁本 乾符 024
24 ～佐 乾符 024
27 ～叔(季成) 貞觀 127
30 ～守節 龍朔 086
～良 聖曆 003
35 ～神童 龍朔 086
38 ～遊藝 龍朔 086
40 ～爽 聖曆 003
42 ～彬 乾符 024
44 ～華嚴(朱憲妻) 調露 010
60 ～思諫(庭芝) 聖曆 003
72 ～氏(周廣妻) 儀鳳 015
～氏(和智全妻) 景龍 022
～氏(陳思妻) 開元 224
～氏(張遊藝妻) 貞元 119
～氏(康叔卿妻) 大中 123
80 ～無爲 貞觀 127
88 ～簡文 乾符 024
～節 聖曆 003
90 ～懷義 貞觀 127

臧 2325_0

00 臧方直 貞元 083
～彦雄 景龍 036
～文 景龍 036
17 ～子真(朱邯母) 大中 013
22 ～仙童 景龍 036
～崇亮(茂融) 景龍 036
40 ～克貢 元和 086

臧克貞 元和 086
～南金 景龍 036
44 ～協 元和 086
～華 天寶 203
50 ～奉言 元和 116
56 ～操 景龍 036
60 ～昌裔 貞元 083
～昌嗣 貞元 083
64 ～曄 貞元 083
72 ～質 貞元 083
80 ～善安 貞元 083
～公(黿從宰相) 大中 115
90 ～懷義 貞元 083

眘 2360_4

03 眘斌(務斌) 長壽 023
40 ～昚名 長壽 023
48 ～敬本 長壽 023
72 ～氏 大中 049
98 ～悦 長壽 023

斛律 2420_0 2520_7

00 斛律文端 長安 052
72 ～～氏(陳叔度妻) 長安 052
80 ～～義 長安 052

斛斯 2420_0 4282_1

01 斛斯訶通 貞觀 178
02 ～～誕 總章 030
24 ～～德(仲鋭) 龍朔 011
～～德 龍朔 041
27 ～～叔 天授 012
34 斛斯達(師德) 貞觀 178
35 ～～禮 天授 012
38 ～～祥(德善) 龍朔 041
47 ～～翹(淳風) 天寶 130
72 ～～氏(劉寶壽母) 總章 030
～～氏(格善義妻) 天授 012

仇 2421_7

04 仇詵 萬歲通天 004
10 ～元誠 元和 122
～元暕 萬歲通天 004
27 ～叡 麟德 057
～絢 萬歲通天 004
30 ～寶達 麟德 057
38 ～道(那) 永徽 023
～道朗 萬歲通天 004
44 ～蘭 永徽 023
72 ～氏 麟德 057
～氏(諸葛君尚妻) 天寶 073
～仇氏 大中 055
93 ～熾 永徽 023

德 2423_1

52 德靜縣主 開元 270

儲 2426_0

00 儲彦琛 貞元 013
18 ～瑜 咸通 032

特 2454_1

11 特麗度許符別可汗 聖曆 026

牛　2500_0

00 牛高(靳舉)　萬歲通天 001
～廣　乾符 015
～文　總章 011
10 ～五娘　乾符 015
～元翼　大和 090
～元軌　萬歲通天 001
～雲　元和 122
12 ～弘滿(無逸)　咸亨 047
～延宗　乾符 015
17 ～孟十　乾符 015
～尹甫(公佇)　會昌 018
20 ～重　會昌 018
22 ～仙客　天寶 102
～仙客　天寶 179
～仙客　會昌 018
24 ～緒　聖曆 008
26 ～伯　咸亨 047
27 ～名徹　萬歲通天 001
～名播　萬歲通天 001
28 ～僧孺　大和 014
～僧孺　會昌 003
～僧孺　大中 056
～僧孺　大中 102
～僧孺　咸通 086
～從實　乾符 027
34 ～遠　咸亨 047
37 ～潤　咸亨 047
～通　聖曆 008
40 ～真　會昌 018
～賁　會昌 018
50 牛貴　乾符 015
67 ～明　咸亨 047
～嗣宗　聖曆 008
71 ～阿師(處仁)　聖曆 008
～愿　萬歲通天 001
72 ～氏(潘□妻)　總章 011
～氏(王深妻)　調露 012
77 ～鳳　萬歲通天 001
～留九　乾符 015
80 ～善　總章 011
～公(太傅)　大中 056
～公(奇章)　大中 154

朱　2590_0

00 朱亮　永貞 001
～齊之(思賢)　開元 057
～方惠　開元 220
～庭訓　證聖 009
～庭瑾　開元 307
～廣　咸亨 078
～廣　天寶 254
～玄　開元 481
～玄儼(望之)　神龍 001
～玄福　神功 005
～玄泰　天寶 267
03 ～斌　開元 481
04 ～護　咸亨 078
08 ～詮　調露 010
09 ～讜言　元和 013
10 ～夏　開元 051
～石　開元 051
12 ～弘　總章 021

朱弘琰 天寶 254
～延度 天寶 006
～延年 開元 307
13 ～武姜(沈□妻) 神龍 024
14 ～琳(□璋) 顯慶 165
17 ～琛 殘誌 012
～弼 大和 033
～胥 證聖 009
～子琦 景龍 045
～子奢 神龍 024
～君信 開元 246
～君爽 大中 075
～君卿 神功 005
～君會 開元 220
～信(文懿) 總章 021
～信 開元 245
21 ～仁表(弘感) 神功 005
～行(才) 如意 001
～行斌 開元 245
～行斌 開元 246
～師(君範) 永徽 082
～貞(懷古) 開元 051
～綽 咸亨 078
～頞 開元 246
22 ～崇慶(紹隆) 開元 220
23 ～允諒 開元 181
～峻 開元 220
～緘 開元 057
24 ～先愿 開元 181
25 ～仲武 殘誌 005
26 ～自勔 開元 357
～自勸 開元 187
朱自勸 開元 357
～自勖 開元 357
～自勵 開元 357
～偘 天寶 106
～保 開元 051
28 ～從 咸通 052
30 ～寬 咸亨 078
～憲(孝成) 調露 010
～守臣 開元 181
～良 開元 481
～賓 垂拱 065
～賓 大中 153
～實 如意 001
～寶 如意 001
～寶 景龍 045
31 ～泚(遂寧王) 建中 016
～泚 貞元 080
～泚 貞元 083
～泚 永貞 007
～泚 元和 119
～泚 元和 135
～泚 咸通 029
～遷 大中 153
32 ～滔 大曆 067
～滔(義陽公) 建中 016
～滔(元戎) 建中 018
～滔 貞元 006
～滔 貞元 021
34 ～滿 景龍 045
～浩 天寶 106
～遠(元通) 咸亨 078
～遠 如意 001

朱達 永徽 082
～達 總章 021
～達 開元 220
35 ～清璿 永貞 001
37 ～通 總章 032
～通(儒達) 咸亨 022
～通 證聖 009
～通 長安 040
～朗 神功 005
38 ～海華 天寶 106
～道奇 開元 057
40 ～九思 神龍 001
～太保(忠亮) 大中 058
～嘉暉 天寶 254
44 ～基 永徽 082
～萱(元茂) 大中 153
～藩 會昌 056
～英 開元 245
～英 開元 246
～英華 天寶 262
～模 開元 057
46 ～賀 大中 109
～賀 大中 110
47 ～圯 大中 055
～懿 調露 010
～邯 大中 013
48 ～散郎 大中 041
～敬之 會昌 049
～敬之 大中 075
～敬存 大中 153
50 ～貴 總章 032
53 ～盛 開元 051

朱威 總章 021
～感 神龍 022
60 ～勗 天寶 106
～四娘(胡珍妻) 大中 037
～晃 開元 057
～晃 開元 163
～暠 開元 245
～暠 開元 246
～昇 開元 057
～圓郎 大中 041
～炅 開元 220
～景微 開元 307
～景微 天寶 006
67 ～曜光 開元 300
～明 神功 005
～昭乘 開元 245
～昭乘 開元 246
～照(光庭) 神龍 022
70 ～璧 大和 056
～愿之 會昌 049
71 ～長仁 開元 307
～長仁 天寶 006
72 ～氏(張□妻) 龍朔 038
～氏(周廣妻) 儀鳳 015
～氏(梁玄敏妻) 長壽 008
～氏(王義妻) 長安 014
～氏(元瑛妻) 長安 040
～氏(暢懷禎母) 神功 010
～氏(李敬固妻) 開元 481
～氏(崔希先母) 天寶 006
～氏(王訓妻) 天寶 062
～氏(鄧俊母) 寶應 008

朱氏(裴昌妻) 元和 144
～氏(胡真母) 大和 056
～氏(車益妻) 大和 060
～氏(王仕倫妻) 大和 094
～氏(徐景妻) 大和 096
～氏(徐沛母) 開成 043
～氏(尹澄妻) 會昌 039
～氏(殷濤妻) 大中 019
～氏(何俛妻) 咸通 054
～氏(杜君信母) 殘誌 012
76 ～陽(正中) 永貞 001
77 ～卿 總章 032
～卿 神龍 022
80 ～含光 天寶 094
～善慶 大中 075
88 ～簡(略) 證聖 009
90 ～惟 大中 153
～光庭 神功 005
～光宙 天寶 106
90 ～懷晉 如意 001
～懷智(卿) 景龍 045
97 ～憺 神龍 024
～耀 開元 220
99 ～鋈 開元 307

种　2590_6

72 种氏(焦松妻) 天授 036

白　2600_0

00 白齊雲 開元 417
～慶先 開元 417
～慶先 開元 419
白玄範 開元 408
～玄範 開元 415
12 ～弘儼 開元 494
15 ～建 開元 419
～建 開元 494
17 ～子蘭 開元 494
～君恕 開元 417
～君恕 開元 419
～君慭 開元 494
20 ～季隨 殘誌 036
21 ～仁憲 開元 408
～仁憲 開元 415
～仁憲 開元 529
22 ～嶷之 開元 494
～巖之 開元 494
～仙鶴 貞元 111
～綏 元和 045
24 ～僅 開成 010
30 ～進玉 開元 415
32 ～遜 開元 494
40 ～大威 開元 417
～大威 開元 419
～太清 貞元 044
～士遜 開元 419
～奇玉 開元 415
44 ～萬湜 開元 408
～萬湜 開元 415
46 ～如玉 開元 415
67 ～嗣先 開元 419
77 ～居易 元和 044
80 ～羨言 開元 417
～羨言 開元 419

白義賨(休珍) 開元 408
～義賨 開元 415
86 ～知新 景雲 021
～知新 開元 494
～知禮 開元 408
～知禮(崇敬) 開元 415
～知禮 開元 529
～知隱 景龍 037
88 ～敏中 大中 060
～敏中 大中 120
～敏中 咸通 088
～敏中 咸通 106
90 ～光玉 開元 415
～光倩(臧南金妻) 景龍 037

皇甫 2610_4 5322_7

00 皇甫亮 永淳 018
～～文亮 開元 324
～～文備(孝忠) 長安 063
～～文房 文明 009
～～玄志(正平) 天授 009
07 ～～毅 麟德 015
08 ～～敦 麟德 015
12 ～～弘 大和 039
～～弘 大和 040
～～弘敬(文欽) 顯慶 114
14 ～～瓘 貞元 051
～～瑾 開元 126
17 ～～翼 天賨 081
～～翼 天賨 100
18 ～～珍 永徽 047
～～珍義 文明 009
皇甫珍義 開元 324
～～政 天賨 044
21 ～～順 龍朔 046
～～仁 永淳 015
～～貞 建中 003
～～貞節 天授 026
～～貞慎 天授 026
24 ～～侁 大曆 055
～～侁 建中 004
～～德 顯慶 114
～～德 天授 009
～～德相(干禄) 永徽 047
～～休賨 龍朔 072
30 ～～良 顯慶 114
～～賨 永徽 047
～～賨 麟德 015
～～賓 開元 435
31 ～～濬 天賨 002
32 ～～滔 天授 009
34 ～～滿才 龍朔 072
～～遠 長安 063
35 ～～禮 龍朔 046
36 ～～温 開元 435
～～温 貞元 051
～～涓 貞元 051
～～湜 大中 107
37 ～～深 天授 009
38 ～～道 永徽 047
40 ～～爽 天賨 044
42 ～～韜 長安 063
44 ～～芬 建中 003
46 ～～相貴(晚□) 龍朔 046

48 皇甫翰 貞元 028
50 ～～貴 永淳 015
55 ～～慧凝 建中 003
～～慧藏 建中 003
60 ～～恩 天寶 044
62 ～～則 龍朔 072
68 ～～晦 萬歲通天 027
70 ～～璧(君才) 麟德 015
71 ～～阿沖 開元 435
～～長孫 顯慶 020
72 ～～氏(程雄妻) 顯慶 020
～～氏(裴瑾之母) 上元 012
～～氏(陳懷儼妻) 上元 027
～～氏 萬歲通天 027
～～氏(張景旦妻) 開元 126
～～氏 開元 484
77 ～～閱 貞元 051
78 ～～覽 天寶 044
80 ～～鏡幾(晤道) 文明 009
～～鏞 大和 011
86 ～～知常 開元 324
～～智滿 龍朔 072
88 ～～節 龍朔 072
90 ～～惇 開元 484
91 ～～悟 建中 003
94 ～～慎 開元 324
97 ～～恂 文明 009
～～燠 乾符 011

泉 2623_2

00 泉産 調露 023
～玄逸 大足 001
泉玄靜 大足 001
～玄隱 大足 001
15 ～建 調露 023
17 ～子遊 調露 023
21 ～毖(孟堅) 開元 377
23 ～獻誠 調露 023
～獻誠 大足 001
～獻誠 開元 378
40 ～大祚 調露 023
～大祚 大足 001
44 ～蓋金 調露 023
～蓋金 大足 001
55 ～弗德 調露 023
60 ～男産 大足 001
～男産 長安 008
～男建 大足 001
～男生(元德) 調露 023
～男生 大足 001
～男生 開元 378
～冉有 調露 023
90 ～光富 長安 008

卑失 2640_0 2503_0

21 卑失卓 長慶 020
60 ～～昂 長慶 020
67 ～～嗣先 長慶 020
72 ～～氏(李素妻) 元和 128
～～氏 長慶 020

魏 2641_3

00 魏彥 龍朔 005
～齊賁 元和 082

魏齊貞 會昌 045
～方進 天寶 236
～文誠 大中 023
～文誠 咸通 046
～文政 開元 075
～文德(道宗) 貞觀 123
～文質 元和 082
～文質 會昌 045
～讓 元和 003
～玄同 貞元 087
～玄敏 開元 075
02 ～端 元和 003
05 ～靖 景龍 032
～靖(昭緒) 開元 241
～靖 元和 003
～竦 元和 003
10 ～正見 開元 374
～正臣 長慶 029
～璋 咸通 086
11 ～璩 大中 078
～頊 咸通 074
～頊 咸通 086
～頲 大和 092
～頵郎 大和 092
12 ～璠 大中 078
～弘立 大和 092
～弘立 咸通 067
～弘章(廣文) 大中 078
13 ～球 大中 078
14 ～琦 寶曆 005
～琦 大中 023
～珙 大中 078
17 魏瓊 元和 135
～承休 開元 052
～承休 開元 295
20 ～季景 開元 241
～季雅 元和 082
～季風 元和 082
21 ～行覽 貞元 106
～行覽 殘誌 034
～虔威(遵令) 咸通 074
～虔威 咸通 086
～綽 咸通 046
～穎 大和 092
22 ～川 大和 092
～鼎 大中 024
～巖 龍朔 062
～紃 咸通 046
～纁 咸通 046
～稱 長慶 007
23 ～峻川 大中 078
24 ～勉 大中 023
～德(開仁) 永徽 058
～儔(肩禹) 咸通 046
25 ～仲俛 寶曆 005
～仲達 咸通 046
～仲連 寶曆 005
～仲連 大中 023
26 ～伯 永徽 058
～和(元真) 元和 003
27 ～綱 景龍 025
～綱 咸通 046
～叔元(趙六) 大和 092
～叔元 大中 078

魏叔元 咸通 086
28 ～徵(文貞公) 會昌 045
～綸 咸通 046
～縱 咸通 046
30 ～之士 大和 092
～賓 元和 082
～賓 會昌 045
31 ～涿(燕夫) 咸通 067
～潛 咸通 086
32 ～滔 咸通 086
～遜 元和 082
34 ～滿 開元 374
～瀆 咸通 086
36 ～邈(仲方) 元和 082
～邈(仲方) 會昌 045
37 ～朗 龍朔 062
38 ～裕 景龍 025
～道郎 咸通 086
40 ～乂 貞元 087
～爽 大中 023
～士廓 開元 075
44 ～茂清 咸通 074
～蕃 乾符 011
～喆 貞元 106
46 ～覲 景龍 025
47 ～磬(處實) 開元 075
～朝隱 元和 082
～朝隱 會昌 045
50 ～素恭 元和 082
51 ～頔 大和 092
～頔 咸通 086
57 ～探玄 長安 030
58 魏撫 貞元 087
60 ～日道 長慶 007
～暠 天寶 179
～景通 景龍 025
67 ～昭 貞元 087
～昭範 咸通 086
68 ～暆 開元 374
70 ～防 貞元 087
71 ～匡贊 元和 082
～匡贊 會昌 045
72 ～氏(范相妻) 貞觀 130
～氏(霍寬妻) 貞觀 156
～氏(王朗妻) 龍朔 005
～氏(張寶妻) 龍朔 023
～氏(李君彥妻) 上元 033
～氏(李敬瑜妻) 開元 162
～氏(張喦妻) 開元 374
～氏(常惲妻) 天寶 210
～氏(王景秀妻) 大曆 048
～氏(豆盧□妻) 貞元 106
～氏(高士訓妻) 長慶 022
～氏(崔恕妻) 長慶 029
～氏(張進妻) 大中 142
～則之 大和 033
75 ～體元 景龍 025
77 ～即仁(希義) 龍朔 062
80 ～鏕 大中 160
～令謨 開元 074
～會郎 咸通 086
83 ～銶 咸通 086
86 ～知古 貞元 106
～知古 開成 050

魏知古 殘誌 034
90 ～小申 咸通 067
～少遊 開元 241
～少遊 元和 003
～光乘 開元 075
～光本 開元 241
99 ～榮 永徽 058
～□ 顯慶 150
～□□(端揆) 殘誌 010
～(巨鹿魏公) 大中 128

和 2690_0

00 和亦 貞觀 131
～玄泰 景龍 022
01 ～龍 景龍 022
12 ～弘亮 長壽 011
17 ～君立 久視 021
21 ～行則 久視 021
24 ～德 景龍 022
26 ～偘 天寶 071
30 ～守陽 天寶 071
32 ～業 開元 293
35 ～禮 天寶 071
37 ～通 開元 293
38 ～道 永徽 031
40 ～士約 開元 293
～士開 天寶 071
～克思 久視 021
41 ～姬(仙) 永徽 031
44 ～世達 天寶 071
48 ～幹(程處立妻) 開元 293
～敬賓 景龍 022
60 和景樂 久視 021
61 ～顯壽 景龍 022
72 ～氏(段師妻) 貞觀 131
～氏(王逸妻) 咸亨 053
～氏(王守廉妻) 元和 133
77 ～開 長壽 011
78 ～鑒 長壽 011
83 ～錢(仁傑) 長壽 011
86 ～智方 開元 293
～智全(明遠) 景龍 022

程 2691_4

00 程彦琮 開元 322
～彦先 長壽 029
～彦矩 殘誌 035
～方 長壽 026
～度 開元 283
～度 大和 052
～文徹 長壽 026
～文舉 長壽 026
～讓 寶應 004
～玄景(師朗) 長壽 029
02 ～訓宗 天寶 119
10 ～玉 開元 482
～貢 垂拱 067
11 ～璿 長慶 032
～冀 長慶 032
14 ～琦 開元 369
15 ～建 貞元 030
17 ～丞(祧) 垂拱 067
～務忠 咸亨 036
18 ～政 天授 034

程瓛(文瓌) 開元 511
20 ～千里 貞元 101
21 ～仁福 咸通 027
～仁則 天授 034
～衡 聖曆 031
～處立 開元 293
～處弼 開元 482
22 ～嵩 聖曆 031
～嵩朗 龍朔 074
～山甫 咸通 054
23 ～俊(崧口) 貞元 030
24 ～德譽(文琦) 開元 255
～皓 長慶 032
25 ～積 上元 001
26 ～伯獻(尚賢) 開元 482
～伯英 開元 322
～繩直 聖曆 031
27 ～修已(景立) 咸通 027
～侯 垂拱 067
～冬笋 開元 448
～名振 上元 017
～名振 天授 011
28 ～倫 長慶 032
～仵郎 長壽 026
～儀 咸通 027
30 ～進思 咸通 027
～良 上元 017
～寶安 永徽 066
～賓 開元 369
34 ～滿 寶應 004
～祐 長慶 032
～造 貞元 030
36 程暹 顯慶 020
～遇 貞元 030
37 ～禄 長壽 026
～逸(棲遠) 上元 001
～逸(思亮) 開元 322
～逸 長慶 022
～通 咸亨 001
～退思 咸通 027
38 ～遂 貞元 030
～遵 貞元 030
40 ～大賓 開元 255
～大燕(張□妻) 上元 017
～壺冰 聖曆 031
～雄(文琮) 顯慶 020
～賁 天寶 097
41 ～楷 顯慶 020
43 ～式柔 殘誌 024
44 ～恭 長壽 029
～恭己 會昌 007
～孝成 先天 006
～若水 開元 482
～若冰 開元 482
～藥珍 貞元 030
45 ～樓 長安 030
48 ～敬逸 長壽 029
50 ～貴 上元 017
52 ～靜 貞觀 004
53 ～威 上元 001
60 ～日華 元和 035
～昺 上元 001
～思慶 天寶 119
～思温 顯慶 020

程思義 長安 030
～異 會昌 040
～異度 開元 511
～買 麟德 065
～炅 天寶 119
66 ～曌 天授 034
67 ～瞻(師仁) 聖曆 031
71 ～隲(寶柱) 顯慶 025
72 ～氏(姬推妻) 永徽 112
～氏(楊智積妻) 乾封 033
～氏(劉昂妻) 上元 015
～氏(樂方妻) 儀鳳 032
～氏(韓德信妻) 永淳 008
～氏 文明 011
～氏(韓郎妻) 垂拱 015
～氏(張士龍妻) 長安 029
～氏(吕通妻) 開元 086
～氏(龐敬妻) 開元 283
～氏(王□妻) 開元 369
～氏(趙瓊琰妻) 開元 528
～氏(瞿令珪) 貞元 071
～氏(李良妻) 貞元 101
～氏(環廿四娘母) 大和 073
～氏(孫恪妻) 開成 005
～氏(楊澄妻) 開成 032
～氏(賈政妻) 會昌 022
～氏(王文進妻) 光啓 003
～氏(王操妻) 034
77 ～鳳 咸通 027
～用之 大曆 042
～賢 開元 369
78 ～鑒 貞觀 004
程鑒 咸亨 001
80 ～全德 咸亨 001
～令秀(張□妻) 龍朔 074
～念 顯慶 025
～義 顯慶 020
～義(元方) 咸亨 001
～善貴 永徽 066
82 ～鐘(子通) 貞觀 004
83 ～猷 開元 511
86 ～知素 先天 006
～知節 開元 293
～知節 開元 482
～智玄 貞元 030
87 ～歙 上元 001
90 ～光佚 開元 511
～裳 貞元 030
97 ～輝 開元 322

穆 2692_2

30 穆宜長 儀鳳 022
60 ～員 貞元 005
72 ～氏(焦寶妻) 麟德 002
～氏(房敬從母) 長慶 011
～質 元和 088

釋 2694_1

00 釋齊諸 元和 147
～方璘 開成 027
～康藏 開元 300
～慶章 會昌 007
～文皎 元和 054
～文賁 元和 080

	釋文則	會昌 002
	～玄應	貞元 111
	～玄琬	開元 455
	～玄秀	開元 253
	～玄奘	開成 026
	～玄奘	開成 027
	～玄英	開元 253
	～玄超	開元 253
	～玄覺	開成 026
02	～證超	長慶 010
08	～詮表	貞元 037
10	～一行	天寶 122
	～三藏	開元 300
	～靈琛	貞觀 010
	～靈珍	貞元 037
	～靈湊	貞元 037
	～靈沼	貞元 107
	～靈運	天寶 158
	～靈迅	大曆 025
	～靈裕	殘誌 047
	～靈素	寶曆 014
	～靈鋭	貞元 037
	～靈悟	天寶 031
	～至咸	永貞 003
	～元應	元和 080
	～元應	元和 122
	～元珪	開元 170
	～元徽	元和 032
	～元通	貞元 111
	～元通	會昌 002
	～元悟	元和 032
	～零惲	元和 080

	釋雲端	開成 027
12	～璀	萬歲登封 004
	～弘道(尉遲基)	開成 027
	～弘直	大和 027
	～弘簡	會昌 014
	～飛錫	大曆 042
15	～建初	開成 026
	～建初	開成 027
17	～瓊瑶	開元 488
	～了端	殘誌 050
	～了道	殘誌 050
	～了悟	乾元 011
	～承恩	大曆 025
	～承恩	殘誌 065
	～承嗣	乾元 008
	～子琮	元和 122
	～子倫	元和 122
	～子良	元和 122
	～子英	元和 122
	～子禹	元和 122
	～子昇	元和 122
	～習空	大和 059
20	～重瑩	開元 008
	～住禪	景龍 014
	～秀清	貞元 037
	～信行	貞觀 010
	～信行	總章 043
	～愛道	貞觀 105
	～季良	殘誌 051
	～乘偘	開元 451
21	～仁藻	天寶 039
	～仁素	開元 170

	釋行滿	貞元 037
	～行威	貞觀 053
	～師德	貞元 111
	～貞	開元 470
	～穎秀	殘誌 065
22	～制空	元和 032
	～幽湛	貞元 037
	～崇福	開元 114
	～崇道	天寶 246
23	～弁真	長慶 010
24	～彼岸	長慶 010
26	～自謙	大和 059
	～自悦	貞元 135
27	～像照	殘誌 065
28	～復珪	天寶 246
	～從一	大和 059
30	～空寂	大曆 006
	～永倩	武德 002
	～進	開元 450
	～憲超	元和 122
	～守真	大和 021
	～寶意	貞元 035
	～寶珍	貞元 111
	～寶手	開元 253
	～(寶)暹	開成 026
	～寶壽	貞元 037
	～寶藏	大曆 025
	～寶月	貞元 046
	～寶燈	貞元 111
	～寶燈	會昌 034
	～定賓	大和 004
	～定持	長安 038
	釋宗本	開元 470
31	～潭行	貞元 035
	～福寂	天寶 078
32	～澄照	興元 002
	～泛舟	長慶 010
	～淨意	開元 367
	～淨業	開元 199
	～淨業	貞元 037
	～淨藏	天寶 095
	～淨覺(大慈禪師)	天寶 132
	～淨善	乾元 004
33	～遍澄	元和 080
	～遍照	大曆 042
	～遍照	殘誌 041
34	～湛然	開元 539
	～滿悦	貞元 085
	～法玩	貞元 037
	～法延(權璩殤子)	元和 102
	～法琳	開元 455
	～法琳	大曆 025
	～法珍	永徽 013
	～法順	咸通 094
	～法俊	貞元 037
	～法宣	開元 453
	～法宣	元和 093
	～法空	開元 367
	～法空	貞元 035
	～法液	貞元 037
	～法源	貞元 036
	～法源	大和 059
	～法演	貞觀 075
	～法通	大曆 006

釋法藏 開元 037
～法晧 元和 080
～法開 元和 012
～法常 元和 032
～法悟 大曆 006
～法燈 天寶 039
～洪演 大曆 042
～洪演 殘誌 041
～遠塵 大曆 042
35 ～清瑗 元和 032
～清灟 大中 062
～神祐 貞元 035
36 ～温古 開元 453
～温雅 貞元 098
～邈文 開元 105
37 ～凝寂 大曆 042
～凝寂 殘誌 041
～凝照 大曆 042
～凝照 殘誌 041
～深 開成 026
～深信 大曆 025
～初公 殘誌 050
～通明(霞光) 殘誌 043
～迴論 貞元 087
～迴秀 貞元 037
38 ～海印 大和 059
～道詮 貞元 037
～道雲 永徽 022
～道政 殘誌 049
～道峻 貞元 106
～道生 景龍 035
～道俗 開元 004
釋道安 總章 043
～道真 大曆 025
～道真 元和 032
～(道)基 開成 026
～道超 元和 080
～道幹 大曆 006
～道成 大曆 006
～道義 貞元 037
～道悟 貞元 037
40 ～大悲 元和 109
～大習禪師 殘誌 034
～大通 開元 433
～大照 開元 533
～大智 天寶 246
～志習(廣宣) 大和 004
～志恭 貞元 037
～志葉 開元 367
～志堅 貞元 037
～志堅 貞元 111
～嘉運 開元 053
～嘉尚 開成 026
～難勝 貞元 037
～古衍 大曆 006
～真一 大曆 042
～真滿 大和 004
～真觀 大曆 025
44 ～薄塵 開元 239
～薄塵 開元 459
～孝因 大曆 042
46 ～觀宗 元和 032
～如寶 貞元 111
～如圓 貞元 107

	釋如印	貞元 111
	～如印	會昌 034
47	～超秀	大和 059
	～超岸	大曆 025
	～超進	長慶 010
	～超愿	開成 027
48	～增慶	天寶 068
	～敬章	乾符 014
	～敬言	開元 453
	～敬節	開元 291
50	～忠順	大曆 025
	～忠瀛	天寶 068
	～忠暉	天寶 068
	～惠亮	長慶 010
	～惠雲	大和 059
	～惠政	貞觀 053
	～惠信	乾元 004
	～惠乘	開元 455
	～惠貞	長慶 010
	～惠寂	貞元 111
	～惠温	開成 027
	～惠海	元和 080
	～惠觀	開元 164
	～惠見	元和 032
	～惠見	大和 059
	～惠明	乾封 003
	～惠暉	大曆 045
	～惠照	天寶 246
	～惠照	大曆 042
	～惠照	殘誌 041
	～東乂	大和 018
52	～靜	貞觀 075
	釋靜業(張突)	天寶 031
	～哲	開元 004
53	～威儀	開元 479
54	～持世	開元 239
55	～慧雲	顯慶 088
	～慧雲	天寶 095
	～慧雲	大曆 019
	～慧登	永徽 095
	～慧巘	開元 453
	～慧休	殘誌 044
	～慧峰	乾寧 004
	～慧林	開元 453
	～慧照	貞元 035
57	～契虚	興元 002
	～契義	元和 118
60	～日榮	大和 059
	～躋覺	長慶 010
	～四禪	開元 367
	～見用	元和 069
	～思言	開元 004
	～思頊	開元 199
	～思偘	大曆 022
	～思道	乾元 008
	～思恒	開元 239
	～曇貞	元和 080
	～曇濬	大和 004
	～曇泌	元和 080
	～曇藏	貞元 037
	～曇景	開成 026
	～曇景	開成 027
	～曇則	大曆 025
	～員照	乾封 003

釋圓濟 天寶 039
～圓淨 興元 002
～圓暉 貞元 037
～景鸞 大和 059
～景賢 開元 453
64 ～曉方 咸通 094
67 ～明歆 殘誌 045
～明粲 興元 002
～明徹 元和 032
～明進 貞元 037
～明演 大曆 007
～明演 貞元 111
～明演 會昌 034
～明津 元和 012
～明瞻 開元 455
～明悟 貞元 037
～明悟 永貞 008
～昭敏 長慶 010
～嗣泰 調露 011
～照空 元和 118
～照心 貞元 037
72 ～岳 開成 026
75 ～體虚 開成 027
～體悟 貞元 037
77 ～堅順 天寶 158
～堅行 開元 367
～堅志 會昌 034
～堅照 大曆 025
～同文 元和 050
～同光 大曆 025
～賢首 開元 367
80 ～全契 開成 027
釋令儉 開成 027
～令賓 天寶 246
～令檢 開成 026
～義廣 貞元 035
～義集 長慶 010
～義嵩 贞元 111
～義福 開元 433
～義福 開元 459
～義林 開成 026
～義林 開成 027
～義暉 貞元 037
～普潤 貞觀 105
～普耀 貞元 035
～善桀 元和 080
～善寂 大曆 006
～善福 景龍 019
～善華月 開元 037
～善惠 元和 032
～善惠 大和 059
～善昂 貞觀 105
84 ～饒益 天寶 246
86 ～知亮 大和 059
～知寂 大曆 006
～智誠 元和 122
～智誠 大和 059
～智詮 貞元 037
～智詳 開元 451
～智琇 元和 054
～智瓊 貞觀 097
～智信 大曆 025
～智德 貞元 111
～智德 會昌 034

釋智舟 開元 239
～智峰 開成 027
～智寰 貞元 037
～智深 貞元 037
～智深 貞元 111
～智通 天寶 246
～智祥 天寶 095
～智英 長慶 010
～智惠 貞元 037
～智圓 貞元 037
～智興 元和 080
～智悟(劉仲邱) 大曆 031
～智炬 貞觀 098
88 ～鋭璨 元和 012
90 ～惟一 大和 002
～惟正 貞元 111
～惟秀 貞元 037
～惟峯 元和 080
～惟濟 大曆 025
～惟永 大和 059
～惟安 大和 059
～惟清 貞元 037
～惟旭 大和 059
～惟肅 貞元 037
～惟曉 大和 059
～惟□ 大和 059
～懷亮 元和 080
～懷津 開成 027
～少游 大和 059
～光献 元和 032
～常一 大曆 022
～常一(法津禪師) 元和 012
釋常俊 會昌 002
～常湛 貞元 111
～常賁 貞元 037
～常隱 貞元 111
～常隱 會昌 034
～燚 貞觀 097
91 ～恒濬 貞元 037
～恒義 貞元 111
～恒□ 貞元 039
～悟真 大曆 042
～悟真 殘誌 041
95 ～性通 大中 150
～□貞 元和 080
～□安 貞元 111
～□忠 天寶 068
～□曜 天寶 068

歸 2712_7

12 歸登 元和 088
21 ～仁晦 大中 076
63 ～貽訓 大中 076
～貽謀 大中 076
～貽温 大中 076

黎 2713_2

17 黎瑠瓎 貞元 034
37 ～沼 貞元 034
38 ～道弘 貞元 034
～道弘 開成 007
44 ～埴 開成 007
～埴 開成 010
47 ～均 開成 007

48 黎幹(貞固) 貞元 034
～幹 開成 007
72 ～氏(高德妻) 顯慶 151
80 ～義玄 開成 007
～善通 開成 007
91 ～炬 貞元 034
92 ～烑 貞元 034
～煖 貞元 034
95 ～煉 貞元 034
96 ～燭 貞元 034
～焆 貞元 034
97 ～煥 貞元 034
98 ～燧 貞元 034
～燧(炎明) 開成 007

倪　2721_7

42 倪彬(子文) 天寶 196
44 ～莘 天寶 196
～若沖 天寶 196
～其 天寶 196
83 ～鈛 天寶 196
88 ～範 天寶 196

向　2722_0

08 向説 元和 086
10 ～晉 元和 147
～晉 大和 009
20 ～信 元和 147
～信 大和 009
28 ～徹 長安 017
31 ～遷喬 開元 505
37 ～通達 貞觀 142
44 向英(文傑) 貞觀 142
72 ～氏(臧協妻) 元和 086
80 ～公允 大和 009
～公著 大和 009
99 ～榮 貞觀 142

侯　2723_4

00 侯方(智元) 天寶 089
～彦 貞觀 176
～慶伯 延壽 001
～慶伯 延壽 014
～文琮 咸亨 099
01 ～証 大中 098
03 ～贇 開元 076
06 ～諤 會昌 049
～諤 大中 013
10 ～玉 顯慶 167
～元 貞元 084
～元禮 天寶 218
～元晧 大和 100
～雲 貞觀 176
14 ～瑾 天寶 209
～琳 天寶 089
15 ～璉 大和 077
17 ～子(䎸) 龍朔 060
～子良 貞元 084
22 ～彪(基) 咸亨 099
24 ～仕寬 大和 100
～稜 大和 100
25 ～績(夏士) 大和 100
26 ～伯和 永徽 021
27 ～彙 大和 100

侯粲　會昌 036
～紹宗　大中 098
28 ～僧達　麟德 041
～僧娘(王□妻)　貞元 084
30 ～扆　開元 076
～寀　大和 100
31 ～濬川　景福 002
34 ～造　貞元 084
～造　貞元 090
37 ～潤　大和 100
～通　顯慶 167
40 ～希逸　大曆 030
44 ～孝孫　顯慶 167
～華　咸亨 081
～楚金　開元 235
47 ～胡　貞觀 176
～期　貞觀 176
48 ～敬　咸亨 099
50 ～泰　會昌 049
～忠(師正)　顯慶 167
～素　天寶 089
53 ～戎　咸亨 081
60 ～昱　天寶 089
～昱　會昌 036
71 ～長壽　龍朔 060
72 ～氏(韓才妻)　永徽 021
～氏(韓遷妻)　永徽 141
～氏(王孫妻)　龍朔 008
～氏(彭同慶母)　咸亨 081
～氏(王修福妻)　開元 131
～氏(董懷義妻)　開元 235
～氏(張起妻)　開元 475
侯氏(車謂妻)　天寶 218
～氏(高震妻)　大曆 075
～氏　大中 098
～氏(劉乂妻)　殘誌 029
80 ～令璋　長安 055
81 ～銛　永貞 009
86 ～智元　天寶 209
90 ～惟謙　大中 098
98 ～愉　大和 100
～□　貞觀 079

殷　2724_7

00 殷彥　開元 244
04 ～護　開元 244
23 ～台　開成 039
25 ～仲容　永淳 025
30 ～良秀　開元 244
～良伯　開元 244
44 ～萬頃(禮)　開元 244
53 ～威　開元 244
67 ～照　天寶 261
72 ～氏(蕭錬妻)　元和 002
～氏(王元佐母)　元和 112
77 ～開山　顯慶 056
80 ～令名　顯慶 100
～公　大和 098

解　2725_2

00 解齊　元和 042
～摩(韓行妻)　顯慶 141
～章　大和 098
～章　大中 034

10 解晉卿 寶曆 009
12 ～孫 貞觀 038
17 ～琚 大和 098
18 ～珍 貞觀 038
23 ～牟 大和 098
～牟 大中 034
24 ～緒 大和 098
30 ～進 元和 042
～賓 顯慶 141
37 ～深(宣達) 貞觀 038
～琛 永徽 136
～逸 永徽 136
40 ～十一娘 寶曆 009
～十三娘 寶曆 009
～大政 寶曆 009
50 ～申 大中 034
～忠信 元和 042
60 ～暈 大和 098
71 ～阿小 元和 042
72 ～氏(路基妻) 永徽 136
～氏(王萬通妻) 總章 014
～氏(王習妻) 長安 046
～氏(李元應母) 寶曆 015
～氏(邵□妻) 大中 034
～氏(顧□妻) 大中 034
80 ～公逸 貞觀 038
90 ～少璘 元和 042
～少儀 元和 042
～少遷 元和 042
～少恭 元和 042
～少卿 大和 098
～少卿 大中 034

伊 2725_7

94 伊慎 大和 036

俱 2728_1

00 俱文誼 長慶 001
～文素 長慶 001
～文明 長慶 001
10 ～玉 長慶 001
24 ～偉 長慶 001
35 ～清 長慶 001
38 ～海(全真) 長慶 001
60 ～羅(波斯君子) 景雲 001

烏 2732_7

20 烏重胤 元和 062
～重胤 元和 101
～重胤 大和 001
～重胤 大和 015
～重胤 大和 039
～重胤 大中 017
～重胤 大中 097
～重胤 咸通 088
37 ～次安 大中 097
48 ～敬林 天寶 191
72 ～氏(張乾光妻) 大中 097
～氏(楊坦母) 咸通 088
80 ～善智 天寶 191

鄔 2732_7

10 鄔元昌 開元 534

鄒 2742_7

08 鄒敦愿 大中 066
21 ～儒立 貞元 102
72 ～氏(李晃妻) 顯慶 097
～氏(祖忠妻) 顯慶 158
～氏(張達妻) 聖曆 039
～氏(毛至存母) 元和 004

魯 2760_3

00 魯玄廓 天寶 209
08 ～謙(益之) 大中 132
～諗 大中 132
12 ～璠 大中 132
～弘 大中 132
13 ～球 大中 132
17 ～璨 大中 132
22 ～崇讓 天寶 209
37 ～洵 乾寧 006
44 ～昚 天寶 209
60 ～國太夫人(崔敬章姊) 咸通 019
～炅 大和 021
72 ～氏(侯智元妻) 天寶 209

郜 2762_7

10 郜元暕 開元 514
12 ～弘基 久視 004
21 ～師 久視 004
～師 開元 514
22 ～崇烈(巨卿) 開元 514
27 ～負鼎 開元 514
44 郜恭 開元 513
72 ～氏(吴續妻) 久視 004

包 2771_2

15 包融 大和 011
21 ～何 天寶 254
24 ～佶 大和 011
44 ～恭 大和 011
75 ～陳 大和 011
～包□ 會昌 026

紀 2791_7

12 紀弘整 開元 207
15 ～融 開元 207
21 ～仁卿 開元 207
44 ～茂重 開元 207
72 ～氏(張夐妻) 垂拱 056

繆 2792_2

00 繆玄禮 咸通 051
～玄初 咸通 051
02 ～新娘 咸通 051
34 ～逵 咸通 051

緱 2793_4

27 緱綱 顯慶 042
30 ～寶 顯慶 042
34 ～達 顯慶 042

傷 2822_7

44 傷薄 永徽 015
72 ～氏(湯□妻) 永徽 015

仵　2824_0

21 仵虢　龍朔 081
24 ～德　龍朔 081
～德　咸亨 024
35 ～神將　咸亨 024
～神昶　咸亨 024
～神通　咸亨 024
～禮　咸亨 024
50 ～泰　咸亨 024
61 ～顯　龍朔 081
71 ～愿德　龍朔 081
72 ～氏(柘孝感母)　大足 006
～氏(王瓘妻)　長安 050
87 ～欽(祖仁)　咸亨 024

儀　2825_3

72 儀氏(明俊妻)　天寶 032

僧　2826_6

00 僧庭玉　證聖 009
09 ～談寂　元和 050
10 ～元藏　天寶 107
～元晞　開元 053
17 ～瓊播　開成 027
20 ～信行　顯慶 068
21 ～順　貞觀 065
24 ～德循　開成 027
28 ～從隱　乾寧 002
30 ～户羅　乾封 003
37 ～次嚴　開成 002
38 ～海禪師　顯慶 068
僧道恩　開成 027
～道榮　開成 027
44 ～堪　貞觀 062
50 ～惠章　開成 027
～惠皋　開成 027
60 ～圓滿　開元 053
80 ～義方　開成 027
90 ～懷真　開成 027

徐　2829_4

00 徐方伯　貞元 056
～彦伯　神龍 027
～彦栖　咸通 073
～商(相國)　咸通 062
～康　顯慶 055
～慶　開成 043
～文經　聖武 010
～文整　龍朔 021
～玄成　開元 441
03 ～斌　萬歲通天 005
～詠　大和 096
05 ～諫　大和 096
10 ～玉堂(崔滑孫母)　咸通 082
～元一　元和 087
～元隱　天寶 026
～震　大和 096
～瓌　大和 096
11 ～頊　貞元 093
12 ～砯　大和 096
～珙　天寶 041
～珙　大曆 059
16 ～璟　大和 096

17 徐及 大和 096
～君通(徹高) 永徽 147
18 ～瑜 貞觀 055
～瑜 永徽 146
～政 開成 043
～群 咸通 032
20 ～秀林 聖武 010
～信徵 顯慶 115
21 ～處辯 永徽 146
～占 開元 416
～師(純固) 龍朔 030
22 ～鼎 開成 043
～崇斌 聖武 010
23 ～綜 龍朔 021
24 ～備 開成 028
～備 會昌 032
～德(信) 顯慶 071
～稜 開元 441
25 ～純(惇業) 貞觀 055
26 ～儼 永徽 147
～儼 龍朔 030
～崐 天寶 074
～崐 乾元 009
～和 總章 023
27 ～約 永徽 147
～約 龍朔 030
28 ～僧珍 龍朔 021
～儉 載初 004
30 ～沛 開成 043
～淳 永徽 146
～安貞 開元 420
～安貞 開元 525
徐寔 開元 441
～察 開元 376
32 ～澄(巨源) 載初 004
～遜 咸通 032
34 ～漢(長槃) 永徽 146
～法言 載初 004
～淩 載初 004
36 ～渭孫 咸通 082
～澤 開成 043
～遇 開成 043
37 ～濯 建中 007
40 ～大 總章 023
～大亨 開元 179
～有章 大中 050
～真公 天寶 026
44 ～蓋 顯慶 055
～蓋 開元 047
～恭 載初 005
46 ～觀 大中 005
48 ～敬業 聖曆 022
～敬業 開元 047
～敬業 開元 304
54 ～拱 大曆 062
～拱 建中 004
～拱 咸通 097
～勣(英公) 聖武 010
57 ～拯 天寶 026
～招(思賢) 開元 441
60 ～國夫人(楊曆妻) 開元 515
～昜 開元 441
～昇 顯慶 071
～暈 大和 096

徐買(玄幹) 總章 023
～圓明 顯慶 056
～羅 總章 041
61 ～顯民 龍朔 021
67 ～明(張□妻) 萬歲通天 005
～明 大和 096
～明敬 龍朔 021
68 ～盼(李德裕妻) 大和 025
70 ～雅 貞觀 055
72 ～氏(霍達妻) 麟德 025
～氏(趙端妻) 麟德 034
～氏(王定妻) 萬歲登封 004
～氏(宋智亮妻) 萬歲通天 007
～氏(李俟妻) 開元 333
～氏(苗善物妻) 開元 355
～氏(盧翊妻) 貞元 133
～氏(李岸妻) 元和 095
～氏(魏仲俛妻) 寶曆 005
～氏(楊宗本母) 寶曆 013
～氏(劉皓母) 長慶 003
～氏(張昱妻) 大中 152
～氏(李鉥妻) 咸通 032
77 ～膠 中和 001
～舉 總章 023
～卿 顯慶 115
80 ～翁歸 載初 004
～令名 開元 441
82 ～釗 貞元 050
86 ～知蓮 神龍 043
90 ～懔 天寶 074
～懷隱 聖武 010
～當(難當) 貞觀 125
91 徐恒 天寶 074
93 ～愃 天寶 074
～悰 天寶 074
97 ～恪 龍朔 021
～恪 載初 004

鮮于　2835_1 1040_0

27 鮮于叔明 貞元 020
31 ～～迺 貞元 020
71 ～～匡贊 貞元 020
～～匡紹 貞元 020
72 ～～氏(王德妻) 麟德 014
～～氏 開元 095
～～氏(賈感妻) 開元 116

鮮魚　2835_1 2733_6

00 鮮魚亨 貞元 020
17 ～～承嗑 開元 074
25 ～～仲通 貞元 006
～～仲通 貞元 020
30 ～～宗文 興元 002
72 ～～氏(慕容昇妻) 開元 059
～～氏 大中 021

紇干　2891_7 1040_0

03 紇干就 咸通 096
17 ～～承基(嗣先) 顯慶 127
21 ～～師倫 顯慶 127
22 ～～鼎鼎 咸通 096
26 ～～泉 咸通 096
28 ～～繪 咸通 096
30 ～～良 顯慶 127

31 紇干濬 咸通 096
40 ～～雄 顯慶 127
44 ～～著 咸通 096
～～植 咸通 096
60 ～～昱 咸通 096
72 ～～氏(李克諧妻) 咸通 096

宜 3010_7

37 宜郎 會昌 020
～□縣主 大和 076

淮 3011_4

30 淮安郡王 開元 141

淳于 3014_7 1040_0

10 淳于元亮 貞元 138
13 ～～武義 咸亨 064
22 ～～嵩 聖曆 051
38 ～～道 聖曆 051
40 ～～才 咸亨 064
60 ～～量 聖曆 051
72 ～～氏(曹德妻) 總章 035
～～氏(宋□妻) 聖曆 051
～～氏(皇甫政妻) 天寶 044
80 ～～忿 總章 035

寇 3021_4

00 寇立 元和 098
～亮 貞元 117
～亢 大中 031
～章 大和 074
～章(身正) 大中 031
寇京 大曆 064
～京 大中 031
08 ～議 天寶 093
10 ～元 大曆 064
～元珪 天寶 093
～貢 大中 031
22 ～巒 開元 484
25 ～仲 天寶 261
28 ～份 天寶 261
～倫 天寶 261
30 ～寬 大曆 064
～永 大曆 064
～永 大中 031
31 ～泚 開元 226
～泚 開元 250
～泚 天寶 025
～泚 大曆 064
～泚 大中 031
31 ～澐 天寶 261
33 ～溶 天寶 136
～溶 貞元 117
～溶 大中 031
34 ～遠烈 天寶 025
36 ～暹 開元 250
～暹 天寶 025
～暹 天寶 136
37 ～淑(子鏡) 景龍 042
38 ～洋 開元 182
～洋 開元 250
～洋(若水) 天寶 136
～洋 大中 031
40 ～九娘 開元 345

寇奭　大中 031
～志覽　天寶 136
44 ～恭(思恭)　天寶 093
46 ～坦　天寶 025
～坦　大中 031
～堮(子齊)　開元 226
～塤　天寶 136
～塤　大中 031
47 ～懿　天寶 093
60 ～思遠　開元 183
～思遠　開元 250
～思遠　天寶 136
～思遠　天寶 261
～思遠　大曆 064
～思遠　貞元 117
～因　天寶 261
～景初　大中 031
～景真　大中 031
72 ～氏(劉初妻)　永徽 014
～氏　開元 157
～氏(張武妻)　中和 012
77 ～同　大和 030
78 ～覽　開元 182
～覽　天寶 025
～覧　天寶 261
～覽　大曆 064
80 ～弇　貞元 117
81 ～鉟　天寶 025
～鉟　天寶 136
～鉟　大中 031
82 ～釗(尼丘)　開元 182
～釗　天寶 136
寇鐈(子美)　天寶 025
～鐈　大中 031
～鍰　大中 031
86 ～鍔　大中 031
～錫(子賜)　大曆 064
～錫　大中 031
87 ～鈞(子平)　開元 250
～鈞　大中 031
90 ～常　天寶 025
～當　天寶 025
～賞　天寶 025

扈　3021_7

44 扈萬壽　天授 023
～世感　天授 023
90 ～小沖(大亮)　天授 023

房　3022_7

00 房亮　開元 366
～鹿娘(盧嶷母)　開元 491
～高(操)　顯慶 031
～高高　麟德 036
～彥式　貞觀 021
～慶　龍朔 018
～文絢　開元 331
～玄齡　咸亨 015
～玄齡　聖曆 028
～玄齡　開成 026
～玄之　聖曆 020
～玄靜　長慶 011
～玄則　聖曆 020
07 ～詢　開元 366

10 房一娘 建中 008
～正諫 乾元 002
～正則 開元 491
～元 顯慶 031
12 ～兆 龍朔 018
13 ～琯 長慶 011
～琯 開成 040
14 ～琳 聖曆 020
16 ～琨 開成 040
～瑒(全珪) 長壽 024
17 ～子曠 開元 505
～子岳 開元 366
～翼莊 貞觀 021
20 ～垂 長慶 011
～孚(脩凝) 開元 331
21 ～仁愻(玄基) 麟德 036
～仁裕 景雲 020
～仁□ 開元 505
～虎 永徽 123
～穎 大和 021
～穎叔 開元 379
～穎叔 開元 491
22 ～豐 延載 007
～崱 永徽 123
～崇珍 天寶 182
23 ～獻 長壽 024
～獻 開元 331
24 ～先忠 景雲 020
～先質 開元 505
26 ～伯熊 貞觀 021
27 ～修 開元 371
～粲 開元 366
房叔 龍朔 018
28 ～僧榮 龍朔 018
30 ～宣 聖曆 020
～宣 開元 505
～寧 開元 505
～寬 開元 371
～憲 延載 007
～守仁 貞觀 021
～宇 開元 371
～良 開元 371
～賓子(子賓) 龍朔 018
～寅 元和 003
32 ～淵 永徽 123
37 ～次卿 貞元 086
～逸(文傑) 聖曆 020
40 ～士彥 大中 054
～士豊 開元 366
～有非 天寶 182
～有非(郎子) 建中 008
～南宇 建中 008
～南容 天寶 182
～南容 建中 008
～南賓 天寶 182
～南賓 建中 028
～南宗 天寶 182
～南察 天寶 182
～南察 建中 008
～志察 開元 331
～志清 開元 331
～嘉福 天寶 182
43 ～式雍 開成 040
44 ～基(德業) 永徽 123

房恭 聖曆 020
～楚珍 開元 331
47 ～都 開元 505
48 ～敬(王師正妻) 長慶 011
～敬 大和 015
50 ～泰 長壽 024
～泰 開元 331
～惠琳 開元 366
～由 天寶 256
52 ～挺 長慶 011
～挺 大和 015
54 ～勣 咸通 028
59 ～轔 天寶 214
60 ～思禮 建中 008
72 ～氏(陳泰妻) 神龍 043
～氏(雍王妃) 景雲 020
～氏(盧翊妻) 開元 379
～氏(員元啓母) 元和 096
～氏(盧昂妻) 大和 021
74 ～肱 長慶 011
77 ～堅璋 開元 331
～興昌 聖曆 020
86 ～知禮 天寶 182
～智遠 長壽 024
88 ～策 長壽 024
～策 聖曆 020
90 ～懷亮(智玄) 延載 007
～光庭 天寶 174
～光庭 大和 021
94 ～慎疑 元和 122

甯 3022_7

08 甯詮 神龍 012
20 ～信厚 神龍 012
30 ～安 天寶 018
53 ～威 神龍 012
60 ～思真(子仙) 神龍 012
72 ～氏(陳懿妻) 天寶 018

永 3023_2

26 永穆公主 大曆 003
～穆長公主 貞元 126
50 ～泰公主 神龍 027

騫 3032_7

60 騫國俊 開元 323
72 ～氏(楊崇妻) 大曆 046

宇文 3040_1 0040_0

12 宇文延陵 天寶 055
13 ～～琬 天寶 055
14 ～～瓚 咸通 061
15 ～～融 天寶 112
～～融 天寶 148
34 ～～洪亮 天寶 055
～～遠感 咸通 061
36 ～～暹 天寶 254
37 ～～運 麟德 056
～～邈 貞元 034
～～邈 咸通 061
38 ～～遂 天寶 055
39 ～～逖 天寶 055

41 宇文楷 天寶 055
45 ～～坤 開成 014
53 ～～成器 咸通 061
72 ～～氏(柳尚遠妻) 麟德 056
～～氏(黎道弘妻) 貞元 034
～～氏(王敬仲妻) 寶曆 018
～～氏(李郴妻) 咸通 061
77 ～～周 大和 054
90 ～～懷儉 麟德 056
92 ～～忻 麟德 056

安 3040_4

00 安度(善通) 顯慶 116
12 ～延(貴薛) 永徽 076
13 ～武臣 神龍 004
14 ～瓚 開元 038
17 ～承宗 開元 401
～子 會昌 020
～君恪 調露 024
18 ～珍 大中 043
21 ～仁 龍朔 075
～行旻 顯慶 059
～比失 永徽 076
～師(文則) 龍朔 075
～師儒 廣明 004
～師敏 大和 091
22 ～係利 景龍 033
～嶷 顯慶 059
24 ～德 調露 024
25 ～生 神龍 004
27 ～豹 龍朔 075
30 ～遮 開元 038
安守 貞元 086
～定 顯慶 116
34 ～遠 顯慶 059
35 ～神儼 調露 024
37 ～禄山 天寶 267
～禄山 大曆 030
～禄山 大曆 043
～禄山 大曆 072
～禄山 建中 004
～禄山 貞元 023
～禄山 貞元 056
～禄山 貞元 083
～禄山 貞元 086
～禄山 元和 082
～禄山 會昌 049
～禄山 大中 049
40 ～大經 大和 043
～嘉 開元 038
～真健 永徽 076
44 ～孝臣 開元 401
～菩(薩) 景龍 033
～楚卿 大中 043
46 ～如岳 神龍 004
47 ～朝前 長壽 018
～胡子 景龍 033
48 ～敬忠 調露 024
52 ～静(處沖) 顯慶 059
60 ～國臣 神龍 004
～思節 開元 038
～昌 大中 043
～曇度 長壽 018
65 ～暕 開元 038

67 安瞻 神龍 004
71 ～長齡 長壽 018
72 ～氏(曹諒妻) 永徽 008
～氏(高達妻) 顯慶 063
～氏(王大劍妻) 元和 034
～氏(王仲建妻) 咸通 047
77 ～興宗 開元 401
78 ～陁 顯慶 116
80 ～金藏 景龍 033
～金剛 景龍 033
～令節 神龍 004
85 ～鉢達干 景龍 033
86 ～智 長壽 018
90 ～懷(道) 長壽 018
99 ～榮宗 開元 401

突騎施 3043_0 7432_1 0821_2

11 突騎施可汗 天寶 071

宮 3060_6

28 宮徹 長安 005
34 ～滿 長安 005
44 ～萬誠 元和 014
～萬瑶 元和 014
～萬迪 元和 014
46 ～如玉 元和 014
79 ～勝 元和 014

富 3060_6

40 富嘉謨 大曆 058

定 3080_1

26 定自在 貞元 111
30 ～安長公主 貞元 126
～安公主 景龍 032
～安公主 大曆 003

蹇 3080_1

72 蹇氏(高毛妻) 開元 372

竇 3080_6

02 竇誕 天寶 140
08 ～説 天寶 159
10 ～元海 開元 389
11 ～頂師 大和 069
12 ～瑞 元和 008
13 ～琮 天寶 133
15 ～璡 大曆 080
～建德 顯慶 056
～建德 顯慶 100
～建德 麟德 018
～建德 長安 010
17 ～郡郡 大和 069
20 ～季餘(幼直) 大和 069
21 ～衍 貞元 010
～衍 殘誌 033
～師亮 會昌 052
～師倫 開成 026
24 ～恍 大曆 014
26 ～儼 元和 098
～總 元和 098
27 ～叔華 大曆 014

竇叔彦 大和 069
～紹 大曆 080
28 ～從修 貞元 010
～從直 元和 076
30 ～宣文 天寶 133
～液 貞元 093
～寧 貞元 010
～寓 大曆 079
36 ～迦葉 大和 069
37 ～渾 大和 069
～迅 天寶 159
～朗朗 大和 069
38 ～裕 大和 069
～遵 天寶 159
40 ～希瑊 天寶 140
～存辭 會昌 040
～壽 貞元 010
～來延 會昌 046
44 ～蘭 天寶 072
～孝廉 天寶 133
～孝諶 天寶 140
～孝禮 大曆 080
～孝□ 殘誌 033
～藥師 大和 069
48 ～翰 貞元 010
60 ～易直 大和 054
～易直 大和 058
～易直 大和 069
～易直 開成 036
～易直 大中 102
～男直 大和 011
～昌 大和 069
63 竇晙 殘誌 033
68 ～盼子 大和 069
71 ～阿慶 大和 069
72 ～氏(侯□妻) 龍朔 035
～氏(皇甫智滿母) 龍朔 072
～氏(豆盧貞松妻) 天寶 051
～氏(張守讓妻) 天寶 110
～氏(李□妻) 天寶 133
～氏(陳公女) 貞元 010
～氏(裴承章妻) 元和 008
～氏(崔勝俊母) 元和 098
～氏(鄭仲連妻) 寶曆 019
80 ～含(王昔妻) 天寶 140
～公衡 天寶 171
90 ～懷亶 大和 069
～少廣 元和 098
92 ～忻 天寶 253

寶　3080_6

30 寶安縣主 天授 014
44 ～莊嚴 貞元 111
90 ～光明 貞元 111

宗　3090_1

26 宗伯 龍朔 066
27 ～叔平 萬歲通天 019
30 ～宥 元和 110
34 ～達(普) 景雲 017
35 ～禮諶 萬歲通天 019
40 ～太 龍朔 066
44 ～楚客 天寶 071
50 ～貴 景雲 017

60 宗思忠 景雲 017
72 ～氏(郭□妻) 龍朔 066
～氏(趙睿妻) 萬歲通天 019
～氏(蕭思一妻) 聖曆 036
～氏(趙智偘妻) 長安 027
～氏(趙日誠妻) 元和 110
77 ～舉 景雲 017
98 ～悦 元和 122

宋 3090_4

00 宋亮 咸亨 082
～亮 開元 444
～康 萬歲通天 007
～庭暉 開元 310
～廣璡 開元 310
～文 咸亨 041
～文博 順天 002
～文義 貞觀 115
～玄奬 天寶 118
01 ～龍 開元 294
02 ～託斯 總章 006
03 ～斌 萬歲通天 007
10 ～五娘 咸亨 041
～玉 大曆 025
～玉 會昌 054
～正名 長壽 010
～璋(德璡) 麟德 013
～元景 開元 477
～元義 開成 027
～再興 建中 018
～再榮 建中 018
～霸初 貞元 088
11 宋玕 大中 153
12 ～弘度 開成 026
～延期 順天 002
16 ～瑒 咸亨 041
～環 會昌 054
～璟 天寶 112
～璟 天寶 205
～璟 大曆 009
17 ～務靜 開元 196
～君卿 龍朔 010
18 ～珍 總章 006
20 ～季(伯奴) 咸亨 072
21 ～仁貴 建中 018
～虎(善通) 龍朔 010
～衍 順天 002
～衎 順天 002
～師 顯慶 085
～師 開元 198
22 ～豐(仲饒) 顯慶 130
～鼎 天寶 118
～岌 聖曆 002
～綵娘 元和 147
23 ～伏 咸亨 072
25 ～仲隱 貞觀 160
～練(鄭□妻) 開元 332
26 ～自弘 會昌 054
～自昌 會昌 054
～儼 建中 018
～晶 貞元 088
27 ～彖 開元 444
28 ～倫 乾封 041
～徵 咸亨 082

30 宋守玄 光宅 004
～守一(仲容) 開元 310
～守恭 開元 332
～守敬 光宅 004
～準 元和 146
～寶 開元 294
32 ～遥 天寶 118
34 ～法神 顯慶 085
～濤 上元 032
～達 開元 294
36 ～逿 貞元 088
37 ～洛 咸亨 072
～運(簡) 開元 198
～逸 上元 032
40 ～大辯 開元 332
～太子 建中 018
～友信 貞元 088
～志玄 順天 002
～杜 開元 198
41 ～楷 咸亨 072
44 ～堪師 開元 477
～莊 開元 242
～萬壽 長壽 010
～孝恭 天寶 118
～華 開元 449
～若初 貞元 088
～黄 會昌 016
～楚璧 開元 332
～其 開元 198
47 ～懿 乾封 041
～懿 天寶 118
～超越 貞觀 150
宋杞 開元 414
50 ～泰初 貞元 088
～肅 大和 026
～忠 萬歲通天 007
52 ～哲 萬歲通天 007
53 ～感(仁感) 開元 294
60 ～思昚 開元 477
～旻 順天 002
66 ～曙 元和 147
67 ～暉 會昌 054
～氏(范雅妻) 貞觀 150
72 ～氏(孫□妻) 龍朔 056
～氏(張仁妻) 乾封 041
～氏(李□妻) 總章 006
～氏(李文妻) 總章 007
～氏(畢粹妻) 咸亨 074
～氏(張如山母) 聖曆 002
～氏(楊孝弼妻) 先天 003
～氏(陶□妻) 開元 328
～氏(崔諶妻) 開元 449
～氏(張伏生妻) 天寶 011
～氏(崔智妻) 天寶 266
～氏(王景詮妻) 建中 012
～氏(王俊妻) 貞元 039
～氏(陸守仁母) 元和 026
～氏(孟維妻) 元和 113
～氏(向公允母) 元和 147
～氏(向信妻) 大和 009
～氏(王遜妻) 大和 026
～氏(董悦妻) 大中 066
～氏(郭全豐妻) 乾符 035
～氏(張矩妻) 廣明 003

宋氏(張叔政妻) 中和 012
～氏(張季宗妻) 殘誌 061
～氏(張季宗妻) 殘誌 061
77 ～尼子(王承福母) 長壽 010
～興 顯慶 085
80 ～金剛 顯慶 056
～金剛 麟德 018
～令 萬歲通天 007
～義 顯慶 085
～善主(許洛仁妻) 上元 032
～公集 會昌 054
～公允 元和 147
～公直 會昌 054
～公勤 會昌 054
～公權 會昌 054
86 ～知禮 貞觀 160
～知感 開元 444
～智亮(博) 萬歲通天 007
87 ～欽道 長壽 010
99 ～榮(元盛) 貞觀 160

江 3111_2

00 江豪 咸通 080
10 ～王 開元 365
12 ～璀(思莊) 開元 392
21 ～仁友 開元 392
24 ～德 儀鳳 018
33 ～泳 儀鳳 018
36 ～滉 開元 392
40 ～希 咸通 080
46 ～旭 咸通 080
71 ～臣 開元 392
72 江氏(王烈妻) 儀鳳 018
～氏(能政妻) 長慶 024
80 ～俞九 咸通 080

涇 3111_1

10 涇王侹 建中 011

汪 3111_4

72 汪氏(施昭妻) 元和 037

馮 3112_7

00 馮亮 大中 147
～彥 大中 147
～慶(貞菘) 久視 009
～慶 開成 004
～慶 開成 036
～廣清(元濟) 大中 017
03 ～誠(喬夢松妻) 開元 249
10 ～五娘子 景福 002
～璋 大和 061
～霄 元和 027
～于 久視 009
14 ～瑱 開成 004
～殖 開成 036
17 ～子琮 貞觀 089
19 ～琰 大和 061
20 ～信(師言) 貞觀 096
～集 大中 147
21 ～行德 麟德 068
～行宗 大中 027
～貞(明達) 麟德 068
～貞祐 開元 021

22 馮係 大中 069
～繼宗 大中 017
23 ～伏果 貞觀 096
24 ～科 顯慶 135
27 ～名(孝德) 久視 017
～叔節 開元 062
28 ～倫(寰周) 大和 061
30 ～永 天册萬歲 005
～進 久視 017
～守忠 開元 249
～牢 大中 054
～審 乾符 013
～審中(堯夫) 大中 069
～良 大曆 077
32 ～湍 大中 147
34 ～達(貴達) 龍朔 064
36 ～温 龍朔 034
37 ～浼 大中 069
～鴻 永淳 009
～運 麟德 068
38 ～海 開成 036
～海兒 開成 004
40 ～十五娘 大中 017
～爽 龍朔 034
～才 久視 009
～嘉 龍朔 034
44 ～堪紀 大中 034
～材 天册萬歲 005
～樹兒 龍朔 064
～横 開成 036
46 ～獨 天册萬歲 005
48 ～敬玄 久視 017
馮敬臣 久視 017
50 ～泰 大中 069
～表子 龍朔 064
56 ～操(節) 天册萬歲 005
60 ～四娘子 景福 002
～思但 大和 061
～晏 開成 036
～景 貞元 111
67 ～暉 麟德 068
～略 久視 017
70 ～牙 貞觀 096
71 ～長 久視 009
72 ～氏(盧□妻) 貞觀 089
～氏(苗明妻) 顯慶 135
～氏(朱通妻) 咸亨 022
～氏(杜行實妻) 儀鳳 006
～氏(杜秀妻) 調露 018
～氏(王子麟妻) 開元 062
～氏(王達妻) 開元 135
～氏(楊忠妻) 天寶 181
～氏(王庭瓌妻) 貞元 045
～氏(鄭仲連妻) 寶曆 019
～氏(任鉉妻) 殘誌 006
77 ～用之 天寶 124
～履仁 會昌 025
～履仁 大中 069
～熙 貞觀 089
80 ～慈明 貞觀 089
～公造 大和 061
91 ～怦 貞觀 089
99 ～榮 寶曆 019
～(趙郡守) 天寶 087

源　3119_6

00 源廣津　開元 050
　～廣津　貞元 016
　～文宗　開元 030
　～文舉　開元 146
03 ～誠心　天寶 163
10 ～晉　建中 017
　～晉　貞元 060
　～晉賓　天寶 163
17 ～子恭　開元 146
21 ～行莊　開元 146
　～行莊　開元 531
　～師　開元 036
22 ～侹　貞元 074
　～崑玉　天寶 105
23 ～俊　天寶 163
27 ～修業　天寶 105
　～修業　建中 017
　～修業　貞元 074
　～佋　天寶 105
30 ～寰　貞元 016
32 ～洌　天寶 105
33 ～溥(至德)　建中 017
34 ～洧　開元 349
40 ～直心　開元 030
　～内則(楊璡妻)　開元 531
48 ～乾曜　天寶 105
　～乾曜　建中 002
　～乾曜　貞元 016
50 ～惠津　開元 050
　～惠津　開元 349
52 源撲　開元 146
　～撝　開元 146
56 ～挹　開元 397
60 ～杲(玄明)　開元 146
　～杲(玄明)　開元 531
71 ～匡友　天寶 163
72 ～氏(胡光復妻)　永淳 012
　～氏(崔均母)　開元 030
　～氏(姚如衡妻)　開元 487
　～氏(慕容□夫人)　天寶 163
　～氏(張翔妻)　建中 002
　～氏(劉揞妻)　貞元 016
　～氏　貞元 074
80 ～翁歸　天寶 105
　～翁歸　建中 017
90 ～愔　開元 146
　～愔　開元 531
　～光乘　天寶 105
　～光乘　貞元 074
　～光俗　開元 349
　～光俗　天寶 105
　～光譽　建中 017

福　3126_6

44 福莊嚴　貞元 111

顧　3128_6

00 顧方肅　元和 139
　～文雅　開元 019
08 ～謙(自修)　咸通 109
10 ～元　開元 239
12 ～弘　咸通 052

21 顧行 咸通 109
～占 咸通 109
22 ～彪 開元 019
27 ～紹孫 咸通 105
30 ～寰 咸通 109
～賓 咸通 109
31 ～潛 咸通 109
32 ～滔 咸通 109
36 ～涓 咸通 052
40 ～臺 咸通 109
～希揚 咸通 109
42 ～彭 咸通 109
44 ～藝 開元 239
60 ～昇 顯慶 044
67 ～明 開元 239
72 ～氏(孟玄一妻) 開元 019
～氏(支成妻) 大中 110

濮 3213_4

濮陽公 光化 001

淨 3215_7

淨□ 貞元 111

潘 3216_9

02 潘訓 天寶 122
10 ～元一 顯慶 086
～元簡 天寶 122
18 ～珍國 貞觀 072
貞觀 073
20 ～雙歡 貞觀 073
～雙驩 貞觀 072
21 潘順 天寶 122
～仁剛 龍朔 045
23 ～俊 天寶 122
24 ～德行 貞觀 063
～德行 貞觀 073
～德倫 貞觀 072
25 ～佛壽 天寶 122
30 ～富 永徽 017
37 ～運 天寶 122
44 ～基(令本) 貞觀 063
～孝基(□本) 貞觀 073
～孝長(仁宗) 貞觀 072
46 ～觀 天寶 122
47 ～歡 貞觀 063
50 ～聿 大和 090
60 ～國 貞觀 063
～昇英 垂拱 022
～圖 開成 006
67 ～明 貞觀 073
71 ～愿仁 貞觀 072
～愿仁 貞觀 073
72 ～氏(韓文妻) 龍朔 045
～氏(趙威妻) 上元 034
～氏(王平妻) 貞元 098
～氏(邢真賢妻) 長慶 014
77 ～卿(伯玄) 永徽 017
86 ～智昭(洛) 天寶 122
94 ～慎 天寶 122

祈 3222_1

46 祈觀 貞元 137
60 ～昇 貞元 137

梁　3390_4

00 梁方　麟德 020
～方　總章 016
～方(遠)　開元 109
～彦光　乾封 023
～齊望　萬歲通天 017
～膺　開元 363
～庭　大和 012
～庭芝　長壽 008
～慶衍　萬歲通天 003
～廣濟　貞元 002
～廣濟　貞元 054
～麻　開元 363
～言　開元 426
～玄溢　天寶 262
～玄敏　長壽 009
04 ～詵　天寶 267
～讚　乾封 023
08 ～謙　長安 064
15 ～殊　萬歲通天 017
～殊　垂拱 065
17 ～璵　開元 363
～承度　大和 012
～承政　大和 012
～承汶　大和 012
～承乂　大和 012
～承敏　大和 012
～君英　顯慶 048
20 ～秀(弘粲)　麟德 020
～秀　乾封 016
～季淮　大和 063
梁皎　開元 009
～皎　開元 133
～乘　永貞 004
21 ～仁裕　天寶 267
～衍　長壽 009
～師亮　萬歲通天 017
22 ～將　貞觀 078
～邕　大中 029
～崇泰　天寶 176
～崇璧　貞元 002
～崇璧　貞元 054
～崇義　貞元 130
23 ～巘　永徽 070
24 ～德　天寶 075
～幼成　萬歲通天 003
27 ～多　開元 426
～粲　總章 016
28 ～從政　貞元 002
～從政　貞元 054
30 ～寧　貞元 051
～寵　龍朔 027
～守謙　大和 012
～守志　大和 012
～寶臣　調露 015
～宗　天寶 189
31 ～源　開元 363
33 ～祕　永貞 003
34 ～達　貞觀 153
～達　麟德 020
～達　總章 016
37 ～凝達(靜通)　貞觀 078
38 ～道政　開元 097

梁遵 垂拱 065
40 ～大海 開元 515
～希亶 開元 426
～希倩 大和 012
～有意 永徽 070
～有九 開元 109
～志誠 貞元 002
～志誠 貞元 054
～寺(師暕) 垂拱 065
～韋 開元 363
～嘉運(子) 景龍 024
～嘉惲 開元 426
～柱 垂拱 065
43 ～載言 景龍 032
～載言 天寶 128
44 ～基(知本) 貞觀 153
～孝基 貞觀 078
～英(慈明) 開元 301
48 ～敬貞 開元 009
50 ～肅 大曆 052
～肅 大曆 068
～春 大和 063
～東道 貞元 056
52 ～哲 總章 016
53 ～輔國 大和 063
～感 開元 301
60 ～晟 大和 012
～思(恭) 貞元 002
～思(恭) 貞元 054
～思順 開元 301
～思業 開元 301
～景先 垂拱 065
61 梁毗 開元 009
～顯 乾封 023
63 ～眖 殘誌 007
67 ～明 麟德 020
～暉 天寶 262
～昭 長壽 008
68 ～曒(重光) 萬歲通天 003
71 ～匡堯 長慶 001
72 ～剛 開元 363
～氏(張綱妻) 貞觀 112
～氏(李汪妻) 龍朔 027
～氏(趙真度母) 乾封 023
～氏(郭德妻) 咸亨 021
～氏(王貞妻) 長壽 020
～氏(朱仁表妻) 神功 005
～氏(張安妻) 長安 069
～氏(王則妻) 開元 099
～氏(趙憬妻) 天寶 189
～氏(王遜妻) 大和 026
～氏(崔勗妻) 大和 078
～氏(劉元晟母) 大中 029
77 ～隆 乾封 016
～履謙 天寶 267
～履信 天寶 267
80 ～金柱 萬歲通天 017
～令珣 天寶 176
～令直(元祥) 天寶 267
～無量(朱英華母) 天寶 262
～義方 開元 426
～善□ 總章 016
86 ～知微 天寶 267
88 ～敏 萬歲通天 003

梁節 天寶 176
90 ～小沖 開元 109
～惟忠 大足 001
～惟忠 開元 420
～常 天寶 176
～當意 貞元 002
～當意 貞元 054
～炫 開元 133
94 ～憘 貞觀 078
～憘 貞觀 153
～煒 開元 133
97 ～煥(光時) 開元 009
～煥(光時) 開元 133
99 ～榮 永徽 070
～榮璨 貞元 111

沈 3411_2

00 沈齊文(正人) 垂拱 061
～齊文(正人) 久視 020
05 ～竦 大中 084
～竦 大中 140
10 ～西懿 大中 140
12 ～弘 永徽 122
～弘祚 景雲 013
～弘爽 久視 020
～弘爽 開元 536
17 ～子山 大中 140
～君嚴 景雲 013
18 ～群 元和 057
21 ～行琛 永徽 122
～師黄(希徒) 大中 084
22 ～彪 永徽 122
23 沈傅師 大和 086
～傅師 大中 054
24 ～佐黄 大中 084
～佐黄 大中 140
～緯 開成 029
26 ～伯儀 垂拱 063
～伯儀 開元 536
～伯藏 久視 020
27 ～脩祐 天寶 074
～叔安 天寶 027
28 ～繕 景雲 013
30 ～客卿 大中 140
～謇 開元 536
32 ～州來 大中 084
～州來 大中 140
～澄 大中 140
34 ～浩禕 久視 020
～浩豐(寬饒) 開元 536
35 ～澧子 大中 084
～迪 大中 084
～迪 大中 140
38 ～導之 天寶 027
40 ～爽 垂拱 063
～士公(崇正) 永徽 122
41 ～栖重 大中 140
～栖遠 大中 140
44 ～孝恭 垂拱 063
50 ～中黄 大中 084
～中黄(中美) 大中 140
52 ～虬之 大中 084
～虬之 大中 140
53 ～成福 天寶 027

60 沈思忠 延載 004
61 ～晤 天寶 027
72 ～剛 咸通 048
～氏(□祖堯母) 景雲 013
～氏(陳周子母) 天寶 036
～氏(虞景莘妻) 大曆 056
～氏(卜璀妻) 長慶 015
～氏(輔元述妻) 開成 030
～氏(應宗本妻) 咸通 048
77 ～興宗 開元 470
86 ～知敏(仲和) 天寶 027
～智果(元貞) 延載 004
～□ 神龍 024$3411_2$

滿 3412_7

44 滿藏 貞元 111

法 3413_1

38 法海 貞元 111

汝 3414_0

40 汝南公主 貞觀 054

洪 3418_1

26 洪得宗 永貞 008
44 ～孝昌 開元 398
46 ～如筠 大中 060
50 ～抗 大中 086
72 ～氏(余憑妻) 大中 060

褚 3426_0

00 褚庭誨 開元 482
12 褚廷誨 開元 420
17 ～璆 神龍 035
～承恩 久視 011
21 ～貞 久視 011
22 ～峯(君石) 殘誌 025
35 ～湊 天寶 244
37 ～朗 久視 011
38 ～遂良 總章 020
～遂良 開成 026
44 ～萬頃 久視 011
60 ～黯 久視 010
～黯 久視 011
72 ～氏(崔文修妻) 大曆 029
80 ～無量 開元 074
88 ～符 大中 103
～符 殘誌 016

達奚 3430_4 2043_0

10 達奚賈 咸通 063
11 ～～瓆 咸通 063
17 ～～珣 天寶 136
～～珣 咸通 063
18 ～～珶宜 咸通 063
33 ～～淙 咸通 063
37 ～～渥 咸通 063
～～逢 咸通 063
44 ～～革(日新) 咸通 063
46 ～～恕 咸通 063
72 ～～氏(樂昇進妻) 大和 001
77 ～～聞恭 咸通 063
～～降嵐 咸通 063
90 ～～懷義 咸通 063

97 達奚恪 咸通 063

清 3512_7

31 清源縣主 至德 003

連 3530_0

71 連愿 天册萬歲 008
72 ～氏(孫德妻) 光宅 002
80 ～公 天册萬歲 008
88 ～簡(隆) 天册萬歲 008

温 3611_7

00 温彦將 開元 047
～彦博(大臨) 貞觀 052
～庭筠 咸通 027
10 ～璋 大中 126
12 ～珽 會昌 048
～瑗(韋塤妻) 會昌 048
13 ～琯 會昌 048
14 ～瓚 開元 047
20 ～喬 開元 047
26 ～伯燁 開元 047
30 ～憲 咸通 027
34 ～造 會昌 008
～造 會昌 048
～造 大中 126
38 ～裕 貞觀 052
40 ～大雅 景龍 010
72 ～氏(趙本質妻) 景龍 010
～氏(李邕妻) 大曆 009
～氏(韋塤妻) 會昌 008
～氏(郝道進母) 咸通 043
温氏(賈洮妻) 咸通 105
80 ～無隱 景龍 010
94 ～煒 開元 047

湯 3612_7

21 湯師藏 咸通 052
24 ～備 大中 146
30 ～賓 大中 146
～宗鉉 大中 146
～宗鐍 大中 146
34 ～湛 咸通 052
44 ～華(知新) 大中 146
60 ～嵒 大中 146

祝 3621_2

20 祝位 咸通 035

邊 3630_2

21 邊仁則 咸亨 087
～師 麟德 006
聖曆 009
22 ～山光 聖曆 009
26 ～伯 麟德 006
聖曆 009
35 ～清 咸亨 087
40 ～真(行感) 咸亨 087
44 ～藥 乾封 007
50 ～惠(處泰) 聖曆 009
72 ～氏(何溱妻) 元和 054
79 ～勝 麟德 006
88 ～敏 乾封 007

汜　3711_7

15 汜建德　垂拱 026
35 ～神力　垂拱 026
72 ～氏（趙懷璡妻）　至德 001
77 ～朋祐　永徽 006
86 ～知璧　至德 001

渾　3715_6

13 渾瑊　貞元 086

澮　3716_1

59 澮轔　殘誌 032
60 ～昱　殘誌 032

祖　3721_0

17 祖君信　永徽 106
23 ～臧　長安 050
26 ～和　顯慶 158
27 ～紹　顯慶 158
30 ～流謙　天寶 128
44 ～孝　顯慶 158
～孝基　天寶 128
50 ～忠（君信）　顯慶 158
60 ～曈　中和 001
72 ～氏（裴珣妻）　天寶 128
80 ～義臣　天寶 128

祁　3722_7

00 祁讓（文雅）　永徽 003
20 ～信　永徽 003

禄　3723_2

72 禄氏（王善相妻）　永隆 005
～氏（袁□妻）　大中 162

通　3730_2

80 通義　總章 002
～善　總章 002

過　3730_2

00 過庭　咸通 050
04 ～訥（含章）　咸通 050
17 ～冥　咸通 050
31 ～遷　咸通 050

逯　3730_9

12 逯烈　景龍 031
17 ～及祖　神功 003
～君懷　神功 003
20 ～皎　神功 003
21 ～貞（仁傑）　神功 003
31 ～遷　神功 003
58 ～撤　景龍 031
72 ～氏（王力士妻）　顯慶 138
～氏（劉盛妻）　咸亨 043

郎　3772_7

31 郎遷晟　大中 018
40 ～南金　景龍 015
50 ～肅　咸通 094
60 ～日知　大中 018
72 ～氏（張榮秀妻）　大中 018

88 郎餘仙 大中 018
～餘令 垂拱 037

游 3814_7

30 游進誠 貞元 111
80 ～善 貞元 111

遂 3830_3

30 遂安公主 開元 175
～安公主 開元 176

沙 3912_0

77 沙門至廣 長慶 004
78 ～陁特 開元 101
～陁公 開元 101

大 4003_0

17 大辯禪師 貞元 106
27 ～修行禪師 殘誌 046
～彝震 中和 007
30 ～安禪師 大曆 007
33 ～梁率 大中 115
37 ～通法師 開元 453
67 ～照禪師 天寶 132
～照禪師 天寶 166
～照禪師 大曆 025
～照禪師 貞元 037
～照禪師 元和 012
86 ～智 開元 468
～智和尚 天寶 132
87 ～鄭王 大中 095

太 4003_0

10 太平長公主 景雲 006
～平公主 天授 023
～平公主 開元 087
～平公主 開元 195
～平公主 天寶 051
26 ～和公主 會昌 031
60 ～景(□□羅妻) 延壽 017
71 ～原公 大和 031
咸通 037
74 ～尉公 會昌 043

士 4010_0

22 士嶷 天寶 047
46 ～如珪(瓊) 天寶 047
65 ～暕 天寶 047
90 ～惟政 天寶 047

左 4010_1

00 左玄德 天寶 037
14 ～瑱 天寶 037
26 ～儭 天寶 037
27 ～粲 上元 009
30 ～進 貞觀 117
34 ～法(孝才) 貞觀 117
～祐(乾福) 上元 009
60 ～思仁 開元 008
61 ～顥 上元 009
72 ～氏(索玄妻) 龍朔 040
～氏(李弘禮妻) 神龍 002
90 ～憧憙 咸亨 084

左光胤(子昭)　天寶 037
～光胤(子昭)　天寶 063
～光巖　天寶 063

查　4010_6

72 查氏(何友稜妻)　咸通 054

希　4022_7

40 希士美　殘誌 001

南　4022_7

00 南彦　證聖 006
～彦　聖曆 040
～玄暕　聖曆 040
03 ～斌　總章 004
～斌　證聖 006
～斌　聖曆 040
16 ～瑒　聖曆 040
19 ～琰　元和 048
21 ～卓　元和 048
22 ～川縣主　天寶 211
24 ～休之　證聖 006
～纘　元和 048
26 ～和　證聖 006
52 ～哲　聖曆 040
60 ～昇　大和 008
71 ～巨川　元和 048
72 ～氏(陳商妻)　元和 048

南郭　4022_7 0742_7

25 南郭生　證聖 006

支　4040_7

00 支彦(法柱)　永徽 020
～彦　麟德 058
～康　大中 110
～慶娘子　大中 113
～諺　大中 110
～諺　大中 111
～諺　咸通 020
～讓　大中 110
～讓　大中 111
～讓　大中 113
～讓　咸通 020
02 ～訓　永徽 020
～訢　大中 110
～訢　大中 111
～訢　大中 113
～訢　咸通 020
～訢　乾符 009
04 ～諶　乾符 033
～訥　大中 109
～訥　大中 110
～訥　大中 111
～訥　大中 113
～訥　咸通 020
～訥　乾符 033
～謨　咸通 020
～讚　大中 113
05 ～靖　大中 110
～竦　大中 109
～竦　大中 110
～竦　大中 112

支竦　大中 113
07 ～詢　大中 111
～詢　大中 112
～詢　咸通 020
～詡　大中 110
～詡　大中 111
～詡　大中 113
08 ～謙　大中 110
～謙　大中 111
～謙　大中 113
～謙　咸通 020
～諗　大中 110
～諗　大中 111
～諗　大中 113
～誨　大中 110
～誨　大中 111
～誨　大中 113
～詳　咸通 020
～詳　乾符 033
10 ～元亨　大中 109
～元亨　大中 110
～元集　永徽 016
～平　咸通 020
11 ～孺復　大中 110
17 ～珉　麟德 058
～子璋　大中 113
～子珪(令令)　大中 114
20 ～豸娘　乾符 009
21 ～仁　顯慶 058
26 ～和　永徽 016
27 ～向　咸通 020
～叔向(子正)　大中 111
支叔防　大中 114
～叔陽　大中 110
34 ～瀆　乾符 033
35 ～涑　大中 111
36 ～湘兒　大中 111
～澤　乾符 033
37 ～郎子　乾封 012
38 ～汾　乾符 033
～裕　大中 111
～裕　咸通 020
40 ～大鼎　乾符 009
～奎　大中 110
～壽　顯慶 103
43 ～博雅　元和 142
44 ～茂(德榮)　永徽 016
47 ～胡兒　乾符 009
48 ～敬倫　麟德 058
53 ～成　大中 109
～成(良器)　大中 110
～成　大中 111
～成　大中 112
～成　大中 113
～成　咸通 020
57 ～掾娘　大中 111
58 ～蚡　乾符 033
67 ～明　顯慶 058
70 ～防　大中 111
～防　咸通 020
～騂兒　大中 111
72 ～氏(張師子妻)　永淳 001
～氏(康智妻)　長壽 031
～氏(乘著妻)　元和 142

77 支賢 顯慶 103
80 ～義 永徽 020
～曾 大中 110
85 ～鍊師 咸通 020
88 ～敏 大中 109
～敏(不機) 大中 110
～敏 大中 111
～敏 大中 112
～敏 大中 113
90 ～小鼎 乾符 009
～懷(信) 顯慶 058
～懷(通) 頭慶 103
～光(平) 大中 109
～光(平) 大中 110
～光 大中 111
～光 大中 112
～光 大中 113

李 4040_7

00 李瘦 總章 007
～充 貞元 037
～充 大順 003
～亮 永徽 107
～亮 總章 015
～亮 總章 020
～亮 貞元 101
～亮 貞元 107
～兖 咸通 015
～廓 大中 115
～彦(君才) 貞觀 014
～彦 顯慶 091
～彦 天寶 134
李彦 聖武 005
～彦琛 開元 387
～彦崇(德高) 開成 003
～彦回 咸通 028
～彦□ 天寶 171
～方之 會昌 015
～方乂(安道) 元和 079
～高兒 大中 079
～齊運 元和 105
～齊用 大和 051
～廡 會昌 023
～庾 會昌 023
～庾 大中 115
～應 大中 084
～應 乾符 020
～應坤 光化 001
～應規 乾符 013
～庭 天寶 135
～庭 大和 092
～庭訓 天寶 167
～庭訓 天寶 168
～庭訓 順天 004
～庭玉 貞元 027
～庭玉 殘誌 010
～庭琇 會昌 041
～庭璠 景雲 003
～庭堅 天寶 116
～慶 開元 317
～慶 大曆 018
～慶詮 大中 159
～慶復 咸通 037
～慶宗 大中 159

李慶洪 大中 159
～夜光 大曆 057
～庠 咸通 013
～廣 貞觀 090
～廣國 元和 130
～縻 會昌 023
～文(緯) 麟德 005
～文(牖) 總章 007
～文慶 元和 092
～文政 大和 032
～文師 咸通 048
～文繼 大中 159
～文德 天寶 151
～文奬(令德) 開元 141
～文疑 天授 016
～文禮 永泰 003
～文通 咸通 002
～文逸 天寶 099
～文幹 開元 254
～文敬 開元 176
～文則 建中 006
～文雅 永徽 119
～文冏 咸通 029
～文舉 大中 096
～文叙 大中 159
～辛 天寶 010
～辛辛 大中 131
～章 大和 085
～章 開成 051
～享 大曆 010
～辯(言) 麟德 001
～辯(言) 咸亨 106
李辯 調露 027
～辯(琮) 永淳 006
～辯 垂拱 037
～辯言 顯慶 117
～讓 乾符 013
～褎 大中 157
～褒 會昌 007
～衮 會昌 041
～襃 光宅 006
～玄 開元 256
～玄慶 大曆 020
～玄慶 長慶 022
～玄玉 大中 115
～玄則 貞元 129
～玄弁 大曆 040
～玄福(文戩) 長安 053
～玄道 神龍 035
～玄通 咸通 086
～玄志 總章 012
～玄基 開元 140
～玄恭 聖武 005
～玄藥 神龍 003
～玄植 大曆 058
～玄中 咸通 031
～玄表 大和 017
～玄則 開元 384
～玄同 天寶 115
～玄同 長慶 029
～玄質 元和 130
～玄鑒 聖曆 019
01 ～龍 開元 104
～龍 大曆 067

李譚 大中159
02 ～端 萬歲通天013
～端(行端) 貞元038
～訓 開成004
～託族 總章012
～誕(大方) 開元206
～誕 天寶124
～誼 元和010
03 ～試 永徽046
～試 開元288
～誠 開元140
～誠 開元466
～諴 咸通067
04 ～諶 天寶197
～護(道周) 貞觀122
～護(令休) 龍朔026
～護 垂拱046
～護 景雲003
05 ～靖 顯慶010
～靖 開元130
06 ～諤 開元102
～韻 開成017
～親安 天寶261
07 ～望 天寶250
～望 元和083
～望 乾符022
～翊 天寶070
～鄘 長慶004
～鄘 乾符011
～諝 龍朔043
～調 元和010
～韶 開成017
李韶雲 貞元020
08 ～於 大曆008
～説 景雲005
～説復 元和068
～詮 開成051
～論 大曆021
～謙 貞元041
～謙(虚己) 開元303
～譜 大順003
09 ～麟 天寶271
10 ～一娘子(韋□妻) 咸通023
～二(信德) 開元041
～二娘子 順天004
～三(達) 顯慶117
～丕 開元466
～丕 貞元015
～亘 天寶175
～王考 元和070
～五娘(劉含章妻) 萬歲通天025
～五娘 開元248
～五娘 貞元094
～亞時 開成034
～正叔 元和072
～正禮 貞元062
～正明 開元082
～正臣 貞元033
～正卿 元和072
～正卿(肱生) 會昌040
～正巳 元和028
～瓌 大曆077
～瓌 咸通028

李璋 貞元 122
～璋 元和 079
～璋 元和 125
～璋 開成 017
～璋 咸通 014
～璋 乾符 017
～元 大中 159
～元應 寶曆 015
～元慶 開元 206
～元璋 天寶 151
～元璋 天寶 271
～元確 景龍 048
～元珪 貞元 062
～元確(居貞) 開元 103
～元貞 元和 089
～元緈 貞元 022
～元約 光啓 002
～元儉 垂拱 052
～元淳 大和 001
～元寓 光啓 002
～元實 元和 130
～元宗 大和 032
～元禮 長安 053
～元禮 開元 105
～元渝 元和 035
～元左 大和 032
～元古 永貞 002
～元古 長慶 020
～元吉 開元 234
～元楚 大和 069
～元素 大和 032
～元(王從約母) 大和 048
李元哲 貞元 033
～元哲 元和 072
～元軌 永淳 009
～元皓 大曆 077
～元明 貞元 129
～元昭 咸亨 046
～元卿 開元 162
～元善 會昌 009
～元善 咸通 093
～元善 乾符 017
～元舍 會昌 009
～震 天寶 229
～夏兒 咸通 014
～霞(子微) 開元 466
～霞光 天寶 099
～焉 大曆 008
～平(崔慎經妻) 開成 017
～干石 大曆 017
～再 貞元 021
～再昌 開元 481
～霸 天寶 153
～霸 大中 128
～否 開元 466
～石 垂拱 064
～晉客 開元 117
～晉客 元和 099
～晉七 乾符 016
～西華 大曆 034
～雲 垂拱 064
～雲 神龍 002
～雲卿 大中 160
11 ～班 貞觀 042

李珏 大和 054
～珏 會昌 008
～珏 貞元 130
～玭 咸通 049
～琢 大中 045
～璩(子玉) 咸通 093
～璿(道政) 光宅 003
～璿 開元 206
～璿 天寶 086
～璿之 太極 001
～頊 開成 050
～張胤 乾封 018
12 ～登 開元 122
～登 開元 143
～登 開元 162
～璀 永泰 003
～瑀 元和 047
～瑗 長安 064
～璠 咸通 087
～瑤之 乾符 016
～弘 顯慶 091
～弘(寬) 龍朔 084
～弘 乾封 049
～弘 總章 015
～弘 建中 007
～弘立 元和 125
～弘亮(廣成) 元和 125
～弘慶 開成 027
～弘慶 開成 051
～弘慶 咸通 027
～弘諫 大和 017
～弘仁 大和 017
李弘安 永隆 008
～弘禮 神龍 002
～弘裕(大師) 調露 001
～弘楚 大和 017
～弘靜 長安 053
～弘舉 大中 115
～弘簡 元和 078
～弘節 貞觀 080
～弘節 永昌 005
～弘節 開元 148
～弘節 乾元 012
～愻(納言) 神龍 021
～延 長安 015
～延 元和 092
～延紀 天寶 222
～延之 開元 027
～延祐(同心) 神龍 037
～延祐 天寶 152
～延昌 開元 481
～延明 開元 173
～孔明 元和 121
～孫孫 貞元 109
13 ～球 咸通 046
～球 咸通 066
～武 天寶 086
～武仁 麟德 005
～琯 咸通 102
～琮 如意 002
～琮 開元 392
～琮 天寶 012
～琮 永泰 001
～琮(温中) 大和 068

李琬 元和 125
～瓛(義真) 證聖 016
14 ～珪(善正) 開元 526
～珪 元和 125
～珪(三復) 大中 079
～瑾 元和 125
～瓘 垂拱 060
～瓘 景雲 005
～琦 開元 186
～瑛 元和 047
～聽(滑帥) 大和 015
～璹 大中 003
～瑱(良玉) 開元 148
～瑱 貞元 077
～珙 貞元 020
16 ～現 開元 455
～現 元和 095
～琨 長安 030
～瑒 開元 173
～瑁 至德 003
～强(元强) 永徽 119
～强友(剛克) 開元 085
～醜兒 乾符 013
～盈 大曆 036
～孟犨 元和 022
～孟犨 大和 058
～孟賓 大中 135
～孟臯 會昌 023
～珣 元和 079
～珣直 貞元 135
～羽客 貞元 101
～璆(子韞) 會昌 009
李瓊 咸亨 092
～瓊 總章 012
～琚(公佩) 天寶 124
～璵 大和 068
～璵 咸通 063
～琛 開元 186
～琛 貞元 027
～琛 殘誌 010
～弼 開元 210
～承 貞元 109
～承 開成 017
～承顔 大和 088
～承務 咸通 111
～承家 會昌 041
～承祚 開元 388
～承嗣 萬歲通天 025
～承嗣 開元 481
～承昭 貞元 113
～承昭 貞元 114
～承昭 大中 054
～承暉 證聖 016
～豫 天寶 099
～子武 元和 125
～子徽 調露 001
～子徽 垂拱 049
～子布 光宅 006
～子雄 垂拱 037
～子華 天寶 021
～子如(仁静) 咸亨 070
～羿 大和 010
～翌 光宅 003
～召 咸通 061

李君彦 上元 033
～君緝 大曆 083
～君絢 貞觀 179
～君華 永徽 119
～君朋 開元 462
～君羨 上元 024
～邵 元和 079
～邵南 元和 143
～邵南 寶曆 005
～郡兒 咸通 030
～翼 天寶 242
～翼 元和 022
～翼（子羽） 大和 085
～柔（羅承先妻） 景龍 048
18 ～玢（宣） 聖武 005
～瑜 元和 125
～瑜 乾符 018
～珍 元和 047
～玠 元和 047
～政 貞觀 170
～政（譯） 總章 012
～政 開元 462
～琁 大和 010
～孜 天寶 064
19 ～璘 建中 004
～璘 乾符 025
～璫 大和 017
～琰 天寶 211
～琰（李守虛女） 大曆 020
20 ～重 大和 086
～重福 大曆 009
～重光 乾符 016
李牖 總章 007
～秀 開元 533
～秀 天寶 135
～秀 貞元 111
～信 永徽 077
～信（君諒） 永徽 103
～信（文義） 顯慶 053
～信 萬歲通天 025
～信 證聖 016
～信（允亮） 開元 232
～信 開元 481
～受 大中 137
～千石 長慶 008
～千里（仁） 景雲 005
～千鈞 大和 058
～季平 大曆 010
～季和 大曆 057
～季陽 元和 095
～季義 大曆 017
～隼 大和 085
～系 開元 167
～系 開元 247
～系 開元 249
～系 天寶 168
～稚川 大曆 072
21 ～順 長慶 006
～上座 興元 002
～上義 元和 125
～仁 永徽 077
～仁 天寶 153
～仁皎 寶應 006
～仁德 開元 370

李仁偉 天寶 124
～仁偉 天寶 152
～仁緯 神龍 037
～仁緯 開元 027
～仁緯 天寶 222
～仁綱 貞觀 122
～仁約 龍朔 026
～仁宗 天寶 242
～仁敬 調露 001
～虚中(常容) 元和 065
～卨 元和 022
～衡 貞元 004
～儒 天授 006
～儒珪 大曆 069
～儒懿 聖曆 011
～衎 大中 079
～術 元和 070
～行廉 天授 039
～行方 大和 005
～行師 乾封 049
～行邕 大中 052
～行德 總章 015
～行偉 開元 234
～行偉 天寶 170
～行偉 天寶 241
～行脩 元和 130
～行緯 天寶 116
～行約 咸通 104
～行基 天授 006
～行感 開元 231
～行欽 永徽 025
～虞仲 元和 079
李虔 貞觀 179
～虔 永貞 002
～處仁 大中 124
～處虚 神龍 021
～處實 神龍 021
～處沖 神龍 021
～處直 神龍 021
～處恭 神龍 021
～處葉 開元 130
～處厚 神龍 021
～顓 開成 018
～顓 乾符 016
～卓 大和 085
～占 咸通 061
～師(守儼) 調露 027
～師 如意 002
～師 開元 041
～師 開元 186
～師可 大和 036
～師聖 貞觀 137
～師師 大中 079
～師仲 大中 050
～師稷 貞元 116
～師福 開元 317
～師道 長慶 008
～師直 元和 080
～師古 貞元 093
～師古 貞元 094
～師古 長慶 008
～師敬 會昌 050
～師周 會昌 052
～師周 咸通 058

李師周 殘誌 009
～貞 咸亨 070
～貞 開元 065
～貞 開元 318
～貞 開元 393
～貞 元和 025
～貞 長慶 006
～貞(崔植母) 大和 010
～貞簡 元和 099
～貞簡 咸通 093
～經 天寶 153
～縉朝 開成 036
～穎 大曆 009
22 ～胤 天寶 116
～胤 貞元 093
～胤 大中 069
～崟 大中 097
～制 永貞 010
～岑 元和 032
～彪 大和 005
～崗 元和 099
～崗 會昌 009
～崗 咸通 093
～僑 乾符 020
～嵩 萬歲登封 006
～嵩 垂拱 046
～嵩老 咸通 093
～鼎 貞元 026
～鼎 大和 005
～將順 貞元 081
～歲 開元 526
～仙裔 順天 004
李仙系 貞元 125
～仙鶴 天寶 135
～係 永貞 010
～巖 貞元 046
～峯 大曆 071
～邕 景龍 071
～邕 大曆 009
～邕(太和) 大曆 062
～邕 貞元 116
～邕 元和 072
～邕 會昌 040
～巒 貞元 024
～巒 會昌 005
～崱 貞元 046
～利王 永貞 002
～崇 大中 124
～崇德 開元 303
～崇德 開成 042
～崇禮 開元 461
～崇義 大和 005
～欒 龍朔 027
～繼 長壽 004
～繼(興嗣) 元和 094
～繼(興嗣) 開成 016
～繼伯 永隆 008
～繼叔(紹嗣) 貞觀 042
～繼宗 大曆 073
～纁 元和 044
～縚 神龍 037
23 ～參 貞觀 133
～允王 開元 303
～獻(景獻) 天寶 175

李獻 永貞 010
～俊 開元 032
～然 會昌 013
～牟 大和 085
～緘 大中 026
～纖誠 貞元 126
～縮(福王) 中和 007
24 ～僅 大和 010
～僅 大順 003
～躭 廣明 004
～先 貞元 122
～先嶠 元和 148
～兟 天寶 166
～壯(宏) 永淳 007
～仕異 大曆 071
～德 上元 033
～德 開元 461
～德(智淳) 開元 480
～德方 貞元 077
～德章 大和 051
～德元 大和 051
～德孫 元和 120
～德武 調露 015
～德瑋 開元 176
～德穎 天寶 167
～德穎 天寶 168
～德修 咸通 101
～德倫 光宅 006
～德郎 殘誌 011
～德裕 大和 025
～德裕 大和 058
～德裕 大和 069
李德裕 大中 056
～德裕 大中 061
～德裕 大中 064
～德裕 大中 071
～德裕 大中 090
～德裕 大中 107
～德裕 大中 120
～德裕 咸通 016
～德裕 咸通 027
～德裕 咸通 098
～德基 貞元 024
～德茂 聖曆 011
～德懋 貞元 028
～德蓍 開元 321
～德盛 神龍 046
～德旻 天寶 115
～德明 聖曆 019
～德全 貞元 139
～待文 大曆 071
～偉節 總章 020
～休(休烈) 大曆 067
～休祥 光宅 003
～皓 貞觀 179
～皓 貞元 073
～皓 元和 124
～皓 開成 046
～皓 殘誌 031
～幼方 貞元 077
～幼清 建中 010
～幼清 貞元 070
～幼公 大中 088
～岐 大曆 009

李岐(伯道) 貞元 033
～納 元和 028
～紘(謝觀妻) 咸通 049
～稜 大中 145
～縝 長慶 005
～稹 寶曆 015
25 ～仲康 大曆 035
～仲康 大曆 036
～仲康 大曆 052
～仲康 大曆 068
～仲文 大中 015
～仲京 大和 014
～仲璋 光化 001
～仲珂 咸通 070
～仲球 咸通 070
～仲珪 咸通 070
～仲瑜 咸通 070
～仲殷 元和 047
～仲賓(少卿) 貞觀 090
～仲通 神龍 021
～仲昇 元和 083
～倩 開元 533
～佚 貞元 046
～傑 開元 074
～傑 開元 131
～傑 天寶 112
～傑 天寶 116
～傑 貞元 093
～桀(陵漢) 貞觀 133
～紳 元和 094
～紳(宗) 大和 086
～紳 開成 016
李純(正義) 天寶 115
26 ～自下 大曆 040
～自良 元和 083
～自挹 大和 085
～覬 元和 072
～伽 天授 006
～伽 久視 019
～伯 萬歲登封 006
～伯良 永貞 007
～伯宥 元和 055
～伯潛 元和 055
～伯華 元和 100
～伯臣 貞元 024
～泉 長安 053
～泉(弘廣) 開元 506
～衆慶 總章 020
～偘偘(元光) 開元 317
～保壽 開成 008
～皐 天寶 116
～皐 貞元 005
～皐 貞元 093
～皐 貞元 094
～皐 貞元 101
～皐 元和 033
～皐 長慶 005
～嶧 元和 018
～嶧 大中 090
～和 貞觀 016
～和 咸亨 073
～和(孝忠) 開元 256
～程 大中 107
～程 大中 115

李緄 建中 004
～總 天寶 133
～纓 咸通 108
～釋子 開元 317
27 ～多宜 元和 079
～多祚 開元 304
～多祚 開元 515
～多聞 大和 025
～仍叔 元和 120
～翽 貞元 070
～象 開成 008
～侯(思貞) 開元 333
～侯七 貞元 081
～象古 貞元 093
～象古 貞元 094
～象古 長慶 005
～殷 元和 130
～解五 大中 134
～儋 會昌 023
～俱利 開元 232
～烏八 咸通 014
～慇 大和 068
～慇(崔滂妻) 乾符 017
～翱 貞元 121
～翱 元和 070
～翱 大中 147
～翱 乾符 009
～獎 永隆 008
～魚(茂) 開元 113
～奐 開元 210
～峒 永貞 010
～崌 天寶 259
李嶼 貞元 027
～嶼 殘誌 010
～彙(伯揆) 貞元 024
～彙 元和 025
～約 大和 033
～紉 大中 137
～綱 天寶 171
～綱 乾元 002
～縫 長慶 006
～叔(德英) 天授 006
～叔康 大中 095
～叔康 殘誌 017
～叔慶 大和 032
～叔敖 元和 047
～叔階 開元 388
～絳 元和 099
～絳 長慶 006
～絳 大和 086
～絳 會昌 009
～絳 大中 040
～絳 大中 054
～絳 咸通 014
～絳 乾符 017
～紹 咸通 032
～紹宗 貞元 062
28 ～聳 大和 005
～佺 貞元 046
～脩 大和 049
～倫 開成 018
～徹(永福) 貞觀 016
～倣 大中 158
～微明 大曆 069

李徽伯 開元 032
～儀鳳 開元 231
～僧(信) 永淳 007
～僧元 大中 097
～僧壽 永徽 107
～僧奴 開元 333
～儉 大曆 010
～儉 大中 129
～從證 大中 052
～從誡 大中 052
～從約 大中 160
～從遂 光化 001
～從規 元和 051
～從質 咸通 101
～從周 開元 384
～從周 大中 036
～從義 大和 022
～牧之 景龍 033
～收 天寶 132
30 ～宣 貞元 039
～宣 貞元 073
～宣 元和 124
～宣 開成 046
～宣 大中 065
～宣 大中 079
～宣 殘誌 031
～宣晦 會昌 008
～濟 天寶 151
～淳 貞元 109
～寧 長安 053
～寧 元和 010
～寬 長安 064
李寬 神龍 040
～寬中 大中 033
～房 大和 058
～寓 元和 010
～宥 大曆 017
～扆 永徽 025
～永 貞元 107
～永 中和 006
～進 調露 001
～進 垂拱 049
～進潭 大曆 067
～進滔 大曆 067
～進朝 大曆 067
～進超 大曆 067
～進超 大中 052
～進扶 殘誌 011
～進榮 貞元 107
～适之 天寶 236
～宓 開元 156
～宓 開元 185
～守訥 建中 007
～守一 天寶 021
～守虛 大曆 018
～守虛 大曆 020
～守貞 開元 321
～守禮 垂拱 052
～守禮 景雲 020
～守禮 開元 344
～守禮 長慶 010
～守敬 開元 319
～守節 萬歲通天 013
～守慎 大中 073

李守□ 咸通 070
～安 天寶 079
～安親 大曆 015
～安樂 天寶 175
～宰 貞元 046
～宏 開元 389
～宏(文秀) 貞元 046
～宏方 貞元 077
～突 麟德 005
～騫(柱叔) 永徽 036
～客師 開元 321
～審則 大曆 069
～宅心 天寶 197
～良(德師) 貞觀 170
～良 貞元 101
～良 元和 047
～良佐 開元 393
～良金 大曆 010
～寰 元和 095
～寰 寶曆 021
～寰 大和 049
～密 開明 001
～密 貞觀 066
～密 顯慶 056
～密 龍朔 027
～密 上元 037
～寶 貞觀 080
～寶 貞觀 122
～寶 垂拱 046
～寶 開元 161
～寶 開元 333
～寶 開元 506
李寶 大和 086
～寶鼎 大中 124
～寶臣 建中 014
～寶義 咸亨 073
～定 貞觀 016
～定 開元 232
～定 元和 010
～實 大曆 072
～實 貞元 022
～實 元和 010
～實 元和 110
～寅 元和 010
～賓(郎子) 天寶 014
～賓娘 咸通 093
～察 貞觀 090
～察 乾封 049
～宗 乾封 040
～宗 大曆 010
～宗儉 永泰 003
～宗冉 咸通 106
～宗卿(同系) 貞元 077
～宗閔 開成 017
～宗閔 咸通 106
～寂 天寶 199
～寂 貞元 107
31 ～江 大曆 018
～江 大曆 020
～汪(光明) 龍朔 027
～汪 大和 005
～涇 元和 099
～涇 咸通 093
～沔 開元 234

李灞 貞元 103
～濳 會昌 040
～濬 貞元 122
～濬 咸通 016
～福 天寶 175
～遷 咸亨 073
32 ～洌 開元 234
～澄 天寶 271
～漸 天寶 152
～漸 天寶 249
～湍 大曆 017
～湍 長慶 008
～潘(藻夫) 開成 051
～潘 大中 140
～滔 太極 001
～滔 貞元 111
～滔 元和 095
～遜 乾元 010
～業 貞元 027
～業 大中 131
～業 咸通 002
～業 殘誌 010
33 ～泌 大中 135
～浦 開元 466
～泳 永泰 003
～浚 開元 533
～演 開元 533
～演 天寶 196
～述 大中 073
～述 大中 091
～述(好古) 大中 134
～邃 咸通 057
34 李爲仁 證聖 013
～灌頂(盧□妻) 光宅 006
～漢 大中 059
～濤 大曆 035
～濤 大曆 036
～濤 大曆 052
～濤 大曆 068
～浩 太極 001
～浩 開元 234
～浩 開元 434
～洪 長慶 003
～洪瀆 乾封 018
～瀆 咸通 118
～禕 天寶 019
～禕 天寶 042
～禕 天寶 179
～禕 大中 131
～祐 垂拱 036
～禧 咸通 029
～禛 開元 085
～達 顯慶 117
～達 乾封 027
～達 調露 027
～達 永淳 006
～達 開元 333
～遠(文遠) 麟德 033
～遠 開元 339
～遠 咸通 027
～造 開元 302
～邁 大和 037
35 ～冲 永昌 005
～冲 開元 065

李冲 開元 234
～冲 天寶 170
～冲寂 聖曆 028
～冲明 龍朔 027
～津 天寶 141
～津(文仲) 大曆 018
～清(克明) 永徽 045
～清 貞元 094
～清 光化 001
～清禪 神龍 046
～滮 大曆 003
～滮 貞元 126
～溱 天寶 199
～神 咸亨 055
～神福 天寶 153
～神通 大和 058
～神道 開元 173
～神符 會昌 023
～迪 開元 174
～迪(安道) 天寶 115
～沛 開元 230
～沛 開元 234
36 ～温 大中 052
～温 咸通 056
～混然 天寶 259
～澤 神龍 046
～湜 開元 234
～袓 寶應 006
～還 元和 065
～還郎 元和 100
～逞 元和 052
～遇 天寶 081
李遇 大和 088
～邈 寶應 006
～邈 大和 017
37 ～潤 大曆 061
～潤 貞元 126
～潤 残誌 058
～汲(寡言) 貞元 072
～淑(梁謙母) 長安 064
～溵 永泰 003
～涣 開元 234
～涣 天寶 241
～渾 大中 071
～洛 永徽 025
～澮 咸通 118
～涵 大曆 035
～涵 大曆 052
～凝 垂拱 049
～滌 天寶 134
～潔 垂拱 041
～潔 聖曆 011
～深 開元 002
～深 大曆 018
～深 大曆 020
～祖(孝仁) 咸亨 055
～祖 如意 002
～祖仁 顯慶 014
～祖欽 開元 176
～初律 元和 065
～通 永徽 132
～通 顯慶 091
～通 咸亨 040
～通(庶幾) 神龍 040

李通 開元339
～通 貞元056
～通 元和130
～通 大中057
～通達 開元161
～迅 開元303
～迎兒 大中131
～迥 開元303
～迥秀 開元127
～逢 大中091
～逢 大和100
～逢吉 大和014
～退思 長慶024
～罕 大和085
～鄆 大中094
38 ～溢初 元和128
～淪 開元143
～瀚 永泰003
～瀚 大和037
～澈(伯倫) 天寶115
～海 證聖016
～海 大曆013
～海 開成025
～洽(從訓) 天寶259
～祚 天寶099
～祚 貞元107
～裕 寶應006
～遊 貞元038
～道 景雲003
～道 開元104
～道 大曆036
～道 大曆068
李道立 大曆035
～道玄 開元526
～道謙 開元148
～道瓘 垂拱064
～道能 乾封018
～道裕 天寶242
～道古 貞元093
～道古 貞元094
～道古 長慶005
～道真(郎餘令妻) 垂拱037
～道真 開成003
～道樞 咸通053
～道樞 景福002
～道素 貞觀080
～道扶 咸通014
～道因(崔暐妻) 乾符020
～道堅 天寶154
～遵 貞觀090
～遵古 貞元093
～肇 開元317
39 ～泮 大和036
～逍 大中073
～逍 大中091
～逍 大中134
40 ～乂 開074
～九師 開成003
～九娘 順天004
～大亮 開元085
～大亮 開成026
～大師 咸亨015
～大楷 垂拱064
～大智 開元156

李太行　開元 162
～太古　貞元 093
～太古　貞元 094
～爽　龍朔 027
～爽(乾祐)　總章 015
～爽　開元 319
～友諒　大中 073
～友諒　大中 134
～友珉　上元 014
～友直　貞觀 135
～士該　咸亨 055
～士龍　咸通 068
～士元　光啓 002
～士秀　光啓 002
～士仁　元和 041
～士和　貞元 127
～士和　元和 130
～士寧　貞元 127
～士安　開成 025
～士真　元和 130
～士式　長慶 006
～士素　大中 160
～士操　貞觀 179
～士操　光啓 002
～才　龍朔 026
～才　永淳 028
～才謙　天寶 099
～才仁(間禮)　永淳 007
～克諧　咸通 096
～克脩　元和 025
～克勤　元和 025
～克恭　長慶 022
李克忠　天寶 171
～克明　長慶 022
～在蒙　乾符 013
～希玉　天寶 153
～希烈　貞元 007
～希烈　貞元 093
～希烈　貞元 101
～希烈　貞元 130
～希喬　開元 334
～希仁　開元 103
～希騫　咸通 093
～希晏　元和 083
～存序　大和 037
～存彦　咸通 107
～存穆　大中 131
～存實　大中 131
～存孝　大順 004
～存成　大和 037
～存質　大中 131
～存範　大中 063
～志(文節)　咸亨 073
～志貞　開元 082
～志皇　元和 128
～志郎　光化 001
～志暕　開元 299
～寺奴　調露 027
～嘉珍　大曆 071
～難(同業)　證聖 013
～吉　咸通 061
～吉甫　咸通 016
～吉甫　咸通 098
～吉甫　咸通 101

李奇 聖曆 019
～壽(神通) 貞觀 024
～壽 開元 104
～壽 天寶 224
～壽 乾元 002
～雄 上元 014
～雄 光宅 003
～賁 天寶 126
～真 長慶 006
～真玉 元和 125
～真實 天寶 167
～真實 天寶 168
～來王 元和 079
41 ～頡 貞觀 129
～栖筠 貞元 056
～栖筠 貞元 091
～栖筠 咸通 016
～櫝 大中 131
42 ～彭 會昌 028
～韜 天寶 152
43 ～博 咸亨 047
～博 開元 156
～求 神龍 037
～娘(孟□妻) 光宅 008
～載義 開成 028
～載義(太保) 中和 007
～戴 大和 016
～朴 乾元 012
44 ～廿四娘 大曆 036
～廿四娘 貞元 094
～卅三娘 元和 022
～協 咸通 029
李封 天寶 160
～萓 大和 085
～藩 貞元 109
～藻 開成 038
～蕚 貞元 028
～蕚 大和 017
～夢龜 咸通 002
～兢 天寶 166
～莊 咸通 098
～莊彦 大中 157
～莊彦 咸通 016
～莊士 大中 157
～莊士 咸通 016
～芳 開元 130
～萬靖 元和 083
～蒙 咸通 030
～藏 貞元 072
～茂 垂拱 041
～茂正 永貞 010
～蓐 開元 148
～恭仁 開成 051
～艾 長慶 006
～孝端 神龍 021
～孝孫 垂拱 041
～孝詧 開元 173
～孝信 天寶 171
～孝儒 開元 166
～孝貞 開元 303
～孝貞 元和 079
～孝友 證聖 013
～孝恭 神龍 004
～孝恭 天寶 079

李孝恭 大和 005
～執古 貞元 094
～英 龍朔 026
～英(雄) 龍朔 084
～英信 咸通 070
～革 大和 085
～華 開元 532
～華 天寶 171
～華 大曆 013
～昔 貞元 072
～若水 會昌 052
～葩 開元 186
～耇兒 大中 134
～世讚 天寶 167
～世權 貞觀 090
～世靜 貞觀 042
～世民 咸亨 058
～藝 咸通 035
～藝通 貞元 077
～甘 大中 059
～甘四娘 大曆 036
～廿四娘 貞元 094
～楚 天寶 171
～楚球 貞元 024
～楚球 元和 025
～楚才 證聖 013
～楚封 咸通 061
～楚林 元和 119
～共華 大中 119
～權 大中 131
～林放 貞元 074
～林甫 貞元 011

李林甫 貞元 074
45 ～坤 大中 130
46 ～坦 咸通 051
～覿 元和 072
～觀 天寶 124
～觀(元賓) 殘誌 008
～如璧 開元 085
～娟(高亘妻) 天寶 096
47 ～懿文 天寶 197
～翹 天寶 171
～翹 大曆 009
～翹 元和 072
～翹 會昌 040
～郁 大中 124
～郝 乾封 049
～慤 大曆 040
～胡 光宅 003
～起宗(弘道) 萬歲登封 006
～郴 咸通 061
48 ～增 元和 072
～憼 開元 506
～乾祐 天寶 221
～幹 開元 506
～敬(如愿) 永徽 025
～敬(守禮) 開元 210
～敬 天寶 064
～敬玄 聖曆 022
～敬玄 大曆 058
～敬融 大中 052
～敬瑜 開元 143
～敬瑜(鋈璧) 開元 162
～敬上 天寶 012

李敬儒 大中 119
～敬仙 大中 036
～敬彝 開成 045
～敬彝 大中 079
～敬實 大中 052
～敬心 天寶 010
～敬初 大中 119
～敬中 元和 079
～敬思 大中 124
～敬固 開元 481
～敬釗 大中 119
～松 開元 384
～松兒 大中 079
～梅 元和 034
50 ～中兒 大和 079
～中敏 大中 107
～史魚 聖武 001
～推賢(匡仁) 乾符 013
～夷遇 咸通 084
～盡(貞曜) 大中 115
～盡滅 景龍 002
～泰 貞觀 016
～泰 龍朔 058
～泰(友仁) 總章 015
～泰 咸通 036
～肅(正言) 永貞 010
～肅邕(許仲昇母) 開元 388
～本 垂拱 060
～本儼 萬歲登封 006
～忠 顯慶 053
～忠臣 貞元 101
～忠義 大中 052
李忠義 咸通 070
～惠登 貞元 093
～惠命 開元 156
～冉 乾寧 007
～奉誠 開元 085
～奉規 咸通 093
～奉慈 元和 120
～奉慈 大中 134
～奉節 永徽 103
～表(文度) 永徽 132
～表(玄景) 乾封 027
～貴 貞觀 133
～貴 永徽 046
～貴 永徽 103
～貴 開元 288
～秦授 開元 540
～素 龍朔 043
～素(皓) 龍朔 084
～素 麟德 035
～素(仁) 開元 461
～素 大曆 010
～素(文貞) 元和 128
～素 長慶 020
～素王 神龍 037
～素王 開元 027
～素規 元和 078
51 ～據 元和 020
～振 開元 506
～扞 大中 107
52 ～揆 大和 022
～揆 開成 050
～揆 大中 088

李挺 垂拱 037
～援 貞元 077
～播 開元 506
～播 元和 038
～虬 大曆 073
～静 長壽 004
～静藏 上元 024
～哲 貞觀 014
～哲 大曆 008
53 ～輔光(君肅) 元和 083
～彧 元和 097
～蠙 乾符 011
～成 開元 128
～成休 開成 017
～威 垂拱 052
～威 開元 210
～感 永徽 132
～感 垂拱 052
～感 開元 319
54 ～持 大中 099
～勣 儀鳳 029
～勣 調露 023
～勣 永淳 003
～勣 垂拱 068
～勣 長安 044
～勣 開元 047
55 ～扶 咸通 032
～豊 開元 526
～慧 麟德 033
～曹仁 顯慶 053
56 ～規 咸亨 058
～規 貞元 081
李揚休 開元 304
～損 大中 094
～操 景福 002
57 ～抱玉 貞元 064
～招兒 咸通 002
～擬 大中 125
～蟾 大和 058
～鶻 會昌 023
～鶻 大中 115
～繫 大曆 026
～繫 大曆 027
58 ～輶□ 大中 137
～敷 會昌 016
60 ～昉 大曆 008
～日周 貞元 077
～晁(智方) 顯慶 097
～晁 大曆 021
～晁哥 貞元 020
～昮 寶應 006
～蜀 大中 056
～最 開成 048
～國清 大曆 065
～國昌 乾符 002
～國昌 廣明 001
～國昌 廣明 005
～見用 天寶 170
～暠 先天 008
～暠 開元 284
～暠 開元 288
～暠 開元 470
～暠 元和 052
～胄 元和 079

李晟 大和 038
～晟 大和 068
～晟 開成 015
～晟 咸通 049
～晟 乾符 025
～黑 垂拱 064
～思文 開元 047
～思言 大曆 072
～思讓 開元 370
～思諒 元和 079
～思玄 垂拱 041
～思翌 元和 083
～思貞 垂拱 046
～思貞 貞元 024
～思禮 龍朔 043
～思温 貞元 028
～思敬 開元 370
～思整 元和 124
～思整 殘誌 031
～思節 開元 384
～思慎 大和 017
～旱 大和 085
～曼 咸通 032
～晏 天寶 042
～昊(守賢) 乾元 002
～昊 貞觀 042
～昇 天寶 021
～昇 元和 052
～昇期 開元 127
～甲子 開元 370
～固 開元 232
～回 神龍 037
李回 大中 105
～昌胤 大中 118
～昌夔 貞元 070
～昂 如意 002
～昂 乾元 002
～昂 大曆 009
～昂 元和 079
～曇 開元 206
～買(旦) 久視 019
～果(智果) 永徽 118
～景亮 元和 128
～景亮 長慶 020
～景度 元和 128
～景度 長慶 020
～景文 元和 128
～景文 長慶 020
～景弘 元和 128
～景位 長慶 020
～景伏 元和 128
～景侁 元和 128
～景復 長慶 020
～景淑 大曆 035
～景淑 大曆 036
～景淑 大曆 068
～景逸 元和 055
～景祥(休徵) 開元 140
～景直 長慶 020
～景嘉 大曆 057
～景回 乾符 019
～景晤 天寶 133
～景陽 開元 321
～杲 神龍 002

李杲 元和 114
～羅雲 貞觀 072
61 ～盰 天寶 096
～踵 大和 015
～顯 貞觀 042
～顯 長壽 004
～顯 久視 019
～顯 神龍 002
～顥 開元 533
62 ～昢 大曆 008
～昕(崇旦) 開元 234
～昕 天寶 241
～昕 元和 010
～懸黎 咸通 016
～懸黎 咸通 098
～則 永貞 010
63 ～暄 開元 149
～暄 大曆 008
～暄 大曆 009
～暄 大中 094
～暄 大中 095
～暄 殘誌 017
～暄直 貞觀 135
～晙 開元 140
～戢 天寶 116
～戢 貞元 005
～戢 貞元 093
～貽謀 咸通 029
～貽厚 大順 003
64 ～睦(王英) 大曆 008
～睦 大曆 057
～眈(遐威) 大中 131
李暵 大中 134
～暵 大中 073
～贖 貞元 033
65 ～暕 元和 079
66 ～曙 天寶 035
～曙 天寶 151
～曙 大曆 008
～覞 天寶 116
～曍 大和 085
～器哲 天寶 124
～覞 天寶 116
67 ～明 貞觀 016
～明 天寶 116
～明 貞元 093
～明允 永泰 003
～明遠(高光) 開元 104
～暉 永徽 077
～暉 貞元 072
～暉宗 總章 012
～略 龍朔 026
～昭 天寶 199
～昭 天寶 221
～昭德 總章 020
～昭佶 開元 381
～昭禮 天寶 221
～昭直 貞觀 135
～昭貴 天寶 151
～路 景雲 003
～嗣 麟德 001
～嗣 咸亨 106
～鄂 元和 079
68 ～晦 天寶 079

71 李阿四 天授 044
～鷺 乾符 020
～厚 開成 034
～厚 乾符 005
～頎 大曆 017
～愿 顯慶 117
～愿 永淳 006
～愿 天寶 115
～辱 貞觀 080
～辱 永昌 005
～長 龍朔 043
～長 久視 019
～長卿 開元 461
～槩 麟德 033
72 ～丘 貞元 046
～陲 咸通 093
～陲 乾符 017
～隱 咸通 093
～隱之 天寶 064
～隱吉 開元 166
～朏 天寶 271
～朏 貞元 022
～氏（藩孝長妻） 貞觀 072
～氏（黄羅漢妻） 永徽 135
～氏（崔泰妻） 永徽 139
～氏（王□妻） 顯慶 055
～氏（尚登寶妻） 顯慶 057
～氏（張達妻） 顯慶 091
～氏（成愿壽妻） 顯慶 094
～氏（王寬妻） 龍朔 002
～氏（權豹妻） 麟德 038
～氏（王和妻） 乾封 040
李氏（靖千年妻） 乾封 043
～氏（□仁智祖母） 總章 027
～氏（王令妻） 總章 028
～氏（毛□妻） 咸亨 040
～氏（張祖妻） 咸亨 050
～氏（封泰妻） 咸亨 058
～氏（費胤斌妻） 咸亨 071
～氏（楊晟妻） 咸亨 092
～氏（阿史那忠妻） 上元 014
～氏（張客妻） 上元 035
～氏（劉義弘妻） 上元 044
～氏（崔志道妻） 永淳 022
～氏（王□妻） 永淳 028
～氏（孫義普妻） 文明 001
～氏（許堅妻） 垂拱 034
～氏（鄭法明妻） 垂拱 060
～氏（王智通妻） 天授 010
～氏（王明妻） 天授 025
～氏（許琮妻） 長壽 004
～氏（劉儉妻） 延載 006
～氏（蕭遇妻） 證聖 002
～氏（慕容景懿母） 萬歲通天 013
～氏（奚弘敬妻） 萬歲通天 029
～氏（崔玄籍妻） 聖曆 011
～氏（房逸妻） 聖曆 020
～氏（馮名妻） 久視 017
～氏（劉齊賢妻） 長安 015
～氏（王感妻） 長安 022
～氏（常師妻） 長安 023
～氏（王詵妻） 長安 031
～氏（逯貞妻） 神龍 003

李氏(孫惠妻) 神龍 026
～氏(鄭道妻) 景龍 003
～氏(光化公主) 景龍 018
～氏(魏體元妻) 景龍 025
～氏(周司楚母) 景龍 040
～氏(陳守素妻) 景龍 046
～氏(長孫昞容母) 景雲 002
～氏(鄭儉妻) 開元 002
～氏(崔徽妻) 開元 027
～氏(趙保隆妻) 開元 032
～氏(李勣孫女) 開元 047
～氏(慕容若妻) 開元 082
～氏(衛節妻) 開元 093
～氏(樊覽妻) 開元 128
～氏(王達妻) 開元 135
～氏(崔相妻) 開元 147
～氏(楊岌母) 開元 161
～氏(龐夷遠妻) 開元 173
～氏(張詮妻) 開元 236
～氏(崔洛妻) 開元 272
～氏(崔獎妻) 開元 272
～氏(崔道妻) 開元 272
～氏(崔嚴妻) 開元 272
～氏(劉濬妻) 開元 304
～氏(栢虔玉妻) 開元 309
～氏(張漪妻) 開元 381
～氏(翟銑妻) 開元 404
～氏(白義寶妻) 開元 408
～氏(王景曜妻) 開元 413
～氏(鄭齊閔妻) 開元 500
～氏(裴坦妻) 開元 522
～氏(盧洌母) 開元 540
李氏(苑玄亮妻) 天寶 019
～氏(馬延徽妻) 天寶 058
～氏(崔敬嗣妻) 天寶 074
～氏(杜□妻) 天寶 077
～氏(祝蘭臨母) 天寶 079
～氏(王貞妻) 天寶 104
～氏(王弼妻) 天寶 104
～氏(王羽母) 天寶 134
～氏(盧復妻) 天寶 154
～氏(崔虞延妻) 天寶 173
～氏(盧全貞妻) 天寶 186
～氏(烏善智妻) 天寶 191
～氏(王暉妻) 天寶 192
～氏(張之緒妻) 天寶 199
～氏(張朏妻) 天寶 221
～氏(韋元逸妻) 天寶 222
～氏(盧含妻) 天寶 224
～氏(裴遘妻) 天寶 242
～氏(朱廣母) 天寶 254
～氏(玄宗第五孫女) 天寶 258
～氏(寇因妻) 天寶 261
～氏(陳牟少妻) 聖武 003
～氏(崔夐妻) 乾元 010
～氏(陳□妻) 乾元 012
～氏(王訓妻) 大曆 003
～氏(李自下女) 大曆 040
～氏(崔衆甫妻) 大曆 061
～氏(辛雲京妻) 大曆 069
～氏(崔夷甫妻) 大曆 072
～氏(蕭俱興妻) 大曆 082
～氏(明承先妻) 大曆 083
～氏(楊頌妻) 貞元 036

李氏(吕思禮妻) 貞元 057
～氏(孫景商母) 貞元 073
～氏(劉昇朝妻) 貞元 080
～氏(柳均妻) 貞元 116
～氏(崔徵妻) 貞元 125
～氏(崔千里妻) 貞元 125
～氏(王郊妻) 貞元 126
～氏(盧沇妻) 永貞 002
～氏(范弈妻) 永貞 005
～氏(魏和妻) 元和 003
～氏(韋謨妻) 元和 025
～氏(孫素朱妻) 元和 036
～氏(袁秀巖妻) 元和 038
～氏(解進妻) 元和 042
～氏(苻載妻) 元和 052
～氏(孫起妻) 元和 058
～氏(于季文妻) 元和 078
～氏(劉從□妻) 元和 084
～氏(崔泰之妻) 元和 089
～氏(崔泰之妻) 元和 091
～氏(鄭績母) 元和 124
～氏(裴弘泰妻) 元和 137
～氏(王佺妻) 元和 148
～氏(盧日謙妻) 長慶 007
～氏(崔答妻) 長慶 012
～氏(權秀喦妻) 長慶 017
～氏(王端妻) 寶曆 002
～氏(杜日榮妻) 寶曆 003
～氏(杜師素母) 大和 018
～氏(盧初妻) 大和 022
～氏(任修妻) 大和 036
～氏(趙全泰妻) 大和 037
李氏(鄭杞妻) 大和 049
～氏(竇季餘妻) 大和 069
～氏(杜文章母) 大和 088
～氏(徐瓌妻) 大和 096
～夫人(裴阿八母) 開成 009
～氏(崔亮妻) 開成 013
～氏(張儁妻) 開成 020
～氏(張玘妻) 開成 022
～氏(鄭宏禮妻) 開成 025
～氏(張嬋母) 開成 041
～氏(孫府君妻) 開成 046
～氏(薛贇妻) 開成 048
～氏(盧伯卿母) 開成 050
～氏(張繼妻) 會昌 003
～氏(王方徹妻) 會昌 007
～氏(王頊妻) 會昌 017
～氏(孫起妻) 會昌 011
～氏(曲元縝妻) 會昌 015
～氏(鄭正妻) 會昌 016
～氏(于志衡母) 會昌 023
～氏(衛權妻) 會昌 051
～氏(竇師亮妻) 會昌 052
～氏(韋邁母) 大中 002
～氏(孫會妻) 大中 054
～氏(曲元縝妻) 大中 057
～氏(孫起妻) 大中 092
～氏(孫向妻) 大中 092
～氏(捐女) 大中 094
～氏(孫□妻) 大中 095
～氏(崔羣妻) 大中 128
～氏(韋藩周妻) 大中 151
～氏(楊皓母) 咸通 011

李氏(襄武公) 咸通 021
～氏(鄧瑫妻) 咸通 042
～氏(何友稜妻) 咸通 054
～氏(謝觀妻) 咸通 064
～氏(孫微仲妻) 咸通 068
～氏(劉治妻) 咸通 081
～氏(孫簡妻) 咸通 084
～氏 咸通 111
～氏(劉約妻) 咸通 114
～氏(蘇巢妻) 咸通 118
～氏(韋戎母) 乾符 001
～氏(崔璘妻) 乾符 006
～氏(楊虞卿妻) 乾符 011
～氏(牛貴妻) 乾符 015
～氏(崔滂妻) 乾符 017
～氏(崔紹妻) 乾符 019
～氏(盧陟妻) 乾符 022
～氏(柳延宗妻) 廣明 004
～氏(王文進妻) 光啓 003
～氏(楊□妻) 大順 003
～氏(張再楚妻) 乾寧 003
～氏(孫□妻) 殘誌 017
～氏(鄭魯妻) 殘誌 031
～氏(崔貞固母) 殘誌 058
～岳 永貞 010
74 ～阤 總章 007
～陞 咸通 014
～陵 貞元 072
76 ～陽冰 建中 004
77 ～同 咸亨 106
～同 咸通 061
～同捷 大和 039
李同捷 會昌 030
～開 麟德 001
～開(啓) 永淳 007
～居貞 長慶 008
～居佐 大曆 035
～居佐 大曆 036
～居佐 大曆 052
～居佐 大曆 068
～居約 長慶 008
～居紹 光化 001
～居敬 大曆 035
～居敬 大曆 052
～居敬 大曆 068
～居中 天寶 197
～居易 大曆 035
～居易 大曆 052
～居易 大曆 068
～居介 大曆 035
～居介 大曆 036
～居介 大曆 052
～居介 大曆 068
～居簡 長慶 008
～居簡 光化 001
～郾 大中 036
～卿 開元 140
～駉 大中 094
～舉(幼遷) 大曆 077
～賢 咸亨 070
～賢 神龍 029
～賢(仁) 景雲 020
～興 龍朔 043
～興 麟德 035

李興 神龍 040
～巽 天寶 099
～巽 乾元 002
～兕 顯慶 076
78 ～監 大中 161
～陁 聖曆 019
～陁 開元 526
～驗 大曆 021
80 ～八娘 大曆 013
～八八 寶曆 004
～八翁山 大中 115
～金(崔契臣孀) 貞元 062
～金交 大中 014
～金剛堅 咸通 030
～益 永貞 010
～全脊 開元 400
～全素 大和 085
～全略 會昌 030
～鉉 開元 007
～弟(段儉妻) 乾封 045
～夔 大中 154
～令珪 大曆 057
～令崇(坦之) 光化 001
～令兒 咸通 014
～令終 乾元 002
～令同 天寶 242
～慈 開元 540
～慈恩 大曆 071
～無慮(忠脊) 開元 288
～并 開成 051
～并 大中 079
～并 咸通 087
李義 乾封 027
～義 咸亨 027
～義 咸亨 073
～義 天寶 175
～義 寶曆 007
～義辯 天寶 170
～義辯 天寶 241
～義府 神龍 046
～義山 會昌 021
～義挹 大中 064
～善 垂拱 060
～善 開元 256
～善 大曆 009
～善 貞元 033
～善 元和 072
～善 會昌 040
～善信 開元 140
～善崇 總章 015
～善愿 景龍 048
～善愿 開元 103
～善智 調露 001
～善智(有思) 垂拱 049
～善□ 開元 166
～曾 貞元 072
～畬 貞元 109
～會宗 大曆 077
～會昌 長慶 006
～普定 貞元 129
～普明 開元 166
～乞豆 貞元 129
～公度(鼎臣) 大中 073
～公度 大中 091

李公度 大中 134
～公度 殘誌 015
～公武 會昌 013
～公源 景龍 048
～公源 開元 103
～公述 貞元 101
～公淹 景龍 003
～公淹 大和 085
～公達 貞元 101
～公邁 貞元 101
～公遠 貞元 101
～公逵 貞元 101
～公遇 貞元 101
～公邈 貞元 101
～公運 貞元 101
～公遂 貞元 101
～公□ 開元 166
～公□ 貞元 101
～鉅 大中 071
～鍾 永徽 132
～銛 會昌 052
～鐵城 大曆 003
～鉥 咸通 032
～銑 乾元 012
～鎮 貞觀 121
～鍊 乾符 013
～鍔 貞元 093
～知(慎) 開元 462
～知仁 開元 161
～知仁 開元 333
～知什 天寶 135
～知禮 貞元 015
李知十 景雲 020
～知本 神龍 021
～智(元哲) 永徽 077
～智(思禮) 麟德 035
～智(堪仁) 景雲 003
～智弘 總章 007
～智通 天寶 064
87 ～鈞 天寶 067
～鈞 貞元 093
～鈞 咸通 002
～欽 大和 068
～愬 長慶 015
～愬 長慶 026
～愬 咸通 049
88 ～筌 開元 533
～銳 咸通 111
～銳 乾符 001
～鎔 乾符 016
～簡 開元 003
～簡 貞元 101
～簡能 貞元 081
～符 長安 058
～符彩 天寶 012
～範 景雲 020
～範(岐王) 開元 087
～敏(知仁) 垂拱 046
～敏 景雲 005
～節 貞觀 170
～策 開元 041
～纂 顯慶 117
～纂 永隆 008
～纂 永淳 006

李纂 萬歲通天 025
～纂 開元 481
～箼 開元 462
90 ～小哥 開成 003
～小重 大和 086
～小盧 咸通 014
～小仙 大中 036
～小太 咸通 030
～小殿 開成 051
～小堅 咸通 030
～小閔 咸通 014
～惟應 大和 017
～惟詵 元和 130
～惟一 大中 036
～惟岳 建中 014
～懷 開元 231
～懷(初有) 天寶 064
～懷讓 開元 201
～懷俊 神龍 040
～懷遠 神龍 040
～懷璧 貞元 015
～懷光 建中 018
～懷光 貞元 006
～懷光 貞元 050
～懷光 貞元 078
～懷光 貞元 079
～懷光 元和 105
～懷光 元和 119
～懷光 咸通 029
～惇 永昌 001
～惇 天寶 199
～愔 天授 014
李愔 聖武 005
～愔 咸通 032
～少和 元和 078
～光 天寶 241
～光 元和 055
～光庭 開元 462
～光弼 大曆 030
～光弼 貞元 070
～光進 開元 533
～光嗣 開元 102
～光嗣 大曆 083
～光曾 會昌 013
～党十 元和 079
～党八 元和 079
～尚貞(崇道) 開元 156
～尚道 大和 005
～尚夷 咸通 101
～常住 如意 002
～常精進(封義妻) 開元 117
92 ～憕 大和 054
～忻 大曆 067
～恬 開元 102
～恬 永貞 002
94 ～忱 天寶 124
～愼 上元 014
～愼(漢子) 永隆 008
～愼 貞元 125
～愼名 大曆 040
～燁 咸通 097
96 ～爆 大和 025
～爆 大中 071
～爆 大中 157

李爗(季常) 咸通 016
97 ～恂忠(啜禄沮禮) 開元 524
～惲 元和 065
～惲 大中 132
～懈□(文□) 長安 053
～恪 開元 056
～恪 大曆 056
～輝 長安 064
98 ～悦 乾符 013
～敞 天寶 171
99 ～瑩 大曆 017
～榮 大曆 017
～榮 元和 045
～榮 長慶 008
～榮 殘誌 051
～榮崇 元和 108
～榮晟 元和 108
～榮晧 大中 119
～榮燦 元和 108
～□ 開元 026
～□ 建中 001
～□ 開成 012
～□ 開成 027
～□庭 開元 287
～□道 開元 288
～□恭 咸亨 040
～□昌 開元 481
～□策 乾符 013
～(許王) 上元 036
～(趙王) 上元 036
～(西平公主) 聖曆 025
～(龍溪縣尉) 開元 447
李(蔡王) 天寶 079
～(嗣魯王) 天寶 271
～(隴西郡王) 乾元 007
～(太尉) 大曆 030
～(韋備婿) 大曆 039
～(己壬) 興元 002
～(河南元帥太尉) 貞元 006
～(太尉中書令) 貞元 078
～(司徒) 開成 028
～(相國) 大中 040
～(滄帥) 大中 045
～(相國) 大中 054
～(贊皇公) 大中 054
～(太尉) 大中 056
～(司空) 大中 056
～(相國司空) 大中 060
～(浙東觀察使) 大中 060
～(宰相) 大中 064
～(贊善大夫) 大中 094
～(廉問隴西公) 大中 077
～(節度使) 大中 119
～(司空隴西公) 廣明 001

韋　4050_6

00 韋塵 開成 011
～方直 開元 074
～齊五 大中 164
～庸 大中 143
～應物 永泰 003
～應物 咸通 021
～廉 元和 141
～慶植 開元 071

	韋賡	大中 143
	～賡	咸通 053
	～廣	大和 007
	～交晏	會昌 008
	～雍	大中 129
	～玄貞	景龍 011
	～玄儼	天寶 201
	～玄寶	天寶 221
	～玄禎	天寶 098
	～玄泰	景龍 013
	～袞	元和 118
01	～諲	大中 124
02	～端	貞元 025
	～端(正禮)	元和 141
03	～斌	元和 118
	～斌	大和 015
04	～謨	元和 025
07	～詢美	咸通 056
08	～放	大中 102
	～説	貞元 121
09	～麟(□齡)	開元 315
10	～正貫	咸通 084
	～元順	開元 315
	～元順	開元 316
	～元俊	開元 316
	～元倩	天寶 023
	～元實	大中 143
	～元逸	天寶 222
	～元甫	大曆 009
	～元整	天寶 268
	～覃	大中 161
11	～頊(勵已)	開元 071
	韋項	大中 022
	～裴六	大中 022
	～璞玉	開元 095
12	～瑗	開元 095
	～彌勒	大中 022
	～弘表	景龍 011
13	～琬	元和 141
	～武	開成 040
15	～璉	大中 161
17	～珣	開元 024
	～珣	天寶 098
	～瓊	天寶 268
	～瓊之	天寶 250
	～承慶	垂拱 061
	～承誨	會昌 008
	～承誨	會昌 038
	～承誨	會昌 048
	～承休	會昌 008
	～承休	會昌 048
	～承裕	會昌 008
	～承裕	會昌 048
	～承素	開成 021
	～承範	大中 126
20	～豸娘	咸通 091
	～季弼	元和 141
	～系	貞元 025
	～系	元和 141
	～秉誼	咸通 111
	～秉誼	乾符 001
21	～順儀(蘇咸妻)	天寶 201
	～仁儉	開元 095
	～行懿	開元 315

韋行懿(景邈) 開元 316
～行素 大和 007
～行哲 開元 315
～行貫 大中 151
～衎 會昌 008
～處厚 會昌 008
～處厚 會昌 048
～師諫 會昌 049
～齬兒 會昌 048
22 ～崔兒 大中 022
～嵩兒 會昌 048
～邕 開元 071
～崇 咸通 023
～利賓 殘誌 062
～利涉 殘誌 062
～綬 咸通 091
23 ～俌 大曆 039
～參 元和 039
～傪 大中 151
～縮 貞元 025
24 ～休業 開元 071
～幼成 天寶 236
～縝 貞元 025
～縝 元和 141
～綝 天寶 268
25 ～傳經 長慶 004
～練 元和 141
26 ～息(韋戎妹) 乾符 001
～皐 貞元 112
～皐 咸通 053
～緄 興元 002
～總 開明 003
27 韋復 咸通 034
～郜 大中 143
～粲 咸通 091
～紓 貞元 025
～紓 元和 141
～絢 元和 141
28 ～倫 大和 010
～儉 咸通 074
～儉 咸通 086
～從實 乾符 019
～從敏 乾符 019
～牧 元和 122
30 ～瀍子 會昌 008
～甯 元和 039
～之晉 貞元 041
～安石 開元 175
～安石 元和 118
～良嗣 開元 219
31 ～汪 咸亨 075
32 ～澄 開元 071
33 ～必復(安和) 開元 489
～述 天寶 110
～述 乾符 031
34 ～淮 天寶 201
～邁 大中 002
35 ～津 元和 141
～洙 咸通 091
～迪 大曆 055
36 ～温 景龍 011
～湜 建中 011
～湜 元和 018
～遇 大中 012

37 韋洞(冲規) 景龍 011
~澗 會昌 048
~渾金 開元 095
~潔 貞元 025
~通 會昌 041
~邈 大中 002
~逢 大中 161
40 ~太妃 天寶 211
~友信 咸通 091
~士逸 中和 011
~克勤 大和 007
~希損(又損) 開元 095
~檀特(楊政本妻) 永隆 017
42 ~韜 開元 523
~彬 大和 007
43 ~博 咸通 084
~式己 長慶 004
~式己 大和 081
~婉 會昌 041
44 ~藩周 大中 151
~莊 天寶 166
~萬 建中 002
~茂實 會昌 041
~孝寬 開明 003
~孝寬 上元 014
~孝寬 貞元 025
~孝寬 元和 141
~孝基 開元 464
~執誼 元和 088
~執誼 大和 099
~著 會昌 008
~著 大中 126
韋廿二娘 大和 081
~村老 會昌 048
~材 景龍 011
46 ~旭 開明 003
~塤(導和) 會昌 008
~塤(導和) 會昌 048
~塤 大中 126
47 ~懿仁(于申妻) 元和 018
~愨 大中 111
~都 會昌 048
~都師 會昌 008
~都師 大中 126
~超 咸通 033
48 ~敬師 大中 135
50 ~泰 元和 039
~本仁 大中 161
~奉先 開元 307
~表 天寶 201
~貴妃 永淳 025
~素 大中 164
53 ~成儼 大和 007
~咸 大中 161
~戎 咸通 111
~戎 乾符 001
56 ~擇 大中 145
~損 咸通 021
~蟾 咸通 111
乾符 031
60 ~思謙 咸通 023
~思道 咸通 023
~晏 大中 126
~署 天寶 268

韋署(公致) 長慶 004
～署 大和 081
～圓成 上元 014
～景 天寶 268
67 ～鳴 咸通 091
～昭訓 建中 011
～昭訓 元和 018
～昭訓 大中 143
～嗣實 會昌 041
～嗣業 開元 095
～嗣道 天寶 166
71 ～阿改 大和 007
～阿改 大中 164
～厚 咸通 111
～厚 乾符 001
～匡伯 開明 003
72 ～隱 天寶 023
～后 開元 235
～后 開元 340
～后 天寶 249
～氏(王順孫妻) 永徽 018
～氏(袁弘毅妻) 麟德 023
～氏(李珉妻) 麟德 023
～氏(杜舉妻) 天授 007
～氏(郭恒妻) 景龍 013
～氏(姚遷妻) 開元 354
～氏(張昕妻) 開元 436
～氏(劉昇妻) 天寶 070
～氏(郭密之妻) 天寶 098
～氏(裴伯源母) 天寶 164
～氏(張晦之妻) 天寶 221
～氏(衛靜妻) 天寶 240
韋氏(李望妻) 天寶 250
～氏(韋脩女) 大曆 039
～氏(杜濟妻) 大曆 055
～氏(涇王侹妃) 建中 011
～氏(張滂妻) 貞元 103
～氏(南纘妻) 元和 048
～氏(李象古妻) 長慶 005
～氏(王修本妻) 開成 011
～氏(李晝妻) 大中 115
～氏(王修本妻) 大中 143
～氏(路復源妻) 大中 145
～氏(孫徽妻) 大中 151
～氏(孫嗣初妻) 大中 161
～氏(適敬氏) 大中 161
～氏(張□妻) 咸通 023
～氏(庾叔穎妻) 咸通 034
～氏(鄧瑫妻) 咸通 042
～氏(孫嗣初妻) 咸通 053
～氏(孔紓妻) 咸通 115
～氏(楊思立妻) 乾符 011
～氏(張建章妻) 中和 007
～氏(孫令名妻) 殘誌 062
75 ～體温 天寶 023
76 ～隗 咸通 091
77 ～同翊 元和 118
～用晦 乾符 019
～周老 會昌 048
～閣兒 會昌 008
～閣女 會昌 048
～丹 元和 033
～興宗 長慶 004
～貫之 長慶 088

韋賢妃 大和 064
80 ～令裕 長慶 004
～慈藏 天寶 023
82 ～鏚 景龍 019
～鏚 開元 071
86 ～知 開元 095
～知止 天寶 166
～知退 咸通 107
～知道 天寶 250
～知人 興元 002
88 ～敏 會昌 041
～敏 咸通 113
～節郎 會昌 048
90 ～小孩(李銑母) 天寶 166
～少輯 貞元 135
～光弼 元和 018
～光俗 天寶 250
～光憲 大中 143
～□ 元和 039

古 4060_0

12 古弘節(大量) 龍朔 079
26 ～伯仁 龍朔 079
80 ～合 龍朔 079

吉 4060_1

00 吉彥 開元 218
08 ～謙 先天 008
11 ～頊 先天 008
25 ～仲舒 開元 218
31 ～濬 先天 008
37 ～渾(玄成) 先天 008
吉深 先天 008
～遐 先天 008
38 ～遵 先天 008
40 ～檀波羅(張瑜母) 開元 218
52 ～哲 先天 008
60 ～昂 垂拱 032
72 ～氏(王纂妻) 乾封 039
～氏(張光祐妻) 開元 518
77 ～賢 垂拱 032
80 ～義臣 垂拱 032
90 ～懷惲(崇東) 垂拱 032
97 ～恪 開元 218

奇 4062_1

00 奇玄表 龍朔 004
～玄表(護) 咸亨 035
21 ～師 咸亨 035
23 ～獻 龍朔 004
～獻 咸亨 035
24 ～續 龍朔 004
～續 咸亨 035
25 ～仲祥 咸亨 035
71 ～長(師政) 龍朔 004

壽 4064_1

30 壽安公主 大中 096

袁 4073_2

00 袁亮 上元 026
～亮 垂拱 059
～庭琬 元和 038
～庭昭 天寶 020

袁摩 龍朔 050
～摩 乾封 038
～文喜 天寶 020
～讓 景龍 007
01 ～顔 龍朔 050
02 ～誕 開元 039
03 ～斌(處德) 龍朔 017
06 ～諤 元和 038
12 ～弘 久視 013
～弘讓 垂拱 059
～弘毅(秀嚴) 麟德 023
～弘略 顯慶 126
17 ～承祐 天寶 020
～承嘉 久視 014
～君方 麟德 023
～君正 聖曆 041
18 ～珍 開元 039
20 ～秀巖 元和 038
21 ～仁(仁愛) 開元 039
～仁爽(良輔) 天寶 020
～處弘 久視 014
～師節 麟德 023
22 ～崇慶 龍朔 050
～崇業 上元 026
～崇業 垂拱 059
～崇業 景龍 007
23 ～允 長慶 010
～慘 永泰 003
25 ～仲容 景龍 007
27 ～約 龍朔 017
～叔正 元和 038
30 ～憲 天寶 020
袁客仁(令姿) 顯慶 126
34 ～遠 天寶 020
37 ～深 元和 038
～通 天寶 040
40 ～大業 聖曆 041
～大勣 天寶 040
～希範(令規) 垂拱 059
～希範 景龍 007
～真 大曆 070
41 ～樞 上元 026
42 ～機 開元 039
44 ～梵 顯慶 126
～梵 麟德 023
46 ～相(厲俗) 龍朔 050
～相(劉玄敏母) 乾封 038
47 ～都 大和 087
48 ～翰 天寶 040
50 ～忠臣 久視 013
52 ～虬 久視 013
60 ～晁 貞元 093
～晁 貞元 130
～昂 顯慶 126
～昂 麟德 023
～景恒 垂拱 058
～景慎 垂拱 059
～景慎(克兢) 景龍 007
67 ～暉 開元 150
72 ～氏(仇道妻) 永徽 023
～氏(高霞寓妻) 大和 066
～氏(黄公俊妻) 乾符 034
～氏(范友瑠妻) 中和 003
80 ～公瑜 久視 013

袁公瑜 久視 014
82 ～釗 元和 038
87 ～欽 乾封 038
～欽 久視 013
～欽 久視 014
～□仁 上元 026

真 4080_1

25 真律師 大曆 022
44 ～藏 貞元 111

索 4090_3

00 索亮 永徽 063
～彥 龍朔 040
～彥 永隆 003
～言 天寶 050
～玄(德偉) 龍朔 040
10 ～天洛 永徽 063
12 ～弘 開元 223
21 ～行(威) 咸亨 011
22 ～崇(敬) 開元 223
～崇泰 永隆 003
23 ～獻 天寶 050
27 ～叡 永隆 003
30 ～寬 龍朔 040
～寰 開元 223
～賓 天寶 050
33 ～業 開元 223
34 ～達(君通) 麟德 054
39 ～沙 龍朔 040
40 ～才 麟德 054
46 ～相兒(斛斯□妻) 永徽 063
50 索忠 咸亨 011
60 ～思禮 天寶 050
67 ～照 咸亨 011
72 ～氏(張君表妻) 長安 039
77 ～興 麟德 054
80 ～義 龍朔 040
～義弘 咸亨 011
～義弘 永隆 003

來 4090_8

01 來龍 乾封 011
04 ～護兒 乾元 011
10 ～玉□ 咸通 110
11 ～裴 開元 362
14 ～瑱 大曆 057
～瑱 貞元 130
～璟 開元 362
20 ～香兒(元暠母) 天寶 108
21 ～行全 咸通 110
～處 天寶 108
～貞 天寶 108
23 ～俊臣 大足 001
～俊臣 長安 030
～俊臣 開元 026
24 ～佐本 咸通 110
27 ～獎 開元 362
～彝 開元 362
～叔慶 咸通 110
28 ～僧(孝則) 乾封 011
30 ～永哥 貞元 079
33 ～治安 貞元 079
～演 開元 362

40 來十二娘 咸通 110
～志 天寶 108
43 ～娥兒 貞元 079
50 ～表 開元 362
53 ～威 乾封 011
56 ～擇 大中 059
67 ～曜 天寶 123
～曜 天寶 265
77 ～邱 開元 362
80 ～慈 開元 362

檀 4091_6

72 檀氏(楊貞妻) 開元 121
～□ 貞元 111

杭 4091_7

17 杭珦 大和 052
20 ～季稜 大和 052
30 ～進 大和 052
32 ～湍 大和 052
43 ～式 大和 052
53 ～戎 大和 052

垣 4111_6

31 垣濬 景龍 049
72 ～氏(楊懷義母) 景龍 049

姬 4141_6

00 姬讓 永徽 112
17 ～瓊(周瓊) 開元 312
21 ～虎 聖曆 024
22 ～嶠(周嶠) 開元 312
34 姬禕 聖曆 024
35 ～沖 永徽 112
44 ～恭仁 儀鳳 033
50 ～推 永徽 112
～泰 永徽 112
～素 聖曆 024
60 ～晏 景雲 011
72 ～氏(王贇妻) 總章 010
77 ～留 聖曆 024
88 ～範(周範) 開元 312
～□靜 聖曆 024

頡利 4168_6 2290_0

12 頡利發 開元 263
～～可汗 上元 014

桓 4191_6

00 桓彥範 開元 119
～彥範 開元 174
10 ～琮 龍朔 089
17 ～子玉 開元 119
21 ～行師 顯慶 140
22 ～巖 顯慶 140
27 ～歸秦 開元 119
34 ～法嗣 開元 119
37 ～逸 龍朔 047
38 ～道彥 垂拱 022
44 ～萬基 龍朔 047
～恭 龍朔 047
60 ～思敬 開元 119
77 ～卿信 顯慶 140
80 ～善福 龍朔 047

87 桓欽 龍朔 047
88 ～鋭(仁毅) 顯慶 140

栢 4196_0

00 栢文策 開元 309
～玄 長壽 003
21 ～虔玉(清務) 開元 309
22 ～幽巖 開元 309
30 ～守貞 開元 309
34 ～滿才 長壽 003
40 ～才 開元 309
44 ～孝感 長壽 003
～孝感 大足 006
53 ～感 長壽 003
72 ～氏(張休光妻) 開元 409
78 ～陁 長壽 008
79 ～勝 長壽 003

彭 4212_2

00 彭亮 開元 391
～膺 咸通 003
04 ～誂 咸通 003
10 ～百 永徽 116
18 ～珍(洪珍) 開元 391
21 ～順 建中 016
24 ～德沅 元和 041
27 ～叔雅 元和 144
～叡 開元 391
35 ～禮順 開元 391
38 ～涚(巨源) 建中 016
40 ～克和 元和 041
44 ～藩 元和 125
45 彭棲梧 建中 016
48 ～幹 元和 041
60 ～杲 建中 016
71 ～長源 建中 016
～原公 大中 107
72 ～氏(韓通妻) 永徽 116
～氏(李嘉珍妻) 大曆 071
～氏(李士仁母) 元和 041
～氏(曹琳妻) 元和 143
～氏 咸通 003
～氏(何元壽妻) 咸通 054
77 ～同慶 咸亨 081
～同壽 咸亨 081
80 ～義(深) 總章 009
90 ～光耀 咸通 003
～炎 開元 423

姚 4241_3

00 姚文 開元 456
～文幹 調露 026
～文簡 開元 030
～玄奘 開元 429
04 ～護 天寶 015
～護 天寶 131
10 ～璋 聖曆 014
～霓 天寶 230
12 ～弘亮 大和 038
～延光 開元 422
14 ～珪 貞元 018
～璹 開元 402
17 ～珝(連城) 開元 422
～子昂 建中 005

18 姚政 永徽 035
～政 開元 488
20 ～秀(善才) 貞觀 174
～信 元和 012
21 ～上寅 永泰 005
～能 長安 071
～處璡(望之) 開元 456
～處賢 長安 071
～貞諒 永泰 005
～綽 大曆 022
～綽 元和 012
22 ～邕 開元 456
～崇 開元 320
～紃 乾符 012
26 ～和 永徽 035
～和章 天寶 015
～穆 開元 456
27 ～約 大中 073
～叔康 貞元 125
28 ～僧垣 開元 422
30 ～寬 聖曆 050
～寬 開元 487
～守信 萬歲通天 021
～守禮 萬歲通天 021
～守祥 萬歲通天 021
～守直 萬歲通天 021
～守義 萬歲通天 021
～安之 咸通 109
～宏 永泰 005
～宙 大和 038
～良 開元 487
～寶 聖曆 050
姚寶 長安 071
～寶 天寶 033
～賓 貞觀 101
～賓 顯慶 054
～寔 大和 038
31 ～遷 開元 354
36 ～邈 開元 354
37 ～洛瑛 天寶 131
～潔(信貞) 永徽 035
～通理 天寶 033
38 ～洽 大中 130
～道安 永泰 005
～逾 開元 354
40 ～友 開元 456
～希直 天寶 230
～南仲 長慶 010
～志寧 大和 038
～奔信 大曆 022
41 ～楨 顯慶 054
44 ～基 貞觀 101
～蓋 永泰 005
～藻 永徽 137
～恭 貞觀 101
～恭 聖曆 014
～恭 大曆 022
～恭 元和 012
～孝寬(德博) 貞觀 091
～英 貞觀 174
～英 開元 456
46 ～如衡 開元 487
48 ～乾 貞觀 101
50 ～忠肅 天寶 230

姚忠節 顯慶 054
～惠 天寶 015
～惠 天寶 131
53 ～威 天寶 033
～感 開元 487
～感 天寶 230
56 ～暢(士榮) 貞觀 101
～擇友 貞元 018
60 ～最 開元 422
～思玄(尚默) 萬歲通天 021
～思禮 開元 456
～思忠 永徽 079
～思明 開元 422
～昂 開元 354
～昂 開元 368
～景山 開元 269
61 ～晅(玢) 天寶 033
67 ～明 聖曆 014
～明斆 貞元 125
～暉 貞觀 174
～略 永徽 137
～略 聖曆 025
68 ～黔 開元 368
71 ～鷺 永徽 079
～驥 大曆 022
72 ～氏(潘卿妻) 永徽 017
～氏(房瑒妻) 長壽 024
～氏(沈浩禕妻) 久視 020
～氏(劉龍樹妻) 開元 299
～氏(張仁方妻) 開元 429
～氏(趙瓊琰妻) 開元 528
～氏(殤子) 天寶 015
姚氏 永泰 004
～氏(張暈妻) 貞元 018
～氏(盧積妻) 大中 075
～氏(嚴密妻) 咸通 036
～氏(趙公晸妻) 咸通 095
～氏(李庭玉妻) 殘誌 010
77 ～冏 開元 368
～履謙 貞元 018
～居正 建中 005
～居德 建中 005
～居安 建中 005
80 ～益謙 開元 422
～弟 顯慶 157
～義(師仁) 永徽 137
～公 開元 354
86 ～知(章) 天寶 131
～知默 開元 422
88 ～節 開元 354
～節 開元 368
～節 大中 130
90 ～懷亮 天寶 033
92 ～懰(懷亮) 聖曆 050
96 ～憬 大中 130
99 ～榮 永徽 079
～榮 顯慶 054
～□(遷) 開元 354
～□皦 開元 368

靳　4252_1

17 靳耶 乾封 031
21 ～能 天寶 028
～處琛 儀鳳 017

38 靳遵 儀鳳 017
48 ～翰 景雲 012
60 ～勗(大廉) 儀鳳 017
71 ～長仁 儀鳳 017
72 ～氏(疋婁□妻) 開元 275
80 ～義全 儀鳳 017

橋 4292_7

40 橋古夫 元和 117
72 ～氏(王□妻) 開元 083

博 4304_2

10 博平郡王 大曆 003

城 4315_0

76 城陽公主 顯慶 024
～陽公主 景雲 006

裘 4373_2

53 裘甫 中和 004

戴 4385_0

00 戴文哲 咸通 039
10 ～至德 聖曆 049
11 ～非(名章) 中和 004
20 ～集 開元 010
～乘陽 開元 010
21 ～師顗 中和 009
～師旭 中和 009
～師敏 中和 009
24 ～休琁 貞元 030
26 ～儼 開元 010
30 戴宏(仲廣) 中和 004
～良紹 聖曆 049
34 ～滿(董□妻) 顯慶 099
37 ～通 咸亨 096
40 ～希晉 聖曆 049
～芳 中和 009
44 ～蔽 中和 009
50 ～胄 聖曆 049
～忠 中和 004
～惠 中和 004
～素 中和 009
60 ～昇 咸通 039
67 ～昭(德輝) 中和 004
72 ～氏(吕小師妻) 顯慶 072
～氏(董仁妻) 咸亨 096
～氏(薛剛妻) 久視 002
～氏(于士恭妻) 開元 269
～氏(程藥珍妻) 貞元 030
～氏(尹弘禮妻) 會昌 039
～氏(吴直萬母) 大中 030
～氏 咸通 039
77 ～開 開元 010
80 ～令言(應之) 開元 010
90 ～堂 中和 004

封 4410_0

00 封玄慶 咸亨 058
～玄震 咸亨 058
～玄朗 咸亨 058
～玄景 咸亨 058
～玄節 咸亨 058
08 ～議 貞元 006

12 封延壽 乾元 007
14 ～璜 龍朔 080
17 ～瓌 上元 040
～承嗣 乾元 007
～子繡 咸亨 058
～君夷 開元 016
～君明 天册萬歲 004
21 ～處哲 上元 040
24 ～德(君道) 上元 040
～德彝 永昌 003
～德與 咸亨 058
25 ～仲 龍朔 080
27 ～叔雲 龍朔 080
30 ～賓行 天册萬歲 004
36 ～温(德瑗) 龍朔 080
37 ～深 上元 040
38 ～道言 永昌 003
～道弘 開元 016
40 ～希顔 元和 146
～希奭 開元 117
44 ～猗 元和 146
～孝瑜 天册萬歲 004
50 ～泰(安壽) 咸亨 058
～肅 乾符 011
52 ～揆 貞元 006
～哲 貞元 006
57 ～抱(義) 天册萬歲 004
60 ～思業 開元 029
～回 咸亨 058
63 ～踐一 開元 016
72 ～氏(柳□妻) 顯慶 152
～氏(支郎子妻) 乾封 012
封氏(鄭贍妻) 永昌 003
～氏(慕容威妻) 乾元 007
～氏(盧倜妻) 元和 146
77 ～隆之 咸亨 058
80 ～無遺 開元 016
～無擇 開元 016

董 4410_4

00 董亢 元和 013
～彦璧 大中 066
～齊 元和 013
～齊 元和 050
～慶 乾封 001
～慶郎 元和 050
～文(欽勗) 儀鳳 002
～交 元和 050
～交 寶曆 001
～玄德 麟德 037
～玄璧 天授 045
～玄敏 天授 045
01 ～顔 開元 160
～訶 上元 003
03 ～贇 永淳 017
08 ～敦禮 貞觀 110
～敦義 貞觀 110
～謙 開元 155
10 ～玉 萬歲通天 032
～瓌 乾寧 005
～元 開元 053
～元爽 長慶 025
11 ～开(澄之) 長慶 025
13 ～武 儀鳳 002

16 董醜奴 長安 051
17 ～璨 乾封 034
～承和 景福 003
～翼 儀鳳 019
20 ～依 元和 013
～信皎 開元 160
21 ～顗 乾符 024
～仁(賢德) 咸亨 096
～行操 咸亨 096
～虔運 開元 155
～師(長者) 乾封 001
～師 儀鳳 002
～師道 咸亨 096
～穎 天寶 102
22 ～嵩 乾封 001
～嵩 咸亨 096
～岌 元和 013
～岌 元和 050
～岌(不危) 寶曆 001
～恁 長慶 025
～崇 開元 235
～崇 長慶 025
25 ～純 萬歲通天 032
26 ～儼 開元 191
27 ～冬(慶冬) 永淳 017
28 ～徹 萬歲通天 032
～徹 長安 051
～復 寶曆 001
～從禮 元和 013
30 ～液 萬歲通天 032
～淳 天授 009
～守貞(崇) 開元 160
董安 儀鳳 002
～安 長安 051
～宗璵 大中 066
～宗璵 大中 066
～宗奭 大中 066
～宗英 大中 066
31 ～遷 永淳 017
33 ～業 乾封 034
34 ～淹 天授 045
～淹 大中 001
35 ～神寶(義泉) 開元 191
37 ～通 貞觀 177
38 ～游 長安 051
～洽 萬歲通天 032
～裕 顯慶 112
40 ～力(玄邈) 儀鳳 019
～大娘 天授 045
～直(慶) 乾封 009
～希令(淑) 萬歲通天 032
～志靜 開元 160
～嘉斤(徽美) 開元 058
～難 天寶 102
～杜 貞觀 177
44 ～芳 大中 066
～葵(義) 乾封 024
～蘊 貞觀 177
47 ～楹 元和 013
～楹 寶曆 001
50 ～泰 寶曆 001
～本(行恭) 天授 045
～忠 開元 058
～忠 開元 416

董惠琬 天寶 102
～惠琳 天寶 102
～由 顯慶 112
～表 乾封 034
53 ～咸 咸通 041
55 ～軸（文衡） 上元 003
56 ～操 天寶 102
57 ～擬 上元 003
58 ～撫（郎） 乾封 009
60 ～思齊 上元 003
～思温 開元 235
～昌 景福 003
62 ～則 乾封 001
～則 咸亨 096
67 ～明（德淹） 顯慶 112
～昭 開元 235
～昭（夏慶） 天寶 102
70 ～雅 開元 155
71 ～愿 長慶 025
72 ～剛 儀鳳 019
～氏（劉政妻） 貞觀 088
～氏（段秀妻） 顯慶 035
～氏（爾朱□妻） 龍朔 036
～氏（李叔妻） 天授 006
～氏（皇甫玄志妻） 天授 009
～氏（夏侯璿妻） 開元 188
～氏（鄭仁穎妻） 開元 259
～氏（馬□妻） 開元 416
～氏 開成 010
～氏（馮繼宗妻） 大中 017
～氏（趙建遂妻） 大中 089
～氏（傅簡文妻） 乾符 024
董氏（孔永妻） 大順 002
～氏（孫公瞻妻） 乾寧 002
74 ～隋 寶曆 001
77 ～用誠 長慶 025
～履素 天授 013
78 ～脱 儀鳳 019
80 ～無忌 開元 259
～義（屯朗） 長安 051
～善 天授 045
87 ～鏘 開元 191
～欽 元和 013
～欽 寶曆 001
90 ～惟靖（安衆） 大中 066
～惟竦 大中 066
～懷德 開元 058
～懷義 開元 058
～懷義 開元 235
～光朝 天寶 039
97 ～惲 開元 155
98 ～悦 大中 066
99 ～榮（長華） 乾封 034

蓋 4410_7

10 蓋靈 咸亨 015
12 ～弘式 神功 013
21 ～順 咸亨 015
22 ～制文 大中 155
24 ～贇暢（國華） 永徽 108
26 ～伯文 咸亨 015
27 ～紹 大中 155
28 ～倫 永徽 052
～徐九 大中 155

34 蓋洪 咸亨015
44 ～蕃(希陳) 咸亨015
～蕃 神功013
49 ～妙娘 大中155
50 ～惠娘 大中155
51 ～振 大中155
66 ～暢 咸亨015
～暢(仲舒) 神功013
～昂 永徽052
67 ～暉 咸亨015
72 ～氏(竺□妻) 永徽052
77 ～周 大中155

范 4411_2

00 范彥(褒) 總章025
～彥褒 神龍039
～慶 天寶161
～弈 永貞005
～玄琛 天寶046
～玄成 開元134
～褒(彥褒) 上元011
～褒 開元279
07 ～翊晉 天寶161
～詢 大中122
11 ～預 天寶046
12 ～弘 總章025
～弘 上元011
～延暉 天寶161
～延光 開元279
17 ～承嘉 天寶161
20 ～重明(思禮) 顯慶006
～信(進達) 顯慶113
21 范行恭 開元389
～師整 永貞005
22 ～仙嶠 開元279
～仙嶠 天寶161
～崇禮(承休) 開元279
23 ～伏 顯慶006
24 ～休 顯慶113
～緯 元和005
25 ～傳正 長慶019
27 ～欸 大中046
～鄮 長慶019
30 ～濟 天寶032
～祧 中和003
～寓(正詞) 中和003
～永 貞觀150
～憲 天寶029
～守玄 總章025
～守玄 神龍039
～守元 總章025
～守元 上元011
～宏 大中046
～賓 中和003
31 ～遷 顯慶006
32 ～祈 中和003
～遥 永貞005
33 ～述 大中046
34 ～法子 重光003
～祐 中和003
～達 顯慶113
37 ～沼(禮) 天寶029
～祠 中和003
～通 貞觀073

38 范祥 中和 003
～遊説 天寶 161
40 ～友瓊 中和 003
～友瑠 中和 003
～堯肅 開元 279
44 ～蘭 中和 003
～者 天寶 029
46 ～如蓮花(王察妻) 天寶 046
～相(思祖) 貞觀 130
47 ～朝 天寶 268
50 ～肅 天寶 161
53 ～威禮 顯慶 113
54 ～持 大中 046
60 ～思賓 天寶 029
～昂 神龍 039
61 ～顯 顯慶 006
70 ～雅 貞觀 150
71 ～阿師 貞觀 130
～阿九 長慶 019
72 ～隱 大中 046
～氏(潘孝基妻) 貞觀 073
～氏(張運才妻) 麟德 048
～氏(劉德師妻) 咸亨 004
～氏(樊玄紀妻) 咸亨 014
～氏(王愛妻) 儀鳳 001
～氏(皇甫仁母) 永淳 015
～氏(趙□妻) 神龍 039
～氏(苗仁亮妻) 寶應 003
～氏(魏叔元妻) 大和 092
～氏(高思温妻) 乾符 008
～氏(陳巖妻) 景福 003
74 ～隨 大中 046
77 范履冰 永貞 005
～譽 大中 046
～賢 中和 003
80 ～義 大中 046
～義慎 天寶 046
90 ～懷 總章 025
～懷 上元 011
～懷 開元 279

薄 4414_2

10 薄元禮 貞觀 077
21 ～仁(範) 開元 001
～師 開元 001
23 ～峻 開元 001
24 ～德讓 貞觀 077
～浩 元和 049
53 ～甫 元和 049
60 ～昇 開元 001
72 ～氏 貞觀 077
～氏(張通妻) 貞觀 151
～氏(王行本母) 元和 049
80 ～鉉 開元 001
86 ～鐶 元和 049

堵 4416_0

21 堵穎 大中 004
50 ～中顗 大中 004

苑 4421_2

00 苑庭實 天寶 019
～玄亮 天寶 019
10 ～璋 天寶 019

苑可長 大和 095
15 ～建達(元禮) 久視 007
21 ～師本 天寶 019
25 ～佛護 久視 007
26 ～佀 天寶 019
35 ～禮 開元 476
40 ～大娘 開元 476
～士徽 久視 007
～才 開元 476
48 ～幹 開元 476
61 ～賑 天寶 019
63 ～貽 天寶 019
67 ～贍 天寶 019
88 ～策(子昂) 開元 476
90 ～惟明 天寶 019
～惟慎 天寶 019
～惟謹 天寶 019
～□ 貞觀 158

花 4421_4

26 花儼法師 元和 012
～□ 貞元 111

莊 4421_4

30 莊寧(顧昇妻) 顯慶 044
35 ～清卿 顯慶 044

芮 4422_7

72 芮氏(高誠妻) 大和 029

萬 4422_7

21 萬仁泰(國寧) 元和 011
24 萬德(道仁) 貞觀 137
27 ～翽 元和 011
35 ～清 元和 011
44 ～蘭 顯慶 154
～楚 殘誌 064
54 ～春公主 大和 076
60 ～固 貞觀 137
72 ～氏(黎幹妻) 貞元 034
～氏(吴達妻) 大和 030
～氏(闞公慶母) 大中 072
80 ～公齊 貞觀 137

藺 4422_7

21 藺仁基 景龍 012
～衡 景龍 012
67 ～嗣恭 景龍 012
72 ～氏(王齊丘妻) 景龍 029
～氏(陳頤妻) 開元 261
77 ～尼(陳□妻) 景龍 012

蕭 4422_7

00 蕭廣則 永貞 004
～言思 聖曆 038
08 ～謙(思仁) 開元 420
10 ～至忠 開元 390
～元珪 延和 001
～元晃 元和 002
12 ～瑀 貞觀 161
～瑀 龍朔 077
～瑀 永隆 009
～瑀 開元 459
～瑽 延和 001

	蕭瑶	貞觀 064
	～瑶(達文)	永隆 007
	～礭	開元 508
13	～球	聖曆 036
	～球	聖曆 038
	～球	開元 420
14	～瑾	開元 364
	～瑾	開元 410
17	～承基	顯慶 148
	～子真	開成 051
	～子昂	大曆 082
	～子昂(貫)	元和 126
	～子隆	開元 508
	～習	開元 420
18	～政	開元 118
20	～重洋	開元 508
	～重蕚	開元 508
	～季符	景雲 008
21	～仁表	垂拱 055
	～衍	證聖 002
	～虔舉	證聖 002
	～貞亮	延和 001
	～穎士	天寶 227
	～穎士	開成 045
22	～岑	聖曆 036
	～岑	聖曆 037
	～岑	開元 411
	～岑	開元 420
	～鼎	大中 127
	～嵩	開元 534
	～嵩	天寶 136
	～巖	貞觀 064
	蕭巖	永徽 028
	～巖	永隆 007
24	～德	開元 118
	～德緒	元和 002
	～德源	大中 098
	～德昭	咸亨 015
	～休明	永隆 007
25	～仲堪	大中 098
	～傑	開成 051
26	～自峯	元和 126
	～自勉	元和 126
	～自寬	元和 126
	～自察	元和 126
	～自通	元和 126
	～儼	貞元 070
	～釋庸	大曆 082
27	～俛	大中 054
	～俱興	大曆 082
	～督	貞觀 064
	～紹遠(茂弘)	開元 508
	～紹初	元和 002
28	～倫	大曆 070
	～繕	顯慶 126
	～繕	聖曆 038
	～繕	聖曆 037
	～繕	開元 420
30	～寬	開元 410
	～定	開元 459
	～寂	開元 410
32	～浮丘(子真)	開元 364
33	～浚	開元 508
34	～造	垂拱 055

35 蕭禮 開元 151
～禮 貞元 059
36 ～温 永貞 004
～温恭 景雲 008
～遇(政) 證聖 002
37 ～洛客 垂拱 055
～洛賓 垂拱 055
～凝 開元 410
～凝 元和 002
38 ～道成 元和 002
39 ～遯 景雲 008
41 ～楨 垂拱 055
43 ～博(王□妻) 天寶 202
44 ～翥 天寶 158
～茂本 天寶 202
45 ～嫕美(柳尚德母) 顯慶 002
47 ～翹 景雲 008
48 ～敬從 大中 098
52 ～哲 開元 420
60 ～思亮(孔明) 景雲 008
～思一 聖曆 037
～炅 永泰 002
64 ～睦 會昌 037
67 ～嗣業 顯慶 096
～嗣業 顯慶 100
72 ～隱之 天寶 172
～氏(孟晟妻) 開元 111
～氏(張□妻) 開元 151
～氏(董守貞妻) 開元 160
～氏(王晉俗妻) 大曆 024
～氏(李汲妻) 貞元 072
～氏(李推賢妻) 乾符 013
77 蕭鳳 垂拱 055
～同雅 永貞 004
～舉(高) 開元 118
～卿 證聖 002
～卿 開元 118
～卿 開元 151
～卿 貞元 059
～興 元和 126
79 ～勝(玄寂) 永徽 028
80 ～令思 開元 364
～令臣(禎之) 開元 410
～普 開元 420
～善 延和 001
～公(侯氏夫) 大中 098
～公(江東採使) 建中 001
81 ～鍇 開元 160
83 ～釴 開元 459
85 ～鍊(惟柔) 元和 002
86 ～知古 開元 118
87 ～鄭兒 元和 002
88 ～鋭 長安 010
～符 貞元 059
～敏 元和 126
～策 元和 002
94 ～慎 顯慶 148
98 ～愉 天寶 202
～敞 乾符 013
～□(張翊婿) 建中 001

蘭 4422_7

00 蘭亮 龍朔 069
～玄慶 總章 040

10 蘭元歆 龍朔 069
～石 殘誌 040
21 ～仁 殘誌 040
～師(光韶) 永淳 011
24 ～德(表) 總章 040
27 ～約 永淳 011
34 ～達(義通) 龍朔 069
～達 永淳 011
36 ～温 殘誌 040
37 ～祖 龍朔 069
44 ～蕃 殘誌 040
53 ～感仁 龍朔 069
72 ～氏(段醻妻) 麟德 021
～氏(烏善智妻) 天寶 191
80 ～義通 永淳 011

苻 4424_0

10 苻元 永徽 109
21 ～上清子 元和 052
34 ～達 永徽 109
43 ～載 元和 052
50 ～肅(孝威) 永徽 109
71 ～匡儒 元和 052
90 ～尚仁 永徽 109
～尚仁 總章 001

蔣 4424_3

10 蔣王 開元 300
～亞 咸亨 022
～平 貞觀 051
11 ～頵 元和 109
17 ～子虞 貞觀 051
18 蔣政 會昌 001
20 ～儁 貞觀 051
～稚子 元和 109
22 ～岑 大曆 021
25 ～伸 大中 120
～紳 咸通 074
28 ～從質 咸通 081
32 ～洌 開元 102
35 ～清 大和 054
37 ～涣 開元 420
～涣 天寶 079
～涣 貞元 060
38 ～溢 開元 484
～溢 元和 109
～裕 會昌 001
40 ～喜(玄符) 貞觀 051
42 ～梃 貞元 060
44 ～華 開元 539
～楚賓 開元 069
～楕 會昌 001
48 ～幹 元和 144
57 ～郕 元和 109
～郕 大和 054
60 ～國夫人(屈突通妻) 貞觀 012
～思之 天寶 080
72 ～氏(李論母) 大曆 021
～氏(源晉母) 貞元 060
～氏(崔璆妻) 長慶 027
～氏 大和 054
～氏(陳季端母) 會昌 001
～氏(陳直妻) 咸通 035
83 ～銶 建中 017

87 蔣欽緒 天寶 205
～欽緒 元和 109
88 ～敏 開元 539

蓮 4430_4

44 蓮花藏 貞元 111
～華藏 貞元 111

燕 4433_1

17 燕承祚 永淳 021
20 ～秀(文緒) 永淳 021
24 ～德林 永淳 021
27 ～紹(承祐) 開元 067
30 ～寶壽 開元 067
40 ～女 貞元 111
48 ～敬嗣 開元 067
50 ～貴 永淳 021
72 ～氏(張雄妻) 乾封 046
～氏(嚴朗妻) 咸亨 061
87 ～欽裕 開元 067
99 ～榮 開元 067

慕容 4433_8 3060_8

00 慕容文遠 載初 006
04 ～～諾遏鉢(烏地也拔勤豆可汗) 聖曆 026
～～諾賀鉢 聖曆 025
10 ～～三藏(悟真) 咸亨 075
～～三藏 咸亨 077
～～三藏 長安 031
～～三藏 太極 007
～～三藏 開元 059
慕容三藏 開元 346
～～三藏 乾元 002
～～正言 咸亨 076
～～正言 咸亨 077
～～正言 開元 059
～～正言 開元 346
～～正言 天寶 177
～～正言 乾元 002
～～正則 長安 032
～～正則 太極 007
11 ～～麗(□師母) 顯慶 064
13 ～～琬 聖曆 035
14 ～～瑾 開元 346
～～琦 乾元 002
16 ～～琨 長安 032
17 ～～珣 天寶 177
20 ～～稚英(□仁哲母) 載初 006
23 ～～參藏 咸亨 076
27 ～～紹宗 咸亨 075
～～紹宗 咸亨 076
～～紹宗 咸亨 077
～～紹宗 聖曆 031
～～紹宗 聖曆 033
～～紹宗 太極 007
～～紹宗 開元 059
30 ～～宣徹 景龍 018
～～宣徹 乾元 007
32 ～～兆 開元 437
34 ～～遠 咸亨 075
～～造 乾元 007
35 ～～神威 景龍 018
40 ～～嘉慶 開元 530

慕容真如海 開元 238
44 ～～萬 聖曆 025
～～孝孫 開元 059
～～英 載初 006
～～若 開元 082
47 ～～郁 咸亨 075
～～郁 乾元 002
50 ～～忠 聖曆 026
～～忠 景龍 018
～～忠特 乾元 007
53 ～～威(神威) 乾元 007
60 ～～思廉(激貪) 太極 007
～～昇(捧日) 聖曆 034
～～昇 開元 059
～～景 太極 007
～～景懿 萬歲通天 013
64 ～～曉(濟) 乾元 002
67 ～～明(坦) 開元 478
72 ～～氏 貞觀 047
～～氏(關楚徵妻) 開元 530
～～氏(柳當妻) 開成 031
80 ～～全 乾元 007
85 ～～鉢 乾元 007
86 ～～知廉(道貞) 咸亨 075
～～知廉 聖曆 031
～～知廉 乾元 002
～～知禮(思恭) 咸亨 076
～～知敬(思虔) 咸亨 077
～～知敬 聖曆 033
～～知敬 開元 059
～～知晦 聖曆 032
～～知晦 開元 346
慕容知□ 天寶 177
90 ～～懷固(抱真) 長安 032

蘇 4439_4

00 蘇兖 開元 400
～廣文 開元 537
～諒 貞元 101
～諒 咸通 112
～玄賞 會昌 012
03 ～斌(尉遲敬德妻) 顯慶 096
04 ～諶 神龍 035
07 ～毅 顯慶 096
08 ～謙 顯慶 096
10 ～玉華 武德 001
～靈芝 天寶 274
～瓌 乾符 031
～元吉 顯慶 096
～震 殘誌 026
～晉 開元 071
～晉 開元 400
11 ～頲 大足 008
17 ～珣 開元 400
～珣 開元 537
～尋 開元 515
20 ～千正 開元 537
～千石 開元 537
21 ～虎 開元 537
～經 顯慶 056
22 ～嶠 天寶 201
～崇亮 天授 044
～崇本 天授 044
～巢 咸通 021

蘇巢　咸通 118
24 ～佐　咸通 021
～佐皇　咸通 118
～德瑶　貞元 086
25 ～緁　會昌 033
27 ～彝　開元 515
～紹元　會昌 006
～紹儒　會昌 006
30 ～宣　天授 044
～永(正長)　長壽 025
～宙　貞元 087
～審　貞元 086
～密　開元 515
～定　貞元 086
～定方　聖曆 022
～定方　聖曆 043
33 ～業　開元 515
37 ～深　會昌 033
40 ～大莊　會昌 033
～友父　開元 538
～來皇　咸通 118
44 ～孝充　開元 400
～孝充　開元 537
46 ～相　天授 044
53 ～咸(虚舟)　開元 537
～咸　天寶 201
60 ～日榮　大曆 041
～日榮　貞元 086
～恩　會昌 006
65 ～味道　咸通 021
67 ～嗣君(趙璜母)　咸通 118
72 ～氏(曹□妻)　延壽 004
蘇氏(王端妻)　乾封 036
～氏(崔相妻)　開元 147
～氏(高承金妻)　元和 068
～氏(張□妻)　會昌 033
～氏(王勸母)　會昌 033
～氏(趙璜妻)　咸通 021
77 ～同吉　光宅 005
～卿(仕隆)　天授 044
80 ～夔　武德 001
86 ～知廉　貞元 086
～□相　延壽 018
～(中書侍郎)　開元 184

莫　4443_0

12 莫登　長壽 006
30 ～守滿　長壽 006
35 ～迪　長壽 005
77 ～隆　長壽 005
80 ～義(承符)　長壽 005

樊　4443_0

00 樊彦　永貞 003
～裔　開元 196
～慶德　開元 526
～庭觀(宏)　開元 196
～玄紀　咸亨 014
～六娘　垂拱 040
01 ～龍　龍朔 076
02 ～端　龍朔 076
04 ～詵　永貞 003
07 ～望之　總章 039
10 ～雪兒　咸通 097

樊元珍 貞元 052
～晉客 開元 167
11 ～頭 咸亨 014
12 ～弘 貞元 052
14 ～瓘 開元 482
～瓘 開元 526
～瑱 天寶 017
17 ～習禮 咸亨 014
20 ～秀(相才) 龍朔 073
～信 開元 128
～系 建中 010
21 ～行暕 長安 013
～睿 開元 167
～貞 開元 196
24 ～德慶 開元 482
26 ～伯通 開元 167
～穆 垂拱 042
27 ～叡 垂拱 040
～叡 垂拱 042
30 ～寬(弘度) 顯慶 129
～良 咸通 097
～宗仁 大和 054
～宗師 貞元 052
～宗師 大中 102
32 ～浮丘 垂拱 041
～浮丘 垂拱 042
36 ～澤 貞元 093
～澤 大和 050
38 ～涚 貞元 052
40 ～九娘 垂拱 040
～志遠 咸通 097
～赤松(貞白) 垂拱 042
樊七娘 垂拱 040
42 ～韜 天授 022
44 ～恭 咸通 097
47 ～歡 垂拱 042
～奴奴 龍朔 073
～都兒 咸通 097
48 ～敬 咸亨 014
50 ～泰 開元 167
～惠 天授 022
～惠 開元 128
53 ～盛 天授 022
60 ～羅雲 龍朔 076
67 ～贍 顯慶 129
70 ～驤 咸通 097
71 ～匡 顯慶 129
～長卿 乾符 025
72 ～剛 開元 196
～馴 咸通 097
～氏(韓懷妻) 永徽 115
～氏(張朗妻) 乾封 054
～氏(樂玉妻) 調露 002
～氏(許玄琮母) 天授 022
～氏(張樊妻) 長安 013
～氏(薄仁妻) 開元 001
～氏(夏侯瓚妻) 開元 188
～氏(王元琰妻) 開元 485
～氏(王元琰妻) 開元 527
～氏(張敬詵妻) 貞元 061
～氏(張銑妻) 永貞 003
～氏(曹慶妻) 大中 007
～氏(鄭光妻) 大中 021
～氏(朱圓郎母) 大中 041

樊氏女 咸通 034
～氏(崔揆側室) 咸通 076
～氏(韓綬妻) 乾符 025
75 ～驌 咸通 097
76 ～駰(自牧) 咸通 097
77 ～周(程伯獻妻) 開元 482
～駉 咸通 097
～卿 垂拱 040
～卿 垂拱 042
78 ～覽(玄覽) 開元 128
80 ～金臺 咸通 097
87 ～鈞 咸通 097
90 ～小都 咸通 097
91 ～恒 開元 167
99 ～榮 龍朔 076

韓 4445_6

00 韓方岳 調露 015
～高 永徽 096
～文(金) 龍朔 045
～玄(君素) 顯慶 013
～玄 垂拱 015
～雍 咸亨 065
02 ～端 上元 023
～端 天授 029
04 ～護 永徽 096
～護 咸亨 031
08 ～詮 天寶 039
10 ～覃 景龍 004
～雲卿 貞元 121
12 ～瑗 元和 145
～弘 永淳 008
韓弘 垂拱 015
17 ～承(行慈) 顯慶 075
～子(卿) 永徽 074
～君雄 咸通 096
～邵 乾符 025
18 ～政(賓王) 顯慶 052
～政 咸亨 091
20 ～重華 元和 145
～秀實 大曆 069
21 ～仁 永徽 021
～仁 永徽 115
～仁師 貞觀 041
～仁師 顯慶 052
～仁師(子敬) 咸亨 091
～仁楷(昭本) 調露 015
～仁惠 萬歲通天 027
～行 顯慶 141
～師復 會昌 031
～師復 大中 082
～師復 咸通 044
～師復 咸通 071
～秤 開元 137
22 ～嵩 上元 020
～綬(子飾) 乾符 025
23 ～獻之 天寶 247
～縮 大中 102
24 ～德 顯慶 075
～德(惟行) 開元 137
～德信 永淳 008
～德操 貞觀 036
～德矩 貞觀 036
～倰 咸通 077

韓休 咸通 077
～紞 大中 102
～綺 大中 102
～緯 大中 102
25 ～生 開元 137
～仲卿 大中 102
～傑(弘感) 天授 029
～純懿 元和 145
26 ～覬 開元 383
～皐 元和 013
～皐 大和 006
～緄 大中 102
～和高 永徽 141
～繹 元和 145
27 ～部 乾符 025
～叡素 大中 102
～絢 咸通 077
28 ～倫 聖曆 030
～復 元和 104
～儉 聖曆 013
～谿 大中 102
30 ～液 天寶 124
～寬 永徽 115
～宬 寶曆 010
～守節 開元 137
～良 景龍 035
～賓 開元 383
～賓才 咸亨 095
～宗 咸通 077
31 ～潭 開成 036
～遷(道約) 永徽 141
32 ～遜 永淳 008
33 韓述 永泰 001
～述 會昌 017
～述祖 永徽 074
34 ～達 永徽 074
～遠(彦深) 貞觀 036
～逵 大和 020
35 ～神(文英) 景龍 035
～禮 永徽 116
～禮 顯慶 013
36 ～滉 永貞 004
～昶(存之) 大中 102
～邏(長安) 永徽 096
～邏 乾封 031
37 ～淑 咸通 077
～通(達) 永徽 116
～通 顯慶 052
～通 咸亨 091
～通 垂拱 015
～朗 顯慶 146
～郎(德信) 垂拱 015
38 ～祚 咸通 077
40 ～乂 咸通 009
～大賓 龍朔 045
～士通 顯慶 009
～才(孝) 永徽 021
～才 咸亨 031
～才 咸亨 088
～才 天授 029
～壽 貞觀 036
～壽 上元 023
44 ～恭 永徽 021
～恭 永徽 115

韓恭 咸亨 031
～勒潭 咸通 009
～著 大中 102
～楚元 上元 020
～茱 大中 102
46 ～如意 萬歲通天 027
47 ～朝宗 天寶 246
～胡 天寶 088
～超 顯慶 052
～超 咸亨 091
48 ～斡 咸通 027
～敬密 咸通 107
～敬 乾寧 006
50 ～泰 顯慶 013
～奉成 開元 137
～貴 龍朔 045
～素 文明 005
52 ～援 永泰 002
～哲 垂拱 015
53 ～感仁 天寶 243
54 ～軌 顯慶 146
56 ～擇木 天寶 211
～損 垂拱 015
58 ～擒□ 咸亨 065
60 ～昱(雲) 咸亨 031
～思(思盛) 開元 383
～思彦 顯慶 146
～思復 久視 004
～思復 乾符 025
～思□ 乾符 025
～昂(孝昂) 上元 020
～景璿 開元 383
韓景宣 天寶 124
67 ～昭(炅) 咸亨 065
～瞻 大中 096
71 ～阿金 龍朔 045
72 ～隱 萬歲通天 027
～氏(王瑗達妻) 永徽 138
～氏(田通妻) 顯慶 104
～氏(樊寬妻) 顯慶 129
～氏(韓軌女) 顯慶 146
～氏(斛斯德妻) 龍朔 011
～氏(李子如妻) 咸亨 070
～氏(劉昂妻) 上元 015
～氏(孫通妻) 文明 005
～氏(程仵郎妻) 長壽 026
～氏(戴令言妻) 開元 010
～氏(康威妻) 開元 164
～氏(郭馮德妻) 開元 203
～氏(成□妻) 開元 442
～氏(諸葛明悊妻) 天寶 072
～氏(劉國妻) 天寶 213
～氏(陳令忠妻) 天寶 243
～氏 永泰 002
～氏(曹閏國妻) 大曆 043
～氏(王□妻) 貞元 075
～夫人(劉希陽妻) 元和 081
～氏(梁守謙妻) 大和 012
～氏(宋自昌妻) 會昌 054
～氏(馮慶清妻) 大中 017
～氏(張武妻) 中和 012
74 ～隋 大中 031
～隨 貞觀 036
77 ～月 永徽 096

韓賢 調露 015
～興福 開元 137
80 ～全義 元和 008
～令德(楊正本妻) 聖曆 030
～令真 咸亨 091
～愈 貞元 121
～愈 元和 021
～愈 元和 065
～愈 會昌 003
～愈 大中 054
～愈 大中 102
～愈 大中 107
～愈 咸通 034
～愈 咸通 040
～愈 殘誌 008
～弇 貞元 121
～義昌 貞元 084
～義昌 貞元 127
～善行 開元 383
86 ～知進 光化 002
～智門 顯慶 009
～智覽 開元 137
87 ～欽 永徽 116
88 ～筠 神龍 043
～簡 調露 015
～慜 景龍 035
～節 顯慶 009
～節 顯慶 075
～節(謩) 咸亨 088
90 ～惟政 乾符 025
～懷(善才) 永徽 115
～光祚 永泰 002
韓當 大中 102
91 ～恒(正則) 元和 145

茹 4446_0

21 茹行本 開元 172
23 ～代 顯慶 149
30 ～守福 開元 172
～宏善 開元 172
72 ～氏(關預仁妻) 顯慶 149
77 ～譽 開元 172

摯 4450_2

04 摯護兒 長安 058
72 ～氏(李符妻) 長安 058

華 4450_4

00 華齊望 元和 037
07 ～歆(鍾葵) 永徽 098
10 ～玉 咸亨 090
40 ～希令 咸亨 090
72 ～氏(劉□妻) 咸亨 090
80 ～公(平原) 大中 080

苗 4460_0

00 苗主寶藏 咸通 100
～讓 元和 030
01 ～顔 殘誌 063
～襲 殘誌 063
04 ～勍 咸通 034
07 ～詢 開成 024
10 ～璡 開元 355
～元震 開成 024

苗元震 咸通 059
～晉卿 會昌 031
～晉卿 大中 093
～晉卿 咸通 059
～晉卿 殘誌 063
12 ～弘本(天錫) 大中 093
～延嗣 開元 355
～延嗣 元和 021
～延嗣 大中 093
～延嗣 殘誌 063
～廷□ 咸通 100
13 ～殆庶 會昌 031
～殆庶 大中 093
14 ～瑱 咸通 034
20 ～秀娘 咸通 059
～季鱗 咸通 100
21 ～上元 咸通 100
～仁亮 寶應 003
～行者 咸通 059
～頍 殘誌 063
～穎 元和 021
～穎 咸通 100
22 ～鼎(革故) 開成 024
24 ～先 顯慶 135
～縝(中密) 會昌 031
25 ～紳 會昌 031
～紳 咸通 034
26 ～舶主 大中 093
～稷 會昌 031
～稷 大中 093
27 ～彝 乾符 018
～魯 咸通 034
30 苗定郎 大中 093
33 ～必復 元和 021
34 ～洪 顯慶 135
～洪貞 天寶 085
～洪睞 天寶 085
～達 調露 020
35 ～清明 咸通 100
37 ～凝 咸通 034
40 ～九臯 大中 093
43 ～博 會昌 031
～博 大中 093
44 ～萬 咸通 034
～猗娘 咸通 059
～藏器 開成 024
～藏器 咸通 059
～蔓蒨 開元 355
～執規 元和 021
～執矩 元和 021
～蕃(師陳) 元和 021
～蕃 會昌 003
～蕃 咸通 100
46 ～旭 咸通 034
50 ～申 開成 024
～奉倩 開元 355
～素(繪臣) 咸通 059
60 ～黯 咸通 034
～異 乾符 018
～景符(禎運) 咸通 100
61 ～顒 殘誌 063
62 ～畯 咸通 034
67 ～明(暉粲) 顯慶 135
～煦 咸通 034

68 苗晦　咸通 059
71 ～愿　殘誌 063
72 ～氏(馬珍妻)　調露 020
～氏(程丞妻)　垂拱 067
～氏(陳諭妻)　大中 133
～氏(張虔裕妻)　廣明 003
77 ～居　顯慶 135
～卿　大中 053
79 ～勝　調露 020
80 ～弇　乾符 018
～義符　咸通 100
～含液　元和 021
～含液　大中 093
～含液　殘誌 063
～善物　開元 355
81 ～鍇　咸通 034
83 ～猷　殘誌 063
84 ～鎮　咸通 034
86 ～知微　大中 093
88 ～鉤　開元 355
90 ～愔　會昌 003
92 ～忻　會昌 031
94 ～慥　會昌 031
97 ～惲　會昌 003
～惲　咸通 100
～恪　會昌 003
～恪　大中 093

菩　4460_1

56 菩提海　貞元 111

昔　4460_1

51 昔耘　大和 068

荀　4462_7

40 荀才　開元 142
44 ～楚　開元 142
90 ～懷節　開元 142

葛　4472_7

12 葛弘　長安 070
24 ～他　長安 070
48 ～幹　長安 070
67 ～路(德超)　長安 070
72 ～氏(錢璪母)　乾符 028

萇　4473_2

30 萇寧　大和 096
～賓　顯慶 105
72 ～氏(張□妻)　顯慶 105

薛　4474_1

00 薛文昭(嘉甫)　天寶 024
～玄繹　開元 397
04 ～訥　開元 134
開元 221
08 ～詳　貞元 111
10 ～元慶　開成 048
～元暇　顯慶 087
～元嗣　開元 347
～元賞　大中 003
～而護　久視 002

11 薛璿 開元 347
～璿 開元 431
12 ～瑶華(杜延基妻) 顯慶 087
～延陁 顯慶 056
14 ～瓘 景雲 006
～琪 開元 434
15 ～臻 開元 397
～融 貞元 105
17 ～承彪 大中 023
～子紹 天寶 051
18 ～政 開元 274
21 ～貞 開元 274
～穎 長慶 010
22 ～仙童 開元 274
～仙鶴 開元 274
～邕 元和 065
～纁 廣明 004
23 ～獻 顯慶 087
～獻 貞元 105
24 ～德敏 開成 048
～偉 天寶 162
～偉 貞元 105
～偉 元和 085
～贊(佐堯) 開成 048
26 ～稷 聖曆 028
～稷 開元 127
～稷 開元 389
27 ～修禕 大曆 078
～條 貞元 105
～魚 天寶 145
～紹 景雲 006
30 ～安 萬歲通天 014
薛寶胤 貞元 031
34 ～達 貞觀 166
36 ～温 開元 347
～袒 開元 095
37 ～淑(源挹母) 開元 397
～迅 貞元 105
～通 貞觀 166
～通 顯慶 089
～朗(玄朗) 貞觀 166
38 ～洽 開成 048
40 ～南陽 貞元 130
～存操 貞元 125
～雄 元和 028
44 ～萱 開元 347
～萱 開元 431
～翥 大和 005
～芬 開元 434
～蒙 會昌 029
～芝 天寶 145
～恭 貞觀 166
～莫(武强) 開元 274
～蓁 天寶 083
48 ～敬仁 開元 397
50 ～胄 顯慶 087
～忠(處惇) 顯慶 089
51 ～據 開成 048
53 ～咸 天寶 119
60 ～景山 開元 347
64 ～眈 大中 073
65 ～映 開元 434
67 ～昭 開元 347
～瞻 中和 013

71 薛長儒 貞元 061
72 ～剛 久視 002
～氏(張思妻) 乾封 037
～氏(徐羅母) 總章 041
～氏(李志妻) 咸亨 073
～氏(元智威妻) 載初 001
～氏(王洛客母) 萬歲通天 014
～氏 景雲 006
～氏(楊履庭妻) 景雲 019
～氏(張方妻) 開元 046
～氏(茹守福妻) 開元 172
～氏(尹大簡妻) 開元 434
～氏(王秦客妻) 天寶 034
～氏(李琚妻) 天寶 124
～氏(王鴻妻) 天寶 188
～氏(衛憑妻) 天寶 240
～氏(劉頲母) 天寶 260
～氏(王叔雅妻) 元和 033
～氏(李虛中妻) 元和 065
～氏(蔣謐妻) 元和 109
～氏 大和 003
～氏(李公衍妻) 大和 005
～氏(王促政妻) 開成 002
～氏(張茂弘妻) 大中 118
～氏(孔温裕妻) 咸通 115
77 ～居晌 開成 048
～舉 貞觀 007
～舉 長壽 017
～舉 聖曆 035
～卿 萬歲通天 014
80 ～義(成) 天寶 145
～會 咸亨 073
86 薛知信 天寶 145
87 ～舒 元和 145
90 ～懷昱 景雲 006
～懷義 開元 076
～光俊 天寶 145
～光太 天寶 145
～當 貞元 056
92 ～忻 中和 003
94 ～慎 天寶 081
～(將軍) 光化 001

甘 4477_0

10 甘元瑜 神龍 030
～元琰 神龍 030
～元琰 開元 091
～元柬 神龍 030
11 ～穎 永徽 080
～穎 貞元 018
37 ～朗(明遠) 永徽 080
40 ～壽 永徽 080
44 ～基 神龍 030
72 ～氏(宋感妻) 開元 294

黄 4480_6

00 黄玄義 乾封 044
～玄義 咸亨 105
13 ～琬 垂拱 016
～璞 景福 003
15 ～建 大中 096
17 ～承緒(安喜) 開元 106
～君漢 開元 106
21 ～師(玄綺) 垂拱 016

22 黄巢　中和 004
～巢　大順 003
25 ～仲景　垂拱 016
27 ～粲　垂拱 016
～約　乾符 034
30 ～審宗　長慶 013
～察　開元 106
31 ～河上　開元 106
34 ～滿　咸亨 105
～滿　垂拱 016
～法　乾符 034
37 ～寀　殘誌 023
38 ～道　咸亨 105
44 ～葉和尚(張真誌)　武德 002
46 ～恕　乾符 034
47 ～鶴　萬歲通天 004
50 ～中　開元 106
～素(方)　咸亨 105
52 ～撝　天寶 251
58 ～撙　乾符 034
60 ～羅漢(道亮)　永徽 135
72 ～氏(仇道朗妻)　萬歲通天 004
～氏(顔永妻)　長慶 028
～氏(張從古妻)　會昌 019
80 ～公俊(子彦)　乾符 034
～□昕　長慶 013

蕢　4480_6

48 蕢栴檀智(王瑗妻)　大和 061

蔡　4490_1

00 蔡彦高　景龍 004
蔡彦先　天寶 260
～庭倩　貞元 049
～該　儀鳳 005
～諒　聖曆 001
02 ～端　聖曆 001
10 ～元雪　貞元 082
11 ～項　開元 246
14 ～瑋　開元 532
17 ～琚　大中 034
～君長(義首)　儀鳳 005
20 ～季文　貞元 124
21 ～仁叡　開元 034
～行基　儀鳳 005
～行基(德業)　景龍 004
～儒　咸通 089
～偵　大中 027
22 ～胤　乾符 023
～崇敬　開元 034
～崇敏　貞元 049
23 ～弁　聖曆 001
24 ～德章　廣明 005
25 ～仲景　貞元 049
26 ～儼　咸通 089
～穆　大中 027
27 ～疑　景龍 004
28 ～徹　儀鳳 005
30 ～賓　咸通 089
34 ～漪　殘誌 023
～浩　貞元 124
37 ～朗(世昌)　聖曆 001
38 ～海　貞元 049
40 ～希寂　天寶 124

蔡幸楚 咸通 089
～七姑 咸通 089
44 ～英華 貞元 082
50 ～貴仙 貞元 124
54 ～拱文 貞元 124
60 ～暈 大中 034
～景歷 垂拱 020
71 ～長文 貞元 124
72 ～氏(張覽妻) 垂拱 020
～氏(陳護妻) 垂拱 048
～氏(陳文德母) 垂拱 070
～氏(李文獎妻) 開元 141
～氏 開元 246
～氏(曲系妻) 長慶 016
～氏(解少卿妻) 大和 098
～氏 大中 034
～氏(支叔防妻) 大中 114
75 ～䐢 儀鳳 005
77 ～居師 景龍 004
～興宗 儀鳳 005
90 ～懷質 聖曆 001
98 ～悦 垂拱 020

葉 4490_4

10 葉再榮 大中 085
14 ～珪 大中 085
34 ～浩然 大中 085
72 ～氏(李遠妻) 麟德 033
80 ～金 大中 085
87 ～銀 大中 085
90 ～常倩 大中 085
～常邁 大中 085
葉常乂 大中 085
～常春 大中 085

藥 4490_4

17 藥子昂 大和 005
72 ～氏(李鼎妻) 大和 005

杜 4491_0

00 杜立素 開元 125
～彦琪 乾寧 006
～彦信 乾寧 006
～彦豐 乾寧 006
～彦崇 乾寧 006
～彦特 乾寧 006
～彦持 乾寧 006
～彦擇 乾寧 006
～豪 開元 029
～慶(才) 乾封 053
～慶 永隆 007
～文章 大和 088
～文璋 寶曆 003
～文紀 景龍 043
～文寬 開元 029
～文貢 顯慶 032
～讓能 乾寧 007
～該 開耀 001
～玄演 大曆 058
03 ～就 調露 018
07 ～望之 開元 360
～詢美 顯慶 043
10 ～五娘 長安 009
～五娘 開元 276

杜正謙 開元 360
～正倫 貞觀 052
～靈麒 聖武 009
～元 聖武 004
～元璡 開元 217
～元穎 開元 495
～元安 開元 360
～元志 大和 062
～石 景龍 006
～可 聖武 004
～賈付 天寶 077
11 ～麗(仙姬) 總章 037
～碩 大和 062
12 ～弘德 開耀 001
～延之 永淳 026
～延福 開元 059
～延基 顯慶 087
～延昌 聖武 009
14 ～琳 開元 159
16 ～醜(婆) 麟德 050
17 ～瓊 大和 051
～承慶 咸通 093
～忍 天授 007
～忍 天授 008
～君政 儀鳳 006
～君信 殘誌 012
～君操 儀鳳 006
～君賜 開元 360
18 ～珍 大和 018
～政 永淳 026
20 ～秀(侯英) 調露 018
～依藝 長安 007
杜愛 天寶 184
～季方 天授 008
～孚(若虛) 開元 360
21 ～顗 永淳 016
～顗 大和 062
～仁則 開元 029
～仁則 開元 159
～行方(友直) 大和 062
～行修 大中 057
～行寶 儀鳳 006
～行滿 總章 044
～行本 總章 044
～行敏 垂拱 036
～師廓 天寶 077
～師顔 大和 028
～師仁 大中 054
～師古 大和 004
～師素 大和 018
～師義 元和 049
22 ～嵩 天授 007
～巖 咸通 022
～嶷 開耀 001
23 ～參謨 大和 062
～俊 開元 029
～綰 大和 099
24 ～德 開元 159
～德遇 咸亨 019
～佑 元和 104
～佑 大中 090
～緒 乾封 053
～續 大曆 055
～續 大曆 058

25 杜傑 開元 029
26 ～伽那 開元 029
～伯 開耀 001
～絪(楊宇妻) 會昌 021
27 ～魚石 長安 007
～奬 垂拱 008
28 ～倫 聖武 004
～倫 大和 062
30 ～宣猷 大和 051
～沆 咸通 118
～濟 開元 217
～濟(應物) 大曆 055
～寵 永隆 007
～寵 永淳 016
～之亮 聖武 009
～憲 開元 276
～安 乾封 053
～安(元安) 景龍 006
～審言 長安 007
～良 永淳 026
～密 貞元 105
～密 元和 085
～寶符 大和 099
～寶符 會昌 021
～寶符 大中 059
31 ～福(榮福) 天寶 077
33 ～述甫 大和 062
34 ～洪遠 儀鳳 006
～洪貴 儀鳳 006
～洪振 儀鳳 006
～洪艷 儀鳳 006
～洪略 儀鳳 006
杜逵 景龍 043
36 ～澤 景龍 043
37 ～鴻漸 大曆 055
～凝 永淳 016
38 ～海潮 貞元 046
～遵 開元 495
40 ～士朗 總章 037
～才(思訓) 開耀 001
～希玉 天寶 077
～嘉猷 長安 049
～昚言 天寶 154
～昚徽 景龍 043
～雄 開元 029
～雄 乾寧 006
～去疾 咸通 050
41 ～栖巖 大和 051
44 ～勤 景龍 006
～勤忠 聖曆 023
～芬(楊禮母) 永淳 026
～芳 景龍 043
～芳 天寶 217
～蘭(高琛妻) 天寶 184
～恭 麟德 037
～孝奬 天授 004
～孝奬 開元 217
～婼 天寶 184
～華 貞觀 081
～華 大和 028
～英 開元 278
～英 景龍 006
～若華 開元 276
～老老 大和 062

杜黃裳 貞元 101
～黃裳 大和 099
～黃裳 會昌 021
～黃裳 大中 059
～植 顯慶 032
46 ～如晦 顯慶 056
～如晦 大和 099
48 ～敬僧 開元 278
50 ～胄 乾封 053
～肅 大曆 055
～忠 景龍 006
～忠良(子直) 開元 029
～惠 大曆 055
54 ～勣 長安 049
58 ～整 天授 004
60 ～日榮 寶曆 003
～昱 開元 433
～昱 開元 468
～冕 大曆 078
～黯之 開元 360
～昌運 大和 051
～昆吾 開元 176
～景立 元和 085
～景仲 天授 004
～景佺 天寶 184
61 ～毗 景龍 006
～顒 乾寧 006
～顥 大和 062
63 ～踐言 咸亨 047
67 ～昭烈 景龍 043
～嗣先 長壽 019
71 ～頎 大和 062
杜原始 顯慶 032
72 ～剛 開元 495
～氏(王君妻) 麟德 027
～氏(許七端妻) 乾封 013
～氏(趙令德妻) 咸亨 019
～氏(張曄妻) 調露 007
～氏(蕭瑶妻) 永隆 007
～氏(柳偘妻) 垂拱 008
～氏(張慶之妻) 天授 041
～氏(楊履行母) 長安 049
～氏(劉崇嗣妻) 太極 006
～氏(裴自强妻) 開元 125
～氏(和守陽妻) 天寶 071
～氏(高琛妻) 天寶 148
～氏(賈隱妻) 天寶 216
～氏(長孫□妻) 聖武 009
～氏(劉處鍠母) 貞元 066
～氏(陳叔清母) 貞元 003
～氏(李宏妻) 貞元 046
～氏(張士陵妻) 元和 104
～氏(王思旭妻) 寶曆 018
～氏(鄭□妻) 大和 023
～氏(强□妻) 大和 028
～氏(李德元母) 大和 051
～氏(裴澥妻) 大和 099
～氏(楊宇妻) 大中 059
～氏(孫虬妻) 咸通 069
～氏(李璩妻) 咸通 093
～氏(韋士逸妻) 中和 011
～氏(盧峻妻) 乾寧 001
77 ～舉 天授 007
～舉 天授 008

杜賢 貞觀 081
80 ～令儀(孫虯側室) 咸通 060
～令姿(董玄德母) 麟德 037
～并(惟兼) 長安 007
～并 元和 148
～義節 儀鳳 006
～含章 大和 099
～善徵 總章 037
～善寶 長安 049
～善達 儀鳳 006
～善惠 儀鳳 006
～善榮 總章 044
～公(廉使) 大和 069
～乞 調露 018
84 ～鎮 天寶 167
86 ～知讓 大曆 055
～知慎 大和 051
87 ～欽(敬惠) 聖武 004
～舒 天授 007
～舒 天授 008
88 ～敏(思賢) 永淳 016
90 ～惇宗 天授 008
91 ～恒周 儀鳳 006
92 ～愷 顯慶 032
93 ～悰 咸通 028
99 ～榮(世瑋) 貞觀 081
～□(李自下壻) 大曆 040

桂 4491_4

24 桂休源 開成 013

權 4491_4

00 權文獎 開元 129
11 ～璩 元和 102
～璩 大和 039
12 ～弘 永徽 133
20 ～秀嵒 長慶 017
～信 元和 039
21 ～上相 廣德 001
22 ～崇基 廣德 001
24 ～德與 元和 102
～休 麟德 038
27 ～豹(善開) 麟德 038
30 ～安 大中 131
～實 大中 060
38 ～澈 開元 463
44 ～萬春 開元 129
67 ～暉 麟德 038
71 ～長孺 大和 054
72 ～氏(鄭進思妻) 開元 361
～氏(元復業妻) 廣德 001
76 ～陽 長慶 017
77 ～堅(裴撝妻) 開元 129
～隆 永徽 133
～開善 永徽 133
80 ～公緒 長慶 017
～公素 長慶 017
～□俊 長慶 017

林 4499_0

00 林言 大中 052
12 ～琎 大中 146

27 林向 大中 008
60 ～景□ 殘誌 016
～景師 大中 103
72 ～氏(崔揆母) 開成 044
～氏(孫□妻) 殘誌 016

柏 4690_0

72 柏氏(王安仁妻) 上元 002
～氏(魏朝隱妻) 元和 082

觀 4621_0

26 觀自在 貞元 111
～□ 儀鳳 041

獨孤 4622_7 1243_0

00 獨孤庫 開元 443
10 ～～元康 神功 012
～～元愷 景龍 030
12 ～～延壽 開元 443
17 ～～琛 垂拱 013
～～及 大曆 035
～～及 大曆 036
～～子佳 神功 012
～～子佳 景龍 030
18 ～～珍 元和 031
20 ～～信 開元 443
～～信 天寶 035
～～系 開元 443
～～采 開元 443
～～乘 開元 443
23 ～～俟尼 開元 443
27 ～～脩本 景龍 009
30 獨孤宣 垂拱 013
～～永 開元 443
～～永業 大曆 052
～～守義 垂拱 013
～～良弼 建中 002
32 ～～澄(凝道) 龍朔 068
34 ～～禕 元和 031
～～達 龍朔 068
37 ～～通理 大曆 052
～～通理 大曆 068
38 ～～道恭 開元 443
41 ～～楷 開元 040
～～楷 開元 263
42 ～～機 景龍 009
44 ～～藏 景龍 009
～～楚 元和 031
50 ～～奉先 天寶 035
～～屯 開元 040
52 ～～靜 龍朔 068
60 ～～思謙 垂拱 013
～～思貞 神功 012
～～思敬 長安 020
～～思敬 景龍 030
71 ～～愿 建中 002
72 ～～昏 垂拱 013
～～氏(長孫安妻) 開元 139
～～氏 開元 040
～～氏(楊執一妻) 開元 263
～～氏(崔季梁母) 天寶 035
～～氏(張貞脊妻) 天寶 169
～～氏(貴妃) 大曆 042
～～氏(李濤妻) 大曆 052

獨孤氏 大曆 068
～～氏(陳諸妻) 貞元 064
～～氏 元和 031
～～氏(范弈妻) 永貞 005
～～氏(貞懿皇后) 元和 031
77 ～～卿雲 開元 040
～～卿雲 開元 263
78 ～～陁 開元 443
80 ～～義順 神功 012
～～義順 景龍 030
88 ～～籍 神功 012
90 ～～炫(不耀) 開元 443
91 ～～熥 大曆 069
～～烜 景龍 030
96 ～～熤 長安 020

賀 4680_6

00 賀玄道(道) 太極 004
10 ～元瓘 開元 084
27 ～紀 顯慶 148
～紀 太極 004
30 ～守謙 中和 007
37 ～朗 太極 004
40 ～直方 開成 021
46 ～加章 開元 010
67 ～昭 咸通 089
72 ～氏(毛公妻) 開成 052
86 ～知章 開元 263
～知章 開元 357

賀蘭 4680_6 4422_7

賀蘭琬 神龍 029
賀蘭弼 天寶 136
～～務温(茂弘) 開元 127
～～虔 開元 044
～～師仁 開元 127
～～賁 天寶 079
～～越石 開元 127
～～蕃 開元 127
～～敬 開元 044
～～貴 開元 127
～～静 開元 044
～～氏(裴太元母) 開元 044
～～臨 開元 127
～～臨 天寶 079
～～恒 開元 127
～～恒 天寶 079
～～□ 聖武 006

賀婁 4680_6 5040_4

72 賀婁氏(韋行懿妻) 開元 315

相 4690_0

34 相法師 残誌 048

楊 4692_7

00 楊充 貞觀 133
～亮 永徽 108
～亮(善文) 長安 066
～亮 開元 178
～彦 神功 006
～彦 神龍 048
～方立 寶曆 017
～方立 大和 090

楊方古 寶曆 017
～方本 寶曆 017
～高 長安 005
～高仁(子音) 開元 271
～康(君表) 永徽 145
～康(孝安) 麟德 039
～應朝 天寶 056
～磨 乾封 033
～文 長安 005
～文偉 長安 020
～文徹 永徽 057
～文幹 元和 139
～文昱 元和 139
～文畐 元和 139
～文晟 元和 139
～辨 永徽 044
～玄珪 大和 076
～玄感 貞觀 059
01 ～龍 乾封 026
02 ～訓(玄明) 如意 003
～訓 開元 121
03 ～贇 顯慶 110
～贇 天授 015
04 ～諶 開元 424
06 ～譚 至德 002
07 ～毅 麟德 039
～謟 開元 124
08 ～於陵 咸通 103
～詳 永徽 145
10 ～三通 開元 178
～三通 開元 179
～三篼 乾符 010
楊正巒 咸亨 092
～正本 聖曆 030
～玉姿(毗沙妻) 貞觀 084
～至 會昌 029
～璡(景昭) 開元 110
～璡 開元 146
～璡 開元 531
～瓌 大中 051
～璡 大中 097
～元(長才) 乾封 026
～元亨 開元 387
～元珣 咸亨 096
～元琰 神龍 029
～元琰 開元 431
～元吉 寶曆 013
～元貴 開元 150
～元最 咸通 108
～元卿 開成 039
～惡 貞觀 069
～再思 咸亨 096
～不器 開元 298
11 ～璩 咸通 103
～璿(師貴) 開元 178
～璿 大和 083
～麗(皇甫賓妻) 開元 435
～斐 開元 178
12 ～登 大曆 046
～瑀 開元 124
～珽 元和 057
～珽(劉淡潤妻) 大和 033
～瑤 開元 387
～引 會昌 005

楊弘 永徽 114
～弘 大和 076
～弘慶 大和 083
～發 乾符 026
～延 乾符 011
～延祚 大和 033
13 ～球 天授 011
～球 天授 028
～武 垂拱 062
～武越 萬歲登封 003
～武越 開元 110
～瑊 開元 298
14 ～珙 元和 057
～礎 大和 032
15 ～建 先天 003
16 ～醜兒 乾符 010
17 ～瓊(亮) 開元 179
～琚 元和 057
～琛 永徽 032
～琛 永徽 033
～弼生 元和 050
～承胤(龍) 神龍 048
～承緒 天寶 112
～承績 殘誌 062
～承宗 開元 515
～承福(名遠) 景龍 042
～及 總章 034
～君建 咸通 031
～君楷 證聖 010
18 ～政本 永隆 017
19 ～琰 長壽 021
20 ～重言 會昌 029
楊重言 會昌 032
～重玄 乾元 006
～重光 天寶 056
～秀 開元 452
～禹 開元 179
～儁 貞觀 069
～儁 永徽 081
～信(崇信) 天寶 223
～倞 會昌 030
～千有 元和 030
～季 顯慶 082
～季舒 乾封 026
21 ～順(師整) 長壽 021
～仁 永徽 081
～仁方(懷則) 永徽 032
～仁瑀 乾封 005
～仁爽 乾封 005
～仁恭 開元 424
～仁素 開元 178
～仁素 開元 179
～仁哲 乾封 005
～仁智 景雲 019
～行褒 神龍 048
～行禕 總章 034
～行恭 大足 002
～行模 萬歲登封 003
～行模 開元 025
～行模 開元 110
～行模 天寶 100
～虞卿 元和 105
～虞卿 咸通 011
～虞卿 乾符 011

楊處樂 天授 015
～處洛 貞觀 050
～處默 咸亨 063
～師 開元 124
～師 開元 387
～師貴 開元 179
～師善 天授 011
～貞 貞觀 143
～貞 開元 121
～穎 貞觀 113
22 ～彪 貞觀 084
～嵩 永昌 001
～岌 開元 110
～岌 開元 161
～岌(順) 天寶 100
～鸞 乾符 011
～崱 上元 022
～崇 大曆 046
～崇祖 如意 003
～崇泰 長壽 021
～崇昭 貞元 082
～樂 永徽 089
23 ～峻 元和 105
～峻 會昌 014
～綰 天寶 141
～綰 元和 105
～綰 殘誌 026
～縯 殘誌 026
24 ～德(世師) 貞觀 119
～德 天授 028
～德立 元和 105
～德倫 天授 011
楊待賓 大和 033
～休 長安 066
～休烈 開元 459
～休明 大中 097
～皓 咸通 011
～續 開元 263
25 ～仲達 萬歲登封 003
～仲達 開元 025
～仲達 開元 110
～仲達 天寶 100
～仲禮 大和 083
～仲華 開元 178
～仲昌 開元 431
～仲雅(繼周) 元和 117
～仲敏 貞元 036
～倩 先天 003
～倩 大曆 046
～純 開元 124
26 ～自政 貞元 043
～伯隴 永徽 042
～偘(光杲) 開元 452
～稷 大中 059
～稷 大中 137
27 ～凱 開元 271
～侯 乾封 015
～侯 上元 022
～殷士 元和 105
～伋 聖曆 028
～名義 元和 050
～魯 大中 097
～魯士 開成 035
～鵠 咸通 108

楊約 永淳 026
～約(君素) 萬歲通天 012
～綱 景龍 042
～綱 天寶 208
～紹 上元 016
～紹基 上元 026
～紹基(克構) 天授 028
28 ～价 元和 057
～徹 貞觀 169
～徹 儀鳳 027
～從 開成 035
～從白 中和 001
30 ～瀛 中和 001
～汶 開元 263
～寧(庶去) 元和 105
～寧 乾符 011
～寬 貞觀 143
～寬 長安 066
～廙 大曆 053
～守廉 景龍 042
～守訥 聖曆 028
～守南 會昌 014
～守愚 長安 020
～宇 會昌 021
～宇(子庥) 大中 059
～安 貞觀 113
～安 貞觀 119
～安 咸亨 047
～安期 咸通 090
～宏 開元 531
～牢 會昌 005
～牢 大中 059
楊客僧 麟德 059
～定國 貞觀 084
～寔 會昌 014
～竇(郭倫妻) 貞觀 025
～竇 永徽 030
～竇 咸亨 063
～竇(貞) 垂拱 062
～竇德 顯慶 107
～宗 開元 121
～宗 開元 412
～宗本 寶曆 013
31 ～汪 永徽 032
～汪 永徽 033
～汪 永隆 017
～汪 開元 263
～濬 開元 124
～禎 咸亨 092
32 ～澄 開成 032
～泛 元和 022
～适 大中 059
33 ～必復 貞元 108
34 ～湛清 長慶 005
～湛清 長慶 006
～法□ 順天 003
～漢公 元和 105
～漢公 大中 105
～汝士 元和 105
～浩然 天寶 223
～禕 神龍 048
～達(叔通) 貞觀 143
～達(文達) 乾封 005
～達 上元 016

楊達 永昌 001
～達 大和 090
～遠 景雲 019
35 ～冲寂 大曆 053
～清(志靜) 永徽 057
～神通 乾封 033
～神威(靈均) 儀鳳 027
～禮 永淳 026
～禮 開元 271
～連 垂拱 062
～遺直 貞元 036
～遺直 乾符 026
36 ～温 開元 124
～湯(仵朗) 咸亨 008
～邈 大和 090
37 ～濯 開元 263
～洞 開元 263
～潤 先天 003
～汲 開元 263
～洛 長壽 017
～洛 先天 003
～祁麗(薛璿妻) 開元 431
～逸(君則) 永徽 081
～迴(居然) 大和 076
～通 永徽 092
～通 乾封 026
～通 景龍 042
～運 神功 006
～郎 顯慶 093
38 ～海珍 天寶 223
～洽 長安 066
～祚 貞觀 133
楊裕 貞觀 169
～道綱 顯慶 082
～遂 貞元 042
～遂 貞元 083
～遂 開成 018
39 ～逍 大和 076
40 ～十娘 萬歲登封 003
～大隱 永徽 030
～大隱(朝) 咸亨 063
～太明 開元 121
～爽 如意 003
～爽 長壽 021
～士(宗) 顯慶 093
～士亮 永徽 057
～士漢(子泉) 貞觀 069
～士達(崇福) 貞觀 124
～士貴 貞觀 171
～壇 咸通 011
～才 萬歲通天 012
～志 會昌 032
～志玄 顯慶 093
～志誠 中和 007
～志確 元和 057
～志忠 元和 005
～李 會昌 005
～雄 咸亨 099
～雄 開元 263
～去甚 咸通 079
～去甚 乾符 030
～真 永徽 030
～柱 麟德 059
41 ～頗 貞觀 124

42 楊媛(郭行徹母) 顯慶 110
43 ～域 咸通 088
～求 貞觀 124
～越 開元 025
～戴 咸通 085
44 ～基(政本) 永徽 033
～基 儀鳳 027
～基(安定) 神功 006
～董六 乾符 010
～蘭 總章 034
～茂 貞觀 124
～茂卿(士蕤) 大中 059
～茂卿 大中 137
～藏 咸亨 054
～藏器 乾符 026
～燕客 元和 105
～燕客 乾符 011
～恭 永徽 114
～恭 顯慶 082
～恭仁 貞觀 050
～蕙(李纓妻) 咸通 108
～孝弼(恭) 先天 003
～孝瑜 大曆 046
～孝直 寶曆 017
～孝直 大和 090
～孝忠 光宅 001
～執一 開元 040
～執一 開元 263
～執一 天寶 019
～華 貞觀 113
～華(世英) 貞觀 113
～華 貞觀 119
楊英 咸亨 054
～英 神龍 009
～苟 顯慶 107
～芸(子集) 乾符 026
～藝(德明) 永徽 030
～藝 咸亨 063
～藝 開元 452
～楚王 開元 515
～楚玉 大足 002
～楚材 會昌 014
～楚卿 會昌 014
～藥樹 萬歲登封 003
～葉 貞元 111
～植 如意 003
～植 長壽 021
～模 大和 090
～林 貞觀 165
～林 大和 083
46 ～坦 天寶 064
～坦 咸通 088
47 ～均 乾符 006
～超 咸亨 092
～超 開元 025
48 ～慜 大曆 075
～乾 如意 003
～乾 寶曆 013
～乾光(耀卿) 大中 097
～翰 大和 090
～幹 永昌 001
～敬 貞觀 165
～敬之 咸通 040
～松年 大中 137

楊檢 乾符 026
50 ～中書 貞元 026
～申 咸通 108
～忠 龍朔 063
～忠 麟德 039
～忠 永淳 026
～忠 天寶 181
～忠 天寶 223
～惠 乾符 011
～惠琳 元和 083
～春 順天 003
～書 會昌 005
～表 開元 121
～貴 貞觀 107
～貴 永徽 057
～貴(元宗) 永徽 114
～貴 天授 028
～素玉 大足 002
51 ～頔 元和 117
52 ～揣 殘誌 026
～挺 貞觀 165
～挺 咸通 103
53 ～輔 中和 001
～盛 貞觀 005
～盛 會昌 029
～盛 會昌 032
～成 神龍 009
～成其(劉□妻) 貞觀 169
～威 永徽 044
～威 永徽 092
～威 萬歲通天 012
～威 神龍 009
楊威 開元 150
54 ～軌 上元 022
～軌臣 開元 124
55 ～慧 咸通 103
～曹 大中 097
56 ～擇文 元和 005
～押(子押) 順天 003
57 ～擢 咸通 103
58 ～拾得 乾符 010
60 ～國忠 天寶 259
～國忠 大和 085
～晃 證聖 010
～晟(世雄) 咸亨 092
～思立(立之) 乾符 011
～思玄(處寂) 神龍 009
～思謙 天寶 208
～思玉 大足 002
～思止 開元 263
～思勗(祐之) 開元 515
～旻 貞元 111
～旲生 永徽 092
～昇(文陟) 萬歲登封 003
～昇 中和 001
～昰 天寶 110
～景春 開元 532
～景昭 開元 025
～景昭 天寶 100
～景昭 順天 003
61 ～晅 大和 076
～顯 貞觀 171
62 ～則 上元 016
63 ～暄 貞元 044

楊喧 證聖 010
～默 永徽 030
64 ～曄 麟德 059
67 ～曜(景明) 開元 150
～暀 元和 123
～昭(宣政) 貞觀 165
～昭兒 乾符 011
～嗣復 開成 039
～贍(士寬) 寶曆 017
～贍 大和 090
71 ～阿門 大中 059
～阿周 大中 059
～陟 開元 025
～曆 開元 515
～頎 元和 117
～馬 會昌 005
～愿 大曆 053
～巨源 元和 117
72 ～隱 開元 452
～隱朝 元和 105
～氏(張叡妻) 貞觀 030
～氏(李桀妻) 貞觀 133
～氏(向英妻) 貞觀 142
～氏(馬□妻) 永徽 037
～氏(陳□妻) 永徽 044
～氏(張公直妻) 顯慶 107
～氏(張荀□妻) 龍朔 063
～氏(唐沙妻) 龍朔 065
～氏(樊秀妻) 龍朔 073
～氏(宋璋妻) 麟德 013
～氏(羅端妻) 麟德 022
～氏(郭□妻) 乾封 015
楊氏(李泰妻) 總章 015
～氏(申恭妻) 咸亨 007
～氏(王德妻) 咸亨 054
～氏(侯彪妻) 咸亨 099
～氏(袁□仁妻) 上元 026
～氏(韓傑妻) 天授 029
～氏(常舉妻) 萬歲通天 009
～氏(獨孤煜母) 長安 020
～氏 景龍 020
～氏(王師妻) 開元 033
～氏(薛璿妻) 開元 347
～氏(鄭諶妻) 開元 412
～氏(盧全操妻) 開元 421
～氏(張文珪妻) 開元 424
～氏(劉秦客妻) 開元 430
～氏(張昕妻) 開元 436
～氏(趙巨源妻) 天寶 007
～氏(王元妻) 天寶 059
～氏(張洮妻) 天寶 084
～氏(盧明遠妻) 天寶 112
～氏(高琛妻) 天寶 148
～氏(盧仲容母) 天寶 208
～氏(竇□妻) 大曆 053
～氏(裴適妻) 大曆 078
～氏(趙益妻) 大曆 081
～氏(李萼妻) 貞元 028
～氏(苗讓母) 元和 030
～氏(袁秀巖妻) 元和 038
～氏(董岌妻) 元和 050
～氏(苻載妻) 元和 052
～氏(沈羣妻) 元和 057
～氏(適李氏) 大和 019

楊氏(李全素妻) 大和 085
～氏(胡泰妻) 會昌 032
～氏(王惲妻) 會昌 056
～氏(周文遂妻) 大中 020
～氏(耿元晟妻) 大中 074
～氏(朱萱妻) 大中 153
～氏(孫備母) 咸通 040
～氏(楚國夫人) 咸通 041
～氏(劉英閏妻) 咸通 055
～氏(紇干濬妻) 咸通 096
～氏(張全忠妻) 咸通 102
～氏(顧謙妻) 咸通 109
～氏(崔儉妻) 乾符 021
～氏(祖曈母) 中和 001
～岳(雲蓋) 證聖 010
77 ～同遜 大和 015
～周 會昌 021
～陶(安師) 天授 015
～履庭(勤) 景雲 019
～履言 天寶 208
～履行 長安 049
～具 天授 011
～興 垂拱 062
～巽 元和 149
79 ～騰 貞觀 005
80 ～八娘 大曆 046
～全(寶行) 貞觀 171
～鉉 會昌 014
～令言 貞元 082
～令暉 天寶 056
～令臣 先天 003
～念 開元 124
楊慈 儀鳳 027
～無量壽(廣平公妻) 開元 327
～義 龍朔 063
～義 總章 026
～善遇 長安 041
～善同 麟德 059
～公立 開成 032
～公孫 景雲 019
～公弼(彪之) 會昌 014
～公詧 開成 032
～公則 上元 026
81 ～頒 大曆 046
～矩 先天 003
～頌 貞元 036
82 ～鍰 元和 005
83 ～釴 元和 057
84 ～錡 大和 076
86 ～知慶 開元 327
～知章 開成 035
～知言 咸通 011
～知言 乾符 010
～知玄 開成 035
～知玄 開成 051
～知退 乾符 010
～知退 乾符 011
～知晦 開成 035
～智積(仲謀) 乾封 033
～智光 儀鳳 027
87 ～欽 乾封 033
88 ～敏(屬師) 貞觀 005
～籌 咸通 038
～管管 咸通 090

楊餘慶　元和 105
～纂　長安 020
89 ～鏻　建中 016
90 ～小建　乾符 010
～小禿　乾符 010
～小猧　乾符 010
～小都　乾符 010
～惟良　大和 033
～懷儉　永徽 145
～懷爽　元和 005
～懷旭　景龍 049
～懷義　證聖 010
～懷義　景龍 049
～光(承先)　順天 003
～光煦　天寶 057
～炎　大和 006
～焠　大中 097
91 ～恒　天寶 223
92 ～忻　永徽 033
～懽　開元 387
～慎知　天授 011
96 ～慢黑　長安 005
～□　大順 003
～□　光化 001
～□哲(茂道)　上元 016
～(壽軍元帥)　元和 009
～(兵部侍郎)　元和 088
～(均州刺史)　元和 117
～(尚書工部員外郎)　元和 117
～(宣泗饒合四州刺史)　元和 117
～(西臺侍郎同東西臺三品)　元和 117

郗　4722_7

12 郗弘度　元和 029
～弘度　元和 043
40 ～士美　開成 041
60 ～昂　建中 001
72 ～氏(董明妻)　顯慶 112

郁　4722_7

18 郁政義　永泰 004
20 ～爲新　殘誌 019
21 ～師周　殘誌 019
44 ～楚榮　永泰 004
50 ～貴　永泰 004
71 ～阿扶　永泰 004
90 ～懷振　永泰 004

郝　4732_7

03 郝誠秀　咸通 043
12 ～瑀　永徽 024
20 ～乘　咸通 067
～乘　咸通 074
～乘　咸通 086
21 ～處俊　天寶 051
～處俊　大曆 058
38 ～道進　咸通 043
40 ～壽郎　咸通 043
50 ～忠信　咸通 043
～忠順　咸通 043
～忠憲　咸通 043
72 ～氏(孟保同妻)　貞觀 071

80 郝八兒 咸通 043
99 ～榮(通) 永徽 024

鞠 4742_0

00 鞠慶瑜 重光 004
～文泰 開成 026
12 ～延紹 延壽 007
20 ～信(多信) 久視 003
21 ～仁 開明 002
26 ～保 久視 003
27 ～脩政 久視 003
30 ～進 開明 002
34 ～湛 長壽 030
46 ～相 貞觀 163
67 ～明 永昌 008
71 ～愿 永昌 008
72 ～氏(趙□妻) 貞觀 163
～氏(張雄妻) 永昌 008
77 ～隆 久視 003
～舉(峻之) 開明 002
80 ～善岳 龍朔 048
98 ～悦 久視 003
～悦子 延壽 010
～□ 貞觀 163

郄 4742_7

71 郄愿 開元 407

胡 4762_0

00 胡亮 貞觀 008
～文 聖曆 047
～玄中 會昌 029
01 胡証 大和 100
02 ～端 開元 035
04 ～諶 殘誌 013
05 ～竦 會昌 032
10 ～玉竭 永淳 012
12 ～弘 聖曆 047
14 ～瑱 天寶 131
17 ～務本 開元 508
18 ～珍 大中 037
～珍 殘誌 013
20 ～季良 大和 091
21 ～貞 會昌 029
22 ～胤師 貞觀 158
～邕 貞觀 008
～邕 貞觀 013
～山君 永淳 012
26 ～伯遠 貞觀 013
～儼(長威) 貞觀 027
27 ～象 開元 456
～的 元和 032
～叔平 元和 111
28 ～佺 開元 035
30 ～永(敬延) 貞觀 008
～永 貞觀 013
～永 貞觀 027
～永 貞觀 158
～寶 貞觀 158
～宗約 會昌 029
～宗約 會昌 032
32 ～兆祉 景福 003
33 ～泳 元和 111
36 ～温 元和 111

胡涀 聖武 005
～渭 元和 111
37 ～通 聖曆 047
38 ～道 天寶 091
～道輿 大和 008
40 ～真 大和 056
44 ～者(方) 元和 111
48 ～敬文 會昌 029
50 ～泰(寬時) 會昌 029
～泰 會昌 032
～肅(元暹) 天寶 091
52 ～哲(仁感) 聖曆 047
53 ～威 元和 111
60 ～國珍 貞觀 008
～思斌 聖曆 047
～思晦 聖曆 047
～思德 天寶 091
～思温 聖曆 047
～買 開元 035
～景濟 天寶 147
70 ～璧 元和 111
67 ～明期 開元 323
71 ～長延咸 永淳 012
～長粲 貞觀 008
72 ～氏(樂歸妻) 上元 031
～氏(田志承妻) 聖曆 045
～氏(李素妻) 開元 425
～氏(蕭紹遠妻) 開元 508
～氏(陸豐妻) 天寶 147
～氏(張君平妻) 大中 081
～質 貞觀 008
～質(孝質) 貞觀 013
胡質 貞觀 027
～質 貞觀 158
77 ～堅 天寶 091
90 ～懷玉 開元 035
～懷爽 開元 035
～光復 永淳 012

柳 4792_0

00 柳齊物 開成 045
～方 顯慶 047
～應元 咸通 059
～慶 垂拱 008
～唐 顯慶 047
～玄 上元 042
03 ～識 大中 107
05 ～諫兒 廣明 004
10 ～正確 開元 396
～正封(靜略) 開成 031
12 ～延宗(昌藝) 廣明 004
16 ～璟 開成 051
17 ～務 貞元 116
18 ～珍 廣明 004
21 ～順(娘奴) 景龍 047
～仁秀 乾元 013
～行 上元 011
～行滿 永淳 025
～穎達 上元 042
22 ～崇約 垂拱 008
～崇約 天授 004
25 ～仲禮 貞觀 061
～仲郢 會昌 042
26 ～自然 貞觀 061

柳偘(承茂) 垂拱 008
～偘 天授 004
～峴 貞元 015
27 ～豹兒 廣明 004
～貂蟬 大中 048
～約 景龍 047
～綱 顯慶 047
28 ～徽 上元 011
～僧 廣明 004
～從直 大中 084
30 ～淮卿 長壽 017
～濟 開成 031
～汶 大和 011
～寥 貞元 056
～永錫 垂拱 009
～安兒 廣明 004
～客尼 開元 396
～宗元 貞元 134
～宗元 大中 107
～宗元 咸通 040
31 ～沔 乾元 013
～顧言 顯慶 125
～顧言 景龍 047
32 ～遜 顯慶 125
34 ～婆歸(唐遜妻) 貞觀 061
～婆女 大中 048
36 ～漠 乾元 013
37 ～溆 乾元 013
38 ～祚 開元 073
39 ～淡功 開成 045
～逖 垂拱 008
～逖 垂拱 009
40 柳奭 總章 020
～喜 開成 045
～真君 乾元 013
42 ～機 垂拱 008
～機 垂拱 009
44 ～芳 天寶 105
～芬 貞元 116
～帶韋 開元 073
～茂春 廣明 004
～老師 會昌 042
～楚 大中 129
47 ～均 貞元 116
～慤 乾元 013
～都 開成 031
50 ～泰 乾符 031
52 ～挺 建中 016
53 ～彧 貞觀 061
67 ～吧 開成 031
～明傑 開元 396
～暉 顯慶 125
72 ～氏(蕭□妻) 顯慶 125
～氏(范褒妻) 上元 011
～氏(袁□妻) 上元 042
～氏(陳察妻) 長壽 017
～氏(常建妻) 萬歲通天 031
～氏(于賁妻) 景龍 014
～氏(薛□妻) 開元 073
～氏(李魚母) 開元 113
～氏(李敬妻) 開元 210
～氏(劉談妻) 貞元 140
～氏(趙璘母) 開成 045
～氏(吕渭妻) 大中 107

柳氏(陳立行妻) 大中 129
～氏(趙伉妻) 咸通 021
80 ～慈□ 乾元 013
～曾 貞元 116
～善寶 景龍 047
～公(河東) 大中 084
～公綽 大中 102
～公濟 廣明 004
～公權 會昌 034
～公權 會昌 046
～公權 大中 084
82 ～銛 乾元 013
86 ～錫 貞元 087
～知仁 貞元 116
～知微 大中 048
88 ～範 開元 073
～範 開成 045
～懷儉 貞元 116
90 ～尚德 顯慶 002
～尚寂 景龍 047
～尚遠 麟德 056
～尚真 顯慶 002
～尚真 顯慶 125
～當 開成 031
～當 廣明 004
97 ～煥 貞元 116
99 ～惔 顯慶 125

栘 4792_1

53 栘成 天寶 168

格 4796_4

21 格處沖 天授 012
22 ～豐都 天授 012
80 ～善義 天授 012
～公土 天授 012

敬 4864_0

00 敬玄奭 開元 098
～玄奭 開元 507
12 ～弘亮 開元 178
～延祚 中和 005
17 ～子華 開元 221
21 ～行修 中和 005
～行益 中和 005
23 ～俊 開元 221
～獎公 開元 221
27 ～包 中和 005
30 ～進郎 中和 005
～守德 開元 098
～守德 開元 507
～客 顯慶 081
34 ～洪奴 開元 098
～洪奴 開元 508
40 ～志文 開元 098
～志文 開元 507
46 ～坦 開元 507
62 ～昕 大中 054
67 ～昭道(皎) 開元 221
77 ～覺(德峻) 開元 267
～舉 開元 221
80 ～全紀 中和 005

敬會真 開元 267
86 ～鐶 元和 122
97 ～輝 中和 005
～□昌 開元 532

梅 4895_7

00 梅玄成 開元 515

狄 4928_0

21 狄仁傑 久視 013
～仁傑 開成 050
80 ～公(尚書) 大中 056

趙 4980_2

00 趙充賢 延壽 009
～亮 天授 037
～彦昭 開元 020
～齊卿 長慶 024
～方浩 至德 001
～方湊 至德 001
～方海 貞觀 050
～方海 天授 037
～商 大和 070
～高 貞觀 162
～裔 先天 004
～庭(璧) 開元 492
～庭秀 開元 503
～度 長安 009
～慶 貞觀 145
～摩(韓□妻) 永徽 101
～文皎 至德 001
～文則 開元 032
趙文舉 開元 492
～言道 開元 496
～玄 顯慶 070
～玄 永淳 023
～玄章 咸通 095
～玄俊 至德 007
～玄寂 乾封 010
～玄敬 乾封 010
～玄成 乾封 010
～玄隱 乾封 010
02 ～端(端政) 麟德 034
03 ～斌 永徽 101
04 ～詵 貞觀 162
～詵 永淳 029
～詵 大中 089
07 ～翊 永貞 003
08 ～旃 元和 122
～謙 長安 027
～謙宗 天寶 172
09 ～談信 元和 110
10 ～五娘 開元 385
～正 永徽 075
～元瓌 開元 385
～元戣 開成 053
～元粲 麟德 061
～元公 咸通 095
～元智 萬歲通天 028
～元□ 開元 032
～夏日 開元 344
～天生 永徽 126
～雲虬 開元 034
～不爲 開元 292

趙不器 開元344
11 ～玭 中和008
～瑨 大和087
12 ～澄 顯慶008
～弘 貞觀155
～弘仁 永徽075
～弘略 永徽039
～弘善 貞觀173
～延和 永徽039
～廸 開元199
13 ～琬 天寶007
～琮(光) 殘誌028
14 ～珪 開成045
～珪(子達) 大中011
～珪 咸通021
～琦 開元061
～璜 開成045
～璜 大中011
～璜(祥牙) 咸通021
～璜 咸通118
～琳 麟德061
15 ～璉 咸通021
～融 大和037
～建遂 大中089
17 ～翌 開元528
～珣 貞元020
～瓊琰 開元528
～珉 貞元020
～璨 永徽134
～承慶 垂拱001
～承慶 天寶225
～君衡 大中011
趙君旨(正卿) 大和087
19 ～璘 開成045
～璘 大中011
～璘 咸通021
20 ～伉 大中011
～伉 咸通021
～秀(李説母) 景雲004
～信 麟德034
～季 貞觀146
～季隨 大中021
21 ～上真(王曉母) 開元496
～仁 開元528
～仁 咸通021
～仁泰 大中011
～仁果 天寶007
～虎 顯慶136
～行立 咸亨019
～行德 天寶007
～行成 開元496
～行簡 咸亨019
～儒 開元252
～儒 天寶189
～儒立 長慶030
～衢 會昌053
～衢 文德001
～虔章(敬彝) 乾符012
～睿(玄俊) 萬歲通天019
～師 永徽055
～師(立) 總章013
～師 聖曆023
～師立 開元496
～師牧 會昌020

趙師運 會昌 020
～貞仁 儀鳳 024
～貞固 咸通 029
22 ～豐 元和 111
～嵩 開元 509
～巖 咸通 095
～仙童(岸) 天寶 092
～鸞 永徽 075
～嶠 永徽 039
～山松 先天 004
23 ～伏 貞觀 103
～侔 大和 047
24 ～德 乾封 010
～德 開元 352
～德王 開元 492
～德行 大中 089
～德獻 大中 089
～德令 咸亨 019
～德榮 大中 089
～佶 貞元 041
～休 開元 509
25 ～仲子 永徽 126
～仲威 開元 032
～純 長安 027
26 ～伯 永徽 055
～伯比 永徽 126
～伯修 大中 011
～保隆(全社) 開元 032
～皛 開元 528
～和 永徽 134
～穆 開元 189
～穆 天寶 189
27 趙向 天寶 240
～脩演 天寶 069
～叔佶 大中 011
～叔儹 大中 011
～叔伸 大中 011
28 ～佺(小奴) 天寶 172
～徽 龍朔 022
～徽 開元 061
～僧德 長安 027
～從約 會昌 053
～從義 永貞 002
～從義 元和 017
30 ～濟 元和 009
～汴娘 咸通 118
～液 天寶 189
～進(義玄) 大足 004
～寫 大中 089
～安(善相) 永徽 055
～安仁 天寶 060
～究微 天寶 092
～究初 天寶 092
～究蒙 天寶 092
～客 景雲 004
～審文 殘誌 028
～審巖 殘誌 028
～審裕 殘誌 028
～良 萬歲通天 028
～良裔 元和 142
～良弼 開元 098
～良輔 元和 040
～良器 開元 098
～實 元和 110

趙賓 開元 061
～宗(劉寶夫) 麟德 032
～宗(善文) 乾封 010
～宗立 開成 047
～宗元 開成 047
～宗式 開成 047
～宗本 開成 047
～宗本 大和 087
31 ～涉 大中 011
～涉 咸通 021
～濬 萬歲通天 028
～福 先天 004
32 ～澄 咸亨 019
～灌 開元 528
～灌然 會昌 053
～沃心 大曆 073
33 ～泌 開元 528
～溥 至德 001
～演 天授 037
～演 天寶 007
～邃 開元 352
～業 咸亨 013
34 ～淹 永徽 126
～滿 永徽 097
～汝南 開元 330
～達 永徽 097
～達 永徽 101
聖曆 023
～禕 永淳 029
～禕 大曆 081
～造 會昌 037
35 ～清 開元 352
趙禮 聖曆 023
～禮 開元 276
～迪 開元 509
36 ～湘 開成 053
37 ～澮 開元 189
～潔(思貞) 開元 189
～祖連 貞觀 103
～通 顯慶 008
～通(孝孫) 顯慶 008
～遐 顯慶 018
～遐 上元 034
～遐 大足 004
～翊 開元 189
～郎 總章 036
38 ～道興 萬歲通天 019
～道興 至德 001
～道會 儀鳳 009
40 ～又 開成 047
～大表 永徽 035
～爽(義明) 永徽 075
～右素 開成 045
～士政 龍朔 082
～士季 天寶 069
～士真 咸通 095
～士成 咸通 095
～士則 元和 110
～士□ 元和 110
～才(文器) 永徽 039
～才 永淳 029
～才 萬歲通天 019
～才 先天 004
～克簾 先天 004

趙希原 文德 001
～南山 開元 352
～南華 貞元 120
～南華 貞元 124
～南華 寶曆 015
～志玄 開元 252
～志宏 天寶 189
～嘉(善通) 永徽 097
～嘉猷 開元 352
～吉祥 永淳 023
～昚已 大中 011
～壽 永徽 055
～壽 開元 252
～壽 開元 425
～雄 咸亨 013
～七哥 咸通 095
～真師 大和 087
43 ～博齊 大和 064
～博齊 會昌 006
～越賓(連城) 長安 009
～越賓 開元 276
44 ～萱 元和 139
～勤(仁恭) 永淳 029
～萬慶 長安 027
～萬珍 咸通 095
～茂 文德 001
～恭禮 長安 009
～孝鈞 開元 492
～著 大曆 082
～楚賓 天寶 211
～植 大曆 032
～植 大曆 033
趙植 會昌 053
～林 景雲 004
46 ～坦之 天寶 069
～挈 貞觀 146
～相 顯慶 018
～相 上元 034
～相 大足 004
47 ～均 乾符 025
～懿 貞觀 028
～邯 咸通 032
～超 長安 009
～超 開元 276
～杞 元和 122
48 ～敬玄 開元 061
～敬理 天寶 172
～敬宗 元和 040
50 ～推 天寶 081
～肅(威) 顯慶 018
～本質(崇文) 天授 037
～本質 景龍 010
～忠 景雲 004
～惠 元和 040
～奉元 開成 045
～貴 永徽 055
～貴 上元 028
～素 天寶 069
51 ～輻 咸通 021
52 ～虬 咸亨 019
～威(文肅) 上元 034
53 ～威 儀鳳 009
～威 大足 004
54 ～軌 貞觀 173

趙軌(師立) 顯慶 136
～勣(德素) 永徽 134
55 ～構 天寶 069
～慧(杜勤忠母) 聖曆 023
56 ～損 元和 050
57 ～軺 開成 005
～軺 會昌 022
58 ～軫 咸通 118
～軿 咸通 118
～昉(子昇) 貞觀 155
60 ～日誠 元和 110
～日林 建中 013
～最 開元 509
～思廉 天寶 069
～思忠 開元 211
～思問 天授 037
～思敏 永淳 029
～昇 元和 082
～昇 會昌 045
～昂 上元 001
～曇 天寶 244
～景玄 開成 045
～景淑 開元 032
～景初 開元 032
62 ～昕 大足 004
67 ～昭 貞觀 146
68 ～曦 大曆 081
70 ～璧(周紹業妻) 開元 252
71 ～阿文 萬歲通天 026
～頎 元和 009
～臣 儀鳳 009
～巨源 天寶 007
72 趙隱忠 天寶 092
～氏(崔志妻) 貞觀 002
～氏(戚纂妻) 貞觀 026
～氏(姜謩妻) 貞觀 028
～氏(張育妻) 貞觀 145
～氏(王文隲妻) 貞觀 173
～氏(王通妻) 貞觀 103
～氏(周紹業妻) 顯慶 070
～氏(宋義妻) 顯慶 085
～氏(張興妻) 龍朔 022
～氏(孟□妻) 龍朔 082
～氏(□慶宗祖母) 總章 029
～氏(□處言母) 咸亨 013
～氏(樂玄妻) 咸亨 023
～氏(劉奉芝妻) 上元 001
～氏(史敬傳母) 上元 028
～氏(劉□妻) 上元 041
～氏(段雅妻) 垂拱 017
～氏(朱簡妻) 證聖 009
～氏(董希令妻) 萬歲通天 032
～氏(張素妻) 神功 008
～氏(張仁楚妻) 長安 044
～氏(劉仁妻) 神龍 038
～氏(張冬至妻) 景雲 016
～氏(孟俊妻) 開元 257
～氏(敬覺妻) 開元 267
～氏(韋麟妻) 開元 315
～氏(長孫盷妻) 開元 334
～氏(竹敬敬妻) 開元 460
～氏(元景妻) 天寶 060
～氏(雷詢妻) 天寶 090
～氏(裴元紀妻) 天寶 225

趙氏(孫志廉妻) 天寶 247
～氏(張希古妻) 天寶 273
～氏(張懷實妻) 建中 013
～氏(張寧妻) 元和 009
～氏(鄭□妻) 元和 071
～氏(魏邈妻) 元和 082
～氏(胡者妻) 元和 111
～氏(楊□妻) 元和 139
～氏(郭柳妻) 寶曆 014
～氏(朱朝政母) 大和 079
～氏 會昌 045
～氏(崔隋妻) 會昌 053
～氏(鄭鐈妻) 大中 025
～氏(張弁妻) 大中 081
～氏(劉崟妻) 大和 084
～氏(支敏妻) 大中 109
～氏(張曅妻) 咸通 085
～氏(張武妻) 中和 012
～氏(盧景唐母) 文德 001
～質 大曆 081
73 ～卧龍 天寶 007
74 ～隨 大曆 081
～騂 天寶 012
～騂 大曆 081
77 ～隆 顯慶 136
～同□ 貞元 020
～冏 開元 257
～駉 大中 011
～駉 咸通 021
～卿 萬歲通天 028
～賢 儀鳳 009
78 ～覽 天寶 007
趙覽 天寶 092
～陁 麟德 061
80 ～全泰 寶曆 011
～全泰 大和 037
～益 大曆 081
～夔 開元 528
～令則 顯慶 060
～令銓 長安 027
～慈景 大曆 081
～義 貞觀 146
～義 總章 036
～義(懷敬) 永淳 023
～義感 顯慶 018
～義感 上元 034
～合 永徽 097
～含章 開元 360
～善惠 貞觀 155
～公慶 咸通 095
～公建 咸通 095
～公進 咸通 095
～公實 咸通 095
～公敭 咸通 095
82 ～釗 大和 087
86 ～知慎(誠盈) 開元 509
～智偘 長安 027
88 ～銓 開元 032
～簡 大和 087
90 ～懷璡 萬歲通天 019
～懷璡 至德 001
～懷信 天寶 172
～懷古 顯慶 008
～懷哲 開元 144

趙少 上元 028
～少堅 天寶 179
91 ～恒 乾元 007
94 ～慎巳 咸通 021
96 ～憬 天寶 189
97 ～惲 天寶 092
98 ～悦 天寶 069
～悦 元和 009
～悦子 延壽 003
～悦子 延壽 008
99 ～榮 貞觀 162
～榮 貞觀 163
～榮 乾封 010
～榮 咸亨 019
～榮 大中 011
～□(華州) 會昌 004

史 5000_6

00 史亮 開元 310
～方邃 寶曆 019
～庭(南山) 天寶 139
01 ～訶 咸亨 103
04 ～護 開元 305
08 ～論 大中 005
～論 大中 026
10 ～元忠(司徒) 中和 007
～元益 大和 001
～雲 麟德 047
15 ～建洛 残誌 060
18 ～璲 元和 078
～群 元和 050
20 ～信(安期) 麟德 047
21 史仁 咸亨 103
22 ～嵩 麟德 047
24 ～待賓 開元 305
26 ～伯隴 麟德 047
～伯悦 延壽 006
～伯悦 永徽 104
27 ～翱 會昌 014
30 ～寶定 天授 013
34 ～對 天寶 139
35 ～清 元和 122
～湊 元和 122
40 ～嘉客 殘誌 060
44 ～藏 開元 274
～孝章 大中 097
～英 顯慶 169
～權 大中 005
48 ～敬傳 上元 028
53 ～威 開元 305
60 ～思謙 開元 274
～思涉 大中 005
～思明 寶應 004
～思明 大曆 011
～思明 大曆 030
～思明 大曆 043
～思明 貞元 023
71 ～頎 大中 148
72 ～氏(王遵妻) 義和 001
～氏(史伯悦妻) 永徽 104
～氏(康□妻) 顯慶 169
～氏 咸亨 103
～氏(安神儼妻) 調露 024
～氏(宋守一妻) 開元 310

史氏(裴琚妻) 元和 008
～氏(李文政妻) 大和 032
～氏(張劉十母) 大中 005
～氏(張鋒妻) 大中 026
～隱賢 開元 305
77 ～卿 開元 305
80 ～善法 長安 035
86 ～智(薛莫妻) 開元 274
91 ～恒 貞元 046

申　5000_6

00 申廉 咸亨 007
～文幹 咸亨 007
05 ～諫臣 開元 474
06 ～謂 證聖 004
10 ～元 證聖 004
12 ～弘泰 咸通 008
18 ～珍 咸通 008
22 ～胤 咸通 008
23 ～參 天寶 270
24 ～德(儒宗) 咸亨 026
28 ～儉 永徽 041
30 ～守(節) 證聖 004
～寂 咸亨 007
34 ～達 咸亨 026
38 ～道 證聖 004
44 ～恭(思德) 咸亨 007
47 ～好(姜牛□妻) 永徽 041
48 ～幹蠱 天寶 080
60 ～景 永徽 041
63 ～昈 殘誌 028
72 ～氏(楊士妻) 顯慶 093
申氏(王休泰妻) 大曆 023
90 ～堂構 天寶 247

申屠　5000_6 7726_4

00 申屠玄 景龍 039
12 ～～弘受 乾符 036
～～弘維 乾符 036
14 ～～珪 乾符 036
16 ～～瑒 久視 015
17 ～～璨 元和 093
21 ～～行(表) 景龍 039
～～儒 景龍 039
～～綽 景龍 039
22 ～～後誰 元和 093
～～山僧 開元 154
～～樂 如意 004
23 ～～伏興 元和 093
26 ～～和 景龍 039
27 ～～冬兒 乾符 036
28 ～～徹 乾符 036
30 ～～寶(達) 天授 043
～～宗慶 天授 043
35 ～～神範 如意 004
38 ～～道義 元和 093
40 ～～爽 景龍 039
～～士 天授 043
44 ～～恭 乾符 036
47 ～～歡 天授 043
58 ～～軫 元和 093
60 ～～昌 如意 004
72 ～～氏(崔道妻) 永淳 020
～～氏(□堯妻) 天授 038

77 申屠興 乾符 036
80 ～～義(德) 如意 004
～～公(卿) 開元 154
88 ～～節 咸亨 007
90 ～～光 乾符 036
97 ～～輝光 元和 093

車 5000_6

04 車詵(孝詵) 顯慶 015
05 ～竦 顯慶 015
06 ～謣 天寶 218
10 ～元章 大和 060
～元孚 大和 060
～元暢 大和 060
～元敫 大和 060
20 ～孚 天寶 218
22 ～仙 貞元 111
26 ～和 顯慶 015
47 ～胡 咸亨 017
72 ～氏(張義妻) 永徽 027
～氏(□碩妻) 咸亨 017
～氏(李秀母) 天寶 135
80 ～益 大和 060

惠 5033_3

28 惠攸 總章 038
34 ～達 總章 038
72 ～氏(耿卿妻) 總章 038
～氏(張仲平妻) 光啓 004

婁 5040_4

02 婁誕 乾封 051
24 婁待賓 乾封 051
48 ～敬(仁恭) 乾封 051
60 ～四德(朱□妻) 天寶 101
99 ～縈 乾封 051
～□妻 長安 010

冉 5044_7

10 冉元一 久視 002
24 ～休翔 會昌 049
72 ～氏(朱敬之母) 會昌 049

奉 5050_3

26 奉和 開成 014

末 5090_0

96 末恒活 大中 096

秦 5090_4

00 秦立信 至德 003
～亮 貞觀 068
～應 龍朔 042
～庭秀 元和 062
～辯 龍朔 053
～讓 元和 062
08 ～詳兒(張朗母) 貞觀 068
10 ～三娘(宋思脊妻) 開元 477
～瓌(馮履仁妻) 會昌 025
～元迴 永徽 049
～孩 麟德 008
17 ～承禋 天寶 238
～承祐 天寶 238
～君素 乾元 001

20 秦愛 元和 107
～愛 會昌 025
～季 聖曆 015
21 ～行堪 天寶 238
～儒卿 乾元 001
～師政 天寶 238
～貞 元和 107
22 ～利見 景龍 001
27 ～叔寶 聖曆 015
～叔寶 景龍 001
28 ～佾 聖曆 015
30 ～進 永徽 049
～守一 開元 221
～定遷 元和 062
～寶(連城) 麟德 008
～宗冀 會昌 014
31 ～遷奴 元和 062
34 ～達 貞觀 068
35 ～沖 龍朔 042
36 ～邈 元和 062
37 ～朗 龍朔 053
～朗 麟德 008
38 ～海 貞觀 068
40 ～力 元和 107
～士寧 元和 062
～希莊 乾元 001
～雄 龍朔 042
～檀子 元和 062
44 ～樺信 元和 059
53 ～彧 永徽 049
60 ～旻 元和 107
～晏 元和 107
秦昊 大曆 042
～景 永徽 049
65 ～暕(待舉) 天寶 238
72 ～氏(王貞妻) 長安 019
～氏(董神寶妻) 開元 191
～氏(楊岌妻) 天寶 100
～氏(楊□妻) 乾元 001
～氏(李景逸妻) 元和 055
74 ～陵 龍朔 053
77 ～閏子 元和 062
～貫 大中 139
80 ～義(仁) 龍朔 053
82 ～鍾 元和 107
87 ～鈞 會昌 025
90 ～小遷 元和 062
～惟孝 會昌 025
～懷道 聖曆 015
～□ 長安 003
～□道 景龍 001

束 5090_6

11 束斐 景龍 015
17 ～羽客 景龍 015
30 ～液 景龍 015
～良(嘉慶) 景龍 015
32 ～漸 開元 502
46 ～如玉 景龍 015

擾 5104_7

60 擾雲 貞元 111

斬啜　5202_1 6704_7

斬啜　景雲 018

搖　5207_2

30 搖寶珪　開元 335

採　5209_4

22 採仙　大和 091

輔　5302_7

10 輔元述　開成 030
22 ～巖　開成 030
24 ～德-(衛□妻)　開成 030
40 ～太初　開成 030
72 ～氏(崔洪福妻)　開元 272
～氏(李輔光妻)　元和 083

成　5320_0

00 成立　天寶 113
～高　顯慶 094
～文　長安 016
～玄德　永徽 110
10 ～懷　乾符 027
～璋　大中 008
～元璋　垂拱 051
12 ～弘意　垂拱 003
～憝　垂拱 003
～憝　垂拱 051
14 ～瓚　咸亨 086
15 ～建　乾符 027
17 ～璪　麟德 028
成君信(匡時)　乾符 027
20 ～信　開元 442
～維孝　萬歲通天 008
～維孝　長安 026
～維忠　萬歲通天 008
～維忠　長安 026
21 ～行賓　乾符 027
～行實　乾符 027
22 ～循(萬述)　萬歲通天 008
～崇　大中 008
～崇傴　天寶 113
～備　垂拱 003
24 ～德(運)　垂拱 003
～德　垂拱 051
27 ～粲　咸亨 086
～粲　萬歲通天 008
～絳郎　乾符 027
28 ～徵(文義)　顯慶 027
～儉(貞固)　文明 004
30 ～寧　顯慶 039
～寬　永淳 004
～寬　垂拱 003
～寬　垂拱 051
～安　永徽 110
31 ～禎　顯慶 092
34 ～遠(明達)　永徽 110
37 ～淑(梁□妻)　麟德 028
～朗(寬)　顯慶 092
38 ～道　永淳 004
～道□　麟德 031
40 ～壽　顯慶 092
44 ～基　乾封 029

成莊 咸亨 086
～世寬 長安 016
50 ～忠(弘意) 垂拱 051
～忠王 文明 004
～惠通 乾符 027
～表微 元和 134
～貴 永徽 110
～貴 麟德 028
～貴 萬歲通天 008
53 ～威 天寶 113
54 ～勣 寶曆 013
71 ～愿壽 顯慶 094
～長 顯慶 094
72 ～氏(張欽妻) 永徽 064
～氏(王立妻) 顯慶 039
～氏(周□妻) 咸亨 086
～氏(張從政妻) 大中 008
～氏(張璋妻) 大中 040
～質 開元 442
77 ～賢法師 開成 026
80 ～全 開元 442
～義 顯慶 027
～義(張兄仁妻) 乾封 029
～義 乾封 029
～公羽 貞元 127
～公喜 乾符 027
～公氏(張□妻) 永徽 040
90 ～小師(文哲) 永淳 004
～小福 乾符 027
～光 大中 008
97 ～惲 長安 016
～恪 萬歲通天 008

威 5320_0

66 威嚴 貞元 111

戚 5320_0

00 戚高 中和 008
10 ～霞 中和 008
22 ～崔婆 中和 008
44 ～董婆 中和 008
47 ～朝 中和 008
67 ～嘟啉 中和 008
70 ～防 中和 008
88 ～纂 貞觀 026

感 5333_0

34 感法師 残誌 042

戎 5340_0

21 戎仁翊 咸通 081
～偕 咸通 081
23 ～俅 咸通 081
24 ～倰 咸通 081
28 ～儆 咸通 081
40 ～儔 咸通 081

戒 5340_0

60 戒日王 開成 026

扶 5503_0

88 扶餘隆 聖曆 022

捧　5505_3

11 捧琴(吴孝恭)　大中 053

曲　5560_0

08 曲謙　長慶 016
10 ～瓌　長慶 010
～元縝(知柔)　會昌 015
～環　會昌 015
11 ～麗卿(李士素妻)　大中 160
19 ～璘　大中 057
20 ～系(係)　長慶 016
30 ～良翰　會昌 015
40 ～喜郎　長慶 016
42 ～彬　會昌 015
60 ～思立　會昌 015
～思言　會昌 015
～思玄　會昌 015
～思直　會昌 015
～思晦　大中 057
77 ～巽　長慶 016
90 ～惟證　長慶 016

曹　5560_6

00 曹慶(宗禮)　大中 007
～諒(叔子)　永徽 008
08 ～放　調露 009
10 ～玉　咸通 092
～元穎　元和 143
～元裕　建中 015
12 ～弘立　咸通 092
13 ～武宣　延壽 011
14 曹琳　元和 143
～琳　大中 007
19 ～琰　長安 030
20 ～秀　建中 015
21 ～處昂　調露 009
～穎　大中 007
22 ～岑　元和 019
23 ～俊　咸亨 089
～伏奴　總章 035
24 ～德(建德)　總章 035
25 ～仲將　咸亨 089
28 ～從雅　元和 143
30 ～宏慶　元和 143
～宮(善進)　調露 009
～賓商　開成 042
31 ～源　大中 007
32 ～澄(景澈)　咸亨 089
33 ～治　咸通 092
40 ～×(元意)　元和 019
44 ～萬　長慶 030
～樊提　儀鳳 011
～横　元和 019
～林　永徽 008
50 ～忠義　元和 143
～忠義　會昌 022
～貴　永徽 008
53 ～感　咸亨 104
60 ～日孚　建中 015
～國公　儀鳳 015
～晏清　大曆 043
～因(鄙夫)　貞觀 181
～景林　建中 015

61 曹毗沙 儀鳳 011
67 ～明照 開元 183
～嗣宗 大中 007
70 ～雅 總章 035
～雅 大中 007
71 ～長 咸通 092
72 ～剛 永徽 087
～氏(梁秀妻) 麟德 020
～氏(楊湯妻) 咸亨 008
～氏(康處哲母) 儀鳳 011
～氏(康杴妻) 永隆 016
～氏(胡明期母) 開元 323
～氏(王大劍妻) 元和 034
～氏(解忠信妻) 元和 042
～氏(王式妻) 長慶 030
～氏(陳韞妻) 開成 012
～氏(馮廣清妻) 大中 017
～氏(支成妻) 大中 110
77 ～閏國 大曆 043
86 ～鍠 元和 019
～智 建中 015
～智度 神龍 023
90 ～惟良 天寶 055
～懷明 咸亨 102
～少華 元和 019
99 ～榮 貞元 111

費 5580_6

22 費胤斌 咸亨 071
30 ～安壽 咸亨 071
34 ～浩 咸亨 071
35 ～清 咸亨 071
38 費遂 聖曆 033
40 ～大辯 聖曆 033
43 ～婉(慕容知晦妻) 聖曆 033
67 ～曜 聖曆 033
72 ～氏(安珍妻) 大中 043
～氏(范義妻) 大中 046

暢 5602_7

00 暢玄昉 神功 010
21 ～處權 開元 132
26 ～保定 神功 010
30 ～寶藏 弘道 001
34 ～滿 神功 010
60 ～曈 大中 040
～昉(欽明) 弘道 001
80 ～善威 開元 132
90 ～懷禎(仲鄰) 神功 010
～懷慎 弘道 001

拘 5702_0

00 拘摩 開成 026

契苾 5743_0 4433_0

00 契苾慶郎 大中 012
21 ～～何力 乾封 051
～～何力 調露 023
～～何力 永淳 018
～～何力 開元 314
22 ～～崟 大曆 066
～～嵩(義節) 開元 314
67 ～～明 開元 314
72 ～～氏(段承宗妻) 大曆 066

80 契苾公應 大中 012
～～公廡 大中 012
～～公廉 大中 012
～～公度 大中 012
～～公文 大中 012

暴 6013_2

00 暴廉(清) 咸亨 079
17 ～子華 天寶 228
～子昇 天寶 228
38 ～裕 天寶 228
44 ～莊(休莊) 天寶 228
～林 顯慶 084
72 ～氏(□元妻) 儀鳳 012
～氏(韓德妻) 開元 137
77 ～賢(洪相) 顯慶 084

四 6021_2

80 四無量 貞元 111

黑齒 6033_1 2177_2

00 黑齒文 聖曆 022
23 ～～俊 聖曆 022
～～俊 神龍 033
24 ～～德 聖曆 022
39 ～～沙次 聖曆 022
46 ～～加亥 神龍 033
90 ～～常之(恒元) 聖曆 022
～～常之 神龍 033
～～常之 開元 029

田 6040_0

00 田慶元 龍朔 037
～慶延 顯慶 170
～意真 元和 114
～意真 寶曆 004
～意真 大和 082
～文政 天授 019
～文林 龍朔 061
～玄善 垂拱 027
～雍 會昌 043
04 ～諶 開元 158
～諶 開元 184
10 ～玉(寅) 開成 014
～靈之 開元 158
～靈芝(先奇) 開元 184
～石 咸通 019
11 ～孺卿 興元 001
12 ～弘義 龍朔 037
13 ～琬 龍朔 061
17 ～務仙 嗣聖 001
～承族 嗣聖 001
～承嗣 大曆 043
～君彦(德茂) 龍朔 061
20 ～秀之 景雲 023
～信(魏□妻) 麟德 066
21 ～仁(路孫) 顯慶 147
～仁俊 貞元 013
～仁俊 貞元 067
～虔 顯慶 104
～佰 永徽 086
～穎 天寶 253

田穎 天寶 273
22 ～嵩(嶠) 開元 158
～岌 元和 114
～仙寮 開元 532
～嶠 開元 184
～山弘 乾封 004
～崇 貞元 013
～崇 貞元 067
24 ～什善 天授 019
～侁 貞元 013
～侁 貞元 067
～待(詔) 景雲 023
～休光 開元 037
26 ～自勉 元和 114
～和 乾封 004
27 ～名廣 大和 071
～名廙 大和 071
～紀(文綱) 咸亨 048
～緷 中和 003
28 ～復 大和 059
～徹 貞觀 043
30 ～進 乾封 004
～宏 貞元 013
～宏 貞元 067
～宏敏 嗣聖 001
～良頠 大和 080
～賓 聖曆 045
34 ～達 天授 019
～達 證聖 004
35 ～神傑 嗣聖 001
～神冲 嗣聖 001
37 ～運 顯慶 104
田通(仁舍) 顯慶 104
～郎子 元和 114
40 ～十一娘 元和 114
～直 開元 158
～在下(楚臣) 會昌 043
～喜奴 大和 077
～志 聖曆 045
～志承 聖曆 045
43 ～博(德師) 乾封 004
～式居 大和 080
44 ～莊 貞元 069
～萬頃 景雲 023
～萬昇 元和 114
～萬昇 寶曆 004
～萬昇 大和 082
～萬興 元和 114
～萬興 大和 082
～萬全 元和 114
～萬全 大和 082
～恭 嗣聖 001
～英 開成 014
47 ～好古 大和 077
～好問 大和 077
～媚奴 大和 077
50 ～聿 大和 055
～聿 大和 071
～惠 龍朔 037
～由 嗣聖 001
～貴賓 元和 114
～貴賓 大和 082
51 ～振 證聖 004
53 ～成 景雲 023

60 田景昭 開成 159
67 ～暉 貞觀 043
～路孫 顯慶 104
72 ～氏(柳德師母) 貞觀 043
～氏(史□惠妻) 永徽 086
～氏(董葵妻) 乾封 024
～氏(賈文行妻) 永淳 010
～氏(張□妻) 天授 019
～～(申守妻) 證聖 004
～氏(韓神妻) 景龍 035
～氏(楊承福妻) 景龍 042
～氏(張叔子妻) 開元 006
～氏(樊瑱母) 天寶 017
～氏(司馬元禮妻) 天寶 067
～氏(來治安妻) 貞元 079
～氏(張曾妻) 貞元 134
～氏(王叔原妻) 元和 060
～氏(□重順母) 長慶 018
～氏(李八八母) 寶曆 004
～氏(劉士弘妻) 大中 015
～氏(劉遵禮妻) 咸通 072
～氏(李推賢妻) 乾符 013
80 ～益 貞元 067
～普光 開元 008
～善 景雲 023
～舍仁 龍朔 037
90 ～惟謙 大和 082
～惟貞 大和 082
～惟遠 大和 082
～惟則 大和 082
～少直 大和 080
97 ～惲 證聖 004
99 田榮子 元和 114
～□ 大和 055

罣 6040_1

50 罣奏 貞觀 175
72 ～氏(周仲隱妻) 貞觀 175

男 6042_7

17 男承嗣 大和 090
72 ～氏 大和 090

吴 6043_0

00 吴齊 興元 001
～文晃 咸通 119
～章(璋) 乾寧 006
～辯(君德) 龍朔 014
～玄湛 開元 205
～玄爽 龍朔 014
～京 咸通 013
10 ～玉 咸通 013
～靈符 顯慶 036
～雰 元和 091
12 ～弘 永徽 043
～發 大中 047
～延玉 光啓 001
～廷隱 乾符 033
14 ～瑛冕 大和 030
17 ～承泌 乾寧 005
～承泌 光化 001
～子徹 顯慶 036
～君(吴直方父) 大中 030
～君卞 咸通 013

吴君愛 咸通 013
～君緒 咸通 013
22 ～胤 顯慶 036
～嵩 天寶 150
～綬 光啓 001
24 ～倚 天寶 150
～德鄘 乾寧 005
～偉 大和 030
～續(光紹) 久視 004
25 ～仲端 大和 030
～仲璵 大和 030
～仲甫 開成 035
～仲甫 開成 052
～仲殷 大中 030
～傳習 咸通 119
～傳經 咸通 119
～傳智 咸通 119
27 ～修辭 乾寧 005
～修禮 乾寧 005
～修睦 乾寧 005
～象 興元 001
28 ～儀 天寶 233
30 ～沛 天寶 150
～宏度 大曆 056
～灣 開成 004
～灣 開成 036
31 ～福將 天寶 150
34 ～波斯 光啓 001
～祐 天寶 233
～達(建儒) 大和 030
35 ～清 大中 030
～清(行旻) 咸通 013
36 吴湘 大中 064
37 ～潮 天寶 150
～通微 永泰 002
38 ～道子 咸通 027
～道師(吴綬女) 光啓 001
40 ～十娘子 大中 030
～士偘 乾寧 005
～士範 開成 004
～直方 大中 030
～志 龍朔 029
～志 開元 362
～李□ 龍朔 029
～真 開元 512
～賁(韓氏夫) 永泰 002
～柱 永徽 043
43 ～始敬 顯慶 036
44 ～碁 開成 004
～孝(政) 永徽 043
～孝直 久視 004
～廿娘子 大中 030
46 ～恕已 乾寧 005
～楊吾 顯慶 036
～楊吾 聖曆 016
50 ～素(貞白) 顯慶 036
60 ～思訓 開成 004
～思敬 天寶 233
～㝵 天寶 150
～景達 貞觀 017
～景達 久視 004
～景達 開成 004
64 ～曄(庭琨) 天寶 233
67 ～明 興元 001

吴嗣之 開成 036
72 ～氏(成遠妻) 永徽 110
～氏(李護妻) 龍朔 026
～氏(樂達妻) 咸亨 009
～氏(馬珍妻) 調露 020
～氏(逯□妻) 景龍 031
～氏(來慈妻) 開元 362
～氏(張翼妻) 開元 373
～氏(王德倫妻) 開元 411
～氏(李獻妻) 天寶 175
～氏(崔黄左妻) 元和 091
～氏(秦旻妻) 元和 107
～氏(俱海妻) 長慶 001
～氏(安師敏母) 大和 091
～氏(馮瑱妻) 開成 004
～氏(沈緯妻) 開成 029
～氏(吴綬女) 光啓 001
80 ～全紹 乾寧 005
～令瑜 開成 004
～善(積善) 開元 205
86 ～知象 乾寧 005
88 ～敏恭 久視 004
90 ～少微 大曆 058
～□娘(吴綬女) 光啓 001

畢 6050_4

00 畢彦雄 開元 199
03 ～誠 大中 064
10 ～元亮 元和 040
～元清 貞元 123
～元敭 元和 040
～元恒 元和 040
17 畢子詮 咸亨 074
21 ～師旦 咸亨 074
22 ～岑 元和 040
30 ～宋丘 咸亨 074
38 ～遊江 貞元 123
40 ～士政 咸亨 074
50 ～忠義 貞元 123
80 ～義 咸亨 074
90 ～粹(思温) 咸亨 074

吕 6060_0

00 吕彦 咸亨 020
～方賢 顯慶 014
～高娘 開元 319
～庶 麟德 003
～文倩 開元 086
～讓(遜叔) 大中 107
01 ～諲 寶應 007
02 ～端 貞元 057
07 ～翊 貞元 057
10 ～二三 開元 319
～璋 咸亨 020
～元嗣 景龍 032
～晉暘 貞元 090
～雲 貞元 057
11 ～非熊 天寶 042
12 ～延之 大中 107
17 ～君道 垂拱 057
20 ～秀 貞元 090
～季重 寶應 007
～皎 貞元 090
21 ～行端(張仵) 垂拱 057

吕貞固 大和 052
～貞儉 會昌 001
22 ～巖説 開元 382
～崇嗣 大中 107
23 ～俊 永徽 010
24 ～德(買) 麟德 003
～德 開元 086
～懷俊(壽) 寶應 007
～德威 垂拱 057
27 ～向 天寶 051
28 ～復 咸通 028
～徽 寶應 007
～儀 寶應 007
29 ～僅 永徽 010
30 ～定疑 貞元 057
34 ～造 開成 052
36 ～温 大中 140
～渭 大中 107
37 ～通 開元 086
～通 大和 101
38 ～祥 咸亨 020
～道(安) 咸亨 020
40 ～爽 天寶 042
～嘉榮 大和 097
42 ～媛 大和 097
44 ～花子 貞元 057
～藏元 寶應 007
～華(李祖仁祖母) 顯慶 014
50 ～貴成 寶應 007
～思禮 貞元 057
60 ～晏 貞元 090
～買(世留) 永徽 010
吕買 麟德 003
～景芝 天寶 076
62 ～昕之 貞元 090
71 ～長 天寶 042
72 ～氏(王伏興妻) 貞觀 099
～氏(侯雲妻) 貞觀 176
～氏(段會妻) 永徽 094
～氏(王□妻) 永隆 011
～氏(邢郭妻) 天授 003
～氏(王慶妻) 開元 134
～氏(李禕妻) 天寶 042
～氏(王爽妻) 天寶 076
～氏(蘇□妻) 天寶 088
～氏(沈中黄妻) 大中 140
～氏(張仙妻) 咸通 028
77 ～周任 貞元 133
～巽 貞元 057
80 ～令存 中和 007
～普最 開元 086
90 ～小師 顯慶 072
～惟政 貞元 090
～尚賓 顯慶 014
～炫 大中 107
91 ～烜 大中 107
93 ～悛 開元 319
94 ～慎徽 大中 082
96 ～愓 開元 319
～悍 開元 319
～煜 大中 107
～焜 大中 107
97 ～焕 大中 107

員　6080_6

09 員麟　元和 096
10 ～元啓　元和 096
30 ～憲　元和 096
60 ～昌　元和 096
72 ～氏(李景陽妻)　開元 321
～氏(梁令珣妻)　天寶 176

圓　6080_6

34 圓滿　貞元 111

景　6090_6

19 景琰　大和 084
27 ～象名　貞元 011
～紹　咸通 027
33 ～浚　貞元 011
36 ～邈　元和 093
72 ～氏(邢倨妻)　貞元 011
92 ～愷　貞元 011

羅　6091_4

02 羅端(文静)　麟德 022
17 ～承先　景龍 048
～君副　貞觀 058
～君預　永隆 013
20 ～季樂　調露 016
24 ～皓　貞觀 058
26 ～和　貞觀 058
～穆　麟德 022
27 ～約言　元和 142
30 ～進忠　景龍 048
33 羅業　麟德 022
35 ～神符　調露 016
38 ～道祐　麟德 022
40 ～士信　乾封 024
57 ～抱忠　景龍 048
60 ～日光　調露 016
72 ～氏(路綜妻)　神功 001
～氏(盧□妻)　貞元 010
～氏(石崇俊妻)　貞元 078
77 ～履忠　景龍 048
80 ～令祖　永隆 013
81 ～甑生　調露 016

毗沙　6101_0 3912_1

21 毗沙仁軌　貞觀 084

呼延　6204_9 1240_1

00 呼延章(文絢)　神功 002
04 ～～謀　開元 513
08 ～～族　神功 002
36 ～～溴　聖武 007
38 ～～裕　神功 002
50 ～～貴　神功 002
72 ～～氏(張孚妻)　開元 513
88 ～～纂　神功 002
94 ～～恃龍　神功 002

叱李　6401_0 4040_7

72 叱李氏(慕容三藏妻)　咸亨 075

睦　6401_4

23 睦畚　大和 057

30 睦察 大中 096

跛 6414_7

08 跛論 長壽 030

瞿 6621_4

08 瞿詮 貞元 071
21 ～伾 貞元 071
27 ～倗 貞元 071
～佋 貞元 071
60 ～曰智 貞元 071
80 ～令珪 貞元 071

瞿曇 6621_4 6073_1

07 瞿曇譔(貞固) 大曆 049
20 ～～悉達 大曆 049
37 ～～逸 大曆 049
60 ～～昱 大曆 049
～～晃 大曆 049
～～昴 大曆 049
～～晏 大曆 049
～～昪 大曆 049
～～昇 大曆 049
～～羅 大曆 049

嚴 6624_8

00 嚴彥思 咸通 036
03 ～識玄 開元 496
10 ～正 貞元 111
～震 元和 088
～震 長慶 026
11 ～礪 長慶 026
13 嚴武 大曆 055
20 ～維 元和 033
22 ～利貞 開元 533
～彩 咸通 022
～綬 長慶 015
27 ～粲 咸亨 061
30 ～進 咸通 036
～安 咸亨 061
～謇 大中 047
～密(元之) 咸通 036
34 ～湛 元和 089
～湛 元和 091
37 ～朗(玄宗) 咸亨 061
38 ～遵德 永徽 045
～遵智 永徽 045
40 ～太師 咸通 022
～真如海(李倩母) 開元 533
44 ～卅娘 咸通 022
～老師 咸通 022
52 ～挺之 咸通 029
60 ～果 開元 533
64 ～時膺 元和 017
67 ～明才 咸亨 061
72 ～隱 開元 533
～氏(程逸妻) 上元 001
～氏(田聿妓) 大和 071
～氏(宋暉妻) 會昌 054
～氏(苗弘本妻) 大中 093
～氏(何友稜妻) 咸通 054
～氏(成君信妻) 乾符 027
74 ～勵 元和 088
80 ～公(相國) 元和 088

嚴公度 咸通 022
88 ～籌 咸通 022
90 ～小師 咸通 022
～□ 神龍 047

單 6650_6

18 單瑜 永徽 026
20 ～信(叔孫) 永徽 026
28 ～徽 永徽 026
54 ～蜡 永徽 026

明 6702_0

00 明褒 貞觀 108
17 ～承先 大曆 083
22 ～崇儼 至德 002
23 ～俊(仁俊) 天寶 032
26 ～伯夷 天寶 032
29 ～秋賓 大曆 083
30 ～濟 大曆 083
31 ～江 至德 002
40 ～大隱 至德 002
～士敖 貞觀 108
～希晉 至德 002
50 ～奉世 至德 002
52 ～援 大和 056
64 ～晞 貞觀 108
67 ～照大師 大和 004
70 ～雅(子孺) 貞觀 108
71 ～匡 天寶 032
88 ～節 天寶 032
97 ～恪 至德 002

路 6716_4

00 路兖 顯慶 166
～庭禮(寰中) 久視 022
～慶 開元 329
～弈 咸亨 052
～玄(承福) 開元 112
～玄賾 久視 022
～玄卿 開元 353
04 ～護 萬歲通天 024
08 ～詮(文昇) 顯慶 166
10 ～石生 永徽 136
11 ～頊 大中 145
17 ～承亨 萬歲通天 024
～承伯 開元 353
～承宗 萬歲通天 024
18 ～政 開元 014
～政 開元 329
20 ～信 咸亨 052
21 ～順 萬歲通天 024
～順 開元 112
～行起 龍朔 058
22 ～嵩 神功 001
～巖(山基) 萬歲通天 024
～循範(千里) 開元 329
～彩 顯慶 166
23 ～綜(元嗣) 神功 001
24 ～先 開元 329
25 ～仲良 開元 112
27 ～修娘(劉逵妻) 大中 145
～烏娘(王景玄妻) 大中 145
28 ～復源(孟堅) 大中 145

路徹(文徹) 龍朔 058
30 ～寰 元和 104
～賓 神功 001
37 ～朗 龍朔 058
40 ～南金 大中 145
44 ～基 永徽 136
～基 開元 112
48 ～敬淳 長壽 002
～敬潛 景龍 029
52 ～虬 咸亨 052
56 ～操 久視 022
～操 開元 353
60 ～買 龍朔 058
67 ～昭 咸亨 052
～嗣恭 元和 072
72 ～隱 開元 014
～氏(王護妻) 貞觀 056
～氏(徐卿妻) 顯慶 115
～氏(崔毅妻) 開元 272
～氏(秦旻妻) 元和 107
～氏(張宰妻) 乾寧 003
77 ～開 開元 014
～舉 萬歲通天 024
～舉 開元 112
～卿娘(李稜妻) 大中 145
90 ～光 開元 014
93 ～悰 大中 145
94 ～懷福 神功 001
97 ～惲 開元 353

歷　7121_1

22 歷山飛 顯慶 100

厖　7121_1

00 厖慶 垂拱 044
10 ～玉 貞觀 066
21 ～行基 垂拱 044
～師 垂拱 044
24 ～德威(二哥) 垂拱 044
72 ～氏(嚴籌妻) 咸通 022
～氏(邢通妻) 中和 006
77 ～隆 垂拱 044

阮　7121_2

72 阮氏(孟善王妻) 咸亨 049
～氏 聖武 008

阿　7122_0

17 阿阿那氏 開元 177
44 ～萬 元和 122
～枝 大和 091
49 ～妙 貞元 111
60 ～羅憾(波斯君) 景雲 001

阿史那　7122_0 5000_6 1752_7

21 阿史那步真(繼往絶可汗) 開元 101
22 ～～～邕周 上元 014
24 ～～～斛瑟羅(謁忠事主可汗) 開元 101
40 ～～～太原 上元 014
50 ～～～忠(義節) 上元 014
62 ～～～暕 上元 014
72 ～～～氏(沙陁公妻) 開元 101

90 阿史那懷道(十姓可汗) 開元 101

馬 7132_7

00 馬方 顯慶 078
～廉 貞觀 093
～文超 開元 074
～文贍 顯慶 001
～文質 顯慶 001
～玄明 聖武 001
10 ～元禮 調露 020
～元禮 天寶 075
～元楷 調露 020
～元整 咸亨 044
12 ～弘基(廣趾) 麟德 060
～延徽(徽) 天寶 058
13 ～琮 久視 016
15 ～珙 開元 359
～建 咸亨 044
～建 天寶 058
17 ～璵 殘誌 019
～琛 永徽 038
～司徒(燧) 貞元 139
18 ～珍 調露 020
20 ～千龍 會昌 030
～季寬 咸通 012
～季昌 咸通 012
21 ～順 殘誌 051
～仁感 聖曆 021
～行琰 會昌 030
～師(元方) 開元 359
22 ～任 咸亨 044
馬繼祖 大中 127
23 ～參 大和 047
24 ～仕通 長安 012
～德琮 長安 012
27 ～紓(無畏) 會昌 030
28 ～攸 大中 127
～倣 大和 047
～儆(伯起) 大和 047
30 ～寧 大和 051
～宥 開成 048
～永娘 元和 056
～進 貞元 112
～守俊 天寶 058
～守恭 天寶 058
～安 麟德 029
～安 天寶 058
～宰 貞元 111
～實 會昌 030
～寶□(孝先) 咸亨 044
～寂 上元 029
31 ～遷 久視 016
～遷 元和 096
～法雄 開元 074
34 ～淩虛 聖武 001
～達 顯慶 078
35 ～神威 久視 016
36 ～滑 開元 074
37 ～通 開元 359
38 ～道 麟德 060
～道 上元 029
～遂 建中 018
40 ～士瞻 貞元 037

馬士會　貞元 056
～才　天寶 058
～志道(淳一)　貞觀 093
～志静　調露 020
～昚言　天寶 030
～壽(長壽)　顯慶 078
41 ～樞　開元 074
44 ～莊　大和 047
～廿三娘　元和 063
～橈　大中 127
～權　大和 047
47 ～榖　大和 047
～郁　咸通 032
～超　開成 054
48 ～敬　調露 020
50 ～忠(德信)　永徽 038
～奉　開元 359
～秦客　開元 235
54 ～軌　久視 016
56 ～暢　貞觀 093
～暢　大中 127
60 ～果　開元 074
67 ～瞻　貞元 005
～瞻　貞元 093
71 ～驥　元和 119
～匡武　神龍 002
～長　調露 020
72 ～氏(王□妻)　貞觀 129
～氏(趙悦子妻)　延壽 003
～氏(劉建妻)　永徽 062
～氏(樂善師媳)　儀鳳 032
～氏(高夔妻)　垂拱 039
馬氏(牛高妻)　萬歲通天 001
～氏(呼延章妻)　神功 002
～氏(王弘則妻)　聖曆 021
～氏(劉胡妻)　聖曆 042
～氏(宗達妻)　景雲 017
～氏(張漢妻)　開元 338
～氏(高毛妻)　開元 372
～氏(邵真妻)　開元 439
～氏(張景陽妻)　開元 538
～氏(賈令琬妻)　天寶 075
～氏(孫進母)　大曆 004
～氏(崔禮妻)　建中 009
～氏(盧光遠妻)　貞元 056
～氏(孫興國妻)　元和 036
～氏　元和 063
～氏(西門珍妻)　元和 119
～氏(劉伏妻)　會昌 028
～氏(魯播妻)　大中 132
～氏(蘇諒妻)　咸通 111
～氏(李推賢妻)　乾符 013
～氏(史建洛妻)　殘誌 060
77 ～舉(肆仁)　長安 012
～賢　顯慶 078
～巽　開元 074
～巽　開元 508
～巽　開元 533
～巽　開元 538
79 ～勝　久視 016
80 ～義　永徽 038
～義　開元 439
～乞　麟德 029
86 ～錫　貞元 012

90 馬惟良 咸通 012
～懷 上元 029
～光謙 聖武 001
～光淑 開元 309
～光淑 開元 536
91 ～恒 開成 053
94 ～懷(亮) 上元 029
～懷素 開元 060
～懷素(貞規) 開元 074
97 ～恪 神龍 002
98 ～燧 寶曆 019
～燧 大中 127
～燧 大中 135
～□膺 開元 359

匹婁 7171_1 5040_4

08 匹婁謙 開元 209
21 ～～睿 證聖 008
22 ～～嶷 開元 209
24 ～～德臣(孝先) 永昌 002
25 ～～仲達 永昌 002
～～傑 開元 209
28 ～～徹 證聖 008
32 ～～淨德(古□妻) 證聖 008
44 ～～孝育 證聖 008
60 ～～思(本) 開元 209
72 ～～氏(王思訥妻) 天册萬歲 006
80 ～～義 開元 209
～～善長 永昌 002
～～普樂 永昌 002
86 ～～知節 永昌 002
97 匹婁惲 開元 209

長 7173_2

00 長廣公主 顯慶 024
22 ～樂公主 大曆 042
39 ～沙公主 天寶 051

長孫 7173_2 1249_3

21 長孫仁(安世) 貞觀 059
23 ～～縯 元和 105
24 ～～緯 開元 139
26 ～～總 先天 001
～～總 開元 334
30 ～～家慶(餘恩) 貞觀 049
～～安世 上元 008
～～安(弘安) 開元 139
38 ～～祥 上元 008
～～裕 貞觀 059
40 ～～大敏 開元 334
～～希古 先天 001
～～希古 開元 334
67 ～～曜 開元 139
72 ～～氏(王美暢妻) 長安 054
～～氏 先天 001
～～氏(楊寧妻) 元和 105
～～氏(楊□妻) 殘誌 026
77 ～～兕 上元 008
78 ～～肸容 景雲 002
～～肸(洛賓) 開元 334
80 ～～八娘 景雲 002
～～無忌 永淳 025
～～無忌 開成 026

長孫義常　長安 054
88 ～～敏　先天 001
90 ～～光　貞觀 059
～～光　上元 008
93 ～～熾　貞觀 059
～～熾　上元 008
98 ～～敞　長安 054

劉　7210_0

00 劉亮　總章 024
～彦　萬歲通天 022
～彦　開元 299
～彦之　開元 055
～齊宴　咸通 055
～齊敬　元和 084
～齊賢(景山)　長安 015
～齊賢　元和 121
～方□　大和 070
～商　開元 513
～育　上元 015
～庭訓　開元 308
～庭琛　乾符 003
～庭珍　乾符 002
～庭玲　天寶 251
～庭倩　上元 001
～庭暉　開元 289
～慶　龍朔 085
～廣平　大中 058
～廣奇　大中 058
～意(悟靈)　永徽 051
～文　中和 004
～文琰　上元 024
劉文靜　顯慶 056
～文器　開元 067
～文義　咸亨 043
～言　上元 041
～言　長壽 035
～讓　貞觀 003
～讓　聖曆 042
～玄　景龍 005
～玄裔　太極 006
～玄慶　神龍 041
～玄豹　開元 299
～玄豹　天寶 249
～玄獎　貞觀 114
～玄警　聖曆 042
～玄賾　上元 044
～玄敏　乾封 038
～襄　咸通 007
01 ～龍樹　開元 299
～顔　天寶 248
～顔　順天 001
02 ～端　開元 055
～端　元和 143
～誕　貞觀 088
05 ～諫　咸通 079
07 ～毅　顯慶 133
～詢謀　大中 050
09 ～談(再平)　貞元 140
10 ～三復　元和 121
～三娘　永徽 062
～三娘　天寶 237
～三思　開元 064
～正心　元和 084

劉玉 貞元 111
～玉珪 元和 112
～王八 乾符 030
～丕 永貞 010
～丕 殘誌 007
～琉 會昌 038
～瓌 貞元 089
～雪 開元 214
～元貞 大中 050
～元鼎 會昌 003
～元宗 大和 070
～元福 大曆 031
～元裕 貞觀 083
～元超 開元 079
～元晟 大中 029
～元質 開成 023
～元卿 大和 072
～元節 萬歲登封 005
～元尚 天寶 253
～震 貞元 007
～震 貞元 023
～震 咸通 106
～平 咸亨 002
～再思 開元 064
～霸 神龍 041
～可記 開成 002
～可復 元和 074
～可復 大和 050
～可觀 大中 141
11 ～璿 聖曆 042
～頲 天寶 260
12 ～琇璋 貞元 042

劉瑗 神龍 041
～瑗 建中 010
～瑗 貞元 070
～弘(師仁) 弘道 002
～弘亮 貞觀 114
～弘毅 咸亨 002
～弘復 元和 074
～弘規 咸通 072
～延 咸亨 110
～延慶 開元 185
～延緒 開元 420
～延祐 天寶 251
～延壽(長年) 顯慶 132
～延景 建中 010
13 ～琬(崔□妻) 大中 016
～武周 顯慶 056
～武周 顯慶 100
～武周 顯慶 135
～武周 麟德 018
～戩 咸通 079
～戩 乾符 030
14 ～珪(小胡) 顯慶 076
～珪 長壽 001
～琦 天寶 110
～琪 大和 031
～礎 大和 048
15 ～建(長卿) 永徽 062
～建 貞元 089
16 ～珵(美玉) 大中 117
～琨 總章 024
～琨 弘道 002
17 ～孟七 乾符 030

劉珇 貞元016
～瑑 咸通113
～承雍 乾符026
～承俊 興元001
～子將 開元303
～子思 開元063
～子思 開元064
～子與 開元214
～君達 顯慶076
～君逸 咸亨111
～郡君(王才粲妻) 貞觀082
～召 大中098
18 ～瑜 大和014
～政(弘矩) 貞觀088
～致柔(李德裕妻) 大中071
20 ～重詠 開成042
～重胤 咸通072
～重易 咸通072
～重則 咸通072
～重益 咸通072
～住隆 顯慶137
～秀 天寶229
～爲輔 建中010
～爲輔 貞元070
～儁 上元015
～航 大和031
～航 大中136
21 ～順 弘道002
～顗 天寶070
～仁 麟德031
～仁(方) 神龍038
～仁則 龍朔085
劉仁夻 久視018
～仁基 顯慶132
～仁貴 貞元140
～仁哲 貞觀114
～仁軌 永昌005
～仁軌 開元304
～仁景 久視018
～伾 咸亨002
～何誼 大中029
～行琛 咸通072
～行之 開元185
～行之 開元420
～行之 天寶251
～行範 天寶260
～術 開元313
～處弘 開元079
～處禮 弘道002
～處鍠 貞元066
～處節 弘道002
～皆 永徽099
～師 上元041
～師 長壽035
～師 開元325
～師立 顯慶056
～師敢 天寶213
～師貞 大中009
～師易 咸通070
～貞 咸亨004
～穎 開元214
～穎 天寶070
～穎(楨) 天寶083
22 ～崟(子嵩) 大和084

劉循慶 上元 044
～鸞 天寶 144
～嶷(開明) 咸亨 111
～崑 開元 448
～山威 天寶 248
～幽求 開元 195
～崇俊 天寶 249
～崇直 咸通 079
～崇曄 天寶 249
～崇曜 天寶 249
～崇暉 天寶 249
～崇嗣 太極 006
～繼(嗣卿) 大中 050
23 ～允章 咸通 041
～伏 會昌 028
～獻 麟德 032
～峻 乾符 006
～綰 咸通 079
24 ～什德 長慶 003
～仕 永貞 004
～仕仟 大和 033
～仕俌 大和 033
～仕俌(玄同) 咸通 055
～仕僚 大和 033
～仕侗 大和 033
～仕份 大和 033
～德(十奴) 貞觀 114
～德 景龍 005
～德章 乾符 002
～德章 乾符 003
～德柔 大和 072
～德師(仁楷) 咸亨 004
劉德威 開元 303
～德操 貞觀 003
～德閏 咸亨 002
～皓 長慶 003
～幼平 大中 015
～贇 永貞 004
25 ～仲容 開元 421
～伸 貞觀 057
～伸 大中 081
～伸禮 大中 104
～倩 開元 430
～續 景福 002
26 ～自砥 天寶 124
～自政(通知) 大中 058
～伽 貞觀 022
～伽齊 貞觀 003
～保歡 重光 001
～臯 大中 009
～魏子 貞元 140
～和 咸亨 110
～和敬 長壽 035
～穆(穆之) 先天 007
～總 大曆 040
～總 開成 051
27 ～俛 大中 117
～佩 咸通 028
～象 廣明 001
～彝 大和 050
～響 先天 007
～峰 大中 101
～粲(子粲) 貞觀 003
～粲 貞觀 022

劉粲(休明) 貞觀 083
～粲 大和 050
～紓 大中 160
～絢 咸亨 111
～絢 長壽 001
～絢 長壽 027
～約 咸通 114
～綱 貞觀 079
～叔端 貞元 080
28 ～倫 開元 414
～仵 久視 018
～徵 咸通 007
～復 元和 117
～復禮 大中 104
～從諫 大中 054
～從一 元和 121
～從倫 元和 121
～從周 乾符 002
～從周 乾符 003
～從□ 元和 084
～儉(謩) 延載 006
～熧 景福 002
～縱 大中 016
30 ～宣 大中 035
～潼 咸通 029
～濟 貞元 076
～濟 大和 064
～濟 咸通 114
～寬 大和 031
～宥 太極 006
～永日 顯慶 132
～進晟 長慶 009
劉憲 景龍 011
～守璋 萬歲通天 022
～守珪 萬歲通天 022
～守志 天寶 253
～守忠(高節) 咸亨 110
～守素 先天 007
～守義 天寶 253
～安仁 上元 039
～安和 開元 055
～容奴 長慶 003
～審禮 聖曆 022
～審禮 開元 303
～良 大中 009
～密(霞夫) 大和 050
～寶(令金) 麟德 032
～寶 上元 001
～寶 天寶 274
～寶强 顯慶 100
～寶壽 總章 030
～宗 咸亨 004
～宗儒 大和 014
～寂(無聲) 神龍 041
31 ～河石 元和 081
～沔 貞元 042
～沔 乾符 002
～沔 乾符 003
～濬(德深) 開元 304
～源(文宗) 開成 006
～福 天寶 109
～禎 永徽 068
32 ～滔 元和 064
33 ～浦 天寶 212

劉泳 大和 031
～治 咸通 081
～述 貞元 089
31 ～湛 神龍 040
～湛 神龍 041
～滿才 垂拱 049
～汭 長慶 003
～濛 開成 051
～渶潤 大和 033
～浩(無竭) 長安 006
～洪 上元 015
～洪預 萬歲通天 022
～祐 開元 289
～達(邢思慎祖母) 神龍 050
～遼(海達) 開元 063
35 ～神 貞觀 083
～禮 貞觀 083
～禮 長安 060
～遘 貞元 089
36 ～洎 長安 006
～温 上元 015
～渭 大和 069
～澤 天寶 212
～褐 咸亨 002
37 ～涣 開元 063
～涣 天寶 253
～渾 天寶 212
～澥 天寶 212
～初(令始) 永徽 014
～初 開成 042
～禄 開元 058
～禄 開元 325
劉迅 貞元 089
～逸 貞元 089
～逸(海) 大和 070
～通(弘義) 長壽 035
～通 神龍 041
～通 元和 064
～通 大中 009
～逢 元和 091
～運 垂拱 049
38 ～滋 貞元 125
～海 麟德 032
～海達 開元 064
～洽(玄佐) 貞元 032
～啓 大曆 040
～祥 殘誌 007
～祥道 聖曆 010
～祥道 長安 015
～祥道 元和 121
～裕(褒) 永徽 069
～裕 神龍 041
～道 長壽 027
～道積 元和 074
～道積 大和 050
～道鑒 長慶 003
～遵 貞觀 088
～遵 永徽 062
～遵禮 咸通 072
40 ～大德 元和 084
～大奭 上元 044
～太和 聖武 001
～太真 元和 033
～友亮 大中 015

劉友慶 大中 015
～友幹 大中 015
～友忠 大中 015
～友義 大中 015
～士弘 大中 015
～士舉 元和 007
～士舉 元和 064
～壹 開成 006
～克勤 大和 095
～克恭 大和 095
～希順 大和 050
～希陽 元和 081
～有 大中 136
～南仲 大中 017
～志誠 咸亨 110
～志寂 貞觀 088
～赤 上元 015
～李買 天寶 109
～孃孃(陳□妻) 貞觀 057
～嘉德 天寶 260
～嘉遇 大中 058
～嘉運 殘誌 042
～脊 天寶 229
～壽郎 咸通 055
～去奢 天寶 151
～柱 上元 001
～柱 天寶 274
～柱 貞元 080
41 ～栖梧 開元 308
～栖梧 大和 014
～栖楚 大和 014
～栖楚 大中 054
劉栖楚 大中 107
42 ～媛(玄真) 元和 121
43 ～博 大和 014
～博 大中 024
～朴 開元 289
～栻 貞元 089
44 ～卅二娘 會昌 028
～卅四娘 會昌 028
～卅八娘 會昌 028
～基(張直) 天册萬歲 002
～基 長安 006
～堪 上元 041
～萬 開元 063
～萬達 咸亨 005
～芬 會昌 035
～茂貞(子松) 大和 031
～恭 乾封 009
～慕舉 長慶 009
～蘇期 天寶 253
～孝約 先天 007
～勃 開元 313
～華 順天 001
～英 麟德 031
～英 咸通 072
～英閏 咸通 055
～世表 永徽 062
～世榮 萬歲通天 022
～萇 神龍 038
～楚 天寶 239
～蕡 大中 117
～樹 天寶 249
～模 貞元 089

劉林甫 長安 015
～林甫 元和 084
46 ～旭 大中 097
～如璋 開元 289
～如璋 開元 313
～如愿 大曆 031
47 ～均 天寶 249
～懿 太極 006
～懿奴 貞元 140
～猛 永徽 068
～歡郎 大和 084
～朝逸 長慶 009
～胡 顯慶 076
～胡(素) 聖曆 042
～胡仁 開元 063
～起伯 大和 014
～極 殘誌 023
48 ～幹 弘道 002
～敬 上元 001
～敬 延載 006
～敬 開元 308
～敬 天寶 274
～敬 貞元 080
～敬宗 貞元 140
～敬賓 元和 081
～梅 咸通 081
49 ～妙姜(楊康妻) 永徽 145
50 ～忠 永徽 085
～惠琮 開元 325
～惠達 長慶 009
～奉進 天寶 274
～奉進 貞元 080
劉奉芝 上元 001
～表 先天 004
～秦 上元 001
～秦 天寶 258
～秦客 開元 430
51 ～軻 大和 100
～軻 開成 026
～搢 貞元 016
52 ～靜 開元 269
53 ～盛(□達) 咸亨 043
～威 永徽 145
～威 開元 313
～感 天寶 229
55 ～捧 咸亨 110
56 ～提 永徽 085
58 ～攬(士周) 永徽 085
～蜕 大中 130
60 ～日正 天寶 099
～日正 天寶 186
～國 天寶 213
～四娘(衛克己母) 天寶 109
～晃 開元 304
～晃 天寶 229
～晃 天寶 248
～晃 大中 117
～思仁 長安 060
～思儼 咸亨 004
～思徽 咸亨 004
～思九 開元 063
～思友(益夫) 咸通 079
～思友 乾符 030
～思賢 開元 515

劉黑闥 顯慶 056
～黑闥 顯慶 089
～旻 咸亨 005
～晏 天寶 124
～晏 貞元 026
～晏 貞元 125
～晏 開成 007
～昇 開元 241
～昇(陟遐) 天寶 070
～昇 天寶 083
～昇玄 會昌 012
～昇朝 貞元 080
～昌 龍朔 085
～昌 咸通 007
～昌裔 大中 016
～昌裔 大中 160
～昂 顯慶 076
～昂 上元 015
～昂 開元 304
～景 永徽 145
～景度 神龍 041
～景晉 開元 055
～景延 上元 001
～景夫 大中 032
～景嗣 開元 289
～景嗣 開元 313
～羅 開元 325
61 ～晅 貞元 080
63 ～暄 天寶 072
67 ～曜 長慶 003
～明(保) 咸亨 005
～明 開元 245
劉明德(節) 長慶 009
～瞻 咸通 072
～郢 元和 013
70 ～雅 久視 018
71 ～阿延 乾符 002
～陟 元和 084
～陟 景福 002
～曆之 景福 121
～愿娘 咸通 079
～巨川 貞元 066
～臣 天寶 213
～臣德 元和 081
～長孺 貞元 070
72 ～彤 開元 482
～氏(程鐘妻) 貞觀 004
～氏(吳景達妻) 貞觀 017
～氏(□孝敏) 貞觀 044
～氏(任阿悦妻) 貞觀 074
～氏(侯□妻) 貞觀 079
～氏(李仲賓妻) 貞觀 090
～氏(徐□妻) 貞觀 141
～氏(安延妻) 永徽 076
～氏(張琛妻) 永徽 113
～氏(姚忠節妻) 顯慶 054
～氏(李文妻) 麟德 005
～氏(張温妻) 麟德 016
～氏(楊康妻) 麟德 039
～氏(□君妻) 麟德 067
～氏(王道智妻) 乾封 022
～氏(王德妻) 總章 024
～氏(郭□妻) 咸亨 003
～氏(王儉妻) 咸亨 093

劉氏(董軸妻) 上元 003
～氏(李君羨妻) 上元 024
～氏(翟瓚妻) 上元 039
～氏(趙承慶妻) 垂拱 001
～氏(李善智妻) 垂拱 049
～氏(王懷感母) 長壽 027
～氏(王乾福妻) 延載 005
～氏(李延妻) 長安 015
～氏(蔣義弼母) 長安 060
～氏(王素臣妻) 景龍 005
～氏(燕紹妻) 開元 067
～氏(賈明妻) 開元 115
～氏(郭思謨妻) 開元 136
～氏(陳秀妻) 開元 204
～氏(吴善妻) 開元 205
～氏 開元 228
～氏(朱行斌妻) 開元 245
～氏(王晉妻) 開元 268
～氏(王遊藝妻) 開元 269
～氏(李謙妻) 開元 303
～氏(王崇禮妻) 開元 340
～氏(夏侯昣妻) 開元 414
～氏(白知禮妻) 開元 415
～氏(白慶先妻) 開元 417
～氏(蕭謙妻) 開元 420
～氏(張易妻) 開元 504
～氏(白知禮妻) 開元 529
～氏(高備妻) 天寶 072
～氏(李琚妻) 天寶 124
～氏(張琛妻) 寶應 001
～氏(曹閏國妻) 大曆 043
～氏(陽濟妻) 建中 010
劉氏(肅明皇后) 建中 010
～氏(陽濟妻) 貞元 070
～氏(李□妻) 貞元 120
～氏(萬仁泰妻) 元和 011
～氏(李延妻) 元和 092
～氏(秦愛妻) 元和 107
～氏(崔載妻) 元和 134
～氏(王英妻) 寶曆 018
～氏(王智温妻) 大和 065
～氏(竇季餘妻) 大和 069
～氏(鄭恪妻) 大和 093
～氏(徐及妻) 大和 096
～氏(李崇德母) 開成 042
～氏(陳季端妻) 會昌 001
～氏(楊公弼妻) 會昌 014
～氏(張勍妻) 會昌 035
～氏(張談英妻) 大中 087
～氏(陸度母) 大中 101
～氏(蓋紹妻) 大中 155
～氏(張勍妻) 咸通 007
～氏(盧榮妻) 咸通 026
～氏(李扶妻) 咸通 032
～氏(戎翊妻) 咸通 081
～氏(苗惲妻) 咸通 100
～氏 咸通 114
～氏(張藹仁妻) 咸通 114
～氏(閻好問妻) 咸通 106
～氏(郭宣妻) 乾符 005
～氏(苗弇母) 乾符 018
～氏(錢璪妻) 乾符 028
～氏(符少端母) 光化 002
～氏(何叔平妻) 殘誌 007

劉氏(陳憖妻) 殘誌 023
～質 貞觀 057
～質 延載 006
77 ～隆 咸亨 022
～問 大中 050
～闢 元和 083
～居簡 開元 185
～開 延載 006
～舉 大中 009
～興 元和 122
～興 開成 006
79 ～勝 咸亨 043
～勝之 開成 042
80 ～益錢(小奴) 殘誌 030
～全交 殘誌 023
～全正 殘誌 023
～全稱 貞元 080
～全禮 大中 104
～令禮 開元 055
～令植 元和 121
～尊 咸亨 043
～弇 會昌 028
～義 長壽 027
～義弘(待詔) 上元 044
～義弼 長安 060
～普曜(叔明) 永徽 068
～普曜 上元 024
～善 天寶 249
～善寂(承慶) 長壽 001
～含章 萬歲通天 025
～含章 天寶 251
～曾 大中 025
劉曾 大中 141
～會 長安 015
～會 景龍 005
～會 開元 214
～公 大曆 022
～公(河東) 咸通 029
～公集 大中 058
～公綽 久視 018
～公與 元和 018
～公簡 大中 058
～公餘 大中 058
82 ～釓 貞元 044
～銛 大和 093
86 ～鍠 先天 007
～鍠 開元 537
～鍔 天寶 248
～知温 大中 050
～智(奉智) 天寶 274
～智清 長慶 009
～智才 天寶 248
～智才 順天 001
87 ～鈞 貞元 111
～欽寂 麟德 016
～鄭九 咸通 079
～鄭九 乾符 030
88 ～銓 先天 007
～鋭 先天 007
～篋道 咸通 106
～慜兒 開元 064
～節(德操) 貞觀 022
～節 開元 308
～纂 長安 006

90 劉小秦 乾符 030
～懷簡 天寶 213
～少平 開成 006
～少通 開成 006
～少怦 開成 006
～光玭 大曆 031
～光順 大曆 031
～光歸 大曆 031
～光奇 咸通 055
～光盛 會昌 035
～光暉 大曆 031
～常 建中 014
～常 長慶 003
～尚(成□妻) 麟德 031
～尚賓 大和 042
91 ～怦 咸通 114
～悟 寶曆 019
92 ～憕秘 大和 070
94 ～慎(進獻) 開元 214
95 ～性貞 元和 084
96 ～愕 聖曆 042
99 ～瑩 大中 050
～□歆 天寶 109
～□巖 貞元 066
～(徐州刺史) 景雲 024
～(太師) 大和 066
～(大都護) 大中 119
～□□ 殘誌 059

丘 7210_1

02 丘誕 貞觀 149
21 ～貞觀 聖曆 013
29 丘鱗 貞觀 149
39 ～沙 貞觀 149
44 ～孝忠 開元 134
～藴(懷藝) 貞觀 149
72 ～氏(張玄弼妻) 天授 039
～氏(陳皆妻) 貞元 130
～氏(鄧仲元妻) 咸通 042

尉遲 7420_0 3730_5

15 尉遲融(敬德) 顯慶 100
17 ～～孟都 顯慶 100
22 ～～循毓 顯慶 096
26 ～～伽 顯慶 100
30 ～～寶琳 顯慶 096
～～寶琳 顯慶 100
～～寶琳 景龍 001
34 ～～孝宗 開成 027
48 ～～敬德 顯慶 096
～～敬德 開成 027
50 ～～本真 顯慶 100

陸 7421_4

00 陸慶 景雲 012
～度 大中 101
～廣成 殘誌 064
～文伯 乾元 005
～讓 垂拱 054
04 ～謀道 景雲 012
～謀道 天寶 200
08 ～敦 開元 066
10 ～正禮 延載 002
～元慶 會昌 044

陸元誨 殘誌 064
～元感 景雲 012
～元感 天寶 200
12 ～登 殘誌 064
～弘詵 大中 038
～弘諮 大中 038
14 ～瑛 大中 038
17 ～子瑩 延載 002
18 ～珍甫 乾元 005
20 ～秀 神龍 032
21 ～仁徵 垂拱 054
22 ～豐 天寶 147
24 ～德明 大曆 058
～供 大中 141
26 ～侶 大中 141
～峴 大中 141
27 ～紹(承業) 垂拱 054
28 ～復禮 貞元 096
30 ～守訓 元和 026
～守仁 元和 026
31 ～濬 垂拱 054
34 ～洿 會昌 009
37 ～通 垂拱 054
40 ～大亨(利貞) 開元 066
～士季 景雲 012
～南金 景雲 012
～嘉平 天寶 147
44 ～孝友 延載 002
～英(賈崇璋妻) 天寶 200
49 ～趙璧 天寶 200
50 ～夫師 大中 101
51 ～振威 乾元 005
60 陸思本 天寶 052
～景融 天寶 048
72 ～氏(孫處約妻) 咸亨 068
～氏(孫侹母) 延載 001
～氏(孟孝敏妻) 神龍 032
～氏(聚慶妻) 大和 053
80 ～曾 貞元 056
～善宗 垂拱 054
81 ～頌 景龍 011
87 ～郊 開元 066
～□(廣成) 殘誌 064

陳 7529_6

00 陳立行(晞顏) 大中 129
～亢 聖武 003
～齊之 大和 027
～齊卿 天寶 027
～齊卿 天寶 036
～齊卿 開成 015
～方嘉 貞元 130
～商 元和 048
～康 寶曆 006
～康 開成 026
～度 景雲 026
～度 寶曆 006
～賡 寶曆 006
～文德 垂拱 048
～文德 垂拱 070
～玄(懿) 萬歲通天 016
01 ～襲 開元 446
02 ～新 開成 033
04 ～護 垂拱 048

	陳護	開元 446
	～護	殘誌 023
	～諸	貞元 064
	～諸	元和 031
05	～竦	大中 148
	～諫	開成 040
	～諫	咸通 105
07	～鄘	開成 040
	～毅	貞觀 101
08	～敦	長安 052
	～諭(子明)	大中 133
	～諗	會昌 013
	～誨	殘誌 023
09	～讜(昌言)	殘誌 023
10	～正言	大中 098
	～元順	天寶 074
	～元師	會昌 055
	～元造	貞元 130
	～平(行滿)	載初 002
	～可思	開成 040
11	～碩真	聖曆 010
12	～弘度	大和 005
	～蓀	殘誌 023
	～延晃	景福 003
	～延晦	景福 003
	～延曦	景福 003
	～廷羡	開元 453
14	～瑾	貞元 064
	～瓚	天授 021
	～琳	大和 034
17	～孟武	貞元 130
	～琚	大中 122
	陳承德	開成 015
	～及	咸通 035
	～子珍	貞元 131
	～子昂	咸通 029
19	～褧	開元 453
20	～壬	垂拱 029
	～位	開成 015
	～秀(挺之)	開元 204
	～季端	會昌 001
	～維文	建中 015
21	～仁恭	天寶 143
	～行琳	開元 224
	～行修	開成 015
	～行範	開元 515
	～須達	開元 412
	～皆(士素)	貞元 130
	～師貞	會昌 001
	～師曾	貞元 130
	～師敏	咸亨 064
	～貞節	景雲 010
	～經	元和 087
	～綽	會昌 055
	～穎郎	大中 133
22	～剬	元和 130
	～彪	貞元 056
	～巖(夢臣)	景福 003
	～邕	永貞 010
	～繇	貞元 130
	～繇	元和 087
	～利物	咸通 105
	～利見	開元 326
	～利見	開元 339

陳崇本(光一) 天授 021
～綬 賓曆 006
23 ～允衆 開成 015
～俊 載初 002
～牟少 聖武 003
24 ～德 開元 014
～德茂 長安 052
～休先 開成 015
26 ～伯謀 天授 021
～伯義 長壽 017
～皐 元和 087
～和 麟德 003
27 ～鄤 天授 021
～脩 大中 122
～修古 開成 040
～衆甫 開元 521
～魯師 開元 204
～絢 天寶 166
～叔 開成 040
～叔度 長安 052
～叔向 貞元 085
～叔寧 永貞 009
～叔清 貞元 003
28 ～僧 天寶 261
～儉 乾封 020
～從 大中 129
～從諫 大中 148
～從愻 元和 087
30 ～宣魯(子周) 開成 040
～沛維 大和 034
～之望 天寶 074
～憲(泠將) 開元 237
陳守楨 貞觀 101
～守素 景龍 046
～宫十 會昌 001
～良 萬歲通天 016
～良□ 大中 129
～寶 乾封 030
～寶 上元 027
～宗師 開成 033
～宗峻 開成 033
～宗魯 貞元 130
～宗直 開成 033
～宗楚 開成 033
～宗敬 開成 033
～察 長壽 017
～察 開元 261
31 ～汀 咸通 010
～福 永貞 009
～福 殘誌 023
32 ～澄 開成 012
～滔 咸通 035
33 ～邃 麟德 003
～梁客 上元 027
34 ～汭 貞元 064
～汭 元和 031
～汭 開成 015
～遠 開元 237
～遠 大中 122
35 ～冲(務瓌) 垂拱 029
36 ～湘 開成 015
37 ～渥 殘誌 023
～迎官 大中 133
～運 開成 033

陳通 上元 027
～逸 神龍 043
38 ～道 長安 052
～遊仙 景雲 026
～肇 景福 003
40 ～士楝(適之) 開成 033
～直 咸通 035
～才 乾封 020
～才 載初 002
～克同 永貞 009
～希望 天寶 018
～希烈 貞元 064
～希寂 天寶 074
～希冲 天寶 074
～希固 天寶 074
～存議 咸通 035
～存制 咸通 035
～存約 咸通 035
～存祐 咸通 035
～志清 元和 075
～李老 會昌 001
～喜 載初 002
～壽 乾封 030
～壽 開元 224
～壽義 開元 090
43 ～姹娘 咸通 035
44 ～莊 天寶 074
～蒨 天授 021
～蘭英(柳知微妻) 大中 048
～恭(淳于才妻) 咸亨 064
～孝 開元 446
～英徹 元和 075
陳英憲 元和 075
～英奇 元和 075
～英幹 元和 075
～昔 長慶 022
～著 大和 064
～楚 大中 133
46 ～如 萬歲通天 016
～韞(韜光) 開成 012
47 ～翃 廣德 001
～懿 天寶 018
～郁郎 咸通 035
～好古 景福 003
48 ～敬之 永貞 010
～敬忠 開元 446
50 ～夷行 大中 045
～夷行 咸通 027
～晝 大中 113
～泰 神龍 043
～忠 開元 224
～惠英 開成 026
～春娘 咸通 035
～貴□ 景雲 026
51 ～軒 大中 026
57 ～抱一 長壽 017
60 ～曰雅 寶曆 006
～昱 開成 015
～思(知言) 開元 224
～晏 開元 011
～昌卿 元和 087
～曇朗 貞元 130
～圓 大中 036
61 ～顯 乾封 030

陳顯 上元 027
62 ～則 乾封 020
63 ～默 開元 204
67 ～暉 神龍 043
～昭烈 開元 261
～昭烈 開元 501
～嗣丹 天寶 263
～照(盧全善妻) 天寶 074
70 ～璧 開成 040
71 ～頤(志一) 開元 261
72 ～劉九 大中 133
～剛 萬歲通天 016
～氏(姚暢妻) 貞觀 101
～氏(吕德妻) 麟德 003
～氏(王則妻) 咸亨 100
～氏(劉嶷母) 咸亨 111
～氏(賈整妻) 儀鳳 008
～氏(韓仁楷妻) 調露 015
～氏(房瑒妻) 長壽 024
～氏(姚恭妻) 聖曆 014
～氏(馮敬玄妻) 久視 017
～氏(王佺妻) 景龍 023
～氏(梁嘉運妻) 景龍 024
～氏(路隱妻) 開元 014
～氏(楊越妻) 開元 025
～氏(任愛妻) 開元 078
～氏(元谷愚母) 開元 089
～氏(趙元瓌妻) 開元 385
～氏(王羊仁妻) 開元 418
～氏(崔玄隱妻) 開元 501
～氏(袁翰妻) 天寶 040
～氏(鄭偓佺妻) 天寶 263
陳氏(趙懷璡妻) 至德 001
～氏(姚貞諒妻) 永泰 005
～氏(李肅妻) 永貞 010
～氏(楊擇文妻) 元和 005
～氏(田萬全妻) 元和 114
～氏(董幵妻) 長慶 025
～氏(盧逵妻) 大和 042
～氏(馮倫妻) 大和 061
～氏(王希玩妻) 開成 037
～氏(韋武母) 開成 040
～氏(張英傑妻) 大中 006
～氏(張英竭妻) 大中 026
～氏(王頊妻) 大中 122
～氏子(李肱兒母) 咸通 030
～氏(賈位妻) 咸通 105
～氏(張再□妻) 乾寧 003
～氏(衛扶妻) 光啓 001
～氏(張維深妻) 大順 001
77 ～周子 天寶 036
～巳 垂拱 029
～闍六 大和 064
～闍約 大和 064
～貫 元和 075
79 ～鄰 開元 224
80 ～金娘 會昌 001
～並 垂拱 070
～令忠 天寶 243
～無傷 會昌 055
～弇 開成 015
～義 垂拱 029
～義(興厥) 永貞 009
～義 咸通 035

陳義方 調露 015
～善政 開元 204
～公肅 長慶 017
83 ～鈂 大和 075
85 ～鍊師 咸通 098
86 ～智(滿) 景雲 026
87 ～欽 開成 026
88 ～簡 景福 003
～簡至 上元 027
～敏 咸通 053
～策 顯慶 045
90 ～懷儼(道) 上元 027
～少儒 貞元 131
～少儀 開元 237
～少遊 貞元 013
～少遊 元和 009
～少遊 元和 149
～少遊 大和 042
～光 開元 451
～光濟(祁隴) 天寶 143
～賞 大中 133
97 ～輝 大中 129
99 ～榮 聖武 003
～□先 開成 012
～□ 垂拱 070
～□(文保) 景福 003
～(淮南節度使) 元和 009
～(樓熉) 大和 064
～(聯帥) 大和 083
～(司空相國) 大中 045

陽 7622_7

00 陽文瓘 天寶 187
10 ～璡 貞元 070
26 ～伯成 開元 347
～伯成 開元 388
28 ～收 咸通 061
30 ～濟 建中 010
～濟(利涉) 貞元 070
～寬 天寶 187
33 ～浚 天寶 271
40 ～大經 天寶 187
43 ～城 元和 105
60 ～杲 貞元 070
72 ～氏(裴肅妻) 天寶 187
～氏(王守質妻) 大曆 030
～氏(李休妻) 大曆 067
～氏(高琇妻) 長慶 022
74 ～陵 天寶 065
87 ～欽莊 天寶 187

閆 7710_4

37 閆郎 會昌 020

邱 7712_7

11 邱顥 永貞 009
72 ～氏(陳義妻) 永貞 009

鬬 7712_7

80 鬬公慶 大中 072
～公聞 大中 072
～公閔 大中 072

尼 7721_2

00 尼廣濟 貞元 111
～廣惠 大中 150
～廣恩 貞元 111
～辯能 元和 084
～玄法 開成 018
02 ～證道 大曆 042
10 ～三乘(姜氏) 元和 010
～正覺 開元 070
～正性 貞元 029
～靈惠 貞元 111
～靈覺 開元 479
～元一 貞元 111
12 ～彌多羅 開元 300
17 ～子真 大曆 018
18 ～珍寶 貞元 111
～政定 大曆 042
24 ～德净因 貞元 051
～德藏 顯慶 041
～幼覺 貞元 117
27 ～修定 文明 005
28 ～僧虔 顯慶 098
～僧愍 顯慶 067
30 ～寶素 顯慶 066
～寶銓 貞元 111
～實照 貞元 085
～寂然 貞元 037
32 ～澄空 貞元 051
～澄心 貞元 111
～淨滿 貞元 111
34 ～法樂 永隆 009
尼法澄(元) 開元 300
～法愿 龍朔 077
～法義 顯慶 067
～法□ 貞元 111
35 ～清真 殘誌 051
38 ～道峻 殘誌 034
～道徽 貞元 051
～道真 會昌 003
～道堅 貞元 111
～導師 開元 008
40 ～大申 貞觀 106
～志元 貞元 037
～真空 殘誌 052
～真見 貞元 111
46 ～如璨 貞元 117
～如壹 元和 118
～如愿 大曆 042
47 ～超海 貞元 111
49 ～妙意 顯慶 066
～妙德 顯慶 066
50 ～惠源 開元 459
～惠凝 貞元 037
～惠英 貞元 111
～惠隱 開元 464
52 ～靜端 貞觀 116
～靜感 殘誌 053
～靜因 貞觀 116
53 ～戒盈 元和 122
55 ～慧澄 顯慶 041
57 ～契一 貞元 037
～契源 貞元 051
～契義 元和 118

60 尼圓德 開元 464
67 ～明詮 貞元 037
～明悟 貞元 098
77 ～堅政 貞元 111
～堅秀 貞元 111
～堅滿 貞元 111
80 ～慈和 開元 459
～無上 開元 008
～義藴 永貞 010
～義性 永貞 003
～善悟 廣明 002
～普 殘誌 054
86 ～智守 顯慶 098
～智覺 貞觀 128
～智燈 貞元 111
90 ～惟堅 貞元 111
～常秀 貞元 111
～常進 貞元 111
～常真 大曆 042
～常□ 貞元 111
～常□ 殘誌 041
91 ～恒靜 元和 084
～悟真 景龍 015
95 ～性忠 元和 084
～□真 貞元 111

隆 7721_5

22 隆山縣主 天授 014

月 7722_0

46 月相 武德 004

同 7722_0

37 同洵廊 大中 062
40 ～嘉俊 大中 062
60 ～國政 大中 062
～景信 大中 062
80 ～義興 大中 062

周 7722_0

00 周彦 貞元 104
～彦 咸通 106
～廣(廣欽) 儀鳳 015
～文造 大中 020
～文遇 大中 020
～文遂(道從) 大中 020
～玄達 大和 077
03 ～誠(子諒) 開元 483
07 ～望(仙) 長慶 021
10 ～靈起 顯慶 070
～靈起 開元 252
～元 龍朔 054
～元諒 乾符 031
～元寶 永徽 084
12 ～弘 麟德 065
～弘濟 光化 001
13 ～球 元和 132
14 ～珪 貞元 104
～琳 中和 007
17 ～丞相 咸通 040
～瓊(姬瓊) 開元 312
～了髻 中和 004
～尹齊 景龍 040

	周尹晉	景龍 040
	～尹魯	景龍 040
	～尹秦	景龍 040
	～君德	乾封 028
18	～珍	天寶 055
	～群	大中 027
20	～季童	永淳 025
21	～仁廓	開元 483
	～處	天寶 114
	～頎	天寶 150
	～師(法相)	龍朔 054
	～師	聖曆 016
22	～乳	麟德 065
	～嶠(姬嶠)	開元 312
	～利貞(正)	開元 107
23	～俊	元和 024
	～俊	元和 116
24	～續	貞觀 175
25	～仲龜	開元 483
	～仲隱	貞觀 175
26	～傢	元和 126
	～和舉	開元 483
	～釋否	大和 077
27	～歸	貞元 104
	～紹	開元 483
	～紹德	長安 010
	～紹業(弘業)	顯慶 070
	～紹業	開元 252
28	～從質	大和 052
30	～濟	開元 107
	～適	開元 483
	～容	大和 077
	周良弼	開元 312
	～賓	龍朔 054
32	～澄	元和 132
34	～法暠	貞觀 175
	～法明	長安 010
	～法尚	顯慶 070
	～法尚	開元 252
35	～禮	儀鳳 015
36	～遇	大中 104
37	～祁	乾符 023
	～通	大中 020
38	～道務	永淳 025
	～道濟	開元 252
	～道冲	顯慶 070
	～道冲	開元 252
40	～李童	長安 007
	～雄	儀鳳 015
41	～楨	大中 117
44	～藻(滿才)	永徽 084
	～莊	元和 116
	～萬頃	貞元 086
	～萬壽	乾封 028
	～著(老彭)	大和 077
47	～墀	咸通 040
	～郁	聖曆 016
48	～敬友	開元 312
52	～靜毓	麟德 046
53	～甫	中和 003
60	～昉	咸通 027
	～思莊	開元 312
	～嵒	大中 020
	～炅	顯慶 070

周炅 開元 252
～羅睺 貞觀 175
61 ～顯(伯庸) 龍朔 055
67 ～明通 天寶 114
～路 龍朔 055
72 ～氏(曹因妻) 貞觀 181
～氏(李英妻) 龍朔 084
～氏(程買母) 麟德 065
～氏(橐古妻) 天授 027
～氏(婁□妻) 長安 010
～氏(房惠琳妻) 開元 366
～氏(王静信妻) 天寶 114
～氏(周俊女) 元和 024
～氏(臧奉言母) 元和 116
～氏(郭柳妻) 寶曆 014
～氏(李厚母) 開成 034
～氏(李扶妻) 咸通 032
～氏(何元衮妻) 咸通 054
～氏(何元廣妻) 咸通 054
～氏(何俛妻) 咸通 054
～氏(張中立妻) 乾符 031
～氏(陳讜妻) 殘誌 023
77 ～興 長安 030
～興 開元 026
80 ～義 乾封 028
～義(敬本) 開元 312
～善持 聖曆 016
～舍 乾封 028
86 ～鍠 開元 483
～知新 殘誌 023
88 ～範(姬範) 開元 312
90 ～小君 大中 020
周懷義 長慶 021
～光 長慶 021
99 ～榮 乾封 028

陶 7722_0

08 陶説 開元 320
10 ～元欽 天寶 137
14 ～瓚 開元 320
16 ～醜 開元 108
20 ～禹 開元 320
22 ～崇 開元 108
24 ～德(胡子) 開元 108
26 ～峴 大曆 056
27 ～叔寧 貞元 127
33 ～祕 天寶 137
37 ～沉 貞元 127
38 ～涚 開元 320
40 ～大舉 開元 320
～士寧 貞元 127
43 ～戴 貞元 016
44 ～英 貞元 127
52 ～哲 開元 108
60 ～思貞 開元 108
86 ～鍠 元和 101
88 ～鋭 開元 320

膠 7722_2

50 膠東郡王 開元 141

骨 7722_7

00 骨卒禄 聖曆 022

屈　7727_2

20 屈集臣　大曆 025
32 ～澄(靈源)　天寶 206
40 ～賁　貞元 093
～賁　貞元 138
～賁　元和 067
72 ～氏(劉秀璋母)　貞元 042
90 ～尚　貞元 042

屈突　7727_2 3043_0

00 屈突慶尚　貞觀 007
08 ～～詮　天授 031
17 ～～于　天寶 253
26 ～～伯起(震)　天授 031
37 ～～通(坦豆拔)　貞觀 007
～～通　聖曆 010
40 ～～壽　貞觀 007
71 ～～長卿　貞觀 007
～～長卿　天授 031
72 ～～氏(崔玄籍妻)　聖曆 010
91 ～～恒　貞觀 007

駱　7736_4

12 駱弘娘　中和 013
14 ～珪娘　中和 013
17 ～子卿　中和 013
27 ～叔義　長慶 022
～紹　中和 013
28 ～從忿　天寶 116
30 ～憲娘　中和 013
34 ～濳(晦中)　中和 013
70 駱璧　中和 013

閔　7740_0

72 閔氏(朱陽妻)　永貞 001

開　7744_0

05 開靖　開元 379
17 ～承簡(混成)　開元 389
～承簡　開元 390
～翼　開元 389
～翼　開元 390
24 ～德仁　開元 389
～德仁　開元 390
～休元　開元 389
～休元(長蒨)　開元 390
～休祥　開元 389
30 ～寓　開元 390
～宏　開元 390

段　7744_7

00 段文昌　開成 022
～文會(仁則)　龍朔 059
～玄義　貞觀 006
～玄義　龍朔 024
01 ～龍　永徽 005
10 ～元珪　龍朔 024
～元璟　龍朔 024
～元哲(善明)　貞觀 066
～再郎　大中 019
11 ～頭郎　大中 019
12 ～瑗　永徽 094
～弘竟　永徽 094

段弘念 天寶 117
～延祚 天寶 117
14 ～瓘 大曆 066
～瑋(文欽) 咸亨 025
～璜 大中 019
15 ～融 開元 386
17 ～承 龍朔 059
～承宗 天寶 255
～承宗 大曆 066
～子(守謙) 殘誌 014
～君逸 天寶 117
～君操 貞觀 006
19 ～琰 永徽 061
20 ～秀(森) 顯慶 035
21 ～仁慶 天寶 117
～偃師 永徽 061
～偃師 天寶 255
～師(大師) 貞觀 131
～師 永徽 094
～師 龍朔 059
～師 咸亨 025
～師曄 貞觀 006
～貞(處默) 開元 406
～經 武德 002
24 ～德 顯慶 119
25 ～仲德 貞觀 066
～仲宣 大中 007
～仲埴(林宗) 天寶 117
26 ～儼 貞觀 147
～偘 殘誌 014
27 ～多侯 龍朔 059
～物華 大曆 022
段物華 元和 012
～叡 開元 386
～緣 咸亨 025
28 ～儉 乾封 045
～綸 貞觀 147
30 ～液 貞元 124
～安 永徽 005
34 ～濤 大中 019
～祐強 會昌 040
～達 貞觀 131
～達 顯慶 119
～達 咸亨 025
37 ～凝 麟德 021
38 ～洽(孝該) 龍朔 024
40 ～志玄 天寶 255
～志玄 大曆 066
～森仁 貞觀 006
44 ～萬頃 開元 406
～孝德 麟德 021
47 ～歡 垂拱 017
49 ～妙兒 龍朔 059
53 ～感(名遠) 垂拱 018
60 ～國華 天寶 117
～國晙 天寶 117
～昌 垂拱 017
～昌 垂拱 018
～羅 垂拱 017
～羅 垂拱 018
66 ～嚴 貞觀 131
～嚴 貞觀 025
72 ～氏(竺讓妻) 永徽 005
～氏(王羅妻) 龍朔 044

段氏(張大醻妻) 久視 012
～氏(王大義妻) 開元 120
～氏(來慈妻) 開元 362
～氏(裴同妻) 開元 386
～氏(蔡浩妻) 貞元 124
～氏(孫庭林妻) 元和 036
～氏(成行實妻) 乾符 027
～氏(師弘禮妻) 廣明 001
～雅 垂拱 017
71 ～賾(義玄) 麟德 021
80 ～全交 大曆 066
～金 顯慶 119
～會(志合) 永徽 061
～會 永徽 094
～善慈 殘誌 014
84 ～銑 天寶 255
～銑 大曆 066
～鎮 大曆 066
90 ～小侯 龍朔 059
～懷昶 天寶 255
～懷昶 大曆 066
～懷簡 開元 362
～懷節 咸亨 025
～光 龍朔 024
～光 麟德 021
～常省 天寶 237
～粹 貞觀 066
99 ～榮 貞觀 066
～□瓘 天寶 255
～□珪 殘誌 014

留　7760_2

72 留氏(杜欽妻) 聖武 004

閻　7760_6

00 閻庭珍 貞元 044
～庭萼 貞元 044
10 ～元亮 開元 268
72 ～氏(崔貴仁妻) 垂拱 033
～丘晃 會昌 055
～丘氏(陳元師妻) 會昌 055

關　7777_2

00 關立德 麟德 026
～庭訓 景龍 002
～庭玉 景龍 002
～玄信 開元 530
10 ～元敏 開元 530
11 ～預仁 顯慶 149
12 ～瑗 開元 306
17 ～君儀 貞觀 001
21 ～師(有覺) 延載 001
23 ～綷 延載 001
28 ～儉(守道) 長安 045
31 ～濬 延載 001
34 ～達 長安 045
35 ～冲 延載 001
38 ～海齊 貞觀 001
～道愛(僧護) 貞觀 001
44 ～英(文哲) 貞觀 164
～楚徵 開元 530
47 ～翹 延載 001

50 關冑 貞觀 001
～惠 長安 045
52 ～惁 延載 001
60 ～思 貞觀 164
～思惲 開元 530
72 ～氏(張仁師妻) 萬歲通天 030

毌 7777_4

67 毌煛 開元 173

閻 7777_7

00 閻玄(通□妻) 總章 002
10 ～晉 咸通 106
14 ～瑾 大中 005
17 ～子真(西昇) 聖曆 043
21 ～處庸 咸通 106
～處玄 咸通 106
～處實 咸通 106
～處暲 咸通 106
～虔福(敬客) 景龍 002
～師臣 聖曆 043
26 ～伯璵 天寶 180
30 ～濟美 大中 161
36 ～湘 乾寧 005
37 ～深 永徽 065
～通 總章 002
40 ～大端 咸通 106
～士熊 貞元 032
～志雄(玄毅) 永徽 065
～真 總章 002
44 ～基(茂先) 聖曆 043
～基 景龍 002
47 閻好問(子裕) 咸通 106
48 ～敬客 聖曆 043
50 ～聿 貞元 032
52 ～哲 永徽 065
54 ～勣 貞元 032
60 ～昱 咸通 106
61 ～顥 永徽 065
72 ～氏(李弘妻) 乾封 049
～氏(張嘉妻) 長安 024
～氏(姬晏妻) 景雲 011
～氏(道王妃) 開元 206
～氏(韋本仁妻) 大中 161
80 ～令 景龍 002
～令規(休遠) 聖曆 043
86 ～知微 景雲 014
90 ～小端 咸通 106

歐陽 7778_2 7622_7

07 歐陽詢 武德 002
～～詢 貞觀 023
～～詢 貞觀 052
～～詢 久視 004
14 ～～瑛 殘誌 036
～～琳 咸通 049
～～琳 咸通 064
～～琳 咸通 065
32 ～～溪 大和 006
37 ～～通 調露 023
44 ～～植 開元 102
72 ～～氏(吴續母) 久視 004

爨　7780_9

00 爨玄劭　天授 027
17 ～務本　顯慶 080
21 ～仁　天授 027
～仁軌　龍朔 016
30 ～進　元和 017
～宗　龍朔 016
40 ～太收　元和 017
～古(英)　天授 027
47 ～超景　元和 017
48 ～乾獎　元和 017
72 ～氏(王延妻)　乾封 002
80 ～酋　天授 027
～公寧　元和 017
83 ～猷　龍朔 016

桑　7790_4

10 桑瓌　貞元 023
21 ～師　神龍 028
～貞(正道)　神龍 028
22 ～甹　貞元 023
25 ～倩　貞元 023
27 ～叔文　貞元 013
30 ～賓　元和 066
34 ～湛　神龍 028
37 ～初　貞元 023
40 ～克誠　貞元 023
44 ～華　元和 066
50 ～忠　元和 066
72 ～氏(田博妻)　乾封 004
～氏(任紫宸妻)　元和 027

陰　7823_1

26 陰伯　顯慶 003
30 ～客(王同卿母)　顯慶 003
40 ～才　龍朔 069
72 ～氏(蘭達妻)　龍朔 069

臨　7876_6

22 臨川郡長公主　永淳 025
32 ～洮縣主　開元 314

滕　7923_2

22 滕綬　大中 112
90 ～少逸　寶應 006

金　8010_9

00 金文　永徽 117
12 ～弘則　永徽 002
21 ～行舉(義起)　永徽 002
～師　文明 007
25 ～傑先　文明 007
26 ～魏(才仁)　永徽 117
34 ～達　永徽 002
43 ～城縣主　乾元 007
54 ～勣　永徽 117
72 ～氏(賈楚妻)　長安 025
～氏(馮湍妻)　大中 147
80 ～義(玄)　文明 007

翁　8012_7

24 翁偉　開元 526

俞 8022_1

12 俞弘禮 大中 018
23 ～縮 貞元 116

令 8030_7

30 令容(道士) 開元 076

令狐 8030_7 4223_0

00 令狐文軌 元年 001
07 ～～望 貞元 111
17 ～～承簡 咸通 062
20 ～～喬 咸通 062
22 ～～崇亮 咸通 062
24 ～～紞(垂之) 咸通 062
28 ～～從 咸通 062
32 ～～澄 咸通 062
37 ～～洵 咸通 062
～～梁四 咸通 062
44 ～～楚 咸通 062
50 ～～專 大中 150
60 ～～思拯 元年 001
72 ～～氏(王明妻) 天授 025
～～氏(張元忠妻) 天寶 235
～～氏(馬文質母) 元年 001
77 ～～同祗 元年 001
80 ～～公(壽州刺史) 大中 109
～～公(壽春守) 大中 110

無 8033_1

60 無畏不空 開元 455

尊 8034_6

79 尊勝 貞元 111

父 8040_0

80 父義寶 開元 529

姜 8040_4

00 姜慶初 開成 023
～諒 永徽 090
04 ～謨 咸亨 101
10 ～正 貞觀 028
～平幼 咸通 051
13 ～琬 大曆 008
17 ～子胤 開元 433
～柔遠 天寶 105
20 ～皎 天寶 105
21 ～師度 開元 029
23 ～參 咸通 051
25 ～仲遷 開元 433
26 ～伯 永徽 090
27 ～解脱 開元 433
40 ～希 咸通 051
44 ～基 咸亨 101
～執珪 元和 010
～謩 貞觀 028
～謩 長壽 017
60 ～圜 貞觀 028
～景(宇文景) 貞觀 028
72 ～氏(王同政妻) 咸亨 101
～氏(劉如璋妻) 開元 313
～氏(源光乘妻) 天寶 105

姜氏(劉元質妻) 開成 023
～氏(繆逵妻) 咸通 051

羊 8050_1

98 羊愉 開元 453

谷那 8060_8 1752_7

17 谷那律 天授 039

乞力 8071_7 4002_7

40 乞力徐 開元 263

公孫 8073_2 1249_3

00 公孫文 永徽 083
10 ～～平(周□妻) 垂拱 031
21 ～～虞 儀鳳 034
24 ～～先定 開元 423
34 ～～達(舍利) 永徽 083
35 ～～神儼 開元 423
40 ～～才 垂拱 031
～～嘉 永徽 083
44 ～～孝遷 開元 423
～～孝遷(遷) 開元 424
72 ～～氏(元善妻) 儀鳳 034
～～氏(孔元妻) 聖曆 036
～～氏(褚承恩妻) 久視 011
～～氏(宋儼妻) 建中 018
77 ～～賢 垂拱 031
80 ～～善政 儀鳳 034
88 ～～管 垂拱 031
91 ～～恪 開元 423
99 ～～燮 元和 076

公乘 8073_2 2090_1

88 公乘鋭 開成 018

余 8090_4

00 余庭 大中 060
10 ～璋 大中 060
11 ～瑱 大中 060
12 ～璠 大中 060
～弘休 大中 060
16 ～璟 大中 060
17 ～珦 大中 060
19 ～琰 大中 060
28 ～從周(廣魯) 大中 060
31 ～憑 大中 060

鍾 8211_4

27 鍾紹京 開元 306
40 ～大曰 開元 221
51 ～輻 咸通 034
72 ～氏(吴瑛冕妻) 大和 030

錢 8315_3

00 錢方義 乾符 028
～庭篠 大曆 034
16 ～璪 乾符 028
17 ～珝 乾符 028
27 ～烏娘 乾符 028
28 ～徽 元和 105
～徽 殘誌 026
40 ～克規 大中 027
87 ～鏐 乾寧 006

智　8660_0

10 智元(慶)　開元 356
24 ～德　開元 356
44 ～藏　貞元 111
～燕　開元 356
72 ～氏(蘇日榮妻)　貞元 086
90 ～懷文　開元 356

鄭　8742_7

00 鄭充　開元 258
～亮　貞元 128
～齊　大中 135
～齊冉　顯聖 001
～齊敷　天寶 045
～齊嬰　開元 536
～齊閔(藏諸)　開元 500
～方　貞元 068
～方喬　開元 258
～喬貞　大中 080
～廣(仁泰)　麟德 018
～廣　開成 039
～廣嗣　寶曆 019
～文恪　貞元 005
～諒　大中 089
～諒　大中 108
～諒　咸通 113
～玄毅　天寶 065
～玄之　咸通 033
～玄嘉　大中 139
～玄果　開元 011
～玄巨　聖曆 029
鄭玄敏　寶曆 019
～玄義　證聖 015
～褒　大中 135
～襄　大中 135
01 ～諲　開元 440
02 ～端　咸通 073
～訓　元和 140
～訢　開元 440
04 ～諶(叔信)　開元 412
～諶　開元 440
～詵　天寶 239
～謨　乾符 009
～護　開元 484
～護德　開元 412
06 ～諤　開元 440
07 ～毅　貞元 110
～歆　貞元 110
～諝　開元 440
10 ～正　會昌 016
～正朝　咸通 015
～玉(廷玉)　貞元 128
～璡　永徽 045
～瓌　開元 259
～璋　天寶 239
～元一　開元 412
～元璲　開元 219
～元久　大和 081
～元守　永徽 054
～元祚　開元 349
～元裕　開元 516
～元敬　開成 039
～元軌　聖曆 029

鄭霸 天寶 236
～西華 永泰 006
～晉客 開元 500
～雲 開元 361
～貢 大中 135
11 ～瑨 天寶 009
～璿 大和 027
～璿 大中 139
～頊 大中 139
～張七 咸通 005
12 ～璀 大中 121
～琇 天寶 009
～瑞 景雲 021
～瑀 寶曆 016
～瑶 聖曆 052
～瑶 開成 007
～弘裕 咸通 073
～弘直 嗣聖 002
～弘敏 大中 091
～延休 咸通 029
～延昌 乾寧 007
13 ～琬 大中 139
～球 大中 138
～武叔 開元 361
～瑊 聖曆 052
～瑄(李述母) 大中 091
14 ～瑅 大中 090
～瑾 大中 139
15 ～融 咸通 001
16 ～瑝 咸通 024
～瑏 聖曆 052
～環 大中 085
鄭碣 大中 091
17 ～珇 大中 139
～珦瑜 貞元 096
～珦瑜 大中 083
～珦瑜 大中 108
～珦瑜 咸通 113
～瓊(德潤) 會昌 005
～承光 開元 194
～子章 大中 083
～子仁 永昌 003
～子仁 開元 060
～子容 大中 108
～君 咸通 005
～君璡 開元 194
～君房 元和 127
18 ～玠 開元 500
～璲 聖曆 052
～琣(君巖) 大中 135
～殤 元和 090
19 ～璘 大中 121
～琰 聖曆 052
～琰(梁皎妻) 開元 133
～琰 貞元 102
20 ～秀實 大中 124
～魴 咸通 044
～孚 開元 258
～秉彝 長慶 023
～秉彝 大和 046
21 ～仁穎(惟一) 開元 259
～仁基 證聖 015
～仁基 開元 412
～仁恭 天寶 009

鄭仁泰 開元 011
～仁表(休範) 咸通 115
～行穎 開元 516
～行寶 開元 060
～行者 大和 016
～處誨 咸通 029
～虔 開元 194
～虔 開元 259
～貞一 開元 412
～縉 元和 025
～穎 開元 229
～穎(三明) 開元 361
22 ～胤 天寶 065
～鼎 開元 259
～巖 貞元 102
～係敷 大中 121
～詧 天寶 220
～山雄 麟德 018
～繇 開元 361
～崇 大中 025
～崇業 開元 259
～崇昉 垂拱 060
～利用 貞元 096
～繼叔 麟德 018
～繼郎 大中 033
～纁(小彬) 元和 124
～纁 元和 138
～纁 殘誌 031
～稱 大和 062
23 ～俊 開元 361
～俊魯 咸通 115
～獻 開元 002
鄭縯 開元 258
～綜 建中 001
24 ～侑 會昌 005
～備 開元 361
～備 貞元 128
～德柔 大中 021
～德秀 開元 516
～德通 麟德 018
～德通 開元 011
～偉 開元 234
～偉 開元 349
～偉 開元 412
～偉 開元 440
～偉 開元 484
～偉 寶曆 019
～休文 神龍 004
～休叡 貞元 005
～休明 嗣聖 002
～休範 咸通 115
～特 咸通 006
～綺 開元 361
～續 天寶 219
～縝 大和 089
～纘 貞元 053
25 ～仲章 貞元 102
～仲邕 開元 484
～仲達 顯慶 056
～仲連 寶曆 019
～紳 寶曆 007
～紳 大中 135
～績 元和 124
～績 殘誌 031

26 鄭堡 大中 165
～伯愛 總章 020
～伯遠 永昌 003
～伽陁 天寶 009
～嵎 大中 091
～嵲 大和 040
～緄 元和 138
～穆 大和 074
～穆 大中 031
～總 會昌 016
～總 咸通 006
～稷 開元 341
27 ～偓佺 天寶 263
～佩 大中 139
～脩 大中 165
～修己 咸通 077
～僎 大中 100
～魯 元和 138
～魯(子隱) 殘誌 031
～紀 大和 089
～紀(龜年) 會昌 016
～紀 咸通 006
～約 元和 079
～約 大中 124
～叔(白知新妻) 景雲 021
～叔武 咸亨 036
～叔向 貞元 096
～叔向 元和 129
～叔向 大中 090
～叔規 大中 135
～叔則 元和 079
～叔則 大中 124
鄭叔則 大中 135
～綅 大和 089
～絳(彬郎) 元和 124
～絳 殘誌 031
28 ～儉(元禮) 開元 002
～儉 大和 040
～從一 開元 440
～收 開元 258
29 ～嶸 大和 093
30 ～宣 開元 002
～宜尊 開元 361
～淮(長源) 貞元 102
～汶 大中 157
～漳 乾符 019
～液 大中 068
～寵 大和 089
～寵 會昌 016
～扆夫 咸通 024
～進 天寶 219
～進思(光啓) 開元 361
～進思 天寶 236
～進思 元和 088
～進思 殘誌 031
～之秀 大中 165
～守慶 開元 234
～守廣 咸通 044
～守訥(遷) 永泰 006
～宇 天寶 236
～準(□道) 大和 027
～宏 證聖 015
～宏禮 開成 025
～寰 大中 091

鄭賓 開元 493
～實 開元 361
～實話(李恂忠母) 開元 524
～寶 元和 088
～寶 元和 138
～寶 殘誌 031
～寂 大中 025
31 ～涯 大中 115
～涯 大中 127
～涯 咸通 029
～涉 天寶 178
～濡 長慶 008
～福祥 開元 258
32 ～澄 永泰 006
～滔 乾符 009
～祗德 大中 140
～遜 開元 258
33 ～溥 大和 027
～述祖 開元 361
～述祖 大和 089
34 ～澍 長慶 004
～澍 大和 081
～湛 開元 484
～滿(滿才) 永徽 054
～法明 垂拱 060
～瀆(信士) 咸通 116
～灒 大和 049
～灒 開成 051
～禕 開元 229
～達 永徽 045
～達 聖曆 052
～達 開元 219
鄭造 元和 129
～染娘 咸通 005
35 ～禮 開元 465
～遘(懷遇) 聖曆 052
～遘 大中 090
～迪 大中 165
36 ～温球(耀遠) 開元 258
～温琦 開元 258
～涓 大中 088
～淥 大曆 016
～澽 大和 049
～逞 天寶 239
～遇 開元 219
～遇 大曆 015
～遇 大中 139
37 ～漵 元和 015
～涵 元和 101
～祖玄 開元 500
～通 永泰 006
～過真(元一) 會昌 012
～過庭 證聖 015
～選 咸通 033
～朗 大中 083
～朗 大中 108
～朗 咸通 113
38 ～澣 大和 062
～游 開元 361
～游 天寶 236
～游 元和 088
～游 元和 138
～游 大和 089
～游 會昌 016

鄭游 殘誌 031
～道 景龍 003
～道瑗 咸亨 036
～道源 會昌 012
39 ～沙毗 咸亨 002
40 ～大仕 證聖 015
～大仕 開元 412
～大寶 永徽 054
～太一 開元 412
～直 大和 089
～才 聖曆 052
～堯臣 開元 229
～希巖 貞元 019
～希範 大中 134
～有常 大中 139
～南客 永泰 006
～志一 開元 412
～嘉瑞 開元 494
41 ～樞 貞元 110
～樞 大和 049
42 ～韜 天寶 236
～札 貞元 110
43 ～博古 會昌 005
～式贍 貞元 096
44 ～莊 垂拱 065
～芬 大中 025
～茂卿 會昌 041
～燕基 開元 465
～孝德 開元 194
～孝倫 天寶 065
～孝通 開元 500
～孝昂 景雲 021
鄭孝昇 開元 494
～勃 大中 088
～華 大和 027
～老萊 大中 135
～老萊 大中 124
～荖萊 天寶 067
～世斌 大中 139
～楚卿 寶曆 019
～贊道 嗣聖 002
～蓁 天寶 172
～權 開元 440
～權 元和 065
～植 永昌 003
～植 開元 060
46 ～坦 大中 063
～塤 大中 135
～觀音 元和 124
～觀音 殘誌 031
～觀藝 天寶 009
～恕已 大中 121
～娟(崔行規妻) 咸通 044
～楬 大和 049
47 ～歡 貞元 096
～歡 元和 101
～懿 大中 154
～邯 咸通 073
～超 開元 002
～杞 大和 049
～杍材 咸通 033
48 ～乾 開元 354
～翰 貞元 110
～敬(子和) 元和 088

鄭敬 殘誌 031
～敬愛 大曆 016
50 ～泰 貞元 128
～肅(仁恭) 嗣聖 002
～肅 大和 016
～肅 大中 090
～忠客 貞元 019
～惠 會昌 016
～由禮 咸通 116
～由古 寶曆 019
～貴賓 總章 020
～素 開元 259
51 ～振 聖曆 029
～振 寶曆 019
～據 寶曆 019
52 ～撝(流謙) 開元 484
～揆 開元 258
～揆 寶曆 019
～挺 開元 002
～授 寶曆 019
～虬 大和 006
53 ～或 會昌 019
～感 開元 465
～戎(思訓) 開元 229
～戎 開元 361
54 ～勣 咸通 116
57 ～抱一 寶曆 006
～探賢 大中 139
60 ～日新 咸通 033
～日成 開元 500
～日用 開元 302
～日用 大和 074
鄭旦甫 順天 004
～晃 貞元 019
～昜 貞元 063
～昜 貞元 068
～昜 元和 088
～昜 元和 090
～昜 元和 138
～思莊 天寶 219
～思晦 嗣聖 002
～思質 天寶 009
～愚 殘誌 023
～早 咸通 044
～回 開元 258
～昂(千里) 開元 361
～景 麟德 018
～景琳 乾寧 007
～景山 總章 020
～景之 大和 081
61 ～毗 大和 074
～毗 大中 031
～顒 咸通 113
63 ～晙 開成 039
～晙 咸通 116
64 ～暐 天寶 239
66 ～晘 大中 100
67 ～曜 元和 127
～明 大中 068
～暉 大曆 017
～暉 元和 015
～昭遠 大和 040
～昭遠 大中 100
～嗣恭 大中 100

鄭贍(行該) 永昌 003
68 ～噞 大曆 050
～晦 開元 194
71 ～愿 開元 361
～長裕 開元 491
～長裕 天寶 118
～長裕 貞元 096
～長裕 元和 129
～槩 永昌 005
72 ～剛 咸通 116
～剛兒 咸通 005
～氏(張鍾葵妻) 貞觀 102
～氏(魏即仁妻) 龍朔 062
～氏(郭君副妻) 乾封 047
～氏(李爽妻) 總章 020
～氏(劉德閏妻) 咸亨 002
～氏(程務忠妻) 咸亨 036
～氏(李冲妻) 永昌 005
～氏(楊訓妻) 如意 003
～氏(李瓛妻) 證聖 016
～氏(張岳妻) 長安 041
～氏(楊亮妻) 長安 066
～氏(杜忠良妻) 開元 029
～氏(崔璘母) 開元 060
～氏(李昕妻) 開元 234
～氏(崔羨妻) 開元 302
～氏(源光俗妻) 開元 349
～氏(白知新妻) 開元 494
～氏(張璿母) 天寶 001
～氏(袁大勣妻) 天寶 040
～氏(王季隨妻) 天寶 065
～氏(李戢妃) 天寶 116
鄭氏(于偃妻) 天寶 165
～氏(李良金妻) 大曆 010
～氏(李湍妻) 大曆 017
～氏(盧濤妻) 大曆 050
～氏(張翃妻) 建中 001
～氏(封揆妻) 貞元 006
～氏(崔程妻) 貞元 096
～氏 貞元 005
～氏(李彙妻) 元和 025
～氏(李方□妻) 元和 079
～氏(崔稃妻) 元和 101
～氏(韋署妻) 長慶 004
～氏(鄭餘慶妹) 長慶 008
～氏(崔廷妻) 長慶 026
～氏 大中 068
～氏(諸葛澄妻) 寶曆 010
～氏(王諝妻) 寶曆 018
～氏(盧士瓊妻) 大和 006
～氏(李萼妻) 大和 017
～氏(崔□妻) 大和 040
～氏(李佾妻) 大和 049
～氏(杭季稜妻) 大和 052
～氏(杜行方妻) 大和 062
～氏(寇章妻) 大和 074
～氏(寇章妻) 大中 031
～氏(田少和妻) 大和 080
～氏(韋式巳母) 大和 081
～氏(崔倬叔母) 大和 093
～氏(胡宗約妻) 會昌 032
～氏(王文幹妻) 會昌 037
～氏(宋玉妻) 會昌 054
～氏(崔芑妻) 大中 063

鄭氏(盧就妻) 大中 064
～氏(李公度妻) 大中 073
～氏(沈竦妻) 大中 084
～氏(盧當妻) 大中 088
～氏(支叔向妻) 大中 111
～氏(李處仁母) 大中 124
～氏(沈竦妻) 大中 140
～氏(張鉥妻) 大中 149
～氏(李爗妻) 大中 157
～氏(盧澤妻) 咸通 015
～氏(盧澤妻) 咸通 016
～氏(高湜妻) 咸通 033
～氏(王誕妻) 咸通 045
～氏(崔行規妻) 咸通 071
～氏(崔倰妻) 咸通 087
～氏(李燁妻) 咸通 098
～氏(支訢妻) 乾符 009
～氏(李重光妻) 乾符 016
～氏(崔罕妻) 乾符 019
～氏(崔巇妻) 乾符 007
～質 大中 165
～岳 大曆 016
74 ～助□ 大中 088
77 ～閏 貞元 102
～履庭 證聖 015
～履謙 景龍 003
～欣子 咸通 005
～己 大中 121
～興一 開元 412
～興工 開成 039
～興子 大中 067
78 ～覽 元和 140
80 鄭八娘 開元 465
～全玘 會昌 012
～金(嚴遵德母) 永徽 046
～翁兒 大和 067
～翁兒 開成 039
～鐈 大中 025
～兼 開元 258
～慈 開元 229
～悆 天寶 239
～義璣 永徽 054
82 ～鑯 天寶 066
～鎟 貞元 110
83 ～鈙 大中 157
84 ～銑 天寶 066
85 ～鍊 元和 015
86 ～錫 元和 140
～知道 開元 484
～知賢(道鑒) 聖曆 029
88 ～鎰 景福 003
～錡 景雲 021
～敏(崔友郎母) 開元 516
～節 如意 003
～管才 開元 219
～餘慶 貞元 096
～餘慶 元和 065
～餘慶 長慶 008
～餘慶 咸通 029
90 ～小温 大中 165
～惟恭 開元 349
～惟則 開成 039
～惟興 貞元 128
～懷節 咸亨 036

鄭懷節 開元 361
～懷節 天寶 236
～愔 咸通 116
～少師(餘慶) 大和 006
～少微 大和 022
～少微 咸通 015
～少雅(子琴) 咸通 073
～光 大中 021
～光 咸通 073
～光庭 證聖 015
～尚 大中 154
～黨五 大和 089
～掌兒 咸通 005
～當 大和 067
～當(膺吉) 開成 039
94 ～慎微 開成 039
96 ～懌 天寶 219
～憬 元和 140
97 ～恪 大和 093
～恪 大中 063
98 ～敞 開元 412
～敝 開元 440
～□道 貞元 097
～□易 殘誌 031
～□嗣 開元 011

舒 8762_2

21 舒行言 文德 002
88 ～簡之 文德 002
～簡裕 文德 002
94 ～燁 廣明 007

竺 8810_1

00 竺讓(道遜) 永徽 005
67 ～嗣宗 永徽 005

竹 8822_0

00 竹慶基 開元 460
12 ～弘寶 龍朔 012
17 ～子周 開元 460
21 ～仁度 大足 003
～須摩提(孫阿貴妻) 大足 003
48 ～敬敬 開元 460
49 ～妙 龍朔 012
72 ～氏(趙姜妻) 總章 037
90 ～懷威 龍朔 012
94 ～恊 開元 460

第 8822_7

10 第五琦 乾元 010

符 8824_0

10 符元立 光化 002
～元審 光化 002
～元寶 光化 002
～元贊 光化 002
22 ～皈皈 光化 002
30 ～進昌 光化 002
37 ～潤潤 光化 002
47 ～猧兒 光化 002
90 ～小猧 光化 002
～少端 光化 002
～少德 光化 002

符少知　光化 002

節　8872_7

78 節愍太子　開元 327

管　8877_7

30 管安　貞觀 001
35 ～逮　垂拱 023
44 ～基(阿㐌)　垂拱 023
47 ～均　調露 011
50 ～貴　垂拱 023
60 ～思禮(扙)　垂拱 028
72 ～氏　貞觀 001
77 ～卿　垂拱 023

餘　8879_4

80 餘令　儀鳳 029

尚　9022_7

10 尚元璋　長壽 015
12 ～登寶　顯慶 057
13 ～武　上元 038
18 ～珍　顯慶 057
21 ～衡　貞元 070
22 ～巖　長壽 015
40 ～才　長壽 015
～吉　顯慶 057
～真(仁爽)　長安 038
53 ～威　上元 038
67 ～明(仁昉)　長壽 015
～暉　上元 038
72 ～氏(房有非妻)　建中 008
尚氏(高岑妻)　元和 016
～氏(閻好問妻)　咸通 106
87 ～欽　長壽 015

常　9022_7

00 常亮　長安 023
～文亮　萬歲通天 031
～文瓘　萬歲通天 031
～玄九　開元 498
01 ～襲鸞　長安 023
05 ～靖　顯慶 047
08 ～謙光　元和 029
10 ～二慶　長安 023
～三基　長安 023
～玉　顯慶 144
～元禮　聖武 011
～元楷　大中 131
～不輕　貞元 111
12 ～愻　元和 043
15 ～建　顯慶 047
～建　萬歲通天 031
17 ～子雄　萬歲通天 031
21 ～仁師　聖武 011
～師(釗敏)　長安 023
22 ～仙　大曆 079
～樂縣主　開元 449
23 ～俊(英俊)　大曆 079
24 ～德淶　聖武 011
27 ～叔清　大曆 079
31 ～江　萬歲通天 009
34 ～達摩　顯慶 047
35 ～清淨　貞元 111

38 常澈 大曆 079
40 ～喜(段惟洽母) 聖武 011
～來 開元 498
46 ～觀 龍朔 070
50 ～泰 元和 043
～忠 大曆 079
～貴 萬歲通天 009
～貴恕 天寶 210
54 ～勣 龍朔 070
60 ～思恩 開元 105
71 ～阿仵 開元 498
～愿 元和 043
72 ～氏(馬志道妻) 貞觀 093
～氏(王寬妻) 永徽 121
～氏(王通妻) 調露 019
～氏(沈智果妻) 延載 004
～氏(申屠公妻) 開元 154
～氏(楊瓚妻) 開元 178
～氏(崔昭妻) 大曆 045
～氏(孫杲妻) 元和 029
～氏(孫鍊母) 元和 043
～氏(魏弘章妻) 大中 078
～氏(李眈母) 大中 131
～氏(來佐本妻) 咸通 111
77 ～開(元儉) 龍朔 070
～舉(蓋德) 萬歲通天 009
～巽 元和 029
80 ～令業 開元 362
83 ～猷 長安 023
90 ～光朝 大曆 079
～光輔 元和 043
94 ～協(德) 萬歲通天 031
97 常惲(思惲) 天寶 210

掌 9050_2

28 掌徹 天授 017
60 ～思明 天授 017
71 ～長仙 天授 017

米 9090_4

30 米寧 會昌 047
40 ～九娘 會昌 047

恒 9101_6

00 恒彥(仲光) 永徽 131
30 ～寂東 永徽 131
77 ～卿 永徽 131

鄭 9782_7

00 鄭襄公 咸亨 033
60 ～國大長公主 貞元 012
～國公主 元和 123

滎 9990_4

00 滎玄沼 貞元 135
10 ～元卿 貞元 135
15 ～建緒 開元 464
21 ～行富 殘誌 024
44 ～權 開元 464
60 ～思九 開元 464
～昇誼 貞元 135
72 ～氏(李友直母) 貞元 135
90 ～懷節 開元 464
～□ 貞元 134

附

00 □方 天寶 041
□彥協 景龍 020
□庭暉 永泰 007
□慶宗 總章 029
□文銳 貞觀 135
□讓 殘誌 057
10 □元(趙買) 儀鳳 012
□元審 大和 043
□元宗 大和 043
□正源 景龍 012
□璋 大中 049
□再寬 長慶 031
□晉(盧微明母) 開元 223
□西同 長慶 018
□石生 麟德 057
11 □珏 大中 049
□頊(敬) 廣明 007
□碩(大範) 咸亨 017
12 □弘節 開元 223
13 □琬 大中 049
□琯 大中 049
□琮 大中 049
14 □璙 大中 049
17 □珣 景龍 041
□[illegible] 大中 049
□琛 天寶 082
□君 麟德 067
18 □政 神龍 036
20 □重舜 長慶 018
□孚 開元 494
21 □仁 神龍 036
□仁悊 (載初)006
□仁智 總章 027
□行莊 調露 005
□銜 龍朔 028
□處 咸亨 017
□處言 咸亨 013
□處基 咸亨 013
□師 顯慶 064
22 □樂公主 殘誌 041
□稱 貞觀 135
23 □峻 殘誌 057
26 □儼 咸亨 017
□儼 開元 096
□和 麟德 012
27 □叡 開元 096
28 □從慶 大中 049
□從巖 永泰 007
□從芬 永泰 007
□從素 大中 049
□從會 大中 049
28 □儉 儀鳳 035
□儉 萬歲通天 020
30 □汶 大中 049
□永 麟德 012
□永(隆) 天寶 082
□之玭 開元 220
□守珍 萬歲通天 020
□客(文政) 神龍 036
□寄 大中 061
□良 廣明 007
□寔 大中 061

31 □濬 貞元 008
□濬(陝州夏縣令) 大中 105
□源 天寶 204
32 □澄 貞元 008
34 □禕(士華) 貞觀 019
□達 咸亨 017
35 □神蹇 永泰 007
36 □湜 貞元 008
37 □洛 儀鳳 012
□渙 天寶 041
□祖武 景云 013
□祖堯 景云 013
□郎 萬歲通天 020
38 □海悦 乾封 019
□道謙 開元 223
40 □雄 永泰 007
□士琳 貞觀 135
□士基 咸亨 017
□堯(志剛) 天授 038
44 □蓐 開元 223
□楚 開元 096
□楚(夢巖) 殘誌 037
□黄石 永泰 007
47 □朝 殘誌 057
□好濡 開成 031
□胡 神龍 036
48 □教(□渙母) 天寶 041
□敬忠 咸亨 103
□敬厚 天寶 082
50 □貴 儀鳳 012
□素□ 殘誌 055
51 □振 開成 020
□振汝 開成 020
52 □授 開成 020
□哲 天授 038
54 □摸 貞元 104
56 □操 貞元 104
60 □旦(冗義) 調露 005
61 □顥 天授 038
67 □瞻 天寶 041
□路人 大中 160
72 □剛 天授 038
77 □隆惡 顯慶 028
□覺禪師 殘誌 040
□闒 天寶 041
□用之 殘誌 041
□擧(義高) 貞觀 135
78 □陁 顯慶 108
79 □騰(户部郎中) 大中 105
80 □令賓 顯慶 162
□無量(張)? 咸亨 033
□差(張□妻) 顯慶 016
□義(福) 萬歲通天 020
90 □悋 調露 005
□賞 儀鳳 035
□懷順 長慶 018
□□璋 殘誌 055

附　録

重出表

首見墓誌編號	重出墓誌編號	確定選存墓誌編號
開元〇五三	殘誌〇四二	開元〇五三
開元一九三	殘誌〇〇五	二者均當删
開元二六八	殘誌〇五六	開元二六八
永泰〇〇七	建中〇一九	建中〇一九
大曆〇〇一	建中〇一九	建中〇一九
大曆〇四二	殘誌〇四一	大曆〇四二
大曆〇四四	殘誌〇二七	大曆〇四四
大曆〇五九	殘誌〇五八	大曆〇五九
貞元〇二七	殘誌〇一〇	貞元〇二七
貞元〇七三	開成〇四六	開成〇四六
貞元一〇六	殘誌〇三四	貞元一〇六
貞元一一一	會昌〇三四	貞元一一一
大中〇九五	殘誌〇一七	大中〇九五
大中一〇三	殘誌〇一六	大中一〇三
殘誌〇〇三	殘誌〇二〇	殘誌〇〇三

落葬日期更正表

墓誌編號	原落葬日期	更正落葬日期
顯慶〇六二	顯慶三年正月十四日	顯慶二年正月十四日
顯慶〇七九	顯慶三年九月廿二日	長慶三年九月廿二日
龍朔〇四二	龍朔二年八月一日	龍朔二年八月十日
麟德〇〇六	麟德元年十月廿四日	麟德元年二月廿四日
咸亨〇八八	咸亨四年六月二日	咸亨四年八月三日
開元一九三	開元甲子四月庚午	或考爲五代墓誌
開元二二四	開元十三年十二月十七日	開元十五年十二月十七日
元和一〇六	元和十二年八月廿四日	元和十一年八月廿四日
殘誌〇〇五		或考爲五代墓誌

啼人。

前沙州法曹參軍璆琳述」

（録自敦煌卷子 p3677）